다문화 교육의 이해

서울대학교 다문화교육연구센터 총서 1

다문화 교육의 이해

초판 1쇄 발행 2013년 8월 15일
초판 3쇄 발행 2021년 7월 20일

지은이 권오현 외

펴낸곳 서울대학교출판문화원
주소 08826 서울 관악구 관악로 1
도서주문 02-889-4424, 02-880-7995
홈페이지 www.snupress.com
페이스북 @snupress1947
인스타그램 @snupress
이메일 snubook@snu.ac.kr
출판등록 제15-3호

ISBN 978-89-521-1483-9 93370

다문화
교육의 이해

Understanding Multicultural Education

권오현 외 지음

서울대학교출판문화원

머리말

최근 한국 사회는 국제결혼의 증가, 외국인 노동자의 다량 유입 등으로 인하여 빠르게 다문화 사회로 진입하고 있다. 다문화 가정 자녀들이 취학 연령에 이르면서 학교도 이제 완전한 다문화 공간으로 변화되었다. 하지만 이러한 변화에 대처하는 학교 차원의 준비는 아직 미흡하여 다문화 가정 자녀들은 학교 교육에 적응하는 데 힘들어하며, 이들을 가르치는 교사 또한 언어, 문화, 민족적 다양성을 어떻게 받아들이고, 어떻게 대응을 해야 하는지 등에 대한 경험이나 지식을 갖고 있지 않아 여러 가지 어려움을 겪고 있다. 이러한 문제인식에서 볼 때, 교사를 양성하는 대학은 예비교사들에게 변화하는 학교 및 학급 환경에 적극적으로 대처할 수 있는 다문화적 역량을 키워줄 필요성이 세기된다. 문화적 다양성이 증가하는 사회적 환경에서 학생들이 올바른 삶을 개척하도록 지도하기 위해서는 교사 자신이 대학 시절부터 다문화적 인식과 능력을 갖추는 것이 무엇보다 중요하기 때문이다.

이런 점을 고려하여 서울대학교 사범대학은 〈다문화 교육의 이해〉 강좌를 신설하여, 예비교사들에게 변화하는 학교 및 학급 환경에 적극적으로 대처할 수 있는 다문화적 역량을 키워주고 있다. 이 강좌는 다문화 관련 교내외 교수진에 의해 팀티칭으로 운영되며, 다문화 사회와 가정에 대한 이해, 다문화 가정 아동 상담 및 지도법, 다문화 교육 학습 자료 개발 등 다문화 관련 분야를 포괄적으로 다룬다. 특히 이 강좌는 법률, 사회, 교육, 상담 등 넓은 영역에 걸쳐 다양한 교수진들에 의해 강의가 이루어지기 때문에 교육 내용을 표준화할 필요성이 크게 대두된다. 교육과정에 따라 강사진이 자율적으로 학습 자료를 준비하여 강의를 진행하다 보면 다루는 내용의 중복이 나타나거나 특정 내용이 배제되는 상황이 나타날 수 있기 때문이다. 이에 따라, 강좌 참여 교수들이 모여 교육 효과를 제고하기 위해 강의용 교재를 제작하기로 하고 각자 하나의 단원을 맡아 집필을 진행하였다. 집필진은 중앙다문화교육센터 운영을 통해 수년간 다문화 관련 분야를 연구하며 이론과 실천적 안목을 갖춘 내부 인력과 각종 강의에 강사진으로 참여한 외부 전문가 및 학교현장에서 다문화 교육을 직접 진행한 경험이 있는 교사진들로 구성하였다. 이러한 인적 인프라는 〈다문화 교육의 이해〉 강좌를 이론과 실제가 조화된 모습으로 운영하는 데 큰 도움이 되었으며, 이제 다양한 인력의 축적된 경험을 교재 저술로 연결하여 다문화 교육의 안정된 교육 내용을 구축하려 한다.

대학교재로 사용될 이 책의 목적은 다음과 같다. 첫째, 예비교사로서 학생들이 다문화 교육 활동을 통해 교사로서의 자기 정체성과 교육관을 확고히 정립할 수 있도록 한다. 둘째, 예비교사들이 교직에 진출한 후, 다문화 가정과 그 아동들의 상황 조건들을 더욱 잘 이해하고 필요한 교육 자료들을 효과적으로 제작 · 투입할 수 있도록 기능적 역량을 키워준다. 셋째, 예비교사들이 자기와 다른 환경이나 여건을 지닌 사람들을 이해하고 그들의 사고 및 행동 방식의 특수성에 공감하며 조화롭게 삶을 공유하는 공동체 의식을 갖추도록 도와준다. 다시 정리하면, 이 책은 교직 진출을 준비하는 학생들에게 다문화 사회에 대한 이해도를 높여주고 올바른 태도를 갖추도록 하는 내적 역량뿐 아니라, 다문화적 환경에서의 수업 설계와 수행 및 다문화 가정 자녀에 대한 상담과 지도 능력을 키워주는 기능 역량을 함께 제고하는 데 초점을 맞춘다. 이를 위해 저술의 내용은 크게 3부로 구성되는데, 'I. 다문화 사회에 대한 이해'는 다문화 사회로 가는 한국에 대한 일반적인 이해를 바탕으로 다문화 현상을 철학적, 사회적, 법률적, 언어적으로 조망하고, 'Ⅱ. 학교에서의 다문화 교육'은 다문화 현상에 대한 교육 차원의 대응 방안을 모색하는 영역으로서 다문화 교육의 이론과 실제를 두루 다룬다. 그리고 'Ⅲ. 다문화 수업과 학생지도'는 학교에서 다문화 현상을 수업과 상담의 핵심 요소로 설계하고 실행하는 방안을 탐구한다. 각 장은 다문화 교육에 대한 전반적인 내용을 다루되 예비교사들에게 다문화적 역량을 키워줄 수 있도록 교사교육의 관점에서 기술한다. 그리고 단원에는 필요에 따라 마무리 부분에 1-2 페이지 분량의 학습 활동(토론거리, 과제거리 등)을 첨부한다. 이러한 학습 활동은 강의 내용을 다룬 후에 주제를 일상적 문제와 연결하여 토론을 진행하거나 다양한 활동을 수행하는 데 활용 가능하다.

현재 시중에 '다문화 교육의 이해'라는 제목의 책이 몇 권 출간되어 있다. 그러나 이들은 모두 일반 독자를 대상으로 하는 것이며 예비교사용으로 특성화된 관련 도서는 아직 없다. 그리하여 이 책은 다문화 교육의 선봉에서 활동하는 교사들이 양성 단계에서부터 다문화적 인식과 필요한 능력을 갖추는 데 크게 활용되리라 판단된다. 우선은 서울대 교직소양 과목인 〈다문화 교육의 이해〉 강좌의 공식 교재로 사용될 것이며, 다른 대학교가 개설한 동일 제목의 강좌에도 활용 가능하다. 아무튼 이 책이 그동안 적절한 교재가 없어 어려움을 겪던 다문화 교육 분야에 좋은 소식이 되기를 희망하며, 그 결과가 학교 교육의 질적 향상은 물론이고 한국 사회에 다문화적 인식이 자리 잡는 데 작은 보탬이 되기를 기대하는 바이다.

2013년 7월

지은이를 대표하여

권오현

차례

III. 다문화 수업과 학생지도 • 293

I. 다문화 사회에 대한 이해

1장

다문화 사회로 가는 한국

안경환 서울대학교 법학전문대학원

1. 들어가는 말

"우리는 반만년 역사에 빛나는 단군의 자손이요, 단일민족이다!" 철들기 시작하면서 무수히 들은 이 장엄한 문구는 오랜 세월에 걸쳐 대한민국 청소년의 뇌리에 깊숙이 각인되어, 언제라도 즉시 토해낼 수 있는 신성불가침의 주문이 되어왔다. 그래서 신화와 역사의 엄정한 구분을 거론하는 자체가 반민족적 발상으로 치부된다.[1] 근래 들어 많은 학자들이 민족의식을 바탕으로 한 배타적 애국심과 한국인으로서의 자긍심이 빚어낸 문제점에 대해 비판하기 시작했다. '우리 민족'이

1 이러한 정체성의 홍보에 힘입어 한때 국제사회에는 아이슬란드와 함께 세계의 유일한 단일민족국가로 소개된 적도 있었다고 한다.

라는 원초적인 혈연 감정은 과학적 실체가 의심스럽다는 것이 비판의 핵심이다. 생물학적으로나 역사적으로나 단일민족의 신화는 '만들어진' 역사라는 것이 근래의 정설이다.[2] 한 예로 거의 모든 한국인이 자신의 부계 혈통을 증명하는 족보의 권위를 인정한다. 많은 성씨의 족보가 자신들의 시조가 귀화인임을 (때때로 자랑스럽게) 밝히고 있다. 한 연구에 의하면 족보상으로 적어도 26%의 한국인은 역사의 한 시점에 한반도로 이주해온 귀화인의 후손이다.[3] 그러나 그 누구도 족보가 전하는 사적 역사를 근거로 공적 역사인 '국사'에 대해 이의를 제기하지 않는다.

그러나 따지고 보면 '단일민족'의 신화도 연조가 그리 깊지 않다. 문헌상 '단일민족'이란 표현은 1948년 손진태의 「국사대요(國史大要)」에 처음으로 등장한다.[4] 일반적으로 우리나라에서 민족주의 담론이 전면에 등장한 것은 노일전쟁 전후(1904년)로 추측된다. 구한말 조선이 외세의 각축장이 되면서 방어적 기제로서의 민족이라는 자각이 일어났다. 외세에 대항하여 나라를 지켜내야 하는 절박한 상황에 직면한 작은 나라 국민의 정신적 결속을 위해 필요했던 슬로건이 '민족'이었다. 주권을 강탈당한 일제 강점 시대에는 민족의 독립이 지상의 과제였다. 하지만 해방과 동시에 등장한 남북 분단이 민족성에 대한 자각을 다시 혼란스럽게 만들었다. 6 · 25 전쟁을 겪으면서 민족이 이데올로기 앞에 굴절되는 현상이 나타났기 때문이다. 북한의 남침이 '민족통일'보다는 '남반부의 해방' 이데올로기를 전면에 내세우고, 후일 남

2 이희근, 2008, 『우리 안의 그들: 섞임과 넘나듦 그 공존의 민족사』, 너머북스.

3 김정호, 2003, 『한국의 귀화 성씨: 성씨로 본 우리 민족의 구성』, 지식산업사: 136.

4 김기봉, 2008, 「다문화 사회의 한국인 정체성과 한국사 다시쓰기」, 유네스코 아시아태평양 국제이해교육원 엮음, 『다문화 사회와 국제이해 교육』, 동녘: 41.

북한 사이에 냉전적 대치 상태가 강화 일로를 걸으며 분단이 고착화됨으로써 민족 관념의 현실적 의미가 희석되었다.

2. 한국 현대사와 민족의 허구성

1960년대 이후 남한에서 민족주의는 국가 재건의 이념적 기제가 되었다. 1961년 5 · 16 군사 쿠테타로 집권한 세력은 '군사혁명'의 정당성과 명분을 '민족적 민주주의'의 실현에 두었으며,[5] 이 세력이 1980년대까지 국가주도형 개발을 선도하면서 민족주의의 정서는 기아 탈피와 경제 도약을 위한 정신적 원동력으로 강화되었다.[6] 그러다가 1990년대 초반에 '북방외교'의 활로가 열리고 중국과의 국교가 수립됨으로써 민족 개념은 새로운 국면을 맞는다. '조선족' 중국 시민이 '재중 동포'라는 분류 아래 '한민족 공동체'의 포섭 대상이 되고, 고대사에 대한 복고적 향수가 중국 정부로 하여금 그들의 주된 거주지에 '동북공정'이라는 방어적 정책을 시행하도록 유인하였다. 주로 경제적 동기로 많은 재중 동포들이 한국 땅에 유입되면서, 같은 인종, 같은 민족 사이의 국제결혼이라는 특수한 인적 결합이 줄줄이 이어졌다. 그리고 90년대 후반부터 북한의 열악한 정치적, 경제적 상황에서 탈출한 많은 탈북자들이 민족 문제를 더욱 복잡하게 만들었다. 탈북자 문제는 경제 협력과 인도적 지원의 문제와 함께 여전히 첨예한 논쟁의 소재로 남아 있다.

한편, 역사적으로 한반도에 지대한 영향을 미친 인접국인 일본과

---

5 박정희, 1963, 『나와 국가와 혁명』, 한진출판사.

6 최강민, 2006, 「단일민족의 신화와 혼혈인」, 『語文論集』(제35), 중앙어문학회: 288. 김범수, 2010, 『다문화 사회의 십계명』, 리북: 223쪽에서 재인용.

중국의 다문화 정책이 우리나라의 민족주의 정서를 민감하게 자극하였다. 중국은 56개 소수민족을 포함하는 다인종 · 다문화주의를 표방한다. 중화인민공화국헌법(1982)은 "중화인민공화국의 각 민족은 모두 평등하다. 국가는 각 소수민족의 합법적 권리 및 이익을 보장하며 각 민족의 평등, 단결, 상호 원조의 관계를 유지, 발전시킨다. 어떤 민족에 대해서도 차별 및 억압을 금지하며 민족의 단결을 파괴하거나 분열을 조장하는 행위를 금지한다(제4조)"[7]라고 규정하고 있다. 근래 들어 남북 관계가 경색되면서 북한은 사실상 중국의 후견 아래로 들어간 인상마저 풍긴다. 이제 민족을 내세운 통일은 당분간 비현실적인, 장기 과제로 넘겨진 상황이다.

많은 한국인이 현상적으로는 민족주의의 경향을 보이지만 본질적으로는 사대주의를 표방한다고 한다. 한국인의 의식 구조 속에는 강대국에 사대해야만 생존할 수 있다는 심성이 각인되어 있다. 우리 선조들은 중국 앞에서는 한없이 비굴해지면서 인접 국가들에 대해서는 우월감을 가지는 '소중화(小中華)'적 가치관을 신봉했다.[8] 그러나 한국 내에 거주하는 외국인에 대해서는 멸시와 박해를 가해왔다. 대국의 유민, 중국 화교에 대해서도 마찬가지였다. 중국 화교에 대한 박해의 정도는 세계사에도 유례가 드물다. 동남아 대부분의 나라가 화교에 대해 정치적 공동체에 참여할 권리는 제한하지만 경제 활동의 자유는 널리 보장하는 반면, 한국은 화교에게 정치적 자유를 전면 금지했을 뿐만

---

7 이어서 반혁명적, 반사회적 행위를 엄단하고(28조) 모든 인민에게 조국을 방어하고 외침에 저항할 의무를 명시한다(55조). 헌법 제4조는 소수자의 인권보장이 아니라 다수자의 위협의 성격이 강하다. "민족의 단결을 파괴하거나 분열을 조장하는 행위"란 다문화의 이름으로 중화와 공산당의 신성불가침을 넘보지 말라는 경고로 비친다. 안경환, 2012. 2. 8, 「오랑캐들의 합창」, 『한국일보』.

8 김기봉, 앞의 글, 주 4: 42-43.

아니라, 직업 선택의 자유와 경제 활동의 자유도 극도로 제약하였다. "한국의 화교는 베니스의 샤일록보다 더욱 열악한 지위에 있다"는 비유마저 나타났다. 그러한 사회적 여건은 화교의 절대 다수가 요식업에 종사하게 만들었고, 그런 중에 중국 음식의 상징인 자장면 가격은 공과금, 목욕비 등과 함께 행정지도의 대상으로 묶여 있었다. 이는 물가 안정을 위한 생활필수품 가격의 통제라는 정부의 의도와 무관하게 중국 화교의 경제력 팽창에 대한 심리적 견제의 결과라 할 수 있다.

나아가 일본의 재일 교포 문제는 우리의 민족관념을 더욱 복잡하게 만들었다. 식민지 말기에 내선일체(內鮮一體), 동근동지(同根同枝)를 내세웠던 일본 정부는 패전 후 재일 조선인을 외국인으로 취급하는 정책을 밀고 갔다. 비단 조선인에 대해서만이 아니라 기본적으로 폐쇄적인 대외국인 정책을 채택함으로써 일본은 은연중에 우리의 대외국인 정책에도 중요한 참고자료를 제공해왔다.

근래에 들어와서 우리나라는 선거법을 개정하여 재외국민에게 투표권을 부여하였다. 민족의 동질성을 강조한 이러한 정책은 세계적인 추세인 다문화 정책에 역행하는 측면이 있음을 부인할 수 없다. 정주의 목적으로 외국에 살고 있는 사람은 현지의 정치와 문화 속에 뿌리내리도록 권장하는 것이 다문화주의의 기본 정신일 것이다. 이렇듯 일관성 없고 복잡다기한 민족주의 관념은 구체적 주제와 상황에 따라 포섭과 배제의 원칙 사이에 혼선을 초래하고 있다.

한국의 매스컴은 외국에서 성공한 '한국인'을 추켜세운다. 스포츠, 연예계 스타의 경우에는 부모 중 일방이 한국계인 경우도 마찬가지다. 그런가 하면 때때로 개인의 행위도 민족의 문제로 연결시켜 '어글리 코리언'의 소행으로 치부하며 집단죄책감을 유도하기도 한다. 연전에 미국의 한 대학에서 한국계 미국 청년이 집단살인 행위를 벌이자 나라의 수치로 여기면서 정부의 공식사과가 필요하다며 야단법석을 피우다가 미국 정부와 해당 대학을 당황스럽게 만들기도 했다. 이것은 개인의 문제를 집단과 국가의 문제로 확대시키는 오도된 민족의식의 전형이라 할 수 있다.

단일민족 중심의 역사관은 미국사, 영국사, 독일사 등 세계사를 국가와 민족 단위로 교육한다. 그런데 유럽 국가들의 역사책을 읽으면서 놀라게 되는데, 이 역사책들은 자국의 민족적 정체성을 정립하는 작업 못지않게 국가 간 교류와 관계에 비중을 두어 서술한다. 유럽 전체를 아우르며 서술하는 역사교과서도 많다. 그러므로 이를테면 독일사를 공부하는 사람이 프랑스의 역사에 문외한인 경우는 거의 없다. 특히 제도와 문물 부분이 그렇다. 미국의 역사교과서는 더욱더 그러하다. 우리의 경우 사대의 대상이었던 중국의 역사에 대해서는 비교적 상세하게 서술하지만, 역사적으로 지속적인 관계를 맺으며 살아왔던 일본의 역사에 대해서는 상대적으로 덜 다룬다. 21세기 다인종, 다문화 사회의 진입에 대비하려면 무엇보다도 먼저 '민족'이라는 혈통 코드를 기준으로 자국사와 타국사를 분리시켜 서술하는 '국사' 패러다임에서 탈피하여 한국인의 역사를 서술하는 길을 모색해야 한다.[9]

2007년 8월, 유엔인종차별철폐위원회(Committee on Elimination of Racial Discrimination)는 대한민국의 국가보고서를 심사하고 권고안을 제시했다. 요지인즉, '혼혈(mixed blood)'이라는 인종차별적 표현을 지양하고 '단일민족국가'라는 표현을 자제해줄 것을 권고했다.[10] 실제로

---

9 위의 글: 54.

10 이에 덧붙여 한국 안에 사는 모든 인종, 민족, 국가 그룹 간의 이해와 관용, 우의의 증진을 위한 인권의식 프로그램뿐 아니라 서로 다른 민족국가 그룹들의 역사와 문화에 관한 정보를 초중고 교과서에 포함시킬 것을 한국 정부에 권고했다. Concluding Observations

는 한국이 다민족국가인데도 단일민족이라는 착각 속에 살았다는 것을 간접적으로 지적한 것이다. 위원회의 이러한 지적은 가상현실에서 벗어나 현상을 직시하라는 충고이기도 했다.[11]

다문화 정책을 입안하는 과정에서 외국 이민자들은 이주 한국인의 현지 적응 과정을 탐구함으로써 역지사지의 교훈을 얻을 수 있다.[12] 1970년대 이후, 한국인의 해외 이민은 북미 지역에 집중되었고, 생계형 이민보다는 더 나은 삶의 질을 추구하여 이주한 경우가 압도적으로 많다. 미국, 캐나다와 같은 다문화 지향의 선진국이 겪은 경험들은 경제선진국의 문턱에 서 있는 우리나라에도 큰 시사점을 던져준다.

3. 한국 사회의 변화: 다인종, 다문화 사회

1990년대 이래, 우리나라도 다른 나라들과 마찬가지로 다인종, 다문화 사회로 급속하게 이행하고 있으며, 이는 돌이킬 수 없는 추세가 되었다. 상품과 자본이 국경을 넘어 이동하듯이 살림터를 찾아 사람이 이동하는 것도 필연적인 현상이다.[13] 1994년까지 불과 10만 명 남짓하

UN.Doc. CERD/C/KOR/14(17 August, 2007). 또한 유엔인권이사회의 2008년 6월 27일, 보편적 정례보고서(Universal Periodic Review)에서도 한국의 법제에 강한 인종차별적 요소가 있음을 지적했다. 특히 외국인 노동자에 대한 차별이 존재함에도 보호조치가 미흡하다고 지적했다. 한국인의 인종차별은 피부색에 민감하다. 백인에 대해서는 관대하고 흑인에 대해서는 가혹하다. 미국 사회 내에서도 한국인의 인종적 편견이 '한흑(韓黑)'갈등의 중요한 원인을 제공해왔다는 정평이다.

11 김기봉, 앞의 글: 39.

12 박은정, 2007, 『다문화 사회에서 생각하는 모어교육: 이주가정과 국제결혼 가정을 중심으로』, 일지사.

13 안경환, 2009, 『법과 사회와 인권』, 돌베개: 136-139.

던 외국인의 숫자가 2007년 8월에 100만 명을 넘었고, 2010년 6월 발간된 행정안전부의 통계에 의하면 113만 9,283명에 이르렀다. 아직 전체 인구의 2% 수준이기는 하나, 2009년까지 연평균 25%의 급격한 증가율을 보여 가까운 장래에 우리 사회가 어떤 모습을 보일지는 쉽게 예측된다. 외국인의 체류 자격도 노동, 유학, 결혼 등 다양하다. 결혼 이민자 및 혼인 귀화자가 약 18만 명이고 여성이 그중 89.2%를 차지한다. 신규 결혼의 약 12%가 국제결혼이다. 외국인의 집단 거주 지역도 늘어난다. 한 예로 '국경 없는 마을', '다문화 특구' 등의 별칭을 가진 안산시 원곡본동의 경우에 주민 1만 7,000명 중 62%가 외국인이다.[14]

언론도 이러한 급격한 사회 변화에 민감하게 반응한다. 연예인이나 외국어 강사 등 개인적 차원의 활동을 산발적으로 보도하던 종전의 수준을 넘어, 보도의 일상화, 정례화로 탈바꿈했다. 다문화 가정의 삶을 다루는 〈러브 인 아시아(Love in Asia)〉나 젊은 외국 여성들의 애교어린 말로 시청자를 사로잡는 〈미녀들의 수다〉 등 텔레비전 프로그램이 높은 시청률을 확보하면서 황금시간대에 편성되었다. 영화 〈완득이〉(2011)로 큰 성공을 거두기 이전에는 그저 국가인권위원회가 제작한 다수의 단편영화들이 다문화 가정의 이야기를 주제로 삼았을 뿐이다.

외견상 중립 내지 우호적인 표현인 '다문화'라는 말도 사용자나 수용자의 의도나 심리 상태에 따라 차별적인 언어가 될 수 있다. 한 연구자는 '다문화 사회 십계명'을 제안하여 "다문화 가족을 온정적으로 대하지 말라", "우리의 문화를 강요하지 말라", "다문화 가족으로 부

14 김미선, 2010, 「다문화 가정 자녀의 '교육권리': 다문화 가족지원법을 중심으로」, 한국교원대학교 석사학위논문.

르지 말라"도 포함시켰다.[15] 편견과 정서적 거리를 줄이기 위해 고안한 '장애우'라는 단어를 더욱 혐오하는 장애인도 많다는 사실도 주목할 필요가 있다. 미국에서 '니그로(Negro)'라는 어휘는 특수한 역사적 의미를 가진다. 흑인이 스스로를 지칭할 때는 민권운동의 승리라는 영광된 역사의 증인으로서의 흑인이라는 뜻이 함축되어 있다.[16] 그러나 백인의 입장에서는 절대로 사용해서는 안 되는 금단의 어휘이다.

4. 우리나라 다문화 정책의 기조

1970년대 이후 가속된 세계적 이주 현상에 대한 이론적 탐구가 활발히 이루어져 많은 연구 성과들이 누적되어 있다. 이주민의 정착국(수용국)이 지향하는 정책 유형은 일반적으로 '차별배제 모델', '동화 모델', '공존 모델'로 분류된다. 차별배제 모형은 국가가 특정 경제 영역에만 외국인의 이민을 받아들이고 복지, 문화, 사회적 영역에서는 외국인의 정착을 원천적으로 차단한다. 동화 모델은 1960년대 이전의 미국의 '용광로(melting pot)' 정책에서 보듯이 이민자가 출신국의 언어, 문화, 사회적 특성을 포기하고 주류 사회의 일원이 되는 것을 이상으로 삼는다. 공존 모델은 이민자가 사신의 문화를 지키는 것을 인정하고 장려한다. 이는 소수민족의 전면적 동화가 아니라 '공존'에 목표를 두는 정책으로 속칭 '샐러드 볼(salad bowl)', '인종적 모자이

15 김범수, 2010, 「엄마, 내가 왜 다문화야? 내 이름은 부르지 않고」, 『다문화 사회 십계명』, 리북: 109.

16 "nigger에서 black에 이르기까지 백 년, 그리고 black에서 negro까지 백 년"이라는 흑인 민권운동의 구호가 있다.

크(ethnic mosaic)', 또는 '무지개 연합(rainbow coalition)' 정책 등등으로 불리기도 한다.[17]

이 분류에 따르면 우리나라는 전통적으로 차별배제 모델을 기본 정책으로 채택해왔다. 근래에 들어와 세계적인 추세와 국제규범의 권고를 적극적으로 수용하여 공존의 모델로 전환해야 한다는 주장이 학자들 사이에 일고 있다. 국가 정책과 대중의 여론도 이러한 주장에 원론적인 관심을 보이지만 구체적 정책으로 구현하는 데는 인색하다. 일반 국민의 의식도 외국인에 대한 추상적 관대함을 보이나 구체적 상황에서는 차별과 배제를 용인하는 이중적 윤리를 보인다.[18] 서울시 구로구와 영등포구에 형성된 '조선족 마을'(옌볜 거리)에서도 외국인(조선족)과 내국인(한국인)이 서로를 배제하는 양상이 자주 목격된다.[19]

공존형 모델은 다문화주의를 추구한다. 미국, 캐나다, 호주, 일부 유럽 국가처럼 지속적인 이민으로 자국민을 충족하는 나라에서는 이민자를 포함한 국가공동체 구성원의 기본권을 차별 없이 보장하는 정책을 취한다.[20] 1848년 베스트팔렌 조약 이래 구축되어온 근대 민족국가의 동질성의 틀을 깨는, 초국가적 이주자들의 등장으로 새로운 국민의 개념을 구축해온 것이다. 무엇보다 다문화주의는 인종, 국적, 연령, 성별 등으로 인해 개인의 문화적 권리가 침해받지 않도록 세계인권선언, 사회권 규약, 그리고 각국의 헌법(평등권)이 보장하는 정책을 구현

17 김은미 · 양옥경 · 이해영, 2009, 『다문화 사회, 한국』, 나남: 32-34.

18 위의 책: 86.

19 위의 책: 72-74.

20 미국 연방헌법은 전문에서 '우리들 인민(We the people)'으로 시작하고 정부의 문장은 '여럿에서 하나로(plubribus unum, the one from many)'를 각인함으로써 건국 당시부터 다문화 정책을 표방한 것으로 이해할 수 있다.

한다. 기존의 주된 이주민 담론이었던 '동화주의'를 지양하고 다양성의 공존이라는 새로운 패러다임을 제시한 것이다. 그러나 20세기 말 들어 신자유주의적 경제위기와 종교 갈등이 심화되면서 많은 나라에서 민족주의 정서가 재부상하는 양상을 보인다. 역설적이게도 다문화주의를 공식으로 채택했던 서구의 나라들에서 폐지의 논의가 한참일 때 단일민족국가임을 표방해온 우리나라에서 다문화주의 담론이 유행하기 시작한다는 흥미로운 관찰도 있다.[21]

독일은 120년 전 빌헬름 2세 시대에 이미 터키로부터 이주 노동자(Gastarbeiter)를 수입했다. 다소의 부침이 있었으나 종국에는 독일 문화와 터키 문화를 합한 제3의 문화를 발전시키는 데 성공했고, 이러한 결실은 다소 경직되었던 독일 사회를 유연하게 만드는 데 상당히 기여했다.[22]

우리가 특히 유념할 사항은 탈북자, 새터민 문제에 대한 다문화적 접근이 필요하다는 사실이다. 국제법적으로 볼 때 북한은 엄연한 독립된 주권과 영토를 보유한 국가이다. 이 원리에 따르면 대한민국의 입장에서 북한은 엄연한 외국이고 북한 땅은 외국영토가 된다. 1991년 남, 북한이 동시에 유엔에 가입하면서 이미 두 나라 정부 사이에 이 점에 대해 합의 내지는 양해가 존재한 것으로 받아들인다. 그러나 우리나라 헌법은 여전히 원래의 영토조항을 고수한다: "대한민국의 영토는 한반도와 그 부속도서로 한다(헌법 제3조)."[23]

---

21 정현주, 2012. 1, 「베트남신부는 세계화의 하녀일까, 첨병일까?」, 『신동아』: 480-490.

22 박경서, 2012, 『인권이란 무엇인가: 박경서의 교양학 강의』, 이화학술원: 88.

23 이 영토조항은 장래 북한 정권이 붕괴하고 흡수통일이 이루어질 경우에 별도의 헌법 개정이 따르지 않아도 이 조항을 바탕으로 북한 지역을 다스릴 수 있다는 상징적 의미는 있다. 그러나 1972년 7월 4일, 7 · 4 남북공동성명 이래 남북한 사이에 합의한 일련의 문서와 이를 뒷받침하는 법률들은 헌법문언의 효력을 사실상 정지시켰다. 한편 1990년에

또한 탈북자에게는 동포라는 특별한 관념이 얽혀 있고 순수한 외국인과는 다른 특수한 법적 지위를 부여한다. '악의 소굴을 피해 선의 땅으로 탈출한' 새터민에게는 공존 정책을 고려하지 않고 오로지 동화 정책으로 일변하고 있다. 그러나 이들에게도 다문화적 관점에서 접근하면 실용적 지혜가 배양될 수 있으리라 판단된다. 문화적, 이데올로기적 배경이 현격하게 다른 남한 사회에 적응하기 위해 그들에게 요구되는 각종 지원책은 동포라는 감상적 추상성을 극복할 때 더욱 현실적 효용을 보유할 것이다.

5. 다문화 정책의 기본 법제

우리나라의 다문화 정책을 뒷받침하는 기본 법제로 재한외국인처우기본법(2007)과 다문화가족지원법(2008)을 들 수 있다. 2007년에 제정된 '재한외국인처우기본법'은 종전에 각 부처별로 시행하던 외국인 관련 정책을 종합적으로 체계화하기 위해 제정되었다. 이 법에 따라 법무부가 5년 단위로 기본 계획을 수립하고,[24] 이 기본 계획을 바탕으로 각급 중앙행정기관과 지방자치단체는 연도별 세부 계획을 수립

제정된 이래 13차례 개정을 거듭한 "남북교류 협력에 관한 법률"은 "남한과 북한 간의 거래는 국가 간의 거래가 아닌 민족 내부의 거래로 본다"라고 규정한다. 또한 북한 주민이 북한 지역을 벗어나서 대한민국 국민이 되고자 하는 의사를 밝히면 국민에 준하는 보호를 제공할 수 있고, 대한민국 영토 내에 들어오게 되면 용이하게 국적을 취득할 수 있다. 이렇듯 다양한 규범을 종합해보면 북한은 대한민국의 일부도 아니고, 그렇다고 해서 완전한 외국도 아닌, 특수한 존재로 파악할 수 있다.

24 법무부가 정책의 주관 부서가 되는 점이 다문화 정책의 한계를 내포하고 있다. 법무부의 기본 관점은 외국인을 관리와 통제의 대상으로 상정할 뿐 종국적인 통합의 대상으로 수용하지 않음을 보여주었다.

한다. 국무총리를 장으로 하는 외국인정책위원회가 구성되어 각 부처가 수립한 주요 정책을 심의 · 조정한다. 이 법은 특히 결혼 이민자 및 가족의 정착 지원에 비중을 둘 것을 천명한다.[25] 정부는 매년 5월 20일을 '세계인의 날(Together Day)'로 지정하였고, 2010년 7월 26일 이명박 대통령은 라디오 방송을 통해 다문화 사회를 수용하고 적극적 참여를 요구하는 '다문화 선언'을 발표했다.[26] 이듬해 시행된 다문화가족지원법은 "다문화 가족"의 정의를 결혼 이민자 가족으로 한정하였으나, 2011년 개정으로 범주를 확대하였다. 결혼 목적이 아닌 외국인 근로자, 북한 이주민, 유학생 등, 당초 지원 대상에서 제외되었던 외국인도 정책의 수혜자가 될 여지를 남겨두고 있다. 그러나 한 연구자의 지적대로 한국의 다문화주의 담론과 정책은 여전히 결혼 이주 여성과 그 가족을 주요 대상으로 한다.[27] 특히 외국인 아내와 한국인 남편으로 구성된 가족을 주된 대상으로 삼는다. "한국에서 이주 여성은 시부모를 봉양하고 살림과 육아에 뛰어난 '전천후 며느리'가 되어야 한다." 또한 결혼 이주 여성의 75%가 수도권에 거주하지만 정부의 정책은 농촌 거주자에 초점이 맞추어져 있다.[28] 결혼 이주자는 전체 국내 거주

---

25 특히 "결혼 이민자 및 그 자녀, 영주권자, 난민 지위를 인정받은 자 등 정주하는 외국인 등의 사회적응 교육을 지원하고 이들에 대한 불합리한 차별 방지와 인권 옹호를 위한 정부의 교육, 홍보 노력을 포함한다"고 규정한다. "재한 외국인"의 정의를 '대한민국의 국적을 가지지 아니한 자로서 대한민국에 거주할 목적으로 합법적으로 체류하는 자'(법 2조1항)에 한정한다.

26 직전에 일어난 베트남 출신 결혼 이주 여성의 불행한 죽음을 계기로 비등하는 국내외 비판적 여론에 대한 최소한의 반응이었다.

27 김미선, 앞의 논문. 유사한 관점에서 이 법의 문제점에 대한 종합적인 분석으로는, 최경옥, 2011. 2, 「한국의 다문화 가족지원법상 이주근로자와 그 가족의 기본권」, 『공법학연구』(제12권 제1호), 한국비교공법학회: 21-62.

28 김은미 외, 앞의 책: 114.

외국인 113만 명의 약 14%(18만)에 불과하다. 나머지 86%를 구성하는 이주 노동자, 유학생, 전문직 외국인 노동 인력은 물론, 우리 사회에서 오래된 이민자이자 박해의 표적이던 화교도 다문화 가족 지원 대상에서 제외된다. 또한 해석론에 따라서는 그 범위가 지나치게 축소 또는 확장될 우려가 있어 개정의 필요성이 제기되어 있다.[29] 이주자 개개인의 내면적 동기나 특성에 대한 관심과 배려는 존재하지 않는다. 따라서 무엇보다도 이들의 정착을 돕기 위한 한국인 멘토 프로그램과 함께 선주(先住)의 경험을 가진 동일 민족을 중심으로 한 자조집단 모임의 활성화가 필요하다는 지적이 있다.[30]

6. 다문화 국민의 인권

인권이란, 인간이라는 초국가적 존재론에서 출발한 개념이다. 그러므로 엄밀한 의미에서는 인권 앞에 국적이란 존재하지 않는다. 인권은 국가주권과 모순되고 상충할 수밖에 없다. 그러나 세계주의라는 현실의 중간 어디쯤에 유엔을 통한 국제주의적 접근 방식이 자리 잡고 있다.[31]

대한민국은 고전적인 국민국가의 예에 따라 자국에 체류하고 있는 사람을 국민과 비국민으로 준별하고, 비국민을 합법 체류자와 불법 체류자로 양분하여 각각의 분류에 따라 다른 대우를 한다. 국제사회에

29 이경희, 2010. 2,「다문화가족지원법의 문제점과 개선방향: 다문화 가족의 정의 및 범위를 중심으로」,『법학논고』(제32집), 경북대학교 법학연구원: 509-536.

30 김은미 외, 앞의 책: 119; 159.

31 조효제, 2007,『인권의 문법』, 후마니타스: 237-275.

서 일찍부터 수용되어온 '난민(refugee)'의 개념도 최근에 들어와서 비로소 제한적으로 인정한다.[32]

마셜(T. H. Marshall)의 고전적 이론에 따르면 '시민권(citizenship)'의 구체적 내용은 사회적 조건의 성숙에 따라 순차적으로 발전, 확장된다. 즉, 정치적 권리, 시민적 권리가 상당한 수준에 다다른 연후에 비로소 사회권에 대한 본격적 논의가 이루어질 수 있다는 것이다. 이론을 탄생시킨 배경이 된 영국 사회의 발전 단계에 비추어볼 때 강한 설득력을 보유하고, 유사한 과정을 거친 서구 사회에서는 대체로 수용되었다. 즉 민주주의와 자본주의 시장경제의 발전 과정에서 발생하는 계급, 노동의 문제를 연관시킴으로써 민주주의가 시민권의 개념을 확대하는 과정을 통해 발전하고 사회 통합을 이루었다는 결론을 내린다.[33]

그러나 20세기 후반 극도의 단시일에 유례없는 압축 성장을 이룬 한국의 경우는 마셜이 주목한 정치적, 시민적 권리와 사회적 권리의 정착 사이에 유지되던 일정한 '숨고르기' 시차의 여유가 없다.[34] 2012년 선거를 계기로 전면에 부각된 복지 논쟁도 숨고르기 시차에 관한 입장 차이에 기인한다. 전통적인 국민 관념에 입각하면 사회권은 모든 시민이 당연히 누리는 '권리'가 아니라, 국가가 자국의 시민에게 부여하는 '특권'일 뿐이다. 시민은 국가에 대해 적극적으로 요구할 법적 권

---

32 반면 대한민국 국민이 외국에 난민으로 망명하는 사례는 적지 않았다. 근래에 들어와서는 정치적 사유 이외의 난민이 등장하여 주목을 받고 있다. 2012년 1월, 캐나다 정부가 한국인 동성애자의 난민을 인정하였다. 이런 추세를 감안하면 우리나라가 형사범죄로 규정하는 '양심적 병역거부자'에 대해서도 난민의 지위가 인정될 가능성이 농후하다.

33 Thomas. H. Marshall, 1965, *Social Policy in the Twentieth Century*, Hutchinson University Press; 최장집, 2009, 『민중에서 시민으로: 한국 민주주의를 이해하는 하나의 방법』, 돌베개: 204-205.

34 안경환, 1999, 「헌정 50년과 자유와 평등의 이념」, 서울대학교 『법학』(50권 2호): 4-26.

리가 없고, 따라서 사법절차를 통해 구제받을 수 없다 그러나 이러한 구래의 관념에 대해 강력한 반론이 제기되고 있다.[35] 국민의 사회권은 국가의 복지 정책을 통해 구현된다. 이민으로 새로이 국민 자격을 취득한 다문화 가족도 국가에 재정적 부담을 지우는 복지 정책의 수혜자로서 동등하게 허용할 것인가 하는 판단은 원주국민들의 인식과 심리적 여유에 달린 문제이기도 하다.

다양한 연구가 다문화 이주민이 내국인에 비해 심한 인권침해와 차별의 대상이 되고 있음을 입증한다.[36] 한 예로 외국인이 국가인권위원회에 접수한 진정이 전체의 5%에 달한다는 통계가 있다. 일반적으로 외국인은 권리의 주장에 수동적이라는 상식을 감안하면 국내에 거주하는 외국인의 비율(2%)에 비춰볼 때 이는 매우 높은 비율이다. 그만큼 우리 사회에서 외국인, 이주민의 지위가 취약하다는 것을 반증해준다. 또한 다문화 가정의 이혼을 보면, 한국인 커플에 비해 협의이혼의 비율이 현저하게 낮음을 알 수 있다. 협의이혼보다는 "재판을 통한 이혼을 선호하는 이유는 협상력이 약하고 이혼 후의 경제적 상태에 대한 불안 심리"[37] 때문이라고 어느 연구는 밝히고 있다.

35 안경환, 2009, 앞의 책.

36 김범수 외 편, 2007, 『다문화 사회 복지론』, 양서원: 103-118.

37 박은경, 2012. 3, 「다문화 가정 이혼 급증실례: 이혼 열 쌍 중 셋이 다문화 가정」, 『신동아』: 209-215. 다문화 부부의 이혼은 2006년 3,933건에서 2010년 7,904건으로 급등했다.

7. 다문화 사회의 교육: 언어와 종교

민주시민은 태어나는 것이 아니라 만들어지는 것이다. 교육은 민주시민을 배양하는 과정이며, 평생의 투자이다. 교육은 인권으로서의 문화권의 일부이기도 하다. 이는 개인적 권리인 동시에 집단적 권리이다. 세계인권선언(The Universal Declaration of Human Rights) 26조[38]와 경제, 사회, 문화적 권리에 관한 국제규약(사회권규약 ICESCR) 제13조 및 제15조가 보장하는 권리이다. 이 권리 속에는 자신의 모국어로 작품을 창조하고 배포할 권리, 문화적 다양성의 존중을 위한 양질의 교육과 훈련을 받을 권리, 자신이 선택한 (집단의) 문화적 생활에 참여하고 문화적 실천을 행할 권리를 포함한다.

유네스코 교육차별금지협약은 인종, 성, 언어, 종교… 등등을 이유로 하는 교육의 차별을 금지한다.[39] 이러한 기본 원칙에 의거하여 수많은 세부적인 국제선언과 지침이 만들어졌다. 2005년의 라바트 협약(The Rabat Commitment)은 이미 시행된 각종 연구 및 사업을 토대로 하여 문화와 교육을 연관지어 교육현장에서 실시할 가이드라인을 만들 것을 권고하였다.[40] 유네스코는 이에 따른 가이드라인을 정립해나가고 있다.

한국 사회는 세계에서 유례가 드문 교육열의 도가니이다. 학원의 성행, 세계 최고 수준의 대학 진학률, 자녀 교육을 위한 이민, 조기유

38 "교육은 인간 개개인의 충분한 인성 개발, 인권과 기본적 자유에 대한 존중을 강화하는 방향으로 시행되어야 한다.… 이어서 모든 국가, 인종이나 종교집단 간의 이해와 관용, 그리고 우의 및 유엔의 평화유지 활동을 촉진해야 한다(제26조 2항)."

39 제1조, 제4조.

40 유네스코 아시아태평양 국제이해교육원 엮음, 2008, 『다문화 사회와 국제이해교육』, 동녘: 205.

학, '기러기 가족' 등 한국의 특유한 현상들이 모든 국민을 유소년 시절부터 극심한 경쟁으로 몰아넣는다. 대학 진학을 위한 교육의 열기에 가리어 아동의 신체적 · 정신적 발달은 관심의 뒷전으로 밀려난다. 유엔 아동권리협약(Convention on the Rights of Children)은 성장기 아동에게 가장 중요한 교육의 관점은 발달임을 강조한다.[41] 그러나 세계의 거의 모든 나라가 가입한 아동권리협약의 규범력은 고사하고 이 협약의 존재 자체도 모르는 교사나 학부모가 적지 않다.[42]

한국 사회에서는 다른 어느 나라에서보다도 교육이 사회적 신분으로 직결되는 경향을 보인다. 다문화 가정의 자녀에 대한 교육에 있어 유념해야 할 점은 외국 태생의 모(또는 부)의 모국어 교육에 대한 지원이 필요하다는 것이다. '동화' 대신 '공존' 모델로 정책 전환을 도모하려면 무엇보다 이주민에 고유한 언어와 문화의 뿌리에 대한 자긍심을 심어주어야 할 것이다. 한국인과 한국 사회는 이주민들의 모국 문화에 대해서는 관심을 가지지 아니하고 이들에 대한 교육은 한국어, 한국 문화 등 한국 사회로의 동화에 초점을 맞추고 있다.[43]

그러나 경쟁이 심화일로를 걷고 있는 요즈음 학교 교육은 이들이 상급학교에 용이하게 진학하도록 도움을 주지 못한다. 현재의 제도 아래서는 문화적, 경제적 여건이 열악한 다문화 가족의 자녀들이 사회적

---

41 29조 1항 "당사국은 아동교육이 다음의 목표를 지향한다는 데 동의한다. a. 아동의 인격, 재능 및 정신적 신체적 잠재력의 최대 개발."

42 김민아, 2010, 『인권은 대학 가서 누리라구요?』, 끌레마.

43 외국어 교육에 대한 지원의 예는 프랑스인이 집단적으로 거주하는 '서래마을' 주민의 프랑스어 교육을 서울 서초구청이 지원하는 것이 거의 유일하다(김은미 외, 앞의 책: 65-68). 그러나 이 예를 다문화 정책의 선례로 삼기에는 무리가 있다. 이들 프랑스인들은 대부분 한시적으로 체류하는 사람으로 '정주' 외국인으로 보기 어렵고, 이들이 한국어를 배우려는 노력을 하기보다는 오히려 주민에게 프랑스어 교육을 지원하는 양상을 띠고 있다. 우리 사회에 오래전부터 전승되어온 서구어에 대한 호의가 결합되어 있다.

약자, 소외자가 될 가능성이 매우 높다. 이민자의 욕구 중에 의사소통의 욕구에 뒤이어 자녀의 양육, 교육 및 의료서비스의 접근이 가장 높은 비율을 보였다.[44] 이혼 시에도 마찬가지 양상을 보인다.[45] "이주 노동자 자녀의 방과 후 생활은 부모의 경제력에 따라 차이가 많이 난다." 따라서 부모의 출신국인 모국과 한국 사이에서 제3의 정체성과 문화적 공간을 만들어나가는 이주 노동자의 삶은 한국 정부의 정책에 따라 결정될 운명이다.[46] 또한 학교공동체에서 이들이 느끼는 정서적 소외감은 심대하다. "우리나라 학생들은 자국 경제에 대한 자부심이 넘치고 외국 문물에 대해 배타적인 태도를 가진다. 서울 소재 중고교생을 대상으로 한 연구에서 중학생이 고등학생보다 한국에 대한 자긍심이 높고 다문화 집단에 대해 더욱 부정적"이라는 연구결과가 있다.[47]

그러나 크게 보면 외국인에 대한 무지와 편견이 사회적 교육을 통해 점진적으로 해소되어 가고 있는 추세이다. 예를 들어 한국표준원의 결정에 의해 유치원생과 초등학생용 크레파스에 '살색'으로 명명되었던 것이 옅은 '살구색'으로 바뀌었고, 2009년 말, 병역법의 개정에 따라 피부색을 이유로 현역 입대가 면제되었던 국민에 대해서도 징병의 의무가 부과되었다.

이주 노동자의 문제는 전 세계 경제선진국이 공통으로 당면하고

44 김은미 외, 위의 책: 158.

45 여성가족부의 이주여성 긴급지원센터나 서울가정법원의 '외국인 소송구조 지정변호사제도'가 이 문제의 심각성을 인식한 제도적 반응이다.

46 한건수, 2008, 「국내체류 이주 노동자 자녀 및 청소년 이주민의 삶과 정체성」, 유네스코 아시아태평양 국제이해교육원 엮음, 『다문화 사회의 이해: 다문화 교육의 현실과 전망』, 동녘: 52-84.

47 이동엽 외, 2012, 「한국 중고등학생의 다문화 교육에 관한 연구」, 한국문화관광연구원, 『문화정책논총』(26집 1호): 256-278.

있는 현안이다. 유엔이 성안한 이주민권리협약[48]은 현재까지 인력송출국만 가입한 반면, 유입국은 한 나라도 가입하지 아니한 상태이다. "우리는 노동력을 불렀다. 그런데 사람들이 왔다."[49] 스위스의 소설가 막스 프리슈(Max Frisch)의 이 유명한 문구는 이주 노동자에 대해 어떤 정책을 취할 것인지를 단적으로 가르쳐주는 경구이다.

한국 사회가 이룬 고도성장의 배경에는 서구의 많은 나라들이 직면했던 종교와 인종적 갈등의 부담을 지지 않았다는 숨은 이유도 있다. 그러나 근대에 들어와 종교적 갈등의 징후가 드러나면서 장래에 대한 불안을 가중시킨다. 특히 새로운 종교, 이슬람 신앙에 대한 한국인의 무지와 편견은 다문화 사회를 지향하는 한국 사회의 큰 걸림돌이다. 이슬람은 전 세계에서 가장 빠른 속도로 성장하는 종교다. 현재 전 세계 57개국에 거주하는 무슬림은 15억 명을 상회한다. 이슬람은 아시아의 주요 종교가 되었으며 미국에도 약 700만 명의 신도가 살고 있다. 석유매장량과 생산량의 선두를 차지하는 중동 지역에 세계경제의 이해가 집중되고, 무력분쟁이 심화되면서 세계의 정치 기상도는 기독교(유대교 포함) 대 이슬람의 종교적 색채를 띠게 되었다. 당초 기독교에 대한 개혁종교로 탄생한 이슬람은 지구상에서 가장 많은 오해를 받는 '야만의 종교'이다.[50] 2007년 7-8월 아프가니스탄에서 일어난 한국 기독교 선교단 납치 살해 사건의 예에서 보듯이 순수한 교육, 의료봉사, 사회봉사를 넘어선 '공격적 선교 활동'의 부작용이 더욱 이슬

48 International Convention on the Protection of the Rights of All Migrant Workers and Members of Their Families(adopted by General Assembly resolution 45/158 of 18 December, 1990).

49 "Man hat Arbeitskräfte gerufen, und es kamen Menschen." A. J. Sewier, 1965, "Vorwort", Siamo Iralianie: 7. 김기봉, 앞의 글: 57에서 재인용.

50 프랜시스 로빈슨 외, 2002, 손주영 외 역, 『케임브리지 이슬람사』, 시공사: 제2장.

람에 대한 오해를 가중시킨다.[51] 근래 들어 여성 할례 금지나 복장 규제 등 서구에서 일어나고 있는 이슬람에 대한 문화적 제재는 반인권적 원시종교에 대한 문명의 인도적 개입으로까지 인식된다. 대학에서 진지하게 이슬람 문제를 다루는 학술대회가 열리는 것도 매우 드물어 오해나 선입견을 바로잡을 기회를 갖기 어렵다.[52]

우리나라는 오랜 세월에 걸쳐 유럽을 중심으로 형성되어온 이슬람에 대한 편견을 고스란히 이어받았다. 근래에 들어 확산되고 있는 기독교의 간접적인 영향도 있을 것이다. 흔히 기독교 문화 혹은 문학 속의 명판결로 인식되어온 셰익스피어 「베니스의 상인」의 '인육재판'도 다른 측면에서 관찰할 필요가 있다. 포셔의 판결은 샤일록의 입장에서는 부정의이다. 샤일록은 외국인, 소수 종교인, 그리고 오랜 세월에 걸쳐 누적된 모욕, 차별, 불공정 행위의 희생자였기에,[53] 법절차를 통해 복수하겠다는 생각을 가질 수 있다. 그가 '잘못된' 생각 때문에 받는 제재는 너무나 가혹하다. 그는 그동안 그를 지탱해준 믿음을 포기하고 개종할 것을 강요당한다. 이 작품에 흐르는 기독교 중심의 윤리를 언급하는 것조차도 정통 영문학에 대한 모독으로까지 인식될 수 있다. 이슬람에 대한 막연한 편견이 극대화되면 샤일록에 대한 개종 요구를 정당한 것으로 수용하는, 매우 위험한 결과가 초래될 수 있다.

---

51 황병하, 2008, 「다문화 사회와 종교-이슬람 종교를 중심으로」, 유네스코 아시아태평양 국제이해 교육원 엮음, 『다문화 사회의 이해-다문화 교육의 현실과 전망』, 동녘: 333-372.

52 "Life Culture of Muslim Families", International Symposium of Multicultural Ecology Center(서울대학교 다문화생활교육센터, 2013. 12. 13). 인도네시아와 북모잠비크의 경험을 제한적으로 다룬다.

53 안경환, 2012, 『법, 셰익스피어를 입다』, 서울대학교출판문화원: 제3장.

8. 맺는 말

셰익스피어의 명작 「오셀로」는 다인종, 다문화 사회의 혼인에 대한 경구를 담고 있다. 17세기 초, 이제 막 르네상스를 경험하고 있는 런던 사람들의 눈에 비친 선진 사회 베니스의 모습이다. 이 도시국가는 「베니스의 상인」에서 보듯이 외국인, 이교도에게도 최소한 경제 활동의 자유와 법제도에의 접근을 보장했다. 오셀로와 데스데모나, 두 주인공의 인종과 국경을 초월한 숭고한 사랑이 결혼의 파탄으로 결말나는 것은 비극이다. 그 비극은 예정된 것이다. 데스데모나는 오셀로가 이방인이며 흑인이라는 이질성에 대한 본질적인 이해도 없이 전쟁과 모험으로 점철된 낭만적 생애의 영웅을 사랑했다. 그녀에게 세계인은 모두 한겨레요, 모든 인종은 단일한 혈통이다. 그녀는 "천사 같은 순결한 마음으로 빛나는" 영혼이기에 "이 세상에서 가장 고귀한 영웅"을 만나자 앞뒤를 가리지 않고 사랑에 빠지고 그 사랑으로 인해 목숨을 잃는다.[54] 오셀로의 경우도 마찬가지다. 미개한 환경과 전장에서 잔뼈가 굵은 무골인 그는 이아고와 같은 야비한 인간이 생산되는 문명사회의 치부를 꿰뚫어보지 못한다. 낭만인의 사랑만으로는 엄연한 현실인 혼인을 지속할 수 없다.

낭만적인 사랑보다 현실적 조건 때문에 맺어진 결혼이 유지하기 더 쉬울 수 있다. 흔한 말로 보듬고 살면서 서로를 존중하고 이해하는 가운데 건전한 생활인의 사랑이 배양된다. 현실적 조건에 대한 냉정한 이해와 인식 아래서만 극복될 수 있다. 다문화 정책의 다양한 세부적 주제에 걸쳐 많은 연구가 수행되고 있다. 외국인의 범죄를 집중 분석

54 위의 책: 263-289.

하는 연구가 있는가 하면,[55] 가정폭력을 다룬 연구도 있다. 정부 각 부처의 중복, 상충되는 정책 집행을 피하기 위한 예산의 효율적 배분을 제안한 연구도 있다.[56]

그러나 무엇보다 중요한 것은 사람들의 마음가짐이다. 다문화 정책의 핵심은 차이를 차별로 연결짓지 않는 관용과 포용이다. 대한민국 초대 인권대사를 역임한 박경서는 "B&B(Between and Beyond)"라는 국제 표어를 강조한다. 그리하여 "평화, 정의, 인권, 환경 보존을 핵심으로 삼는 '지속 가능한 발전(sustainable development)'"[57]을 도모해야 한다고 역설한다.

이웃 나라 일본의 선례에서 타산지석의 교훈을 얻을 수 있다. 한때 눈부신 경제성장과 더불어 정돈된 일상 질서를 경이로운 눈으로 바라보며 특히 미국은 '최고 일본'으로부터 배워야 한다고 역설한 학자가 있었다.[58] 바로 그 일본이 세계의 주류 세력에서 밀려날 조짐이 보인다. "인구가 줄고 있는 일본 사회는 특유한 배타성, 폐쇄성 때문에 점점 국제사회에서의 위상이 낮아지고 있다. 폐쇄성이 주된 이유의 하나일 것이다. 일본의 침체는 과거의 장점이 현재의 약점으로 작용하기 때문이다. 관주도형 성장, 정-관-업의 결탁, 제조업 마인드, 배타성, 미국 일변도, 국제 무대 저자세 등 일본의 현재 모습은 우리의 장래 모습일 수 있다. 정경유착, 재벌 중심의 경제구조, 양극화, 다문화에 대한 배타적 태도, 지금 우리가 자부하는 한류의 세계적 열풍이나 한국 전

55 김태복 · 신상민, 2011, 「한국 다문화 사회의 이해와 범죄 대응방안」, 『한국치안행정논집』, 한국치안행정학회. 폭력의 경찰신고, 외국인 전담부서를 제안한다.

56 마경희, 2011. 12, 「범부처 다문화 사회 정책 예산 분석」, 한국여성정책연구원.

57 박경서, 앞의 책: 148.

58 Ezra F. Vogel, 1999, *Japan as Number: Number One: Lessons for America*, IUniverse.

자제품의 세계시장 석권은 일본이 1980년대에 이미 경험한 것과 유사하다."[59] 이러한 지적은 우리가 왜 내실 있는 다문화 사회를 지향해야 하는지를 점검할 때 새겨들을 만한 교훈을 담고 있다.

59 장제국, 2012. 3,「경제대국 일본의 추락: 날개가 없다」,『신동아』: 334-341.

학습 활동

1. 다음 글을 읽고 오늘날의 다문화 현상을 우리의 역사와 관련하여 토론해보자.

> 잘 알고 있는 것처럼 화약과 인쇄(목판인쇄), 나침반과 종이는 세계를 변화시킨 4대 발명품으로 전부 중국이 처음 만들었다. 종이는 그 이전에도 있었지만 한나라의 채륜이 A.D. 105년에 나무껍질 등을 사용하여 종이를 제조하는 방법으로 개량한 후 널리 전파되었다. 제지법이 우리나라에 들어온 것은 고구려 소수림왕 때인 372년에 불교의 전래와 함께 이루어진 것으로 알려져왔으나 낙랑고분에서 출토된 닥종이 뭉치 등으로 미루어보아 종이의 역사는 1600년 이상의 오랜 역사를 지닌 것으로 추정된다.
>
> 그러나 종이의 생산에 있어 중요한 점은 우리가 중국 종이를 그대로 모방하는 데 그치지 않고 더 낫게 계승 · 발전시키려는 노력을 기울였다는 것이다. 그 결과, 한지는 중국과 일본의 전통 종이인 선지나 화지에 비해 보존성이 우수하다.… 게다가 한지는 천연재료로 만들어져 자연의 질감을 그대로 갖고 있기에 마치 살아 숨 쉬는 듯한 생명감을 느낄 수 있다는 장점 또한 동시에 지녔다. 오늘날 서양식 기술과 제지법으로 만들어진 양지는 산성을 띠기에 50년에서 100년 정도가 되면 누렇게 변색되는 황화현상이 일어나며 삭이비리는 데 반해 한지는 세월이 가면 갈수록 오히려 결이 고와져서 오래 보존할 수 있다.
>
> 우리 종이의 이러한 장점들로 인해 통일신라시대에 만들어졌던 석가탑 속에서 발견된 '무구정광대다라니경'은 천 년의 세월을 견뎌올 수 있었다. 반면에 서양에서는 겨우 400년 된 종이제품이 한두 점 정도 남아 있을 뿐이라고 한다.
>
> 최용구 · 민윤 · 이향아 · 이광원, 2011, 『다문화 시대의 어린이 역사교육』.

(1) 옛날부터 우리나라는 다양한 민족, 다양한 문화와 교류하면서 발전해왔다. 오늘날 우리나라가 다문화 사회로 진전되어가는 현상을 역사적 맥락에서 해석해보자.

(2) 역사적으로 다양한 민족, 다양한 문화와의 교류 속에서 우리만의 새로운 문화를 창조하고 발전시켜온 다른 사례를 찾아 서로 이야기해보자.

2. 다음 글을 읽고 물음에 답하시오.

> 주민이 10만 명인 A도시에 거동이 불편한 장애인이 한 명 살고 있다. 시의회에서는 장애시민을 위한 조례를 제정하고 모든 관공서와 편의시설에 장애인용 승강기와 이동 장치를 설치하려 한다. 이 사업을 완수하기 위해서는 약 100억 원의 예산이 필요한데, 재원을 마련하기 위해서는 시민 1인당 10만 원의 세금을 추가로 부담해야 한다.
>
> 이 내용이 알려지자 시민들 사이에서는 찬반이 극명하게 나뉘었다. 그러나 다수의 시민들은 한 사람을 위해 편의장치가 불필요한 대다수의 시민들이 그 비용을 부담하는 것은 잘못된 일이라고 반대를 하였다. 일부 극렬한 반대자들은 장애시민을 다른 지역으로 강제 이주시켜야 한다고 주장하기도 하였다.
>
> 국가인권위원회, 2010, 『다문화인권교육 프로그램』: 9.

(1) 이 내용을 공리주의 관점과 인권주의 관점에서 보고, 각각의 타당성을 이야기해보자.

(2) 자신이 이 도시의 시민이라면 어떤 입장을 대변하겠는지 말하고 그 근거를 제시해보자.

참고문헌

김기봉. 2008. 「다문화 사회의 한국인 정체성과 한국사 다시쓰기」. 유네스코 아시아태평양 국제이해교육원 엮음. 『다문화 사회와 국제이해 교육』. 동녘: 41.

김미선. 2010. 「다문화 가정 자녀의 '교육권리': 다문화 가족지원법을 중심으로」. 한국교원대학교 석사학위논문.

김민아. 2010. 『인권은 대학 가서 누리라구요?』. 끌레마.

김범수. 2010. 「엄마, 내가 왜 다문화야? 내 이름은 부르지 않고」. 『다문화 사회 십계명』. 리북: 109.

김범수 외 편. 2007. 『다문화 사회 복지론』. 양서원: 103-118.

김은미 · 양옥경 · 이해영. 2009. 『다문화 사회, 한국』. 나남.

김정호. 2003. 『한국의 귀화 성씨: 성씨로 본 우리 민족의 구성』. 지식산업사: 136.

김태복 · 신상민. 2011. 「한국 다문화 사회의 이해와 범죄 대응방안」. 『한국치안행정논집』. 한국치안행정학회.

마경희. 2011. 12. 「범부처 다문화 사회 정책 예산 분석」. 한국여성정책연구원.

박경서. 2012. 『인권이란 무엇인가: 박경서의 교양학 강의』. 이화학술원: 88.

박은경. 2012. 3. 「다문화 가정 이혼 급증실례: 이혼 열 쌍 중 셋이 다문화 가정」. 『신동아』: 209-215.

박은정. 2007. 『다문화 사회에서 생각하는 모어교육: 이주가정과 국제결혼 가정을 중심으로』. 일지사.

박정희. 1963. 『나아 국가와 혁명』 하지출판사.

서울대학교 다문화생활교육센터. 2013. 12. 13. "Life Culture of Muslim Families." International Symposium of Multicultural Ecology Center.

안경환. 1999. 「헌정 50년과 자유와 평등의 이념」. 서울대학교 『법학』 50권 2호: 4-26.

———. 2008. 유네스코 아시아태평양 국제이해교육원 엮음. 『다문화 사회와 국제이해교육』. 동녘.

———. 2009. 『법과 사회와 인권』. 돌베개.

———. 2012. 2. 8. 「오랑캐들의 합창」. 『한국일보』.

———. 2012. 『법, 셰익스피어를 입다』. 서울대학교출판문화원.

———. 2013. 『좌우지간 인권이다』. 살림터.

이경희. 2010. 2. 「다문화 가족지원법의 문제점과 개선방향: 다문화 가족의 정의 및 범위를 중심으로」. 『법학논고』 제32집. 경북대학교 법학연구원: 509-536.

이동엽 외. 2012. 「한국 중고등학생의 다문화 교육에 관한 연구」. 한국문화관광연구원. 『문화정책논총』 26집 1호: 256-278.

이희근. 2008. 『우리 안의 그들: 섞임과 넘나듦 그 공존의 민족사』. 너머북스.

장제국. 2012. 3. 「경제대국 일본의 추락: 날개가 없다」. 『신동아』: 334-341.

정현주. 2012. 1. 「베트남신부는 세계화의 하녀일까, 첨병일까?」. 『신동아』: 480-490.

조효제. 2007. 『인권의 문법』. 후마니타스: 237-275.

최강민. 2006. 「단일민족의 신화와 혼혈인」. 『語文論集』(제35). 중앙어문학회: 288(김범수. 2010. 『다문화 사회의 십계명』. 리북: 223쪽에서 재인용).

최경옥. 2011. 2. 「한국의 다문화 가족지원법상 이주근로자와 그 가족의 기본권」. 『공법학연구』 제12권 제1호. 한국비교공법학회: 21-62.

최장집. 2009. 『민중에서 시민으로: 한국 민주주의를 이해하는 하나의 방법』. 돌베개: 204-205.

프랜시스 로빈슨 외. 2002. 손주영 외 역. 『케임브리지 이슬람사』. 시공사.

한건수. 2008. 「국내체류 이주 노동자 자녀 및 청소년 이주민의 삶과 정체성」. 유네스코 아시아태평양 국제이해교육원 엮음. 『다문화 사회의 이해: 다문화 교육의 현실과 전망』. 동녘: 52-84.

황병하. 2008. 「다문화 사회와 종교-이슬람 종교를 중심으로」. 유네스코 아시아태평양 국제이해 교육원 엮음. 『다문화 사회의 이해-다문화 교육의 현실과 전망』. 동녘: 333-372.

International Convention on the Protection of the Rights of All Migrant Workers and Members of Their Families(adopted by General Assembly Resolution 45/158 of 18 December, 1990).

Marshall, Thomas. H. 1965. *Social Policy in the Twentieth Century*. Hutchinson University Press.

Observations UN.Doc. CERD/C/KOR/14(17 August, 2007).

Sewier, A. J. 1965. "Vorwort." Siamo Iralianie: 7(김기봉. 2008. 「다문화 사회의 한국인 정체성과 한국사 다시쓰기」. 유네스코 아시아태평양 국제이해교육원 엮음. 『다문화 사회와 국제이해 교육』. 동녘: 57에서 재인용).

Vogel, Ezra F. 1999. *Japan as Number: Number One-Lessons for America*. IUniverse.

2장

다문화 사회와 다문화주의

박동열 서울대학교 사범대학 불어교육과

1. 들어가는 말: 이주의 시대

현재 전 세계 인구 중 약 2.5%가 이주민이다. 우리나라의 경우, 2011년 12월 31일 현재 출입국외국인정책본부의 통계에 따르면 총 1,395,077명으로, 전체 인구의 약 2.7%가 외국인이다.[1] 앞으로도 국경을 넘는 이주의 규모와 속도는 섬섬 가속화될 전망이다. 이러한 국제이주는 근대 이전에는 경제적, 종교적, 정치적인 원인으로 발생하였으나, 근대 이후에는 점차 서구 자본주의 세계체제의 형성과 더불어 매우 구조적인 차원에서 이루어지고 있다. 무엇보다 국가들 간의 임금과 고용

1 「출입국외국인 정책연감」, 2011: 185.

조건의 차이는 국제이주의 구조적 요인으로 크게 작용하고 있다.[2] 즉 이주민 송출국의 인구 과밀, 저임금, 고실업률, 경작지 부족 등으로 인한 빈곤은 국제이주의 배출요소로 작용하고, 이주민 수용국의 인구 감소, 경작 인구 부족, 가사노동력 부족 등은 이주의 흡입요소로 작용하여, 송출국은 물론 수용국의 경제성장에도 긍정적인 기여를 하기 때문에 국제이주는 보편적 현상이 되었다. 특히 수용국이 1차 노동시장과 2차 노동시장으로 분화된 이중노동시장(dual labor market) 구조일 경우, 가난한 국가의 노동자들이 육체노동이 주된 3D업종, 임시직, 기술 습득이 어려운 2차 노동시장으로 자연스럽게 편입되도록 유인하기 때문에 국제이주가 촉진된다. 또한 국제이주는 이와 같은 국가 간 산업의 구조적 요인 이외에도, 세계화의 물결, 선진국의 이주제도의 촉진 정책, 정보 통신 기술의 발전으로 인한 이주민들 간 연결망의 확산, 교통수단의 발전, 문화적 요인, 교육적 요인 등으로 말미암아 지속되고 있다.

한편, 국제이주 대상 국가는 주로 미국, 독일, 프랑스, 영국 등 경제 강국이며, 산유국 사우디아라비아나 자원부국 러시아, 그리고 구소비에트 연방의 해체로 인하여 이주민이 증가한 우크라이나, 인구 대비 광대한 영토를 가지고 있는 캐나다 등이다. 또한 국제이주민 수는 적으나 인구 대비 비율이 높은 국가도 찾아볼 수 있는데, 안도라, 마카오, 괌, 모나코, 카타르, 아랍에미리트 등이 이에 해당하는 국가이다. 이들은 인구의 60%가 이주민으로 구성되어 있는 국가들로서 대부분 도시국가이거나 산유국이다. 한편 이주민을 가장 많이 배출한 국가로

2 엄한진(2011: 38-41)은 국제이주에 관한 여러 이론을 통해 국제이주를 발생시키는 요인과 이주현상을 지속시키는 원인을 밝혔다.

〈표 2-1〉 대륙별 국제이주 현황(2010년)

대륙명	이주민 수(100만 명)	인구 대비 국제이주민 비율(%)
유럽	72.1	8.7
아시아	32.5	0.83
북미	57.5	6.1
아프리카	19.3	1.9
중동	26.5	18.9
오세아니아	6.0	16.8

〈표 2-2〉 이주 수용 국가 순위

순위	국가명	이주민(100만 명)	순위	국가명	이주민(100만 명)
1	미국	42.8	6	프랑스	6.7
2	러시아	12.3	7	영국	6.5
3	독일	10.8	8	스페인	6.4
4	사우디아라비아	7.3	9	인도	5.4
5	캐나다	7.2	10	우크라이나	5.3

*출처: 국제이주기구(http://www.iom.int/jahia/Jahia/about-migration/facts-and-figures, 최종 검색: 2012. 6. 18).

는 중국(3천500만 명), 인도(2천만 명), 필리핀(700만 명) 순이다. 〈표 2-1; 2〉는 2010년 대륙별 국제이주 현황과 이주국가 순위이다.

우리나라에서도 일부 중소기업의 인력 부족 문제를 해소하기 위하여 1991년 해외투자업체 연수제도, 1993년 외국인 산업연수제도, 2000년 연수취업제를 도입하면서 이주민의 규모는 가파르게 증가하였다. 이러한 이주 노동자들의 유입과 더불어 결혼 이민자들의 수가 급격히 늘어나면서 2000년내 한국 사회는 다문화주의에 대한 관심을 표출했다. '다문화'에 대한 이러한 관심은 정부 부처, 관공서, 지자체는 물론, 학교, 학계, 민간단체 등 저마다 다문화 전담부서, 즉 다문화 교육센터, 다문화 복지센터, 다문화 가족지원센터 등을 설립하고, 다문화 관련 전문가들을 단기간에 양성하는 결과를 가져왔으며, 또 이주민들의 증가 추이에 대한 통계, 이주 노동자의 실태조사, 결혼 이주 여성의 인권 문제 분석, 다문화 교육을 위한 구체적인 프로그램 개발 등 다양한 연구서 및 보고서가 양산되는 상황으로 이어졌다. 뿐만 아니라 각종 다문화 정책의 시행의 근거가 되는 법률들, 예를 들어 외국인 정책 기본계획의 수립 근거가 되는 '재한외국인처우기본법률(법률 제10374호, 2007. 5. 17 제정)'을 비롯하여 '다문화가족지원법(법률 제10534호, 2008. 3. 21 제정)', '외국인근로자의 고용 등에 관한 법률(법률 제11276호, 2003. 8. 16 제정)' 등 다문화 사회를 위한 사회적 통합을 지원하는 관계 법령들도 증가하였다.[3] 이와 같이 국제이주의 시대를 맞이하여 우리 사회도 다문화 사회로 변모해가는 것을 회피할 수 없게 되었다. 따라서 한국 사회의 문화적 토양에 맞는 다문화주의를 정착하기 위한 노력, 즉 우리식 다문화주의 정립을 위한 노력은 시대적 과제가 되었다.

2. 이주민 통합과 다문화주의

(1) 통합의 유형론

동질적인 근대 국민국가 체제는 다양한 소수 이주민을 통합하면서 다원화된 사회 공동체로 변화할 수밖에 없었다.[4] 이러한 과정에서

3 이외에도 '국적법', '출입국관리법', '결혼중개업의 관리에 관한 법률', '법교육지원법', '국어기본법', '가정폭력방지 및 피해자보호 등에 관한 법률', '여성발전기본법', '도서관법' 등 각 정부 부처마다 다문화 정책을 시행하기 위한 근거법들을 두고 있다. 이는 다문화 사회로 발전해가는 긍정적인 모습으로 해석되기도 하지만, 반대로 정부가 주도하는 다문화 정책이나 법규 적용에 있어서 서로 상이하거나 중복되는 등 일관성을 지니지 못한 면을 드러낸다고도 볼 수 있다.

4 국민국가 체제는 근대성, 자유주의, 민족주의를 배경으로 소수 집단의 문제를 발생시켰다고 하는 것이 정확하다. 자유주의 전통이 절차적 자유주의를 핵심으로 파악하고 소수 집단의 문제를 자유주의와 별개의 중립적인 문제로 취급하면서 지배적인 다수 집단과 소외된 소수 집단의 분할이 일어난 것이다.

다문화주의가 등장하게 되지만, 이것은 체계적인 사회이론을 구축하거나 조직적인 사회운동 형태를 띤 것이 아니다. '문화'에 대한 정의가 어려운 만큼, 더더욱 '다문화주의' 개념을 정의한다는 것은 쉬운 일이 아니다. 다문화주의를 찰스 테일러(Charles Taylor)처럼 문화적 다수 집단에 대한 소수 집단이 동등한 가치를 가진 집단이라고 적절히 승인하는 것으로 정의하든지, 윌 킴리카(Will Kymlicka)처럼 자유민주주의라는 기본 가치에 대한 동의라는 전제된 조건에서 다양한 소수 집단의 삶의 권리를 제도적으로 보장해주는 것으로 정의하든지 간에, 다문화주의는 한 사회의 주류 문화의 지배로 인하여 표현되지 못한 그 사회의 소수 문화들에 대한 인식이며, 동시에 문화적 차이를 수용할 수 있는 인식의 전환이고, 나아가 이것을 이룰 수 있는 일련의 전략과 행위라고 볼 수 있다. 따라서 다문화주의란 용어는 크게 세 가지 내용을 구성요소로 담고 있다. 첫째는 민족적, 문화적 이질성을 특징으로 하는 다문화 사회 자체이며, 둘째로 이질적 집단 간의 평등을 지향하는 하나의 다문화 이상이다. 마지막으로 공공 영역에서 사회적 소수의 정체성을 보호하기 위한 정부 정책의 시행 및 제도적 보장을 구성요소로 한다. 따라서 이러한 다문화주의 용어의 중의성은 다문화주의에 관한 논의를 매우 복잡하게 만드는 원인으로 작용한다. 말하자면 다문화 사회라는 객관적 현실과, 이 현실에 대해 '똘레랑스', 즉 관용을 기반으로 하는 다문화주의 사회 통합 이데올로기, 그리고 이것을 바탕으로 한 정책들이 다문화주의 논의 속에 명확히 구분되지 않고 섞여 있다는 것이다. 또 이러한 용어의 애매성 이외에도 다문화주의가 각 국가들의 고유의 역사적 맥락과 반응하여 매우 다양한 모습으로 나타나고 있다는 사실은 다문화주의 논의를 어렵게 만들고 있다. 그래서 같은 다문화주의라고 할지라도, 전문가들마다 다양한 하위 유형으로 나

누어 설명하고 있다.[5]

특히 국제이주 현상은 이주민의 정착과 더불어 발생하는 이주민의 언어 문제, 문화 적응 문제, 고용 문제, 그리고 외국인에 대한 각종 편견과 차별 등을 어떤 원칙에 근거하여 해결하고, 주류 사회로의 통합을 이룰 것인가라는 무거운 과제를 해당 국가에 부여하게 되었다. 이 과제에 대해 각국은 자신의 문화적 배경과 역사적 전통에 의거하여 나름대로의 해결방식을 고안해내고 있다.[6] 이 절에서는 다문화주의를 사회적 통합방식을 기준으로, 과거 독일, 한국, 오스트리아 등에 나타난 차별적 배제 유형, 프랑스의 공화주의적 동화주의 유형, 영국의 자유주의적 다문화주의 유형, 미국의 자유방임주의적 다문화주의 유형, 급진적 다문화주의 유형, 그리고 유럽의 상호문화주의 유형으로

5 맥클라렌(McLaren, 1994)은 문화적, 인종적 불평등에 대해 어떤 방식으로 파악하는가에 따라, 다문화주의를 보수적 · 조합주의적(conservative and corporate) 다문화주의, 자유주의적(liberal) 다문화주의, 좌파 자유주의적(left-liberal) 다문화주의, 비판적 · 저항적(critical and resistant) 다문화주의로 구분했다. 즉 보수적 다문화주의는 인종적 불평등은 용인되어 백인 주류 종족이 소수민족에 편입되어야 한다는 입장이며, 자유주의적 다문화주의는 인종 간의 자연적 평등이 존재하나 현실에서는 불평등한 것이 존재하기 때문에 사회적, 교육적 기회의 평등을 제공함으로써 제도로 해결해야 한다는 태도이다. 또한 좌파 자유주의적 다문화주의는 자유주의가 경시한 인종 간의 문화적 차이를 강조하는 입장이고, 비판적 · 저항적 다문화주의는 사회변혁을 기획하지 않은 다문화주의는 기존 질서에 순응한 것으로 보고, 진정한 다문화주의는 당대 사회의 지배문화에 대한 비판과 사회정의 실현이라는 실천적 차원에서 다루어져야 한다는 태도이다. 또한 마르티니엘로(Martiniello, 2002)는 다문화주의 적용 범위와 적용 방식에 대해 어떤 태도를 취하느냐에 따라서 다문화주의를 '온건한 다문화주의', '정책적 다문화주의', '정체성 정치로서의 다문화주의', '강경 다문화주의', '시장 다문화주의', '민권적 다문화주의'로 구분하였다. 처음 두 가지 다문화주의는 정책이나 제도의 보완 정도로 다문화주의의 적용 범위와 방식을 제한하는 데 반해, 정체성 정치로서의 다문화주의나 강경 다문화주의는 사회 공동체의 기반 자체를 재구성하는 것을 목표로 한다. 시장 다문화주의는 경제적 이익에 바탕을 둔 것으로 소수 집단의 권리인정이나 정치적 논쟁과 거리가 멀다. 민권적 다문화주의는 문화 및 정체성의 다양성에 대해 공적으로 인정함으로써 사회적, 정치적 통합을 모색하는 모델이다.

6 설동훈(2000), 캐슬즈와 밀러(Castles & Miller, 2003), 김남국(Kim, 2009)은 시민권 형성의 전통과 사회 통합의 형태를 교차시켜 이주민 통합의 유형화를 시도하고, 각 유형에 속하는 대표적인 국가를 선정하였다.

나누어 살펴보려고 한다.

(2) 차별적 배제 유형

차별적 배제 유형은 인적 민족주의를 기반으로 한 민족관념이 강한 국가들에서 나타나는 유형이다. 이런 국가에서 주류 민족 집단은 자신들의 국가는 이민국가가 아니라는 관념을 강하게 가지고 있어서 이민자와 그 자녀들을 자국의 구성원으로 받아들이길 꺼린다. 그래서 정부는 입국심사를 강화하고 안정적인 체류조건을 까다롭게 하며 가족합류 이민을 극히 제한하는 등 배타적인 정책을 시행한다. 또한 이민자들을 육체노동을 중심으로 한 2차 노동시장에만 머물도록 하고, 복지, 시민권, 정치참여를 막는 차별적 정책을 시행하고 있다. 예를 들어 2000년 이전 독일은 반영구적인 이민의 존재 자체를 상정하지 않아 명시적인 이민 범주와 정책이 없었다. 하지만 최근 독일에 거주하고 있는 외국인 수는 710만 명에 이르렀고, 이는 독일 전체 인구의 9%에 해당한다(정재각, 2011: 79).[7] 그리고 이미 국내에 정착한 이주민의 사회적 비중도, 수십 년간 지녀왔던 '독일은 이민국가가 아니다'라는 관념과는 현실적으로 매우 모순된 것이다. 그래서 독일은 오랜 정치적 논란 끝에 새로운 국적법을 제정하여 2000년 1월 1일에 공표하였다. 새로운 국적법 덕분에 외국인 노동자와 그 가족은 독일 국적을 용이하게 취득하게 되었고, 법적 보호를 받으면서 사회적 통합의 가능성을 확대하였다. 또한 1998년 연방선거에서 정권을 잡은 연립 정부는 논란이 많은 이민법을 통과시켜 2005년 1월 1일부터 발효

7 독일통계청 발표(Pressemitteilung Nr. 180, 2011. 5. 9).

하도록 했다.[8] 독일은 이 이민법을 통해 이주자의 사회 통합에 대한 법적 근거를 마련했을 뿐만 아니라, 사회적 통합을 위하여 각종 이주자 통합 정책을 시행하였다. 예를 들어 오늘날 독일 정부 정책은 통합 코스(Integrationskurs)를 통해 모든 이주자와 그 자녀에게 독일어 능력 배양을 도모할 뿐만 아니라, 또 이주민 여성의 통합을 위한 강좌를 지원하고, 유럽 난민의 수용과 통합 업무를 지원하는 등, 이주민의 사회 통합을 국가적 과제로 삼고 있다. 그러므로 오늘날 독일은 다문화주의를 향해 빠르게 이동하고 있다고 하겠다.

반면에, 유교의 순혈주의에 집착한 한국은 일제하에서의 독립운동을 거치면서 본격적으로 민족주의를 형성하기 시작했다. 그리고 이 민족주의는 1970년대와 80년대의 군사독재 정권하에서 국가주도형 개발 정책의 이데올로기로 강하게 자리를 잡게 되었다. 이러한 정치·사회적 맥락 속에서 한국은 일본과 더불어 노동 이민자를 받아들이지 않는 몇 안 되는 OECD 국가에 속한다. 그 대신 한국 정부는 산업연수제 및 고용허가제를 통해 외국인 노동자를 받아들임으로써 부족한 노동력을 채우고 있다. 그러나 이들은 이민자 신분이 아니기 때문에 한국에 가족과 동반하여 정착하지 못하며, 일정한 기간이 지난 후에는 본국으로 돌아가야만 한다. 이런 환경에서 한국 사회는 '이민'이라는 용어보다는 '다문화', '이주', '외국인' 등의 용어를 사용하는 것을 선

8 이 법의 원어명은 'Gesetz zur Steuerung und Begrenzung der Zuwanderung und zur Regelung des Aufenthalts und der Integration von Unionsbürgern und Ausländern(유럽연합시민 및 외국인 이주의 조정과 제한, 거주 및 통합규정을 위한 법률)'이다. 여기서 'Zuwanderung'을 보통 '이민(Einwanderung)'으로 번역하지만, 이는 '이민' 개념을 회피한 것으로 볼 수 있다. '이민'은 독일법에서 독일에 지속적으로 거주할 목적으로 입국하는 것을 의미하고, 입국자는 독일 국적을 취하여 독일 국민이 되는 것이다. 반면에 '이주(Zwanderung)'는 독일에 거주할 목적으로 입국하는 것을 말하지만 이주자는 독일 국적의 취득이나 국적 부여와는 전혀 관계가 없다(정재각, 2011: 81에서 재인용).

호할 정도로 여전히 차별과 배제 모델에 머물고 있다. 그러나 최근 수년 간 정부 주도하에 각종 다문화 정책이 다방면에서 실시되고 있다. 앞으로 이것이 어떤 결과를 가져올지는 매우 주목되는 부분이다.

(3) 공화주의적 동화주의

동화주의는 이민자를 주류 사회와 문화에 일방적인 과정을 통해 편입시키려는 정책을 취하기 때문에, 이민자는 자신의 고유 언어, 문화, 사회적 특성을 버려두고 수용국의 주류 사회의 언어와 문화에 흡수된다. 오늘날 공개적으로 동화주의를 표방하는 국가는 드물지만 특수한 역사적 맥락 속에서 동화주의적 양상을 보이는 국가들이 존재한다. 그 대표적인 예가 속지주의 전통을 존중하는 프랑스의 경우이다. 프랑스는 1789년 혁명 이후로 공화주의를 천명하여 모든 인간은 평등하며 인권은 국가가 지켜야 할 최고의 가치로 여겨왔다. 이와 같은 정신에 입각하여 프랑스 이주민 정책은 '다문화주의'를 '공동체주의(communautarisme)'라고 여기면서 거리를 두는 대신, 이민자들과 그 자녀들을 공화국 시민으로서 프랑스 사회에 '통합'하는 것을 목표로 하고 있다.[9] 사실 공화주의에서 개인은 정치공동체의 시민으로서 공공

9 '통합(intégration)'은 '동화(assimilation)'와 '편입(insertion)'이란 용어와 함께 프랑스 이민 정책을 서술하기 위해 사용되는 용어이다. 이 용어들은 이민자들의 출신문화와 수용국 문화 간의 관계양식을 고려하여 설명할 수 있겠다. 통상적으로 수용국에 통합되고자 자신의 고유의 언어와 문화를 포기하면서 수용국의 언어와 문화를 받아들이는 것을 '동화' 개념으로 볼 수 있으며, 이민자들의 출신 언어와 문화를 지속적으로 간직하는 것을 '통합' 개념으로 구분할 수 있다. 이민자들이 수용국 문화로의 일방적인 동화를 거부하고, 자신들의 집단적 고유문화를 사적 영역에서 영속화하는 것을 '편입'으로 정의할 수 있다(박단, 2007: 47-48). 1970년대와 1980년대 초 의회에서 우파는 주도적으로 '통합'이라는 어휘를 사용하고 좌파에서는 사회적 '편입'이라는 용어를 주로 사용하였으나 1980년대 말에는 좌파 역시 '통합'이란 단어를 사용하여 '편입'이라는 단어가 사라지기 시작했다. 특히 1989년 '히잡 사건'을 계기로 '통합'이란 용어는 국가의 제도 명칭으로 등장하였다.

영역에 적극적으로 참여하여 자신의 자유를 완성하는 것으로 생각한다. 따라서 개인은 사적 영역에만 머물러 있는 것이 아니라, 공화국 시민으로서 연대와 헌신을 하여 공동체 발전에 기여하게 된다. 이는 개인의 자유가 외부의 간섭에 의하여 규제받는 것을 거부하는 자유주의적 개인과는 다른 유형이다. 또한 공화주의의 전통에서 국가는 정치공동체가 지향하는 보편적 가치, 국가적 목표를 보장하고 모든 시민을 교육시키고 사회화하는 중요한 역할을 감당한다. 이때 시민과 국가는 직접적 관계에 놓여 있기 때문에 인종, 종교, 문화에 따른 중간 집단의 존재를 상정하는 것은 불가능하다. 따라서 문화적 생존을 요구하는 소수 집단의 요구는 공화주의 가치와 원칙으로 차별 없이 평등하게 대우하는 것으로 해결하려고 한다. 다시 말해 소수 집단의 인종적, 문화적, 종교적 정체성을 인정함으로써 국가 공동체가 파편화되는 것보다는, 단일한 공화주의 국가를 유지하는 것이 소수 집단에게 좋은 것이라는 입장이다. 하지만 공화주의 유형은 종종 강한 동화주의의 모습으로 나타날 수 있다. 즉 인류 보편적 가치의 보전을 수호하고 있는 공화주의 원리와 제도가 충실하게 반영될 때는 사회적 통합이 긍정적으로 이루어질 수 있으나, 그렇지 않다면 엄연한 차별과 배제가 존재하는 현실에서 소수 집단은 문화적 정체성을 버리고 수용국의 문화에 흡수되기를 요구받게 된다.

한편 프랑스 이민은 매우 오랜 역사를 가지고 있다. 중세 후기부터 18세기까지 스코틀랜드, 아일랜드, 스위스 등지에서 온 용병, 혹은 이탈리아에서 온 문화·예술 분야 기술자 등의 기술이민, 프랑스 대혁명 이후 자국의 박해를 피해 자유를 찾아 나선 정치이민, 19세기 산업혁명과 함께 이루어진 경제이민까지, 그 이민의 형태도 다양하다(김정희, 2004). 그 결과 1999년도에 이미 1천400만 명, 총인구의 23%가 적어도 아버지 혹은 할아버지가 이민자이며, 증조부까지 계산에 넣는다면 프랑스 총인구의 3분의 1이 이민자라고 볼 수 있다.[10] 오늘날 프랑스는 2010년 기준으로 670만 명의 이민자를 받아들였고, 이는 프랑스 총인구의 11%에 육박한다. 그런데 오늘날 프랑스 이민 문제에서 논쟁이 되는 부분은 단지 총이민자 수에 있는 것이 아니라, 전혀 다른 문화를 가지고 있는 이슬람 문화권 출신 이민자와 관련된 문제이다.[11] 이들은 대부분 프랑스가 1960년대 스페인, 포르투갈, 튀니지, 모로코, 알제리 등 지중해를 둘러싼 여러 국가들과 협정을 통하여 대량 노동이민을 받아들인 결과였다. 이 당시 정부는 이들을 프랑스에 정착시키려는 목적이 없었다. 그래서 체류도 단순히 해당 구청에 신고하면 가능하였으며, 심지어 국적 취득요건도 까다롭지 않았다. 더구나 이민 문제는 당시 프랑스의 주요한 논쟁의 주제가 아니었으며, 프랑스인들과 노동이민자들 간에 큰 갈등도 보이지 않았다. 이 시기의 프랑스 정부는 노동 이민자들의 출신국 문화와 언어를 고려하지 않았다. 이주민의 자녀들은 단지 철저히 학교라는 공화국 도가니(creuset républicain) 속에 들어가 프랑스 내 학생들과 동등한 교육을 받으면서 프랑스 문화와 언어를 일방적으로 학습하였다. 즉 공화국 시민이 되기 위한 전형적인 동화주의 이민 정책이 시행된 것이다. 그러나 이런 식의 동화주의 정책은 시간이 흐르면서 점차 유연한 편입 정책으로 바뀌게 되었다. 예를 들어 1974년에 쥐스까르 데쓰뗑(Giscard d'Estaing) 정부는 1974년부터 가족이민을 허가했고, 이민자 자녀들의 학업부진을 돕고 프랑스어 기초를 배양하고자 초등학교에는 언어초급반(classes d'initiation

10 http://fr.wikipedia.org/wiki/Immigration_en _France.

11 프랑스에서는 1872년 인구조사에서 인종적 기원을 밝히는 것을 금지했기 때문에 정확한 숫자는 파악할 수 없으나 다양한 자료에 따르면 400만에서 500만 사이로 추정된다.

linguistiques, CLIN), 중학교에는 적응반(classes d'adaptation, CLAD)을 만들었으며, 이민자 자녀들의 정체성 존중과 효과적인 정착을 위하여 '출신언어문화 교육(enseignement des langues et cultures d'origine, ELCO)'을 실시하였다. 이러한 맥락에서 프랑스에서는 1975년부터 '상호문화적(interculturel)'이란 용어가 국가 공문서에 처음으로 등장하였고, 1978년 7월 25일 교육부 공문으로 출신언어문화 교육의 대상을 모든 학생으로 확대하였다.[12] 이러한 변화는 그동안 지속적으로 취한 동화주의 정책에 대해 신식민주의 정책이라고 일부 학자들과 교육 관련 인사들의 지속적인 비판 덕분이었다. 한편, 1990년 통합최고위원회(Haut Conseil à l'intégration, HCI)의 보고서 이후 사회 통합 논의가 국가적 차원에서 진행되었고, 2006년에 마련된 선택적 이민을 강조하는 '이민과 통합에 관한 법률'에서 구체화되었다.[13] 그래서 정부는 CASNAV(Centres pour la scolarisation des nouveaux arrivants et des enfants du voyage)를 중심으로 이주민들의 언어와 문화교육을 체계적으로 지원하거나, 수십만 명의 불법체류자를 합법화하는 등 통합을 위한 여러 노력을 하고 있다. 그럼에도 불구하고 공화주의 원칙에 따라 소수자 중간 집단을 용인하지 않는 프랑스는 시민권 획득에 제약을 가한 1993년 파스쿠아 법제정, 1989년 프랑스의 히잡 논쟁과 2004년 종교

12 자세한 내용은 장한업(2009: 645-649)을 참조할 것.

13 이 법의 주요 목표는 유럽이 공동으로 대처해야 할 공동의 사안인 이민 문제라는 틀에서 이민자를 적절한 규제하에 선택적으로 받아들이고, 동시에 새로운 이민자들을 프랑스 사회로 적극적으로 통합시키는 것이다. 이 법은 자신의 능력과 재능에 의해 프랑스의 경제발전에 참여할 수 있는 사람을 이민자로 우대하는 것인데, 글로벌 환경 속에서 인적 자원의 이동을 더 적극적으로 실현하고, 동시에 젊고 유능한 젊은이들을 프랑스에 유치하여 경제적 이득을 취하려는 방안이다. 또한 이 법은 시민권 취득 조건을 강화하여 프랑스인과 결혼한 외국인의 경우 국적 취득 기간을 2년에서 4년으로 연장하였다.

적 상징물 착용 금지법 제정,[14] 2003년 불법이민 근절에 초점을 맞춘 이민법 제정 등을 통해 공공 영역에서 문화적 정체성, 공화주의 원칙을 흔드는 것을 용납하지 않겠다는 의지를 보였다. 또한 2003년 이민법과 2006년 '이민과 통합에 관한 법률'을 통합하여 2007년 일명 오르트페(Hortefeux) 법으로 불리는 '이민통제, 통합, 망명에 관한 법'을 제정한 것과 이 법을 집행할 '이민, 통합, 국가정체성 및 개발 연대부'를 정부 부처로 신설한 것은, 최근 프랑스 공화주의가 차별과 배제를 위한 정치적 동원의 근거로 사용된다는 비판의 원인이 되기도 한다(박선희, 2010: 202-208).

(4) 자유주의적 다문화주의

자유주의적 다문화주의는 사회 통합을 위해 문화적 다양성을 허용하고 소수민족의 존재를 인정한다. 왜냐하면 개인의 자유와 자율성을 신장하려는 자유주의 원리가 개인 차원의 권리와 함께 소수 문화의 집단적인 권리에 대한 인정을 포함하고 있기 때문이다. 따라서 자유주의적 다문화주의는 자치, 집단대표, 그리고 다문화의 권리 등 문화적 특수성을 표현할 수 있도록 사회적 소수에게 권리를 부여한다. 이 권리를 통해 종교적 정체성, 인종적 정체성과 같은 사적인 영역에 속하는 문제에서 다양성의 표현은 자유롭게 허용된다. 그러나 자유주의적 다문화주의는 시민생활과 같은 공공 영역에서는 주류 문화와 언

14 1989년에 발생한 히잡 사건은 파리 근교 한 중학교에서 세 명의 무슬림 여학생들이 교실에서 머리에 쓴 히잡을 벗기를 거부한 데 대해 학교에서 퇴학조치를 취하면서 시작되었다. 이 사건은 의무교육, 교육과정의 비종교화를 규정한 1882년 3월 28일 자 법령과 소수 문화와 이민자 인권 존중이라는 사회 통합 문제와 갈등을 낳으면서 즉시 공론화되었다. 그 결과 사회 여론에 힘입어 이 여학생들이 재입학을 하였으며, 2004년 3월 15일 '종교적 상징물 착용 금지법' 제정으로 이 사건은 일시적으로 일단락되었다.

어, 그리고 사회관습을 따를 것을 요구한다. 다시 말해 사적인 영역에서 문화의 다양성을 인정하지만, 학교, 공공기관, 직장 등 공적인 영역에서는 다양성을 인정하지 않는다는 입장이다. 왜냐하면 자유주의 국가는 공공 영역에서는 철저히 보편적 가치, 즉 자유, 기회의 평등, 종교의 자유, 표현의 자유 등을 추구하기 때문이다. 다시 말해, 국가는 사람들이 자신이 속한 인종의 고유한 문화를 표현할 수 있는 자유를 반대하지 않지만, 그렇다고 장려하거나 지원하지도 않는다는 것이다. 다만 국가는 보편적 가치를 지켜가고 사회적 갈등을 중재하는 조정자 역할만을 할 뿐이다. 하지만 킴리카의 비판처럼,[15] 국가의 중립성이나 인권 개념과 같은 보편적 가치를 중시하는 자유주의적 방식으로는 종종 다문화 사회의 소수 집단의 문제들을 해결하기가 어려운 경우가 있다. 그래서 국가는 나서서 소수 집단이 겪고 있는 문제들을 해결하기 위하여 소수 집단의 권리를 보장하고, 인종차별이나 불평등 구조를 해체하려는 노력을 하기를 요구받게 된다. 더 나아가 국가는 적극적으로 소수민족들의 정체성을 보호하고 유지하기 위한 문화축제와 같은 각종 행사를 지원할 수밖에 없다.

앵글로색슨인, 웨일스인, 스코틀랜드인, 북아일랜드인 등으로 이

15 킴리카(Kymlicka, 1998)는 다문화주의를 자유주의 안에서 포용하려는 시도를 한 학자로서, 사회적 소수에게 문화적 특수함을 표현할 수 있는 권리가 개인의 자유를 실질적으로 증진한다고 생각한다. 그러나 이러한 권리를 부여하는 데 있어서 소수인종과 소수민족을 구분한다. 즉 소수민족은 식민지 정복, 조약 등에 의하여 강제로 지배 국가에 합병된 경우이며, 이 경우 소수민족은 자신들이 전체 국가 속에서 구분되는 별개 사회로 남기를 원하지만, 소수인종은 자발적인 이민에 의해 이주한 경우이기 때문에 개개인들은 주류 사회로 통합되기를 원한다는 것이다. 따라서 그는 소수민족에게 자치권, 거부권, 집단대표 보장권, 영토 및 언어문화 보호 등의 권리를 보장해야 하지만, 소수인종에게는 이러한 권리를 부여할 수 없다고 보았다. 즉 소수민족은 집단 차별적 권리(group-differentiated rights)를 가질 수 있으나, 소수인종은 자신들의 문화의 특수함을 표현할 수 있는 다문화 권리만을 가질 수 있을 뿐이다.

루어진 영국은 자유주의적 다문화주의를 추구하는 대표적인 국가라고 볼 수 있다. 영국은 세계대전 이후 부족한 노동력을 채우기 위해 적극적인 이민 정책을 시행했는데, 그 목표는 이주민을 영국인으로 만들기 위한 동화의 노력이었다. 1960년대까지 영국의 지도자들은 다문화 사회의 문제를 해결하는 방안은 이주민들을 영국의 주류 문화로 흡수하는 '문화적 동화(cultural assimilation)'밖에 없다고 생각했다(정희라, 2007: 5). 그러나 1958년 카리브 지역 출신의 노동자들이 벌인 런던 교외 노팅힐 사건과 같은 소요사건은 1960년대 동화 정책의 한계를 드러냈고, 젠킨스(Jenkins)와 파웰(Powell)의 다문화주의 논쟁과 함께 점차 이민자들의 다양성을 인정하는 사회 통합 정책이 추진되도록 하는 계기가 되었다(양현모 외, 2010: 418-419). 특히 1976년 인종관련법을 토대로 인종평등위원회(Commission for Racial Equality, CRE)를 설립하면서부터 영국은 프랑스에 비하여 훨씬 더 다문화주의로 다가갔다. 즉 영국은 국가적으로 다문화 정책의 원칙을 천명하지 않았으나 소수민족을 지원하기 위한 구체적인 정책을 많이 시행하였다. 만약 영국의 모델을 자유주의적 심의다문화주의(deliberative multiculturalism)라고 부른다고 한다면, 그것은 영국 사회가 지닌 국가중립성의 원칙과 최소주의적 접근이란 자유주의 전통에서, 다문화 문제로 인한 갈등을 지역자치 기구나 조직에 맡김으로써 국가는 개입하시 않고, 지역에시 합리적 대화와 상호존중이라는 원칙을 기반으로 적절한 타협을 통해 해결하기 때문이다(김남국 2010: 146-153).[16] 그런데 1970년대 후반에서 1980년대 초반 슬럼화된 도심 지역에서 벌어진 흑인 청소년들의 폭동, 2001년 리버

16 루시디의 저서 『악마의 시』에 대한 논란의 경우나, 1983년 학교에서, 그리고 1989년 공사장에서 터번 착용 논쟁이 벌어졌을 때 국가는 철저히 개입하지 않았다.

풀, 올담, 리즈, 번리 등에서의 소요사태, 2005년 런던 지하철 테러 등은 2002년과 2006년 '이민과 망명 및 국적에 관한 법'을 개정하도록 하였고, 강력한 통합 정책을 추진하여 영국 사회에서 이주민의 공존을 위해 인종차별을 금지하는 정책과 이주민 공동체에 대한 공공기관의 지원 정책들을 수립하게 만들었다. 특히 2000년 인종관계법도 개정하여 이슬람, 유대정교, 모르몬교 등도 재정을 지원받도록 하였으며, 2006년 '인종과 종교 혐오 금지에 관한 법(Racial and Religious Hatred Act)', '평등법(the Equality Act)'이 제정되는 등 영국의 정책들은 차별금지와 사회 통합을 위해 정부가 중립적 조정자 역할을 넘어 적극적으로 개입하는 모습을 보여주었다. 그러나 2005년 7월 7일 무슬림계 이민 2세들에 의해 주도된 런던의 연쇄 폭탄테러는 다문화주의 정책을 지향하던 영국의 이민 정책의 변화를 요구하는 목소리에 힘을 실어주었고, 또 '영국다움(Britishness)' 논쟁을 촉발시켰다. 말하자면 '영국다움'이란 영국의 헌정과 영국의 가치들, 즉 민주주의에 대한 신뢰, 법의 지배, 관용, 국가와 역사적 유산에 대한 존경 등을 의미하는 것인데, 이것들을 공유하는 것이 사회적 통합의 중요한 과제라는 것이다. 이는 문화적 다양성의 존중에도 불구하고 차이가 분리주의로 연결되는 것을 경계하려는 입장을 보인 것이다.

(5) 자유방임주의적 다문화주의

공식적으로 다문화주의를 표방하는 국가들에서 이민자들은 자신들의 문화적 독특성을 포기하지 않으면서 사회의 모든 영역에서 주류 집단과 동등한 권리와 기회를 지니게 된다. 이 유형에 속한 국가들 중 대표적인 국가들 중 하나를 택한다면, 자유방임주의 전통 속에서 다문화주의를 추구하는 미국이 될 것이다. 자유방임주의에서 가장 우선되는 것은 개인의 자유로운 선택의 권리이다(김남국 2010: 159). 즉, 개인은 외부의 간섭이 없이 자신이 원하는 것을 자유롭게 선택할 때 자유롭다고 말할 수 있다는 말이다. 그 결과 시민권이란 의미 속에는 가능한 정치적인 의미가 최대한 제거된다. 이때 국가의 역할은 개인들의 자발적 계약을 보호하는 최소한의 분량만 지니게 된다. 이 입장은 국가의 역할을 전면적으로 부정하는 것은 아니지만, 그 역할과 개입은 최소한 범위에 멈추게 된다. 또한 이 관점에서 사회의 역할도 최대한 배제된다. 따라서 자유방임주의는 결과적으로 다문화주의를 지지하는 강력한 논리를 만들어낼 수 있다. 왜냐하면 이미 주류가 되어버린 다수 집단의 문화와 정체성과 새로운 소수 집단들의 문화와 정체성 모두가 동등한 중요성을 갖게 되기 때문이다.

한편, 미국은 상대적으로 동질적인 유럽의 국가들과 달리, 출범 초기부터 다양한 이민의 역사로 구성된 국가이다. 그래서 최소한의 법적 질서가 존중받는 한, 소수민족들의 이질성은 미국 문화의 풍요로움을 더한다는 입장에서 묵인되어왔다. 이러한 묵인 속에서 공적 영역과 사적 영역 모두에서 문화적 정체성의 표현이 가능하고, 문화 갈등은 최소화됨으로써 국가 생산력은 극대화되었다. 그럼에도 불구하고 역사적으로 미국의 다문화 정책은 국내외 상황에 적지 않은 영향을 받아왔다. 즉 1882년 중국인 배제법을 통해 중국인의 이민이 금지되었고, 1907년에는 일본인의 이민이 중단되었다. 또 1924년 이민법은 국적별로 이민자 수가 제한되었는데, 주로 아시아인들의 이민이 제한되었다. 그러다가 1965년에야 이런 국가별 할당제가 폐지되어 다시 아시아와 남미의 이주자들을 받아들였다. 그 후 미국 경제의 호황과 더불어 다양한 국적과 계층의 이민이 허가되었으며, 기존 이민자의 가족 재결합도 적극적으로 추진되었다. 그러나 1992년 캘리포니아의 폭동사태는 자유방임의 원칙 또는 선의의 묵인 속에서 추진되는 사회 통합 정책에 대한 근본적인 검토의 계기가 되었다. 그래서 1996년에 무조건적 혜택이 아니라 노동의 기회를 제공하고 개인의 책임을 묻는 것으로 복지법이 개정되고, 9 · 11테러 직후 시민의 기본권을 제한하는 2001년 애국법(Patriot Act)이 제정되었다. 이러한 이민 정책의 역사적 변화 속에서 미국의 다문화 정책은 1960년대의 인종의 도가니(melting pot) 개념에서 1990년대의 아메리칸 모자이크(American mosaic) 개념으로 변화되었다. 즉 미국 문화로의 완전한 동화에서 자신의 문화를 보존한 채 서로 공존하는 이상적인 모형을 구상한 것이다. 한편, 미국은 세계 어느 나라보다도 인종적 차별금지를 제도화하는 데 심혈을 기울였는데, 1865년과 1870년 사이에 남북 간의 내전을 통해 흑인노예의 시민권, 투표권 등의 지위 확보를 위한 초석을 놓았고, 1964년에 학교와 직장에서 인종분리를 금지하고, 소수인종의 투표권을 보장했다. 그리고 1965년 고용평등위원회에서는 고용과 직장에서 적극적 차별시정 정책을 본격적으로 시행하였다. 그런데 이러한 적극적 차별시정 정책이 고용분야만이 아니라 학생선발에도 영향을 미치면서, 이런 정책시행의 정당성이 역차별 소송으로 문제제기가 되었다. 또한 9 · 11테러 영향으로 2003년에 국토방위부가 신설되었고, 2004년에는 '국경보안 및 입국비자 개선법'이 제정되어, 미국에 입국하는 모든 외국인의 신체정보를 축적하도록 하였다. 뿐만 아니라 2007년 이민법 개정을 통해 안보와 개인 능력을 기준으로 이민 문제에 접근하게 되었다. 다시 말해 이민허가를 결정하는 것에 있어서, 민족, 언어, 종교 등 개인적, 문화적 정체성이 중요시되지 않고, 교육 수준, 전문성, 영어 능력을 그 기준으로 삼게 되었다. 이와 같은 변화는 미국이 점점 다원성의 추구라는 다문화주의 입장에서 후퇴하고 있다는 인상을 줄 뿐만 아니라, 어느 민족 집단에도 속하지 않는 개인화된 이민양상으로 나아가고 있다고 하겠다.

(6) 급진적 다문화주의

다문화주의 유형 가운데는 근대 국민국가 체제를 변화시켜 다른 대안적 사회 통합 모델을 구성하려는 강경한 다문화주의를 추구하는 입장이 있다. 먼저 차별이 없는 기회의 평등을 확보하려는 자유방임적 다문화주의를 넘어서, 결과의 평등까지를 보장하려는 정책을 취하는 조합주의적 다문화주의 유형이 있다.[17] 이 유형은 주류 문화 속에서 소수인종, 소수문화가 현실적으로 불리하거나 차별을 받고 있다는 점을 전제하고, 이 문제를 해결하기 위해 적극적인 법적, 재정적 지원을 하려는 특징을 가지고 있다. 이를 위하여 정부는 적극적으로 다문화 교육, 다언어 방송, 다언어주의, 다언어 문서 정책 등을 실시하거나, 소수민족의 학교, 단체, 각종 공동체를 지원하며, 취업이나 교육 분야에서도 할당 제도를 운영하고, 공공기관에 통역직원을 배치하며, 지방선거에 참여권을 부여한다. 또한 인종차별금지법을 제정하여 인종적 불평등을 구조적으로 제거하고자 노력하기도 한다. 이러한 정책은 분명히 사회 정책을 의회민주주의를 통하여 이익집단들 간의 민주적, 경쟁적 합의로 산출하고, 국가가 최소로 조정자 역할만을 하는 자유주의적 다원주의와 분명하게 구별되는 것이다. 조합주의적 다문화주의 형태에

17 조합주의에서 국가는 다원주의처럼 이익집단 간의 심판이나 중립적 중재자의 역할에 머무르지 않고, 적극적으로 경제와 사회를 관리하는 데 주도권을 행사하고자 한다. 조합주의의 핵심은 생산과 분배, 사회복지와 고용, 임금과 이윤 같은 사회 · 경제적 현상 간에 상호의존성이 매우 높다고 생각하여 사회 통합이라는 공동선을 달성하기 위해 경제 단체나 이익 단체 간의 제도적 협력관계를 모색하는 일에 있다. 그리고 이러한 원만한 협력관계를 유지하기 위해서 노사 간의 자발적 협동과 사회적 동반자 의식이 무엇보다도 중요하다고 본다.

서는 소수 집단이 국가와 비공식적 회의와 타협을 통해 정책결정 과정에 충분히 참여할 여지가 있다.

한편, 다문화주의 유형 가운데는 다문화 사회 속에 살면서 주류 집단의 문화, 언어, 가치, 생활양식을 따르기를 부정하고 독자적인 고유의 문화나 생활양식을 추구하려는 급진적 다문화주의가 있다. 이 유형에서는 인종 집단 고유의 특성들을 공적 영역에서도 중요하게 고려하게 되는데, 미국의 흑인과 원주민의 분리주의 운동, 일본 아이누 원주민의 문화독립운동, 동유럽에서의 문화독립운동, 아프리카 소수민족의 독립운동이 이러한 예에 해당된다. 이것은 민족적 정체성을 집단 수준으로까지 확장하여 다양한 문화 공동체에 전체 사회를 구성하는 기본 집단의 지위를 부여하고, 문화적 소수 집단에게 집단적 권리를 인정하고자 하는 유형이다. 따라서 이 유형은 개인이 사회의 중심이 되는 기존 국민국가 체제의 범위를 넘어서는 것이며, 주류 사회와 마찰을 야기하게 된다. 하지만 이러한 마찰을 통하여 소수민족 집단이 지역적으로 구분되어 자치권을 인정받는다면, 연방제 다문화주의를 실현할 수 있게 된다. 그 대표적인 예가 캐나다, 스위스, 벨기에 등이다. 연방제 다문화주의는 소수문화와 언어 집단의 자립성과 보존을 확실히 보장하고, 소수 집단의 정치적, 법적 권리도 동등하게 부여되기 때문에, 다문화주의가 공존하는 조건을 공공 정책 차원에서 공식적으로 추구할 수 있다. 이 경우 다문화주의는 다양한 민족들을 공존하고 자립하게 함으로써 국가분열을 방지하는 데 크게 일조한다.

(7) 상호문화주의

오랜 이주의 역사를 가지고 있는 유럽은 제2차 세계대전 이후 경제 부흥이 일어나면서 부족한 노동력을 해결하고자 이민의 문을 넓혔다. 더구나 유럽연합의 가속화로 인하여 노동자들이 점점 자유롭게 이동하게 되면서 유럽의 다문화 사회로의 진입도 가속화되었다. 유럽 각국은 나름대로 이민 정책을 수립해오다가 1970년대부터 다문화 교육의 제도화를 논의하기 시작하였다. 그러나 다수의 유럽인들은 다문화주의란 용어를 사용하는 것에 조심스러운 입장을 드러냈다. 1970년대 말, 이주 노동자들의 통합 문제와 관련하여 유럽이사회가 '상호문화적 선택(intercultural option)'으로 전환할 것을 권고하면서, 상호문화주의란 용어가 폭넓게 사용되기 시작하였다. 특히 공화주의에 기초한 동화 정책을 추진했던 프랑스는 일방적인 프랑스 문화의 수용과 적응을 요구하는 것을 탈피하고자 새로운 방법으로 상호문화주의 정책을 과감히 추진하였다(이가야, 2009). 이 시기에 독일도 영미계통의 다문화주의와 거리를 유지하려는 시도를 하였다(허영식 · 정창화, 2009). 사실 유럽인들은 늘 국민국가 내의 소수 집단들을 국가 속에 통합되어야 하는 대상으로 여겼다. 이러한 논리에서 유럽의 이주민 정책은 오늘날 '상호문화주의'라는 모습으로 나타나게 되었다. 예를 들어 유럽연합이 추구하는 '문화 간 대화(intercultural dialogue)'의 아젠다에서도 상호문화주의를 잘 반영하고 있다.[18]

그런데 다문화주의와 상호문화주의는 반대되거나 대립된 개념이 아니다. 두 개념 모두 문화적 다양성이란 환경에 대응하기 위한 정책

---

18 오늘날 유럽연합은 '문화와 교육을 위한 책임총국(The Directorate General Responsible for Education and Culture)'에서 다문화 담론을 공론화하고 문화와 교육의 방향성을 논의하고 있다. 최근 책임총국은 지식기반 사회, 세계화, 다문화 사회 등 새로운 사회적 환경의 변화에 대응하기 위한 문화 · 교육 정책 아젠다로, '사회적 포용(social inclusion)', '문화 간 대화', '글로컬라이제이션(glocalization)'을 제시하였다. 또한 2007년 유럽집행위원회의 보고서는 문화를 위한 아젠다로서 '문화다양성'과 '문화 간 대화'를 우선적으로 들고 있다(CEC, 2007).

적 이념이며, 각각의 고유한 문화적 가치를 인정하고, 소수 집단에 대한 정책적 배려를 추구하는 이념이다. 다만 이 둘은 다른 방식으로 문화적 다양성을 다루고 있을 뿐이다. 즉, 상호문화주의 입장에서 다문화주의는 집단과 개인의 관계에서 집단에 우선권을 부여하고 있다고 본다. 말하자면 집단의 정체성이 개인의 정체성보다 앞선다는 의미인데, 이것은 집단을 동질적 존재로 보기 때문이다. 그래서 이 시각에서 다문화주의는 집단 내에 존재하는 개인의 다양성을 경시하는 경향으로 나아갈 위험이 있다는 것이다. 만약 그렇게 된다면, 다문화주의는 이주민 혹은 이주민의 각 집단들을 타자화하여 그들에게 일반적이고 보편화된 특정 이미지를 강제할 수밖에 없다는 것이다. 이 경우, 각각의 개인은 어떤 소속 집단의 대표가 되고 그 집단 문화의 전형(stereotype)을 지닌 것으로 생각하게 된다. 또한 구조, 특징, 범주라는 개념을 강조하는 다문화주의에서 특정 소수 집단은 범주화되고, 그 구성원은 모두 동일시된다(장한업, 2009: 109). 그리고 전체 집단은 이 소수 집단들의 전형들이 모자이크된 사회가 된다. 상호문화주의가 다문화주의의 한계로 지적하고 있는 부분이 바로 이 부분이다. 특히 인종적 요인에 따라 차이나타운, 코리아타운 등으로 나타나는 사회적, 지리적 분리는 경계선을 따라 집단을 범주화한 전형적인 형태라고 볼 수 있다. 그런데 이처럼 다문화 사회 안에 고립된 소수민족 집단이 형성되는 것이 방치된다면, 주류 집단과 소수 집단들은 단절될 것이며, 집단 간의 유동성, 상호역동성도 배제될 것이다. 더구나 이런 상황에서 다문화 정책을 통해 소수 집단을 위한 할당제도, 긍정적 차별제도 등이 시행되면, 이러한 집단의 범주화는 점점 강화된다. 이는 유럽인들이 우려하는 바로 그것이다. 즉, 그들은 문화의 상대성과 정체성의 다양화라는 다문화주의의 선의의 목적이 국가 정체성의 분산 혹은 문화의 '게토화'라는 위험으로 귀결되는 것을 받아들일 수 없다. 왜냐하면 문화와 정체성의 상대성이 '시민 공동체'라는 개념을 토대로 형성된 공화주의와 극단적으로 대립될 수 있고, 법 앞에서 평등과 같은 각 국민국가의 보편적 가치나 비종교주의(laïcité)라는 국가원리를 훼손할 수 있기 때문이다.

이와 같은 이유로, 유럽인들은 집단보다 개인을 우선시하는 상호문화주의 입장을 선호한다. 상호문화주의에서 중요한 것은 '타자'이지 집단문화가 아니다. 그래서 이 시각에서는 타인 혹은 이주민을 각자의 출신 민족의 전형 속에 가두지 않는다. 왜냐하면 문화적 차이는 정태적이고 객관적으로 존재하는 것이 아니라, 의미를 부여하는 두 주체 간의 끊임없는 역동적 관계를 통해 발생되는 것으로 보기 때문이다. 만일 문화와 정체성을 정의하고자 한다면, 이때 핵심적인 요소는 상호작용 그 자체가 된다. 또한 상호문화주의는 다문화 사회에서 이질성이 정상적인 것이며, 오히려 동질성이 강제적으로 주입된 것으로 전제한다. 그리고 이 문화적 이질성은 언제나 쌍방향적 관계와 문화적 학습을 통해 극복해나갈 수 있다고 본다. 그러므로 다문화주의가 문화에 대한 어떤 고정된 차이를 확인한 것이라면, 상호문화주의는 문화에 대한 역동적 인식의 길을 보여준 것이라고 하겠다. 유럽인들은 상호문화주의의 이러한 특성으로 말미암아, 소수 집단의 사회적 주변화를 막으며, 개인들의 타문화 학습 열망을 자극하고, 지배문화와 피지배문화의 이분법을 극복할 수 있게 되기를 기대하고 있다.

3. 다문화주의 쟁점

(1) 국가에 대한 이해

다양한 민족과 문화가 공존하는 사회를 지향하는 다문화주의는 필연적으로 국가 중심적 체제에서 벗어나려는 성향을 띠게 된다. 사실 국민국가 개념은 지난 두 세기 동안 민족주의 이데올로기를 토대로 발전한 근대 국가 혹은 근대 사회를 존립시키는 강력한 원칙이었다. 기본적으로 국민국가 체제는 정치적 경계와 문화적 경계의 구분이 드러나지 않았으며, 국가와 국민은 거의 동일하게 취급해왔다. 비록 국민국가가 시민 개념에 근거하여 형성된 경우와 민족 개념에 근거하여 만들어진 경우가 다를지라도, 국민국가라는 장치는 근본적으로 국가적 단위에서 각국의 문화와 국민의 정체성을 인위적이고 의도적으로 동질화하기 위한 하나의 메커니즘으로 작용하였다고 볼 수 있다. 따라서 국민국가의 구성원들은 사적인 영역에서는 자신의 특수한 문화적 정체성을 드러내고 발전시킬 수 있을지라도, 공적인 영역에서는 획일화된 문화적 정체성과 동질성을 갖추길 요구받았다고 해도 과언이 아니다. 다시 말해 국민국가는 동일한 국적, 동일한 국민적 정체성, 배타적인 시민권, 자국영토에 대한 포괄적 통치권을 통해 국가 구성원이 동질성을 갖추는 것을 사회적 규범으로 삼았다. 그러나 현대 다문화 사회의 구성원들은 사회적 주체로서 각각의 독특성과 차이를 드러내는 다중(multitude)적 성향을 보이고 있다.[19] 위계적 관계로 묶여 있는

---

19 하트와 네그리(Hardt & Negri, 2008)는 다문화 사회의 구성원의 성격을 '다중' 개념으로 설명한다. 기존의 한국 사회의 구성체에 대한 논쟁에서 '민중(people)' 개념은 계급적, 역사적 시각에서 사회 구성원에게 착취의 대상으로서의 통일된 정체성을 부여하려는 개념이다. 또한 '대중(mass)'은 도시화된 사회에서 개별적 차이와 독특성이 사라진, 구분되지 않는 무리를 의미한다. 그런데 '다중(multitude)'은 사회 구성원들의 독특한 차이를

것이 아니라 능동적이고 주체적인 네크워크 관계를 통해 구성된 '다중'이 존재하는 다문화 사회는 자연히 위계화된 권위나, 중앙집중화된 통치방식이 통하지 않는 탈국가 중심적 경향을 강화시킨다. 즉 다문화 사회는 중앙집중적 사회도 아니며, 규범화된 동질성의 사회도 아니다. 이질적이며 역동적인 다중사회는 권력의 집중화를 통한 국가 중심적 모습에서 벗어나려는 경향이 강하게 작동한다. 하지만 각 국가들은 각자 고유한 역사적 발전의 과정을 거치고, 이 과정에서 독특한 국가 구성원을 형성하며, 독자적인 사회적 특성을 이루었기 때문에, 다문화주의는 국가별로 사회집단별로 다르게 수용되고 있다(구견서, 2003: 31-34). 첫째, 다문화주의의 탈국가 중심적 경향은, 국가구성 형태가 근본적으로 탈국가 중심적 경향을 보인 국가들과 하나의 문화를 바탕으로 한 국가 중심적 성격이 강한 국가들 간의 다문화주의에 대한 입장을 다르게 만들었다. 예를 들어 캐나다, 벨기에, 스위스, 네덜란드 등 원래 탈국가 중심적 성격이 강한 나라에서 다문화주의의 탈국가 중심적 성향은 문제가 되는 것이 아니라, 오히려 다언어주의와 함께 장려되어 그야말로 국가의 통합 혹은 사회 통합 이론으로 장려되고 있다. 그러나 한국, 일본, 독일, 아랍 국가들과 같은 민족적 정체성이 분명한 국가들에서 탈국가 중심적 성향은 자신들의 전통문화와 단일민족 개념을 흔들고 국민 통합의 기조를 해체하는 것으로 받아들이기 때문에 다문화주의가 뿌리내리기 어렵다. 둘째, 다문화주의의 탈국가 중심적 성향은 국가가 선진국이냐 개발도상국이냐에 따라 수용하는 태도가 다르다. 즉 국가의 기반이 잘 다져진 선진국의 경우에서 탈국가 중심

인정한 채, 자신의 목소리를 능동적인 내는 주체들의 집합으로, 결코 하나의 정체성으로 묶이지 않는 다양한 시민들을 의미한다.

주의적 경향도 자국의 문화를 풍요롭게 하고 창조적인 가치로 받아들일 여유가 있기 때문에 긍정적으로 수용하며, 다양한 민족문화를 제도적으로 또는 비제도적으로 지원한다. 반면에 개발도상국에서 인종, 종교, 문화의 다양화로 인한 탈국가 중심적 성향은 국민 통합의 장애물로 작용할 가능성으로 인해 가능한 거부되고, 국민국가 형성을 용이하게 하는 동화주의, 일문화주의를 선호한다. 왜냐하면 개발도상국은 국가 통합과 발전, 그리고 새로운 정체성 확립이 시급한 일이기 때문이다. 셋째, 탈국가 중심적 경향은 어떤 경우에 국가를 통치하는 정부의 입장에서 장려되기도 한다. 그러나 정부의 통치를 따르는 국민의 입장에서는 이러한 다문화주의를 환영하지 않을 수도 있다. 사실 정책을 시도하는 정부는 각종 정책을 온전히 국민적 합의에 의하여 시행하지 않고 여러 정치적 판단에 의거하여 전략적으로 실천할 수 있다. 예를 들어 국가 중심적 경향이 강한 한국의 최근 정권들은 역설적으로 국가 주도로 국가의 탈중심화 흐름을 지속시켰다. 즉 역대 정부는 '한민족공동체통일방안', '세계화' 정책들, 세계 여러 국가와의 FTA 등을 통해 국민의 생활 반경을 차츰 남한이라는 영토를 벗어나 생각하도록 하여, 경제 · 문화시장에서 국가의 주도성을 약하게 만들었다. 이러한 정책들은 글로벌 기업 출현, 이민, 조기유학 등과 같은 사회 환경의 변화와 함께 점차 국민의 탈국가적 경향을 자극하였다. 또한 임금이 낮은 이주 노동자를 받아들이는 정부 정책 역시 부족한 노동력을 손쉽게 보충하면서도 대외적으로는 개방적인 국가의 위상을 높일 수 있다는 판단에서 시행된 것으로 보인다. 하지만 이주 노동자들을 받아들이는 것은 결국 내국인들의 일자리를 빼앗고, 청년실업 문제를 더 악화시키는 결과를 야기했다. 만약 다문화주의 정책을 통해 이주민들을 위한 사회복지를 제공한다면, 내국인의 입장에서 이것은 내국인에 대한 역차별로 보일 수 있다. 따라서 국가통치 차원에서 통합 정책의 수단으로 사용되는 다문화주의는 실제적으로 국가 구성원의 이익과 괴리될 수 있는 가능성이 있다. 마지막으로, 국가 구성원 중에서도 기득권 세력과 일반 대중 간의 탈국가적 경향을 받아들이는 입장이 다를 수 있다. 일반적으로 세계에 대한 정보와 지식, 다양한 언어 지식을 갖춘 지식인 및 기득권 계층은 이미 세계적인 시각과 인식을 충분히 지니고 있으며, 국경을 뛰어넘어 자신들의 활동 무대를 확장해가는 것에 익숙하기 때문에 탈국가적인 다문화주의를 긍정적으로 받아들일 수 있다. 실제적으로도 기득권 계층은 노동력의 증가, 문화의 다양성, 이주민에 대한 제도적 보장 등을 통해서 지탱되는 다문화 사회의 혜택을 직접적으로 볼 가능성이 많다. 반면에 일반 대중은 다문화 사회로부터 자신들이 직접적인 혜택을 받을 가능성이 상대적으로 적기 때문에, 이들이 다문화주의와 세계화를 반대하면서 민족주의에 우호적인 것이 종종 목격된다.

(2) 사회 통합

오늘날 다양한 문화적, 민족적 정체성의 출현이 최근 세계화 현상과 함께 발생한 새로운 현상인 것처럼 소개되고 있지만, 꼭 그런 것은 아니다. 인간의 역사 속에서 인간이 구성하는 사회에는 다양성의 정도가 달랐을지라도 언제나 문화, 민족, 성, 계층 등의 다양성이 존재해왔다. 즉 인간의 삶과 다양성은 늘 공존해왔으며, 단지 한 사회의 지배세력과 권력자들이 강요하는 틀 속에 인간의 다양성을 축소시키는 메커니즘이 작동하여 이러한 다양성이 표출되지 않은 것일 뿐이다. 따라서 만약 누군가가 오늘날 문화와 정체성의 다양화로 말미암아 탈민족적 경향이 새로운 현상으로 등장했다고 이야기한다면, 그것은 오랫동안 가려져왔던 것들이 1960년대 이후 재발견되었다는 것을 의미할 것이다. 예를 들어 1960년대와 70년대, 미국 소수인종들의 인권운동, 유럽계의 민족부흥 운동, 벨기에의 블랑드르계와 발론계 주민의 대립, 영국에서 웨일스인과 스코틀랜드인의 대립, 북아일랜드의 분쟁, 스페인의 카탈로니아와 바스크의 강한 요구 등 각종 지역주의가 이 시기부터 대두된 것이다. 또한 1980년 이후에는 세계대전 후 부족한 노동력을 채우고자 한시적으로 들어왔던 이주 노동자들, 특히 문화가 전혀 다른 이슬람 노동자들이 서유럽 국가에 정착하여 유럽 사회의 구성원이 되면서 새로운 다문화 사회를 맞이하게 되었다. 그 결과 이주민의 사회적 통합 문제는 매우 정치적인 문제로 대두되었는데, 이것은 미국, 캐나다, 호주 등과 같이 이민이 국가 형성의 토대가 된 국가에서나, 독일과 프랑스처럼 동질적인 문화에 이민자들이 유입된 국가에서도 공통의 과제가 되었다. 이뿐만 아니라, 국민국가 내의 소수 집단, 즉 소수인종, 페미니즘, 동성애 행동주의자, 각종 종파운동, 기독교와 이슬람 등 종교적 극단주의 등 다양한 형태의 소수 집단들도 1980년 이후에 등장하면서, 문화와 정체성에 대한 논쟁은 가속화되었다. 특히 동질화 신화였던 마르크스주의의 몰락과 자본주의 경제의 위기로 문화와 정체성의 다양화는 더 심화되었고, 탈민족적 경향도 강화되었다. 이 과정에서 다문화의 공존을 보장하는 다문화주의는 현대사회의 대안으로 자리를 잡아갔다. 그러나 선진국의 한쪽 구석에서는, 목적과 전략은 다르지만 다문화주의적 해결방안에 반대하여, 이탈리아의 보시(Bossi) 동맹, 벨기에의 블람스 블록(Vlaams Blok), 프랑스의 프롱 나시오날(Front National), 미국의 생존주의자(survivaliste)와 같은(마르티니엘로, 2002: 34-35), 근본적으로 문화와 정체성의 다양화를 반대하는 집단이 생겨났다. 이들은 이민자들이 자신들의 문화와 정체성을 위협하고 피해를 입히는 세력이라고 간주함과 동시에, 인종적 우월성과 순수성, 문화적 동질성을 주장한다.

한편, 다문화주의는 이런 외적 세력에 의한 저항뿐 아니라, 다문화주의 시행 과정에서 돌출적으로 발생되는 어려움과 부딪친다. 즉 다문화 공존을 추구하는 과정에서 어떤 계기와 동기가 부여되면 소수민족은 자신들의 문화적 정체성을 확립하게 될 수 있다. 그러나 이것이 지나치다 보면, 다문화주의가 목적한 것과는 반대로, 자신들의 이익을 위한 소수민족 공동체 구축으로 나아가는 경우도 있다. 더구나 다수민족에게 소수민족을 수용하고, 반대로 소수민족에게 다수민족을 인정하라는 방향으로 진행되는 다문화 정책들은 이미 선진국의 강한 민족이 후진국의 약한 민족에 대한 우월성을 공식화하는 것임을 파악하면서 소수 집단은 더 강하게 집단화 · 세력화될 수 있다. 이러한 방향은 명백히 사회 통합의 장애요인이 되어 민족 간의 갈등을 부추기게 된다. 따라서 오늘날 다문화 시대의 시대적 과제는, 다문화주의가 각 국가의 상황 속에서 문화적 분열과 국민적 정체성을 훼손하지 않으면서 사회 통합에 긍정적인 기여를 한다는 인식을 일반 대중들에게 전하는 방법을 찾아내는 것이다.

(3) 인종주의

지난 10여 년간 지구적 차원에서 세계화 과정이 강화되면 될수록 인종주의는 지구 곳곳에서 증가하는 것을 볼 수 있다. 다국적 기업이 토착 자본을 자신들의 이익에 따라 재편하는 세계화 과정에서 한편으로 지역적 전통과 문화적 가치가 세계적인 표준으로 동질화되는가 하면, 다른 한편에서는 지역적 특수성을 보존하기 위하여 인종적, 민족적 정체성을 인종적 환상으로 강화시켜나가는 것을 볼 수 있다. 다시 말해 초국가적 성질을 가지고 있는 자본의 내재적 논리는 소수 집단의 특수성에 대한 위협과 함께 소수 집단의 정체성에 집착하게 하는 결과를 가져왔다. 이러한 배경에서 다문화주의를 전 지구적 자본주의 시대가 낳은 이데올로기로 파악한 지젝(Slavoj Žižek)은 다문화주의란 변형된 인종주의라고 평가절하한다.[20] 즉 그의 관점에서 다문화주의는 제국주의 단계를 지나 전 지구적 자본주의시대에 탈정치화를 통해 통치를 가능케 하는 도구로 작용한다는 것인데, 그는 욕망의 층위에서 작동하는 '환상'과 관련이 있는 인종주의가 다문화주의와 함께 작동한다고 본다.[21] 다시 말해, 인종적 '타자'로서 이주민들은 '우리'로부터 우리의 즐거움, 우리만의 환상을 빼앗는 것으로 내국인들은 착각한다는 것이다. 그리고 그들은 우리가 알지 못하는 즐거움을 가지고 사는 것으로 생각하여 불쾌한 감정을 유발하며, 이것으로부터 타자들을 위협하는 것이 인종주의라는 것이다. 이 인종주의에 대해 다문화주의는 포용과 관용의 논리를 앞세우지만 그것들은 결국 탈정치화의 논리, 수사적인 논리를 벗어나지 못한다는 것이 지젝의 입장이다. 즉, 다문화주의가 한 사회에서 살아가는 다양한 인종 집단들의 정체성으로 인한 갈등들을 탈정치화된 이데올로기로 각색할 위험을 안고 있다는 것이다. 최근 우리 정부가 다문화 정책이라고 시행한 정책들은 결혼 이민자 가정을 대상으로 삼고 있으며, 이주 노동자들의 노동권 문제는

---

20 "다문화주의는 인종주의의 부인된, 역전된, 자기-지칭적 형태이며, '거리를 두는 인종주의'다. 다문화주의는 타자의 정체성을 '존중'한다. 즉 다문화주의는 타자를 자기-폐쇄적인 '진정한' 공동체로서 파악하면서, 그런 공동체에 대해서 다문화주의자는 자신의 자리에서 모든 실정적 내용을 비워버리는 인종주의다(지젝, 2008: 353)."

21 "타자(유대인, 일본인, 아프리카인, 터키인…) 속에 들어 있는 우리를 성가시게 하는 그 무엇은, 그가 그 대상과의 특권적 관계를 즐기는 것처럼 보인다는 것이다. 타자는 우리로부터 앗아간(우리가 그것을 가지지 못하는 것은 그 때문이다) 대상-보물을 소유하고 있거나 우리가 그 대상을 소유하는 것에 대해 위협을 제기한다(지젝, 2008: 328)."

원천적으로 배제되고 이주민의 시민권에 대한 문제의식이 전무하다는 것을 본다면, 지젝의 다소 과격한 주장이 나름대로 설득력을 가지고 있다고 볼 수 있다.

한편, 이렇게 다문화주의가 이데올로기로서 기능하여 타자화된 인종이나 민족에 대해 배제의 논리가 작동된다면, 다문화주의는 어떻게 이데올로기를 넘어서 진실된 의식으로 발전해나가야 하는가가 숙제가 될 것이다. 이것을 위해, 첫째로 다문화주의는 인종적, 문화적 차이를 극복하기 위해서 차이를 과장하거나 축소하지 않아야 한다. 우선, 민족 간의 차이를 일종의 결함으로 해석하지도 말아야 하고, 차이를 축소하여 집단 간의 문화적 차이를 단순히 화석화하지도 말아야 한다. 다문화 사회에서 개개인은 민족적 정체성만이 아니라, 경제적이고 사회적인 다양한 소속을 가지고 있는데, 문화에 대한 축소주의적 담론은 다양한 소속을 가진 개인 간의 내적 차이를 경시하는 결과를 가져오기 때문이다. 특히 소수민족의 개인과 집단은 축소적 담론을 통해 단순하게 축소된 정체성 속에서 격리될 수도 있다. 반대로 차이를 위한 차이를 극단적으로 부각시켜 차이에 대한 권리를 요구하는 것도 신중해야만 한다. 왜냐하면 이러한 관점은 차이를 현실보다 과장하는 태도이기 때문이다. 차이를 동화주의처럼 무시하는 것도 문제가 되지만, 이렇게 과장하는 것도 현실에서는 위험한 것이다. 이 차이를 이유로 배타적 권리를 주장하는 것은 역으로 사회에서 소수 집단을 배제하거나 불신하는 인종차별론의 근거가 될 수 있다. 따라서 다문화주의는 문화적 차이의 과장과 축소 사이에서 어떤 균형점을 찾아내야만 한다. 이러한 균형을 위해서, 무엇보다 차이와 다양성은 사람의 본질을 구성하는 요소이며, 각 개인 내부에도 차이와 다양성이 존재함을 인식해야만 한다. 왜냐하면 이렇게 자신의 내적 다양성과 존재의 복수성을 인정하는 것이야말로 타인의 다양성을 이해하는 지름길이 되기 때문이다. 따라서 다문화주의는 수용문화와 출신문화, 지배문화와 피지배문화 같은 이원적, 위계적 관점을 변화시켜 수평적이고 다극적 관점을 채택함으로써 인종적, 문화적 차이를 극복하는 실제적인 도구가 되어야 한다. 둘째로, 다문화주의는 이데올로기 차원을 넘어서서 사회적, 경제적 차이를 극복하려는 메커니즘으로 작용해야만 한다. 예컨대 다문화 사회에서 주류 문화에 속한 내국인들은 주로 지식산업에 종사하면서 경제적 격차를 확대시켜 지배계층을 이룬다. 그러나 개발도상국 출신 이주민들은, 노조 설립이나 노동쟁의권 등 제도적 혜택에서 소외된 채, 저임금 노동에 시달리거나, 빈곤한 지역으로 결혼 이주를 하여 경제적 하위계층을 구성하면서 가난을 대물림하고 있다. 따라서 다문화주의는 정책적으로 하위계급에게 기회를 부여해야 하며, 이를 통해 심각한 사회적, 경제적 양극화를 시정하려는 시도를 해야 한다. 마지막으로, 다문화주의는 내국인이나 이주민들이나 모두 탈정치화된 개별적 주체에서 정치적 주체로의 전환을 위해 사회참여, 국가참여의 기회를 제공해야 한다. 즉 소수 집단들의 정치적 차이를 극복하기 위하여 국적 부여, 시민권과 참정권의 획득 등과 같은 법적 자격의 보장을 시도할 수도 있다. 이는 다문화주의가 인종주의를 극복함으로써 온전한 평등을 실현하려는 차원에 이르려는 것이다.

(4) 문화에 대한 이해

사람을 통해 표출되는 문화는 역동적인 개념이어서 한 마디로 설명하기가 어렵다. 그러나 적어도 두 가지 관점에서 문화의 속성을 이야기할 수 있을 것이다. 하나는 문화를 소속의 관점에서 보는 것이고, 또 하나는 관계의 관점에서 파악하는 것이다(압달라-프렛세이, 2010: 19-

25). 소속의 관점이란, 전통사회에서 쉽게 볼 수 있는 것처럼, 문화를 나와 타인에게 의미를 부여하는 존재론적 기능으로 파악하는 것이다. 이때 문화는 소속 구성원들에게 정체성을 제공하는 구조 혹은 규범이 된다. 그래서 문화는 정체된 것으로, 다른 문화와 상호배타적인 것으로, 그리고 강제적으로 개인에게 부여되는 단수 기호로 해석된다. 반면에 관계의 관점은 문화의 도구적, 실용적 기능을 중시한다. 즉 문화를 하나의 망상(網狀) 조직으로, 과정으로, 그리고 역동성으로 파악하는 것이다. 이 관계의 관점은 오늘날 빠른 문화적 접촉과 문화적 복합성을 경험하는 다문화 사회에서의 문화변용 과정을 더 잘 설명할 수 있다. 즉 문화를 관계의 관점에서 파악하는 것이, 소속 집단별로 유형화하여 정태적 관점에서 파악하는 것보다 다문화 사회에 적합하다.

오늘날 다문화 사회에서 문화와 정체성은 단수가 아니라 복수가 되었다. 나아가 사회 구성원인 개개인 역시 내적 복수의 정체성을 가지게 되었다. 따라서 다문화 사회에서 문화와 정체성은 하나의 독립적 범주가 될 수 없으며, 오직 타자의 문화와 정체성과의 역동적이고 지속적인 상호작용의 결과일 뿐이다. 그 결과 문화는 이제 특정 집단의 소유물로 볼 수 없고, 또 정태적인 규범이나 기호로도 볼 수 없다. 다시 말해 문화는 관계와 맥락과 상황과 관련된 징후로 이해되어야 한다는 것이다. 문화에 대한 이와 같은 시각은 결국 문화를 양산하는 개개인을 다른 방식으로 파악하도록 하는데, 개인은 더 이상 소속의 산물이 아니라, 하나의 주체이고 생산자이며 행위자로 파악하게 한다. 한편 다문화주의가 소수자들의 문화적 권리를 보장하고 문화의 다양성을 지지한다고 한다면, 이때 삶에서 부딪치는 타자의 문화는 기존의 방식과 다르게 기술되어야 한다. 즉 지금까지 타자의 문화는 이미 기존에 구축된 파편적인 서술로 파악되었지만, 이제는 의사소통과 상호작용을 통해 일생생활 속에서 무수한 주체들과 몸으로 부딪치면서 포착한 역동적인 문화의 망상 덩어리로 파악해야 한다는 것이다. 그래야만 소수자들이 보이는 이질성을 역사와 전통이 규정한 닫힌 문화적 허상 속에서 파악하지 않게 되며, 소수 집단에 대한 문화적 독단주의에 빠지지 않게 된다. 이때야 비로소 이주자들이 개인적으로 가지고 있는 문화적 흔적과 정보들을 통해서 그들과 소통하는 것이 가능해지는 것이다.

4. 맺는 말: 다문화주의 비판

2010년 10월 16일 청년 보수당원 전국대회에서 독일 수상인 메르켈은 "다문화 사회를 건설해 함께 어울려 공존하자는 접근법이 완전히 실패했다"고 선언했다. 또한 영국의 캐머런 총리도 2011년 2월 5일 독일 뮌헨에서 열린 국제 안보회의 연설에서 "과거 30년 동안 이어진 영국의 다문화주의는 젊은 무슬림들을 극단주의에 쉽게 빠지도록 만들었다. 이제 과거의 실패한 정책을 접을 시간이 됐다"고 했으며 "다문화주의라는 원칙 아래 별개의 문화들이 주류와 동떨어져 살아가도록 내버려뒀다"고 말했다. 그리고 프랑스의 대통령 사르코지도 2011년 2월 10일 텔레비전 〈국민과의 대화〉 프로그램을 통해 다문화주의는 실패한 것이라고 분명한 선을 그었다. 그는 "우리는 공동체들이 서로 공존하는 사회는 원하지 않는다"면서 "프랑스에 있다면 단일국가 공동체에 동화"되어야 한다고 잘라 말했다.[22] 이와 같이 최근 유럽의 국가들

22 다문화주의 비판에 있어서, 독일이 주도문화의 구현 입장에서 비판하는 것이라면 프랑스

에서는 잇달아 사회 통합과 관련하여 비관주의 전망이 언급되었다. 동시에 극우파뿐만 아니라, 자유주의자, 공화주의자, 좌파 등 다양한 진영에서 다문화 사회와 다문화주의의 실패에 관한 진단이 나오고 있다. 이는 다문화주의가 안고 있는 몇 가지 한계에서 기인한 것이라고 볼 수 있다.[23] 첫째, 다문화주의가 지향하는 소수 집단의 문화와 가치에 대한 절대적 존중이라는 원칙이 공화주의 원칙 혹은 자유주의 원칙을 훼손하게 되는 효과를 내재적으로 가지고 있다. 뿐만 아니라 이주민들이 자신들의 규범에 따라 살도록 하는 다문화주의를 극단적으로 가져가면 국민국가의 약화, 사회적 균열의 정당화로 이어질 수 있다. 따라서 다문화주의 비판은 소수 집단의 정체성의 강조가 의도한 바와는 달리 공간적, 사회적 분리라는 결과를 가져오는 점에 놓여 있다. 둘째, 다문화주의 비판자들은 다문화주의가 문화적 정체성을 고정된 관점에서 파악하는 '문화주의(culturalism)'[24]의 틀 속에서 왜곡되어 있다고 한다. 이들은 문화란 매우 유동적이어서 고유한 특성을 유지하는 것보다 문화변용 과정을 통해, 새로운 문화의 혼성, 차용, 조정, 창조가 끊임없이 이루어진다고 주장한다. 따라서 어느 집단의 문화적 표상을 파악하기 위해서는 정태적 서술방식으로 규범, 관례, 풍습과 같은 고유한 실체를 파악하는 것보다, 해당 맥락과 다른 문화들과의 관계와 같은 문

는 공화주의적 보편주의에 입각하여 비판하고 있는 것이다. 다시 말해 프랑스는 공화주의 신념 속에서 철저한 정교분리주의(laïcité)에 의거하여 공공장소에서 부르카 착용 금지, 거리에서 예배 금지 등을 정책적으로 시행하였으나, 독일은 자신들의 주도문화 속에 있는 기독교의 가치 혹은 인간상에 대한 신봉을 이주민이 받아들이기를 요구하고 있는 것이다.

23 엄한진(2011: 119-129)을 참고할 것.

24 문화주의는 텍스트 분석을 통해 당대 사회를 재구성하려는 1960년대 영국 문화연구의 이론적 경향이다. 이 입장은 특정 사회의 문화적 정체성이 시공간적으로 가변적인 것이 아니라 고정된 것으로 파악하는 본질주의(essentialism) 시각과 유사하다.

화생성 조건을 살펴보아야만 한다는 것이다. 셋째, 다문화주의가 어느 사회의 시대정신이 되면 이에 대한 비판은 인종차별 세력으로 비추어져 합리적 비판이 쉽지 않게 된다. 특히 정부의 주도로 다문화주의가 정책적으로 실천될 때, 다문화주의만이 사회 통합을 위한 유일한 모델로 인식하는 경향이 강하여 이에 대한 비판을 용인하기가 어렵게 된다. 또 이런 상황에서 다문화주의가 현실적으로 존재하는 갈등, 차별 등을 은폐하는 이데올로기로서 기능할 위험도 배제할 수 없다. 그럼에도 불구하고 정치적 판단으로 실행되는 다문화주의는 국가 통합이란 목표를 이루기 위한 동화주의의 또 다른 모습이며, 구조적 모순을 은폐하는 새로운 환상일 수 있는 것이다. 마지막으로, 일단의 극우주의자들은 다문화주의를 세계화 시도와 연관시켜 비판을 한다. 특히 이민을 격렬하게 반대하는 프랑스의 국민전선, 이탈리아 북부 동맹 등은 다문화주의를 '세계주의'와 연결시켜, 그것을 민족과 민족적 정체성을 해체하기 위한 전체주의적 수단으로 파악하고 있다. 또한 미국의 강경 보수 세력도, 그 유형은 다르지만, 다문화주의 세력을 정체성과 특수성을 거부하는 다국적기업, 국제기구, 정부기구 등과 같은 세계화 주도세력으로 여기고 있다. 아무튼 세계화에 대한 입장의 차이에도 불구하고, 다양한 문화와 정체성 간의 평등한 공존을 고유한 정체성, 국민국가를 약화시키려는 시도로 보는 것은 유럽이나 미국이나 마찬가지이다.

결혼 이주자와 외국인 노동자의 인권 보호 차원에서 시작된 한국의 다문화주의 담론은, 낯선 나라에서 그들이 부딪히는 어려움을 덜어준다는 차원에서 매우 바람직하게 출발하였다. 그러나 서구 이민 국가들의 다문화주의 담론을 무분별하게 끌어와 이들의 다문화 정책을 적극적으로 추진해야 한다는 주장은, 이제 막 외국인 유입이 본격화된 한국의 현실과는 자못 어긋날 수밖에 없다. 다문화주의 담론을 통해, 우리가 다른 문화를 수용하지 못하는 우리의 폐쇄성을 반성하는 것은 좋은 일이지만, 역으로 이러한 담론이 일종의 '개방 콤플렉스'를 부추기는 도구가 될 필요는 없다. 또한 다문화주의 담론이 값싼 노동을 수입하여 이윤을 창출하려는 기업의 논리와 서구 다문화 사회를 이상으로 여기는 지식인들의 논리에 현혹될 필요도 없다. 심지어 한국이 다문화, 다민족 국가로 가는 것이 필연적이라고 생각할 필요도 없다. 이제 중요한 것은 일방적인 공격과 옹호가 아닌 다문화주의에 대한 비판을 포함한 제대로 된 토론이다. 왜냐하면 다문화주의는 우리의 정책적 선택일 뿐이며, 이것이 성공하기 위해서는 그야말로 이에 대한 사회적 합의가 절대적으로 필요하기 때문이다.

학습 활동

1. 다음 지문을 읽고 질문에 답해보자.

> 통합이라는 문제에 대한 유럽인들의 접근 방식은 상이하다. <u>독일 정부는 기독교와 가톨릭교회에 세금을 징수하며 종교집단의 공동체 권리를 인정했다</u>. 네덜란드에서는 다른 영역은 물론 교육 영역에서도 관리와 통제의 기능을 하는 이슬람교를 기존의 기독교 종파에 추가해 인정해야 하느냐 하는 문제가 제기되었다. 네덜란드의 이 정책은 종교적 다양성의 확산을 더욱더 차단시키는 경향을 띠는 것으로 보인다.
>
> 반면 프랑스인들은 늘 통합의 원리를 수용한다. 프랑스 시민권은 민족적 소속을 기초로 하지 않고, 보편성을 갖는다. 공화국의 전통은 개인의 권리만 인정할 뿐 집단의 권리는 인정하지 않으며 정치와 종교의 분리 원칙에 대해서도 강한 집착을 보인다. <u>특히 프랑스의 교사들은 프랑스 혁명에서 비롯된 전통의 계승자들로서 그 어떤 종교적 성향도 공교육 체제에 영향을 미쳐서는 안 된다고 생각한다</u>. 언뜻 프랑스의 새로운 정책은 강요된 통합의 형태로 보일 수 있을 것이다. 그러나 이런 정책의 궁극적 목표는 종교적 자유를 짓밟는 것이 아니라 통합을 장려하는 것이다.
>
> 상이한 성향의 이민자들에 대한 문화적 통합은 최근 10년간 발전해 온 민주주의 정치체제가 직면할 사회적 시련이 될 것이다.
>
> 프랜시스 후쿠야마, 2004. 1. 26, 『월스트리트저널』.

(1) 밑줄 친 문장들은 통합 정책의 차이점을 어떻게 드러내고 있는지 설명해보자.

(2) 프랑스의 '정교(政敎)분리 원칙', '보편적 시민'이란 어떤 의미인가? 또한 독일의 통합 정책은 어떤 측면에서 다문화주의의 예가 될 수 있는가?

2. 다음 지문을 참고하여 다문화 사회에서 겪을 수 있는 갈등이 무엇인지, 그리고 그 갈등을 어떻게 극복할 수 있을지 말해보자.

> 갈등을 효과적으로 조정하려면 갈등을 겪는 양측이 그 상황의 필요성과 현실을 잘 파악하는 것과 상대방의 갈등의 원인을 적법하게 내세우는지를 아는 것이 중요하다. 갈등 당사자들이 상대방의 관점이 비현실적이라며 비난하려 든다거나, 직접적으로 이의를 제기해 상대방을 부정하고 싶어 한다면 갈등을 효과적으로 조정할 수 없다. 요컨대 효과적으로 갈등을 조정하는 결정적 요인은 분산된 의견 및 체계적 반대의 내용을 명확히 인식하는 것이다.…
>
> 갈등 조정이 효과를 얻기 위한 또 다른 전제조건은 이익단체들을 효율적으로 구성하는 것이다. 만약 갈등하는 세력들이 완결된 조직 형태 없이, 그리고 일관성도 없이 단지 결집체로만 머무른다면 갈등 조정은 잠재적으로 불가능하다. 효과적 갈등 조정을 위한 마지막 전제조건은 사회갈등을 벌이는 당사자들이 서로의 이해관계 범위를 설정해주는 몇 가지 게임규칙에 동의해야 한다는 점이다.
>
> 랄프 다렌도르프, 1972, 『산업사회의 계급과 계급갈등』.

3. 다음 지문을 참고하여 다문화 사회로 가는 한국의 상황에서 우호적 문화변용을 이끌어내는 방안이 무엇인지 말해보자.

> 문화교류는 민족들 간의 적대적 접촉으로 이뤄지기도 한다. 예를 들어 유럽계 미국인들과 원주민들은 서로 우호적 관계가 아니었는데도 접촉으로 인한 상호모방 현상이 일어났다. 문화적 모방은 문화적 접촉이 이뤄지는 모든 영역에서 일어난다. 우호적 요인이든지 적대적 요인이든

지 간에 그 자체가 문화적 모방의 결정적 조건은 아니다. 무엇보다도 한 민족과 다른 민족이 지배와 피지배 관계를 맺은 탓에 접촉과 교류가 일어나고 문화적 모방도 생겨난다. 이런 상황에서 모든 민족은 자신들이 본래 지니고 있던 문화적 가치를 강조하며 자신들을 속박하는 외압에서 벗어나고자 애쓴다. 그럼에도 실제로나 상상 속에서, 혹은 침투의 방법으로 자신들 삶의 방식을 재건할 수밖에 없게 되는 경향이 있다.

멜빌 J. 허스코비츠, 1967,『문화인류학의 근본』.

참고문헌

고숙희. 2008.「이민자의 태도조사를 중심으로」.『한국 사회와 행정연구』 제19권 제1호.

구견서. 2003.「다문화주의의 이론적 체계」.『현상과 인식』 가을호.

김남국. 2010.「다문화의 도전과 사회 통합: 영국, 프랑스, 미국 비교 연구」.『유럽연구』 제28권 3호.

김정희. 2004.「모자이크 사회-통합과 균열」.『프랑스 하나 그리고 여럿』. 서울대학교 불어문화권 연구소.

마르티니엘로, 마르코. 2002. 윤진 역.『현대사회와 다문화주의: 다르게 평등하게 살기』. 한울.

박단. 2007.「프랑스 이민자 정책과 공화국 통합모델」.『이화사학연구』 제35호.

박동열. 2010.「프랑스 이민 정책과 언어 정책」.『다문화 교육 연구와 실천』 제2집. 서울대학교 교육종합연구원.

박선희. 2010.「프랑스 이민 정책과 사르코지(2002-2006)」.『국제정치논총』 50권 2호.

박재영. 2009.「유럽 다문화 사회의 문화충돌: 영국 · 프랑스 · 독일을 중심으로」.『다문화의 이해: 주체와 타자의 존재방식과 재현양상』 다문화연구 창간호. 문화컨텐츠기술연구원.

설동훈. 2000.『노동력의 국제이동』. 서울대학교출판부.

스토커, 피터. 2004. 김보영 역.『국제이주』. 이소출판사.

압달라-프렛세이, 마르틴. 2010. 장한업 역.『유럽의 상호문화교육』. 한울.

양현모 · 조태준 · 서용석. 2010.『영국의 행정과 공공 정책』. 신조사.

엄한진. 2011.『다문화 사회론』. 소화출판사.

오경석 외. 2007.『한국에서의 다문화주의 현실과 쟁점』. 한울아카데미.

이가야. 2009.「프랑스의 다문화 사회: 동화에서 통합으로」.『프랑스문화예술연구』 제28호.

장한업. 2009.「프랑스의 상호문화교육과 미국의 다문화 교육의 비교연구」.『프랑스어문교육』 제32집.

정기섭. 2009.「독일의 사회 통합을 위한 이주 외국인 자녀의 교육 지원 현황 및 시사점 분석」.『교육의 이론과 실천』 제14권 제2호.

정재각. 2011.「독일의 이주 정책과 사회 통합간의 갈등에 관한 연구」.『한독사회과학논총』 제21권 제3호.

정희라. 2007.「영국의 자유방임식 다문화주의」.『이화사학연구』 제35집.

지젝, 슬라보예. 2008. 이성민 역. 『까다로운 주체』. 도서출판 B.

하트, 마이클 · 안토니오 네그리. 2008. 조정환 외 역. 『다중』. 세종서적.

허영식 · 정창화. 2012. 「사회 통합의 관점에서 바라본 다문화주의와 공화주의적 주도문화: 독일의 사례를 중심으로」. 『유럽연구』 제30권 1호.

Castles, Stephen and Mark Miller. 2003. *The Age of Migration*. The Guilford Press.

CEC. 2007. European Agenda for Culture in a Globalizing World 〔COM(2007)242 Final, Brussels〕.

Kim, Nam-Kook. 2009. "Multicultural Challenges in Korea: The Current Stage and a Prospect." *International Migration*.

Kymlicka, Will. 1998. *Finding Our Way: Rethinking Ethnocultural Relations in Canada*. Oxford University Press.

McLaren, Peter. 1994. "While Terror and Oppositional Agency: Towards a Critical Multiculturalism." David Theo Golberg (ed.). *Multiculturalism: A Critical Reader*. Blackwell.

Taylor, C. and A. Gutmann. 1992. *Multiculturalismand 'the Politics of Recognition'*. Princeton University Press.

http://www.iom.int/jahia/Jahia/about-migration/facts-and-figures(국제이주기구 홈페이지 자료).

http://fr.wikipedia.org/wiki/Immigration_en_France.

3장

다문화 관련 법령의 이해와 개선 방향

박성혁 서울대학교 사범대학 사회교육과

1. 들어가는 말

우리 사회가 근본적인 변화를 겪고 있다. 오랜 농경사회적 전통과 문화, 유별난 혈연 의식과 조상 숭배, 이런 모습은 이제 옛 이야기가 되고, 어느 사이 언어와 문화가 다른 외국인들을 우리의 이웃으로 맞아 함께 살아가는 시대가 도래하였다. 이는 거스를 수 없는 세계화 현상의 일면으로서 외국인에 대한 인식이나 인권 문제 등에 대해 우리가 더욱 관심을 가질 수밖에 없게 만든다.

이러한 세계화와 인권의 보편화 현상이 도도한 시대적 추세가 되면서 전통적인 국가주권, 국민, 국경 개념에 혼란을 초래하고 있다. 더불어 국제적 이주의 증가로 인하여 외국인과 이주민에 대한 인권 보호, 그리고 이들을 자국사회로 통합하는 문제가 개별 국가들의 주요한 정책적 과제로 등장하고 있다. 이러한 세계화, 인권의 보편화 현상, 그리고 국제적 이주의 증가에 따른 다문화 사회로의 진행이라는 세계적 추세는 우리 사회도 예외가 아니다.

법무부 출입국외국인정책본부의 통계(2011)에 따르면, 국내 체류 외국인 수는 1990년 49,000명에서 2011년 말 현재 139만여 명으로 28배가량 증가하였고, 앞으로 그 증가 추세는 더욱 심화될 것으로 예상된다. 특히 외국인 체류자 가운데 단기 체류자의 수는 거의 변동이 없는 반면에, 장기 체류자가 계속 증가하여 전체 약 80%에 이르고 있다. 이는 외국인 체류자의 증가가 일시적 현상이 아니라 구조적 경향이라는 사실을 말해준다. 이 가운데 국제결혼 건수는 1991년 5,000여 건(총 결혼 건수의 3.7%)에서 2011년에는 29,700여 건(총 결혼 건수의 9.0%)으로 확대되었으며, 특히 농어촌 지역은 총 결혼 건수의 40% 정도가 국제결혼인 것으로 확인되었다.

따라서 우리나라는 이미 '단일민족국가'라는 폐쇄적 순혈주의를 주장하기 어려울 만큼 다문화 사회의 단계에 본격적으로 들어섰다고 말할 수 있다. 특히 1990년대 이후 외국인 근로자와 결혼 이주자가 급증하고, 한편으로는 국내적으로 인구 고령화와 출산율 감소가 뚜렷해짐으로써 다문화 가정이 우리 사회에서 차지하는 비중과 역할이 급격히 확대되었다.

다문화 가정은 현실적으로 우리 사회의 구성원일 수밖에 없고, 앞으로는 더욱 그러할 것이다. 다문화 가정을 우리 사회의 구성원으로 인정한다면, 법의 관점에서 볼 때 문제의 핵심은 이들의 법적 지위가 될 수밖에 없다. 하지만 이 문제는 그렇게 간단한 사안이 아니다. 왜냐하면 전통적인 법체계는 국민국가의 관점을 바탕으로 하여 구성되어 있기 때문이다. 국민국가의 관점에 의하면, 국가로부터 기본적 자유와 권리를 보장받거나 국가에 이를 요구하는 주체는 원칙적으로 그 국가의 구성원, 즉 '국민'이며, 그렇지 않은 '외국인'은 조약과 국제법에 의하여 예외적으로 인정받을 수 있다. 그런데 다문화 가정이 현실적으로 우리 사회의 구성원이면서도 법적 지위를 논의하기가 어려운 것이, 그들이 국내에 단기 체류하는 외국인 가정부터, 외국인과 한국인으로 이루어지는 가정, 심지어 북한 이탈 주민까지, 또 그 속에서도 우리나라의 국적을 취득한 경우와 그렇지 않은 경우까지 너무나 다양한 유형을 띠고 있기 때문이다.

그러나 다문화 가정의 유형이 어떠하든 결국 다문화 가정의 증가는 기존의 국가 법체계에도 새로운 과제를 던져준다. 왜냐하면 다문화 가정의 증가는 결국 국민국가, 주권국가의 개념에 기초하여 권리와 의무를 부여해온 전통적인 법체계로는 해결하기 어려운 새로운 법적 환경을 만들고 있기 때문이다. 즉 세계화와 인권의 보편성을 인정한다면, 국민과 외국인 개념에 기초한 기존의 법체계는 어떤 형식이든 변화를 겪지 않을 수 없기 때문이다. 이런 시대적, 사회적 변화에 기초한 문제의식을 고려하면, 다문화 가정과 직접적 또는 간접적으로 관련되어 있는 현재 우리나라의 법체계를 살펴보는 작업은 대단히 의미 깊은 일이 될 것이다.

무엇보다 시급한 문제는 이러한 다문화 가정과 다문화 가정의 2세들이 우리 사회의 구성원으로 역할을 할 수 있도록 권리를 보호하고 능력을 길러주는 한편, 기존 사회 구성원들의 문화적 충격과 차별적 의식을 완화시켜 사회적 통합을 이루는 일이다. 이런 새로운 교육적 환경의 변화를 고려할 때 최근 부각되고 있는 '다문화 교육'의 중요성은 아무리 강조해도 지나침이 없다. 다문화 교육은 다문화 가정의 구성원들에게 필요한 교육적 서비스를 제공하거나 우리 사회에 대한 적응력을 키워주는 한편, 이들을 우리 사회의 당당한 구성원으로 인정하고 존중하는 의식적 기반을 형성하는 데 직접적인 영향을 준다는 점에서, 여러 다문화 정책 가운데서도 핵심적인 위치에 선다고 할 수 있다. 그러나 다문화 교육이 교육 영역 내부의 논의로 제한될 경우에 다문화 교육 대상자들이 놓여 있는 특수한 사정과 다문화 교육의 법적 위치를 충분히 고려하지 못하는 문제가 발생할 수 있다. 단기 체류 외국인 자녀, 이주 노동자 자녀, 결혼 이주민의 2세, 화교, 북한 이탈 주민, 불법체류자 자녀 등 다양한 유형의 다문화 교육 대상자들에게 적합한 교육을 제공하고, 또 이런 교육 기조를 제도적으로 안정화하기 위해서는 다문화 교육의 근간을 이루며 그들의 삶에 직 · 간접적으로 영향을 끼치는 다문화 가정 관련 법령들을 살피고, 더 나아가 다문화 교육의 지향에 기초하여 그 개선방안을 적극 모색할 필요성이 강하게 제기된다.

2. 다문화 교육 관련 법령 분석

(1) 다문화 가정과 헌법 및 국제법적 기초

우리 헌법은 전문과 제9조에서 "민족의 단결"과 "민족문화의 창달"을 국가적 의무로 제시하는 등 민족주의 가치를 강조하고 있다. 헌법의 이런 민족주의적 경향은 우리 헌법만의 경향이라기보다는 1945년 이후 식민 지배로부터 독립한 신생 독립국가들의 일반적 경향이기도 하다. 또한 우리 헌법은 기본권의 주체를 원칙적으로 '국민'으로 한정하고 있다. 이는 주권국가, 국민국가를 기초로 하는 헌법의 특성상 당연하다고 볼 수 있다. 그러나 기본권 가운데 그것의 향유 주체를 굳이 국민으로 한정할 필요가 없이 인간 또는 만인의 권리로 볼 수 있는 기본권의 경우에는 독일 헌법에서처럼 구분하여 기술할 필요가 있지만, 현재 우리나라의 헌법에서는 국민의 권리와 인간의 권리 또는 만인의 권리를 구분하지 않고 있다.

이와 같이 우리 헌법은 민족주의 가치를 강조하고 기본권의 주체를 원칙적으로 국민으로 한정하지만, 제6조 제1항과 제2항[1]을 통하여 조약과 국제사회의 보편적인 국제법규에 대하여 우리의 국내법과 동일한 효력을 인정하고, 외국인의 지위를 보장하는 근거를 두고 있기도 하다. 이 경우 국제법규 가운데 국내법적 효력을 인정할 것인지 여부에 관해서, 현실적으로 법원과 헌법재판소는 국제법규의 국내법적 효력(재판규범 및 생활규범)을 제한적으로 인정하고 있으며 외국인의 법적 지위도 상호주의 원칙에 따르는 경향이 강하다. 그 밖에도 제10조의 인간존엄성과 행복추구권처럼 성격상 '국민'의 권리로 한정하기보다는 '인간'의 권리로 인정할 수 있는 기본권에 대해서는 외국인의 기본권 주체성을 인정하는 사례가 있다.

이렇게 우리 헌법의 민족주의적 성격을 인정하고 이를 보편적 인간의 권리에 대한 보장을 통해 보완하려는 시각과 달리, 헌법에 내재된 문화국가 원리에 기반하여 다문화 사회의 법적 원리를 추적하려는 시각들도 있다. 헌법 전문에는 "정치 · 경제 · 사회 · 문화 모든 영역에서 각인의 기회를 균등히 하고…"라는 규정이 있다. 이 규정을 통해서 정치, 경제, 사회 영역과 마찬가지로 문화 영역도 헌법 규범이 적용되

---

1 제6조(조약 · 국제법규의 효력 · 외국인의 법적지위)
① 헌법에 의하여 체결 · 공포된 조약과 일반적으로 승인된 국제법규는 국내법과 같은 효력을 가진다.
② 외국인은 국제법과 조약이 정하는 바에 의하여 그 지위가 보장된다.

는 곳임이 명확히 제시되어 있으며, 동시에 국가는 기본적으로 각 개인들을 차별할 수 없다는, 문화 영역에서의 차별금지가 규정되어 있는 것으로 보아야 한다는 것이다(최유, 2007: 9).

이런 헌법의 문화국가 원리는 문화의 1차적인 창조 및 유지, 전승의 기초가 되는 '가정'을 중심으로 한 혼인 · 가족제도 등의 제도상 구현으로 구체화되기도 하며, 교육권이나 학문의 자유 등 개별 기본권으로 구현되기도 한다. 전광석(2004: 104-106)은 문화국가의 구체적인 실현과 관련하여 그 사회의 문화적 동질성의 유지는 곧 사회적 통합의 필수불가결한 조건이라는 점을 고려해볼 때 사회 일반이 동질성을 느낄 수 있도록 국가는 문화조성의 과제, 문화적 자율성의 보호, 문화적 약자의 보호 등의 역할을 하여야 하다고 설명한다. 또한 정종섭(2006: 189)은 헌법이 대한민국을 문화공동체로 보장한다는 것은 "국가가 국민의 생활양식과 이를 형성하는 요소들을 적극적으로 조성하거나 변경하거나 통제할 수 없으며, 국가가 문화를 적극적으로 만들어 유포하거나 육성하는 것도 국민의 문화 활동을 보장하는 것에 그치며, 특정한 문화를 적극적으로 만들어 유포하거나 수용하기를 강제하는 것은 허용되지 않는다"고 밝히고 있다. 즉 우리 헌법상 국가는 문화적 동질성을 보장하기 위해 적응과 육성을 지원하는 한편, 이것이 다양성을 저해하고 강제적 동화를 유도하는 것은 지양하도록 규정되어 있다는 것이다. 이는 다문화 교육에 대한 헌법적 근거를 제공하는 것으로 해석될 여지를 지닌다. 또한 이러한 민족문화에 대한 강조를 통해 국민을 규정하는 것은 단순한 국적자를 뛰어넘는 시각을 제공할 수 있다는 점에서도 유용성을 보여준다. 즉, 문화적 주체로서의 국민은 자의식에 도달한 민족을 지칭하는 정치적 국민으로 확대될 수 있다. 다시 말해서 언어, 역사, 사회적 상황을 공유하는 문화적 공유자로서 국가를 형성하는 '정치적 국민' 개념으로 국민 개념이 확장될 여지를 갖게 된다는 것이다(최유, 2007: 13-14).

이러한 문화국가 개념의 확장으로서 다문화주의의 수용 가능성은 헌법재판소의 판례들에서도 확인할 수 있다. 신행정수도의건설을위한특별조치법사건(2004헌마554.566병합)에서 헌법재판소는 "국가의 정체성이란 국가의 정서적 통일의 원천으로서 그 국민의 역사와 경험, 문화와 정치 및 경제, 그 권력구조나 정신적 상징 등이 종합적으로 표출됨으로써 형성되는 국가적 특성이라 할 수 있다"고 밝혀 국가정체성이 혈연적이고 인종적인 민족 개념이 아니라 문화적 요소에 의해 규정된다고 보고 있다. 또한 우리 헌법 제9조의 "국가는 전통문화의 계승 · 발전과 민족문화의 창달에 노력하여야 한다"는 규정에 대해 헌법재판소는 동성동본금혼규정에 대한 판결(95헌가6내지13병합)에서 이를 인용하면서 "헌법 제9조의 정신에 따라 우리가 진정으로 계승 · 발전시켜야 할 전통문화는 이 시대의 제반 사회 · 경제적 환경에 맞고 또 오늘날에 있어서도 보편타당한 전통윤리 내지 도덕관념이라 할 것이다"라고 밝혔다. 이는 헌법 제9조의 전통문화 개념이 단순히 우리가 지금까지 지녀온 민족문화만을 폐쇄적으로 이르는 것이라기보다는 외래문화 중에서도 우리 문화와 상호조화를 이룰 수 있는 문화라면 그 문화가치와 다양성을 인정할 필요가 있음을 인정하는 태도라고 해석할 수 있을 것이다(최유, 2007: 20).

그렇다면 어떤 권리를 어떻게 보장할 것인지에 대한 구체적인 기준은 어떻게 구할 수 있을까? 보편적 법원칙의 차원에서 국제법에 규정된 다양한 내용들을 통해 그 내용과 한계를 논의해볼 수 있다. 국제법의 대표적인 법원(法源)은 국가 간의 조약과 협약이다. 우리나라는 인종차별을 금지하고 외국인의 권리 보호를 위한 국제규약에 다수 가입한 상태다. 예를 들면 경제적 · 사회적 및 문화적 권리에 관한 국제규약(A규약, 1990년 비준), 시민적 · 정치적 권리에 관한 국제규약(B규약, 1990년 비준), 모든 형태의 인종차별 철폐에 관한 협약(1984년 비준), 아동권리협약(1991년 비준), 난민의 지위에 관한 협약(1992년 비준) 등을 들 수 있다.

이렇게 현재 존재하고 있는 다양한 국제법규 가운데 이른바 다문화 가족 구성원의 권리 보호와 밀접하게 관련된 것으로 '이주 노동자와 그 가족의 권리 보호에 관한 국제협약'을 들 수 있다. 이 조약은 2003년 7월부터 발효한 국제법규로서 이주 노동자와 그 가족의 보호를 목적으로 한다. 이 조약은 이주 노동자와 가족의 자유권, 사회권, 참정권까지 광범위하게 보장하고 있으며, 심지어 불법체류 노동자 2세들의 교육받을 권리까지도 보장하고 있다. 하지만 현재 이 조약에 가입하고 있는 나라는 주로 아시아, 아프리카, 중남미의 인력 송출 국가들이며 우리나라를 포함한 산업 선진 국가들은 불법 노동자의 조장과 이행에 따른 비용 부담 때문에 가입을 하지 않고 있다. 따라서 이 조약은 국내 다문화 가정 및 다문화 교육에 대한 실정법적 근거로서 역할을 하지는 못하지만, 보편적 법원칙의 차원에서 적극적으로 수용되어야 한다는 주장들이 제기되고 있다.

다문화 가족 구성원의 권리 보호와 밀접하게 관련되는 또 다른 국제법규로서 '아동의 권리에 관한 협약'을 들 수 있다. 특히 이 조약은 주로 다문화 가정 2세들을 대상으로 하는 다문화 교육에 직접적으로 영향을 주는 국제법이라는 점에서 주목해야 한다. 우리나라는 1991년에 이 조약에 가입했다. 이 조약 제2조에는 '당사국은 자국의 관할권 내에서 아동 또는 그의 부모나 법정후견인의 인종, 피부색… 민족적, 인종적 출신… 에 관계없이, 어떠한 종류의 차별을 함이 없이 이 협약에 규정된 권리를 존중하고, 각 아동들에게 보장하여야 한다'고 하고 있으며, 제28조에는 18세 이하의 모든 아동들에게 교육의 기회를 제공하도록 규정하고 있다. 특히 이 규정은 그 부모의 출입국관리법상의 지위를 이유(불법체류자)로 그 아동의 교육 기회를 제한하지 않을 것을 원칙으로 제시한다. 구체적으로 '당사국은 아동의 교육에 대한 권리를 인정하며, 점진적으로 그리고 기회균등의 기초 위에서 이 권리를 달성하기 위하여 특히 다음의 조치를 취하여야 한다. 초등교육은 의무적이며 모든 사람에게 무료로 제공되어야 한다. 일반교육 및 직업교육을 포함한 중등교육의 발전을 장려하고, 이에 대한 모든 아동의 이용 및 접근이 가능하도록 하며… 필요한 경우 재정적 지원 제공 등 적절한 조치를 취하여야 한다. 고등교육의 기회는 모든 사람에게 능력에 입각하여 개방될 수 있도록 적절한 조치를 취하여야 한다'고 하여 교육 기회를 차별 없이 제공할 것을 규정하고 있다.[2]

그 외에도 다문화 가정과 관련되는 국제법적 기준으로 '교육상의 차별금지 협약'을 들 수 있는데, 이 협약은 1960년 12월 유네스코(국제연합교육과학문화기구, UNESCO) 총회에서 채택되었고 1962년 5월 22일에 발효되었지만, 우리나라는 가입하지 않았다. 이러한 보편적인 국제법적 원칙들은 헌법 제6조 제1항의 "일반적으로 승인된 국제법규는 국내법과 같은 효력을 지닌다"는 근거에 의거해 국내법화할 가능성이 열

2 '이주노동자협약'에 가입하지 않은 상태에서 '아동권리협약'에만 가입한 우리나라의 특수한 상황은 다문화 교육 현실에 직접적으로 영향을 주고 있다. 즉, 불법체류자 가족의 경우 학교에 다니는 2세 아이들은 아동권리협약으로 보호를 받아 교육 기회를 보장받을 수 있으나 그 부모의 경우는 보호를 받을 수 없으므로 적발될 경우 강제출국 등의 제재를 받게 되는 것이다. 아이들의 하굣길에 따라가서 불법체류자를 체포한다는 비인권적 사례에 대한 보도(『한겨레』, 2006. 4. 11)나 부모가 추방될 경우 실질적으로 아동들의 교육 기회가 보장되는 것이 불가능하다는 시민단체들의 항의는 이러한 우리나라의 국제조약 가입 상황에 기인한 것으로 볼 수 있다.

려 있으며 실제로도 많은 영향을 주고 있다. 그러나 '일반적으로 승인된'의 의미를 두고 공식적으로 가입하거나 협약을 체결한 경우로 제한해 해석할 것인지 논란이 있다. 비록 직접적으로 모든 국제법규들이 국내법화 될 수는 없겠으나 실정법의 해석과 적용에 있어 이러한 보편적 원칙들을 참고하여 한계를 넓혀가려는 노력은 지속되어야 할 것으로 보인다. 또한 헌법 제6조 제2항의 '외국인은 국제법과 조약이 정하는 바에 의하여 그 지위가 보장된다'는 조항 역시 외국인의 권리의무가 상호주의 원칙에 따른다고 좁게 해석(정종섭, 2006: 205)할 것이 아니라 헌법 본래의 홍익인간적 이념을 살려 해석의 폭을 넓혀가야 할 것이다.

(2) 다문화 가정과 국적법 및 출입국관리법

외국인이 대한민국의 법체계와 처음 만나는 지점은 내국인과 외국인의 출입국을 종합적으로 관리하기 위한 출입국관리법과 대한민국의 구성원 자격을 규정한 국적법이라고 볼 수 있다. 먼저 국적법은 헌법 제2조 제1항[3]에 따라 대한민국의 '국민'이 되는 요건을 규정하는 법률이다. 우리나라의 국적법은 예외적인 경우를 제외하면 속인주의(혈통주의)에 따른 국적 부여를 원칙으로 하고 있다. 국적법의 이런 원칙은 이주민 통합 정책과 밀접한 관계를 가지고 있다.

국적을 부여하는 기준은 개별 국가의 역사 및 문화적 배경과 밀접하게 관련되어 있다. 크게 보면 혈통과 출생지를 기준으로 하되, 개별 국가의 구체적 상황에 따라 양자를 적절하게 혼합하는 방식을 취하고 있다. 일반적으로 출생지를 기준으로 국적을 부여하는 국가로는 영국, 미국, 캐나다, 오스트레일리아, 뉴질랜드 등이 있으며, 우리나라와 같

3 헌법 제2조 제1항: 대한민국의 국민이 되는 요건은 법률로 정한다.

이 부모의 혈통을 기준으로 국적을 부여하는 국가로는 오스트리아, 중동 산유국, 대만, 싱가포르, 일본 등이 있다. 한편 출생지주의와 혈통주의를 절충하는 방식, 즉 거주지주의를 취하는 국가로 독일,[4] 프랑스,[5] 이탈리아, 스웨덴, 네덜란드, 벨기에 등이 있다. 따라서 현재 우리나라의 헌법과 국적법 체계에 의하면 '외국인'은 귀화 절차를 거치지 않으면 대한민국의 '국민'이 될 수 없다. 자연히 현재 우리나라의 법제도하에서 다문화 가정 구성원들의 국적 문제는 '혈통주의와 귀화 절차의 완화'를 통해 수용할 수밖에 없다고 할 수 있다. 이런 문제와 관련하여 우리나라는 1997년에 국적법을 개정하여 국적 부여 방식을 부계혈통주의에서 부모양계혈통주의로 확대하여 혈통주의를 완화한 바 있다. 또한 2004년 국적법 제6조 제2항 제3호와 제4호를 신설하여 혼인에 의한 간이귀화요건을 완화하였다. 구국적법에 의하면 대한민국의 국민과 혼인한 외국인이 대한민국에 귀화하려면 혼인한 상태로 2년 이상 대한민국에 주소가 있거나, 혼인 후 3년이 경과하고 혼인 상태로 대한민국에 1년 이상 주소를 두는 경우에만 가능하였다. 하지만 2004년 개정 국적법에 의하면, 본인의 귀책사유 없이 혼인이 파탄된 경우와 미성년의 자를 양육하는 경우를 간이귀화요건에 포함시킴으로써 귀화 절차를 완화하였다.

이상과 같이 우리의 국적법도 다문화 가정의 문제를 해결하기 위하여 혈통주의를 완화하거나, 귀화요건을 완화하는 등 노력을 하고는

4 독일의 개정 국적법(1999): 독일에서 출생한 외국인은 부, 모 가운데 한 명이 독일에서 태어났거나 14세 이전에 독일로 이주한 경우 자동적으로 독일 국적 취득 가능, 부모의 국적 동시 보유 가능(이중국적).

5 프랑스의 개정 국적법(1998): 외국인이라도 프랑스에서 태어난 사람은 11-18세 사이에 5년 이상 거주한 경우 국적 취득.

있지만 근본적으로는 한계가 있다. 기본적으로 다문화 가정의 문제에 적극적으로 대응하려면 출생지주의까지는 아니라 해도 거주지주의 정도로는 수용할 필요가 있으며, 또한 혼인에 따른 간이귀화요건을 더욱 완화할 필요가 있을 것이다.

다음으로 출입국관리법은 '국민과 외국인'의 출입국 관리, 외국인의 체류 관리 및 난민 인정 절차에 관한 일반적인 내용을 다루고 있는 법률이다. 그러므로 출입국관리법은 이른바 다문화 가정과 직접 관련된 내용은 별로 없다고 할 수 있다. 다만 이 법률 제31조에 의하면 90일 이상 거주하는 외국인의 경우 외국인 등록을 하게 하는데, 대부분의 다문화 관련 법령에서 적용 대상으로 설정하는 '외국인'의 기준이 이 체류 90일을 기준으로 하고 있다. 따라서 출입국관리법은 외국인에 관한 준거 개념을 제시하고 있으며, 이런 점에서 다문화 가정과 관련되어 있다고 할 수 있다.

일반적으로 다문화 가정과 관련한 법률상 쟁점의 하나는 경제 활동 등을 이유로 장기 체류하는 외국인에게 어느 수준의 권리와 의무를 부과할지 여부라고 할 수 있다. 이와 관련하여 2002년에는 출입국관리법 시행령 제23조 제4항(영주권제도)을 신설하였다. 영주권 제도는 국가의 구성원을 다양화함으로써 다문화 가정을 통합시키는 한 방법이 될 수 있다. 우리나라는 2005년에 출입국관리법 시행령을 개정하여 결혼 이민자와 그 미성년 자녀에 대하여 영주권 신청 자격을 체류 기간 2년으로 단축하여 국적법상의 간이귀화요건과 균형을 취하는 조치를 취함으로써, 농촌 지역에 상대적으로 많은 결혼 이민자로 인한 다문화 가정에 대응하고 있다.

(3) 다문화 가정과 교육 관련법

다문화 가정의 삶의 조건을 규정하는 다양한 법령 체계 중에서도 다문화 교육 문제와 가장 직접적으로 관련되는 것은 역시 교육 관련 법들일 것이다. 일반적으로 이주민 2세의 경우 가장 문제가 되는 것은 '국적의 문제'와 더불어 '교육의 문제'라고 할 수 있다. 이 문제에 관해 우리나라는 국제아동권리협약이나 이주노동자협약과 같은 국제적 기준에 미치지 못하고 있다. 예를 들면 외국인 자녀에 대해서는 방문동거자격(F-1)을 부여하고 있으며, 불법체류 외국인 자녀의 경우 질병 등 인도적 사유가 있을 때에만 제한적으로 기타체류자격(G-1)을 인정하는 정도에 불과하다.

다문화 가정 2세들은 이러한 신분 불안뿐 아니라 교육 기회에 있어서도 직접적으로 많은 제한을 겪고 있다. 교육인적자원부는 2005년 5월 현재 취학 연령대 외국인 자녀(7세 이상 18세 이하)는 17,300명으로 추정하며 이중 외국인학교 재학생 7,800명을 제외하면 국내학교 유입 가능인원을 약 9,500명으로 추정한다. 그러나 현재 국내 학교에 재학 중인 학생은 불과 1,574명에 불과하고 나머지 7,926명의 외국인 자녀들은 방치되고 있다고 한다(이성언 · 최유, 2006: 121).

이러한 현실은 다문화 가정 2세들의 교육을 위한 법적 기반이 미비하다는 현실도 일정 부분 영향을 준 것으로 보인다. 교육 문제와 관련하여, 교육기본법 제4조[6]에는 '인종' 등에 따른 차별을 금지하는 일반조항이 존재하지만, 이는 기본적으로 '국민'에 대한 규정이지 외국인에 관한 규정은 아니다. 더욱이 최근 불법체류자의 경우 본국 자녀

6 교육기본법 제4조 제1항(교육의 기회균등): 모든 국민은 성별, 종교, 신념, 인종… 등을 이유로 교육에 있어서 차별을 받지 아니한다.

를 입국시키는 사례가 증가하고 있으며, 신분노출을 우려하는 문제의 성격상 실태 파악이 어려운 실정이다. 다만 2006년 6월에 초 · 중등교육법 시행령 제19조 제1항[7]을 개정하여 외국인 노동자 자녀의 초등학교 입학 절차를 간소화한 바 있다. 즉 정부에서는 UN 아동권리협약(Convention on the Rights of the Child)의 정신과 초 · 중등교육법 시행령 제19조의 정신에 따라 외국인 근로자의 자녀가 초등학교에 입학하는 경우 학교의 장이 출입국에 관한 사실증명 또는 외국인등록 사실증명의 내용을 확인함으로써 입학 또는 전학 절차에 대신할 수 있도록 하여 학교의 전 · 입학에 필요한 서류 제출을 면제하고 있다.

앞서 언급된 UN 아동권리협약에 의거하여 2006년 9월에 개정된 아동복지법에서도 다문화 교육 관련 내용을 일부 확인할 수 있다. 아동복지법의 기본 이념을 규정하고 있는 제3조는 인종적 차별을 금지한다는 취지의 내용이 개정되었다. 즉, 금지되는 차별 이유에 대한 내용인 제1항에 '인종'을 덧붙여 "아동은 자신 또는 부모의 성별, 연령, 종교, 사회적 신분, 재산, 장애 유무, 출생 지역, 인종 등에 따른 어떠한 종류의 차별도 받지 아니하고 자라나야 한다"고 개정했다. 또한 제4조 제5항의 "국가와 지방자치단체는 아동이 자신 또는 부모의 성별, 연령, 종교, 사회적 신분, 재산, 장애 유무, 출생 지역 또는 인종 등에 따른 어떠한 종류의 차별도 받지 아니하도록 필요한 시책을 강구하여야 한다"라는 내용을 신설하였는데, 이 조항은 국가 및 지방자치단체가 다문화 교육을 받을 권리를 보장해야 한다는 내용으로 해석될 수 있다.

7 초 · 중등교육법 시행령 제19조 제1항: 재외국민 또는 외국인이 보호하는 자녀 또는 아동이 국내의 초등학교에 입학하거나 최초로 전입하는 경우에는 거주지를 관할하는 해당 학교의 장은… 출입국에 관한 사실증명 또는 외국인등록 사실증명의 내용을 확인함으로써… 입학 또는 전학 절차에 갈음할 수 있다(외국인등록사실 또는 출입국사실에 관한 서류 제출 면제).

그러나 아직 다문화 교육에 관하여 기본적인 방향이나 지침을 제공하는 독립적인 법령은 사실상 존재하지 않으며 개별 사안에 대한 관계 법령도 모호한 상태에 있다고 할 수 있다. 비교적 포괄적인 차원에서 다문화 정책 문제를 다루고 있는 법안으로 최근 제정된 '재한 외국인 등의 처우 기본법'이 있다. 향후 우리나라의 다문화 정책에 근간을 마련하려는 목적으로 2007년 6월에 제정된 이 법에서는 다문화 교육 관련 내용을 다음과 같이 정해두고 있다.

> 제12조(결혼 이민자 및 그 자녀의 처우) ①국가 및 지방자치단체는 결혼 이민자에 대한 국어교육, 대한민국의 제도 · 문화에 대한 교육, 결혼 이민자의 자녀에 대한 보육 및 교육 지원 등을 통하여 결혼 이민자 및 그 자녀가 대한민국 사회에 빨리 적응하도록 지원할 수 있다.
>
> ②제1항의 규정은 대한민국 국민과 사실혼 관계에서 출생한 자녀를 양육하고 있는 재한 외국인 및 그 자녀에 대하여 이를 준용한다.

이 조항은 다문화 가정의 교육에 대해 그 내용 및 지원 사항을 비교적 상세하게 명시하고 있다는 점에서 의미가 있다. 그러나 이 법의 초기 논의 단계에서 제시된 법인 시안에는 5개 조항에 걸쳐 다문화 교육의 내용과 운영 방식, 책임 기관 등을 상세히 다루고 있으며 불법체류 외국인에 대한 인권 보호까지 명시하고 있었으나(이성언 · 최유, 2006: 100-101), 논의 과정에서 이 내용들이 삭제된 것은 매우 아쉬운 일이다. 또한 다문화 교육에 대한 지원이 의무조항(…해야 한다)이 아니라 가능조항(…할 수 있다)으로 완화된 것도 법의 실효성을 떨어뜨리는 요소가 될 것으로 예상된다.

(4) 다문화 가정과 노동 및 사회보장 관련법

다문화 가정의 구성원이 대한민국의 법체계와 처음 만나는 지점이 국적, 체류 등과 관련된 법률이라면, 대한민국 내에서 구체적인 일상생활을 영위하면서 만나는 법체계는 교육, 근로, 기타 사회보장에 관한 법률이라고 할 수 있다.

이런 문제와 관련하여 2004년에 제정된 '건강가정기본법'은 다문화 가정의 건강과 복리와 관련된 법률의 하나로 볼 수 있다. 이 법률은 건강한 가정생활의 영위, 가족의 유지 · 발전, 가족구성원의 복리증진을 위한 지원 정책의 강화를 위하여 제정된 법률로서, 동 법률 제5조 제2항에 의하면 국가나 지방자치단체가 건강가정을 위한 제도나 시책을 추진할 때에는 가족구성원의 특성과 가정 유형을 고려하도록 하고 있다. 따라서 다문화 가정이 이 법률의 적용 대상이 됨은 분명하지만, 이 법률은 다문화 가정 구성원 가운데 국적을 취득한 사람, 즉 국민의 권리와 의무만을 규정하고 있을 뿐 외국인에 대한 규정은 없다.

현실적으로 다문화 가정으로 인한 문제들 가운데 핵심이라고 할 수 있는 외국인 노동자와 직접적으로 관련되어 있는 법률로는 2003년에 제정된 '외국인 근로자의 고용 등에 관한 법률'을 들 수 있다. 우리나라는 이 법률에 의하여 그 동안 '산업연수생제'를 통해 수급되던 외국인 고용을 '고용허가제'로 전환하여 3년의 취업 기간을 보장하였으며, 아울러 동 법률 제22조[8]와 근로기준법 제5조[9]에 의하여 국내 노동자와 같은 노동3권을 부여하였다. 그리고 2003년 이 법률을 제정하면

8 외국인 근로자의 고용 등에 관한 법률 제22조: 사용자는 외국인 근로자라는 이유로 부당한 차별적 처우를 하여서는 아니 된다.

9 근로기준법 제5조(처우균등): 사용자는 근로자에 대하여 …국적 …을 이유로 근로조건에 대한 차별적 처우를 하지 못한다.

서 경과조치로 국내에 있던 불법체류자를 합법화한 바 있다. 그리고 2007년에는 정부에서 '출입국관리법시행령'과 '외국인 근로자의 고용 등에 관한 법률 시행규칙'을 개정하여 산업연수생제를 폐지하고 이를 고용허가제에 의한 외국 인력 제도로 통합하였다. 이에 따라 취업 기간이 끝난 외국인 근로자의 재취업이 가능하게 되었다. 그러나 현실적으로 이 법률의 제정 후에도 '본질적으로 단기 체류 정책'을 원칙으로 하고 있기 때문에, 불법체류자 문제는 여전한 상황이다.

그리고 사회보장권과 관련하여, 현재 우리나라에서는 사회보장기본법을 일반법으로 하여, 국민건강보험법, 국민연금법, 산업재해보상보험법, 고용보험법 등이 시행 중이다. 사회보장권은 기본적으로 정부의 적극적인 급부 행정을 필요로 하기 때문에 원칙적으로 외국인에게는 보장하기 어려운 '국민'의 권리라고 할 수 있다. 다만 다문화 가정과 관련하여 사회보장기본법 제8조는 '국내에 거주하는 외국인에 대한 사회보장제도의 적용은 상호주의의 원칙으로 하지만, 최근 법령 개정을 통해 외국인 특례규정을 둠으로써 상호주의를 약간 완화하고 있다. 예를 들면 첫째, 혼인 이주여성의 경우 국적 취득 전이라도 건강보험 적용을 받을 수 있다(국민건강보험법 제93조 제2항, 외국인 특례조항). 그리고 미성년의 자를 양육하거나 임신 중 또는 시부모와 동거 중일 때에는 국적 취득 전이라도 국민기초생활을 보장받을 수 있다(국민기초생활보장법 제5조의2). 둘째, 외국인 근로자의 경우 국민건강보험, 국민연금, 산업재해보상보험, 고용보험 등 4대 보험 가운데 국민연금은 상호주의를 유지하지만 나머지는 모두 적용을 받을 수 있다. 특히 산업재해보상보험은 외국인 근로자의 체류자격의 합법성 여부에 관계없이 적용을 받을 수 있도록 함으로써 불법체류 외국인 근로자의 문제까지 일부 해결하고 있다.

(5) 기타 다문화 가정 관련 법률

다문화 가정 구성원의 우리 사회에 대한 통합은 참정권의 부여로 완성된다고 할 수 있다. 즉 대한민국의 정치적 의사 형성에 참여할 수 있는 권리를 부여함으로써 명실상부하게 우리 사회의 구성원으로 통합되는 것이다. 그런데 아직 대한민국 국적을 취득하지 못한 외국인에게 참정권을 부여하는 것은 국민주권의 원칙에 모순되는 본질적 어려움을 발생시킨다. 즉 근대 국가의 일반 원칙에 의하면 모든 형태의 정치적 권력은 궁극적으로 국민의 의사로부터 나와야 한다. 이런 헌법 원칙에 따라서 현재 우리나라 헌법 제24조(선거권)와 제25조(공무담임권)에서 참정권은 모두 '국민됨'을 전제요건으로 하고 있으며, 정치 관련 개별 법률들도 일관된 입장을 유지하고 있다. 예를 들면 공직선거법 제15조는 선거권을 19세 이상의 국민에게 부여하고 있으며, 제16조 제1항에 의하면 대통령의 피선거권은 40세 이상의 국민에게 부여되고 있다. 그리고 같은 법률 제16조 제2항은 국회의원의 피선거권을 25세 이상의 국민으로 한정하고 있으며, 제16조 제3항은 지방의회의원 및 지방자치단체장의 피선거권을 25세 이상의 국민으로 한정하고 있다. 그리고 정당법 제22조는 당원의 자격에 관하여 외국인의 정당 가입을 금지하고 있으며, 정치자금법 제31조에서는 외국인의 정치 자금 기부 행위를 금지하고 있다. 그 외에도 출입국관리법 제17조에 의하면 원칙적으로 외국인의 정치 활동은 금지된다. 다만 예외적으로 지방자치는 국민이라기보다는 지역사회의 구성원, 즉 주민의 복리 증진을 위한 제도라는 점을 고려하여, 주민투표법 제5조와 공직선거법 제15조에서는 주민투표권과 지방선거권을 한정적으로 인정하고 있다. 다만 이 경우에도 피선거권은 인정하지 않고 있다.

다문화 가정과 관련하여 빼놓을 수 없는 법률로서 2007년에 제정된

'재한외국인 처우 기본법'을 들 수 있다. 이 법률은 대한민국 내에 체류하고 있는 모든 외국인(아직 국적을 취득하지 못한 '결혼 이민자'와 영주권자 포함)의 적응 지원, 상호이해, 사회 통합을 지원하기 위한 법률이다. 이 법률 4조에서는 국가가 외국인에 관한 다른 법률을 제정 또는 개정할 때에는 이 법의 목적에 맞도록 규정하고 있으며, 제10조, 제11조, 제12조에서 외국인의 인권 옹호를 위한 교육, 홍보, 정보 제공 및 상담, 그리고 결혼 이민자 및 그 자녀에 대한 국어교육, 제도 · 문화교육, 보육 및 교육 지원을 규정하고 있다. 그리고 제18조에서 다문화에 대한 이해 증진을 위한 국가 및 지방자치단체의 의무를 규정하는 등 다문화 가정에 관한 내용을 포괄적 · 일반적으로 규정하고 있다.

그 밖에 다문화 가정의 지원, 다문화 교육 등과 직접적으로 관련되어 있는 법률로 다문화가족지원법이 있다. 다문화가족지원법은 여성가족부를 주무 부서로 하여 다문화에 대한 이해증진을 위해 국민교육, 국어교육 및 기본소양 교육, 생활정보 제공, 평등한 가족관계 유지를 위한 상담. 가족생활 교육. 부모교육 추진, 아동의 보육 및 교육, 생활 및 법률 상담의 제공, 다문화가족지원센터의 지정 등을 폭넓게 규정하고 있다.

3. 맺는 말

세계화의 시대적 변화에 따라 다양한 인종이 함께 살아가는 다문화 사회로의 변화는 피할 수 없는 흐름으로 보인다. 다만 우리 사회의 경우 오랜 세월동안 단일민족이라는 강력한 민족주의적 틀 안에서 살아온 데다, 다문화 사회로의 변화가 주로 경제적 환경 변화와 맞물려 빠른 속도로 진행되면서 구성원 개개인이 느끼는 충격도 더 크고 사회제도적으로 미비한 부분이 눈에 띄게 보이는 것이라고 할 수 있다. 특히 현재 우리 사회가 접하고 있는 '다문화'의 화두는 단순히 인종 간의 차이를 극복하는 것을 넘어서서 거대 산업사회에서 이질화, 파편화 되어가고 있는 개인들, 하위집단들, 소수자들을 어떻게 포괄하며 공존해갈 것인지를 묻는 확장된 차원에서의 시민성 개념에 대한 물음이라고 볼 수 있다. 여러 교육 영역 가운데서도 가장 직접적으로 시민성의 차원을 다루는 사회과 교육은 이 물음에 답할 책임이 있다. 그러나 그 답이 단지 이론적 차원에서의 논의에 그치지 않고 사회와 다문화 구성원들에게 실질적으로 의미가 있기 위해서는 현재 우리가 딛고 있는 제도적 지형을 살필 필요가 있으며, 이는 곧 관련 법령에 대한 이해의 문제와 직접적으로 연관될 것이다.

다문화 가정의 다양성 문제, 권리와 의무를 어디까지 얼마나 보장할 것이며, 특히 법 바깥에 있는 불법체류자의 문제를 어떻게 다룰 것인지, 국민국가의 기반을 이루고 있는 국적 개념을 어떻게 확장할 것인지의 문제는 보다 현실적인 법제도적 고려를 통해 합의를 만들어가야 하는 중요한 쟁점들이라고 할 수 있다. 이를 위해 다문화 교육의 제도적 틀에 대한 다양한 연구영역을 통한, 보다 풍부한 논의가 이루어질 필요가 있다.

학습 활동

1. 우리 사회가 다문화 사회로 변해감에 따라 기존의 법질서에 어떤 문제가 발생하며, 그 원인이 무엇인지 생각해보자.

2. 우리나라의 헌법상 외국인의 지위와 현실 사이에 어떤 문제가 있는지 이야기해보자.

3. 다문화 사회와 법제도의 안정성 사이에 벌어지는 문제를 일상생활 영역별로 구분하여 논의하고, 그 해결 방안에 관하여 각자의 의견을 제시해보자.

참고문헌

노석태 · 김남철. 2007.「한국에서의 외국인의 인권: 국제인권법의 관점에서의 검토를 중심으로」. 부산대학교『법학연구』제48권 제1호: 255-288.

대통령자문 빈부격차 · 차별시정위원회 보고자료. 2006. 4.「혼혈인 및 이주자의 사회 통합 기본방향」.

박성혁. 2008.『우리나라 다문화 교육 정책 추진 현황, 과제 및 성과 분석 연구』. 교육인적자원부.

법무부 보도자료.「2006년 9월 21일 법무부 '재한 외국인 처우 기본법' 제정 추진」.

유진이. 2007.「다문화 사회현황과 청소년 정책」. 연구협약체결기념 학술회의 자료집. 평택대학교 다문화가족센터: 93-109.

이성언 · 최유. 2006.『'다문화 가정 도래에 따른' 혼혈인 및 이주민의 사회 통합을 위한 법제 지원방안 연구』. 한국법제연구원.

전광석. 2004.『한국헌법론』. 법문사.

정종섭. 2006.『헌법학원론』. 박영사.

조영달. 2008.『다문화 교육 정책 수립을 위한 기초인식 조사 연구』. 교육인적자원부.

최유. 2007.「헌법과 다문화주의에 관한 몇가지 생각」.『외국인 정책 및 다문화에 관한 법제의 동향과 과제』. 한국법제연구원 전문가회의 자료집: 9-23.

Hesse, C. 2001.『독일헌법원론』. 박영사.

近藤敦. 2005.「영주시민권과 지역적 시민권-외국인 지방 참정권의 전망과 과제」.『공익과 인권』제2권 제1호. 서울대학교 BK21 법학연구단 공익인권법연구센터.

4장

다문화 구성원의 인권 실태와 다문화 인권정책 연구[1]

성상환 서울대학교 사범대학 독어교육과

1. 들어가는 말

많은 사람들이 국가 간의 경계를 넘어 자신의 모국이 아닌 곳에서 살아가고 있다. 세계화 현상과 교통 · 통신 기술의 급속한 발달로 이러한 현상은 더욱 가속화되고 있다. 특히 자본주의 발달과 이에 따른 노동시장의 유연화, 국제결혼, 전쟁 및 국가적 문제로 인한 난민 발생 등 사람들은 더 이상 한 국가의 범주에서만 살아가지 않는다. 그러나 이러한 국제 이주의 증가는 여러 가지 갈등과 문제를 야기하고 있는데,

1 이 장의 내용은 필자가 대표 저술한 『다문화 인권교육 프로그램 개발연구 기초연구보고서』(성상환 외, 국가인권위원회, 2010)와 『다문화 인권정책에 대한 이주민 당사자 정책 수요조사 연구보고』(성상환 외, 국가인권위원회, 2011)에서 부분적으로 발췌 · 개고한 것임을 밝힌다.

대부분의 국제 이주민들은 인종, 문화적 차이 등으로 인하여 정착 국가의 주류 사회에 진입하기 힘들다. 오히려 이들은 인간으로서 누려야 할 기본적 권리조차 보장받지 못하는 인권의 사각지대에 놓여 있는 경우가 많다.

17세기 이후 서구 유럽에서 발달한 인권(human rights)의 개념은 제2차 세계대전 이전까지만 해도 한 국가의 주권 내에 속한 것으로 여겼으나, 제2차 세계대전 이후 나치의 폭압을 경험하면서 인권의 문제가 단순히 국내의 문제가 아니라는 의식이 자리 잡게 되었다. 이처럼 '보편적 인권'의 개념이 국제 사회에 나타나면서, 국가의 주권과 국경을 초월한 인권 보장을 위한 노력이 지속적으로 전개되었다. 인권 보호를 위한 각종 국제기구 설립, 국제인권법 및 규약 마련 등의 활동은 이러한 노력의 일환으로 이루어졌다. 그러나 현재까지도 여전히 많은 국가는 주권의 우위를 내세우며, 보편주의에 기초한 인권 개념의 수용을 거부하고 있다(Reichert, 2006). 이는 민주화의 수준이 높은 일부 선진국에서도 나타나고 있으며, 세계의 많은 국가에서는 이주민 등 소수집단에 대하여 차별을 자행하고 있다. 보편적 인권의 개념이 다른 국가에 간섭하는 도구로 활용될 수도 있다는 일부 주장도 있으나, 이주민 숫자의 급증과 이로 인한 이주민 문제는 더 이상 한 국가가 나서서 해결할 수 없는 심각한 상황에 이르렀다.

이주민 문제는 근대 국가의 핵심 개념인 주권과 인권이 충돌하고 있는 현실을 드러내는 대표적인 사례이다. 세계화의 흐름 속에서 개별 국가의 역할은 축소될 것이라는 주장과 달리 여전히 국제 관계의 핵심적 주체는 국가이다. 이주민들의 인권 문제도 국제기구 및 국제법 차원에서 해결하기에는 한계가 있다. 따라서 이 장에서는 한국 사회에 정착하고 있는 이주민들 스스로가 느끼는 인권정책에 대한 수요 조사를 바탕으로 한국 사회에서 이주민들의 인권을 보다 실질적으로 보장하기 위해 어떠한 노력이 필요한지 모색하고자 한다.

한국 사회는 아직 이민국가가 아니지만 빠른 속도로 이주민의 숫자가 증가하고 있다. 특히 결혼 이주자들의 증가로 인해 다문화 · 다인종 가정들이 급속하게 늘고 있고, 또한 외국인 근로자들이 지속적으로 유입되면서 한국 사회의 인구 구성비도 변화를 겪고 있다. 한국에서의 이주민의 숫자가 급증함에도 불구하고, 이주민은 대개 거주 지역이나 사회의 소수자이기 때문에 인간으로서 누려야 할 기본적인 권리를 보장받지 못하는 경우가 많다. 국제엠네스티(Amnesty International, 2006)에서는 이주민에게 반드시 보장되어야 하는 권리로 생명권, 고문금지, 자기 결정권, 인종차별 금지, 사상 및 종교에 관한 권리 등을 제시하였다. 우리나라도 점차 다문화 사회로 진입함에 따라 이주민 인권 문제에 많은 관심을 갖기 시작하였으나, 아직까지 이와 관련된 제도적 기틀이 제대로 마련되어 있지 않다.

이 연구는 국내의 이주민 인권 문제 개선을 위한 기초적인 접근 방식의 하나로, 한국 사회에 정착하거나 적응하고 있는 결혼 이주민들과 이주 노동자들을 대상으로 이주민들의 인권이라는 주제를 중심으로 다양한 영역과 주제를 포괄하는 인터뷰와 설문조사를 진행하여 이주민들을 위한 인권증진 차원의 정책수요를 파악하여 정책지표를 개발할 수 있는 토대를 마련하였다. 이 연구에서는 전체 설문 응답자 121명 중 이주 노동자 20명과 결혼 이주민 101명을 대상으로 하여 해당 분야별로 두 가지 유형의 설문지로 조사를 실시하였다.

이 연구를 통해 국가인권위원회가 중장기 다문화인권정책실행계획을 수립하는 데 근거를 제공하고, 다문화 사회의 이주민 인권 증진을 위한 구체적인 정책 프로그램 개발에 일조함으로써 다문화 시대의 연대 창출에 기여하고자 한다.

2. 영역별 이주 인권 실태

이 연구에서 파악된 국가인권위원회의 정책 수행에 대한 이주민의 요구사항은 다음과 같다. 한국에 들어와 있는 이주민들은 아래와 같은 다섯 가지 영역에서 어려움을 호소하고 있다.

> ① 언어소통 및 한국어 습득 문제, ② 차별 문제, ③ 체류 문제,
> ④ 노동 조건 및 주거 관련 문제, ⑤ 교육과 문화 영역의 문제

(1) 언어소통 및 한국어 습득 문제

이주 노동자들은 한국 생활에서 불편하거나 어려운 점으로 거주 기간의 제한과 언어소통 문제를 가장 많이 꼽았다. 이 중 언어소통 문제는 이주 노동자들이 입국 시기부터 지속적으로 겪게 되는 현실의 문제이다. 이들을 대상으로 한국어 언어소통 수준을 묻는 질문에 응답자의 95%가 자신의 수준을 '중'이나 '하'라고 한 것을 볼 때 이주 노동자 대상의 한국어 교육 문제가 심각한 상황인 것으로 나타났다. 언어소통 문제는 이들의 한국 생활과 작업장 안전 등과 직결되기 때문에 매우 중요한 문제라 하지 않을 수 없다. 그런데 이주 노동자들은 주로 자신과 생활을 함께하는 한국인 회사 동료를 한국어 학습의 중요한 통로로 생각하고 있었다. 간혹 이주 노동자가 출신국에서 한국어를 배우거나 독학 등을 통해 배운 사례도 있는데 기초적인 일상 회화의 수준을 넘지 못하는 경우가 대부분일 것이다. 이들이 한국어를 배우

고 싶은 방법으로 선택한 응답의 85%가 주변 사람들을 통해서 한국어를 배우겠다는 것인데, 이 결과는 이주 노동자들이 시간적, 경제적인 제약으로 일터를 벗어나 한국어를 배우기가 매우 어렵다는 것을 보여준다. 따라서 이들이 직장 내에서 한국어를 배울 수 있는 프로그램을 마련하고 내실화하는 것이 중요한 과제라 판단된다.

아래 〈그림 4-1〉에서 나타나듯이 한국에서 결혼 이주민들이 겪는 가장 큰 어려움 중의 하나도 언어소통 문제였다. 결혼 이주민들은 한국어 교육 지원 프로그램에 대한 수요가 높았으며, 동시에 가족구성원을 위한 이중언어 교육 지원 프로그램도 필요하다고 느끼고 있었다. 결혼 이주민들에게는 자유로운 언어소통을 위한 한국어 교육 프로그램의 확대가 무엇보다도 필요한 실정이다. 특히 도시 지역과 농촌 지역의 한국어 교육 인프라는 차이가 많이 나며, 교통이 열악한 지역에서는 한국어 교육을 위한 집합교육이 제대로 이루어지지 않는 곳도 많다. 이러한 곳에서는 방문교육이 절실하다.

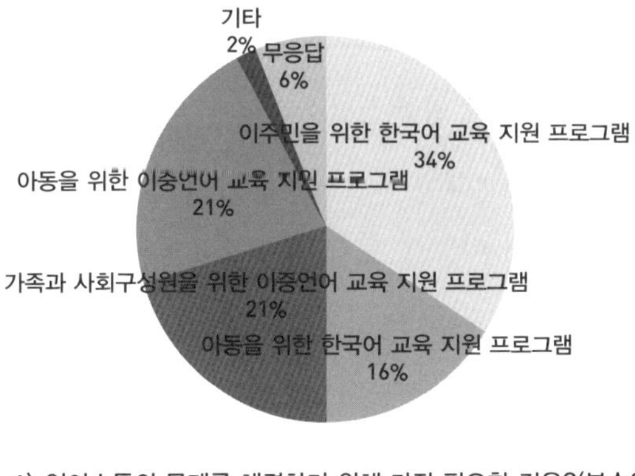

〈그림 4-1〉 언어소통의 문제를 해결하기 위해 가장 필요한 것은?(복수응답 가능)

(2) 차별 문제

다음 항목으로 이주민에 대한 차별 문제를 살펴보자. 이주 노동자를 대상으로 한 A형과 결혼 이민자를 대상으로 한 B형 설문에 참여한 이주민 응답자들에게서 '한국인이 외국인을 차별하고 있다'란 문항에 대해 '그렇다'와 '아니다'라는 상반된 응답이 거의 비슷하게 나타나고 있다. 이는 응답자의 개인적인 경험을 나타낸 것이지만, 아직도 한국 내에서 외국인에 대한 차별이 많이 존재하고 있다는 것을 알 수 있다. 그리고 비록 이주 노동자와 결혼 이주민 사이에 약간의 차이는 있지만 차별의 기준으로 출신 국가를 가장 많이 선택하였다. 이러한 설문 결과는 한국인이 외국인을 대할 때 외국인의 출신 국가에 따라 이들을 다르게 대하고 있다는 사실을 보여주고 있다. 한편 한국 공무원들의 태도에 대해서 이주민들은 대부분 친절하다고 답하고 있고, 공무원들과의 접촉에서 큰 불편함이 없는 것으로 나타났다. 공무원과의 접촉 경험에서 결혼 이주민들과 이주 노동자들 사이에 차이가 있다면, 결혼 이주민의 경우에 출입국관리사무소 직원(45.7%), 다문화가족지원센터 소속 직원(37.0%), 구청이나 주민센터직원(33.3%), 학교 또는 센터의 선생님(17.3%), 경찰공무원(13.6%) 등의 순으로 다양하게 접촉한 반면, 이주 노동자들은 대부분 출입국관리소 직원과의 접촉에 집중되고 있어서, 다양한 공무원 접촉 경험이 부족한 것으로 나타났다. 이는 이주 노동자들의 생활 반경이 사업장 중심으로 제한적이라는 것을 알게 해준다. 무엇보다도 외국인 차별에 관한 설문결과는 한국인의 의식구조가 여전히 제3세계 국가들에 대해 좋지 않은 선입견을 갖고 있다는 것을 증명하고 있으며, 이러한 부정적인 시각의 개선이 필요하다고 본다.

보다 구체적인 인권침해 사례를 알아보기 위해 결혼 이주민 55명을 상대로 심층 조사하였다. 그 결과, 이들 중 인권침해 사례 당 10명

이상이 경험한 사례들을 살펴보면, 언어나 식습관에 대한 몰이해, 피부색이나 옷차림에 관한 모욕, 모국이나 동포에 대한 모욕, 직장 등 공동체에서의 무시, 심지어는 성적인 모욕 등이 나타나고 있다(그림 4-2; 표 4-1).

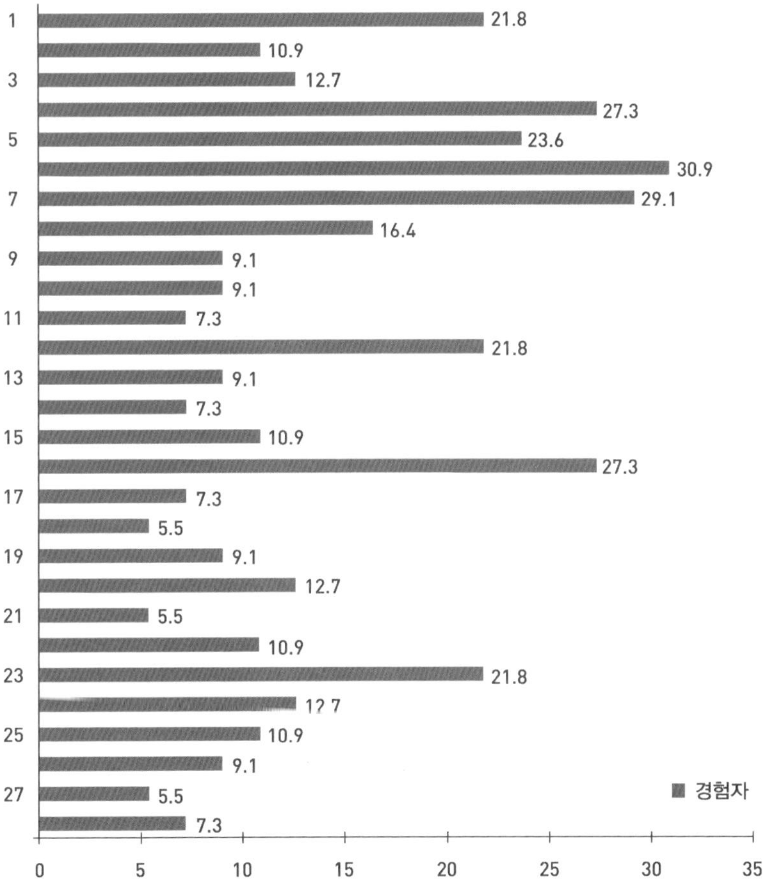

〈그림 4-2〉 결혼 이주민들의 인권침해 사례별 경험 비율

〈표 4-1〉 인권침해 사례 목록(결혼 이주민 대상)

1	직장(혹은 학교)에서 따돌림을 당한 적이 있다.
2	이유 없이 검문이나 체포를 당한 적이 있다.
3	종교 활동 참여를 금지당하거나 방해받은 적이 있다.
4	언어나 식습관 때문에 놀림받은 적이 있다.
5	피부색이나 옷과 관련하여 모욕적인 말을 들은 적이 있다.
6	상점 등에서 물건 구입을 거부당한 적이 있다.
7	한국어나 한국 문화를 배우고 싶어도 기회가 없다.
8	한국 내 동포 모임에 참여하고 싶어도 직장 상사나 동료, 한국인 가족, 학교 선생님 등의 반대나 금지로 참여할 수 없었던 적이 있다.
9	동포 모임을 조직하고 싶어도 직장 상사나 동료, 한국인 가족, 학교 선생님 등의 반대나 금지로 좌절했던 적이 있다.
10	아프거나 다쳤는데도 적절한 치료를 받지 못한 적이 있다.
11	지낼 곳이 없어 노숙을 한 적이 있다.
12	모국이나 동포(혹은 부모님의 나라와 그 국민들)에 대한 모욕을 들은 적이 있다.
13	돈이 없어 식사를 하지 못한 적이 있다.
14	모국의 문화를 소개하는 축제나 행사를 기획하거나 참여하고 싶었으나 타당한 이유 없이 거부당한 적이 있다.
15	가족이 아닌 사람으로부터 가정생활에 대하여 원하지 않은 간섭을 받은 적이 있다.
16	이주민이라는 이유로 직장, 교회, 지역사회 등 공동체에서 발언권을 갖지 못하거나 의견을 무시당한 적이 있다.
17	학교에 가고 싶거나 혹은 자녀를 학교에 보내고 싶은데 이주민이라는 이유로 거부당한 적이 있다.
18	누군가 나에게 물건 등을 던진 적이 있다.
19	신체적 폭력으로 인하여 오랫동안 치료를 받거나 병원에 입원한 적이 있다.
20	성적인 농담이나 모욕적인 행위를 당한 적이 있다.
21	팔을 비틀거나 머리카락을 잡아당기거나, 발로 차는 행위를 당한 적이 있다.
22	한국인 직원보다 월급을 늦게 받은 적이 있다.
23	한국인 직원과 같은 시간을 일했으나 임금을 적게 받은 적이 있다.
24	야근이나 잔업, 휴일 출근 등을 강요받은 적이 있다.
25	이주민이라는 이유로 노조 가입을 거부당한 적이 있다.
26	이주민이라는 이유로 자율방범대, 주부모임, 조기축구회 등 지역사회 모임에 가입을 거부당한 적이 있다.
27	내가 원하지 않았는데도 나의 월급, 통장, 소지품 등을 타인이 관리한 적이 있다.
28	자녀나 배우자와의 만남을 타당한 이유 없이 방해받거나 금지당한 적이 있다.

〈그림 4-2〉와 〈표 4-1〉에 따르면 한국에 들어온 결혼 이주민들은 다양한 차별에 노출되어 있다. 설문에 응답한 55명 가운데 인권침해 유경험자가 제시한 주요 항목들 중 각 항목별 20% 이상의 차별 경험은 다음과 같다.

- 언어나 식습관 때문에 놀림받은 적이 있다.(15명, 27.3%)

- 상점 등에서 물건 구입을 거부당한 적이 있다.(17명, 30.9%)
- 피부색이나 옷과 관련하여 모욕적인 말을 들은 적이 있다.(13명, 23.6%)
- 한국어나 한국 문화를 배우고 싶어도 기회가 없다.(16명, 29.1%)
- 한국인 직원과 같은 시간을 일했으나 임금을 적게 받은 적이 있다.(12명, 21.8%)
- 모국이나 동포(혹은 부모님의 나라와 그 국민들)에 대한 모욕을 들은 적이 있다.(12명, 21.8%)
- 이주민이라는 이유로 직장, 교회, 지역사회 등 공동체에서 발언권을 갖지 못하거나 의견을 무시당한 적이 있다.(15명, 27.3%)

특히 위와 같은 항목들에 대해서 이주민들이 매우 민감하게 반응하였는바, 국가인권위원회에서는 이러한 항목들을 중심으로 일상생활 속의 차별을 지양하는 반차별 교육 프로그램을 마련하여 비이주민(일반 시민)들을 대상으로 지속적으로 교육을 실시할 필요가 있다. 특히 '상점 등에서 물건 구입을 거부당한 적이 있다'거나 '한국인 직원과 같은 시간을 일했으나 임금을 적게 받은 적이 있다'고 하는 응답 등은 한국 사회의 공적인 경제활동에서 차별이 이루어지고 있다는 것으로, 조속히 법적, 제도적인 대응을 해야만 하는 경우라고 할 수 있겠다. 이러한 차별은 해당 이주민의 한국어 능력 부족이나 정보접근성의 제한 등으로 더욱 악화될 수가 있고, 특히 동남아 출신 등 한국에서의 사회적 연계망이 약한 소수민족일수록, 또한 여성들이 더욱 어려운 상황에 노출될 가능성이 높다. 이러한 경험적 사례들에 입각한 교육 프로그램을 통해 국가인권위원회는 이주민들에 대한 인권침해를 방지하고 일반 시민의 이주민에 대한 차별의식을 감소시킬 수 있다.

(3) 체류 문제

이주 노동자들은 체류 문제와 관련해서 가장 어려운 점을 현재 시행되고 있는 고용허가제로 꼽고 있는데, 그 이유는 체류 기간 연장이 회사에 의해 결정되며, 체류 허가 신청 시 직장이 없으면 체류 허가 연장이 불가능하기 때문이다. 이와 함께 이주 노동자들은 고용허가제가 규정하고 있는 최대 체류 허가 기간 6년이라는 기간과 가족을 초청하지 못하는 조건에 대부분 불만을 가지고 있다. 결국 체류 문제와 관련해서 국내에 거주하고 있는 대부분의 이주 노동자들은 현재 고용허가제의 변경을 요구하고 있다.

결혼 이주민들은 체류 기간 연장 문제보다는 국적 취득 문제에 더 관심을 갖고 있다. 이들이 한국 국적을 취득하려고 할 경우에 가장 어려운 부분은 한국법령이 외국인 국적 자격에 대해서 엄격하다는 것이다. 그 내용을 보면 법정 체류 기간이 너무 길다거나, 또는 배우자의 신원보증 조항, 그리고 재산보증금 조건 등에서 결혼 이주민들은 많은 어려움을 느끼고 있었다(표 4-2).

〈표 4-2〉 한국 국적을 취득하기에 가장 어려운 점(결혼 이주민 101명 대상)

답변	빈도(%)
국적 취득에 대한 한국 법령이 엄격해서	32명(31.7)
배우자가 신원보증을 해주지 않아서	4명(4.0)
배우자와 이혼 또는 사별해서	1명(1.0)
국적 취득에 필요한 정보가 없어서	12명(11.9)
기타(없다, 재산보증금, 한국어, 출신국 국적을 포기하면 재취득이 어려워서)	24명(23.8)
무응답	28명(27.7)
합계	101명(100)

또한 결혼 이주민들은 한국에서 체류 연장을 허가받거나 국적 취득 시 가장 어려운 점을 아래와 같이 답하였다(표 4-3).

〈표 4-3〉 체류 허가를 연장하거나 국적 취득 시 가장 어려운 점(결혼 이주민 101명 대상)

분류	빈도(%)
회사의 비협조	0명(0.0)
배우자의 비협조	6명(5.9)
공무원의 비협조적 태도	14명(13.9)
언어 문제	48명(47.5)
기타	24명(23.8)
무응답	9명(8.9)
합계	101명(100)

〈표 4-3〉에서 알 수 있듯이 결혼 이주민들의 체류 연장이나 국적 취득 시 가장 어려운 점은 언어소통의 문제로 나타났고(47.5%), 그 외에 공무원의 비협조적인 태도(13.9%)나 배우자의 비협조(5.9%)가 뒤를 이었다. 이는 이주민들이 체류 허가를 연장하거나 국적을 취득하고자 할 때 언어소통적 차원의 지원이나 공무원을 통한 지원 체계를 강화할 필요가 있다는 것을 보여준다.

(4) 노동 조건 및 주거 관련 문제(이주 노동자 대상)

현재 한국 사회에 유입되고 있는 이주 노동자들의 인권을 생각했을 때 이주와 인권의 관계는 매우 복잡하고 이 문제는 출신 국가와 이동 과정, 도착 국가 등 이주 과정의 전 영역에 얽혀 있다. 대개 공식적인 영역에서 숙련공이나 전문직에 종사하는 노동자들의 경우 인권 문제는 비교적 그리 심각하지 않을 수도 있지만, 이주 노동자들의 대부분을 차지하는 비숙련 노동자들은 특히 비공식적인 작업장에서 노동을 할 경우 더욱 취약한 인권침해 상황에 노출되어 있다고 하겠다. 현재 한국 사회에 유입되어 있는 이주 노동자들이 자신들의 인권 상황에 대해 내리는 평가에 대해 알아보자.

이주 노동자들의 노동조건은 한국인의 경우와 비교해서 많은 경우에 동등하지 않았다. 우선 이주 노동자들은 한국인의 임금에 상응하게 대우받기를 원하고 있는 데 반해, 현실적으로 상당 부분 임금차별이 존재하고 있었다. 또한 산업안전 교육이 한국어로만 제공되고 있어서 산업재해 발생 시 적절한 대응이 미흡할 수밖에 없다. 따라서 산업안전 교육에서 자국어 서비스나 적절한 통역 서비스가 요구되고 있다. 그러나 무엇보다도 중요한 것은 현재 시행되고 있는 고용허가제에 대한 이주 노동자들의 불만이 높았다는 것이다. 고용허가제에 대해 만족하고 있는 이주 노동자는 전체 설문 응답자 중 25%에 불과할 정도로 이들의 입장에서 고용허가제의 개정이 요구되고 있는 실정이다. 우선 거주기간 제한에 대해서 제한 규정을 철폐해야 한다는 응답이 전체 응답자의 85%에 이를 정도로 이에 대한 불만이 높았다. 그 외에 사업장 변경에 제한을 두지 말고 자유롭게 사업장을 선택할 수 있어야 한다는 응답도 전체 응답자의 65%를 차지하고 있다. 또한 사업장 변경 시에 겪는 어려움으로는 이전 회사 사장이 동의하지 않거나, 임금 체불 때문이라는 응답이 전체 응답자의 55%를 차지하고 있다. 이는 이주 노동자들에게 자유로운 사업장 변경이 불가하다는 것을 방증하고 있으며, 임금 체불 시 적절한 대응을 하지 못한다는 것을 보여주고 있다. 그리고 이주 노동자가 계약기간 만료 시 귀국하지 않고 한국에 미등록 상태로 남아 계속 일을 하고 있는 경우에 대한 대책도 강구해야 한다. 그리고 이주 노동자들은 가족결합권 또한 허용되지 않는 규정에 대해서도 강한 불만을 표시하고 있다. 이렇듯 현행 고용허가제가 여러 가지 과도한 규제로 인하여 이주 노동자의 자유로운 노동권과 인권을 침해하거나 제한하고 있고, 고용허가제의 근본 취지인 이주 노동자의 인권 보호와 내외국인 균등 대우라는 측면에 부합되지 않기 때문에 국내법이 허용하는 수준에서의 개정이 요구되고 있다. 또한 이러한 이주 노동자의 권리를 존중하는 방향은 국제적인 기구에서의 이주 노동자 권익 증진 움직임과 함께 나아가야 한다.

(5) 교육과 문화 분야의 문제(결혼 이민자 대상)

교육과 문화 분야에 관한 설문에 응답한 결혼 이주민들은 대다수가 언어소통에 문제를 가지고 있으므로 한국어 교육 지원 프로그램의 확대를 원하고 있었다. 이들의 가장 기본적이고 기초적인 요구가 의사소통의 어려움을 극복하는 것이기 때문에 이들을 위한 한국어 교육 확대 뿐 아니라 실생활에서의 통번역 서비스 확대도 필요하다고 본다. 통번역 서비스 지원의 경우 성격상 수시 서비스를 희망하는 경우도 많아 다문화가족지원센터를 중심으로 통번역 담당자의 상근 체제를 중심으로 언어별 통번역 요원을 수시로 연결할 수 있도록 인력 관리도 필요하다. 이러한 서비스인프라는 한 지역에서 모든 언어에 대한 서비스가 불가능하기 때문에 타 지역의 다문화가족지원센터와도 유기적으로 연결될 필요가 있다고 본다. 결혼 이주민들을 대상으로 진행되는 여러 가지 교육 프로그램에서는 각 영역별 중요한 내용 및 핵심적인 전달사항을 중심으로 통번역이 반드시 제공되어야 한다. 이러한 영역에는 결혼 이민자 정착지원에 관한 안내, 임신, 출산, 양육 등 생활정보 안내 및 가족 의사소통, 상담통역, 국적, 체류 관련 정보 제공, 입국 초기 상담, 교육과정 통역 지원 등이 포함된다.

참고로 필자가 전북 지역의 한 다문화가족지원센터를 대상으로 조사한 결과에 따르면 지역별로 출신국가별 구성원들의 비율도 다양하게 나타난다. 대개 한국에 이주해온 결혼 이민자들의 출신을 보면 한국계 중국인과 한족계 중국인들이 반 이상의 다수를 차지하지만, 이 지역의 설문조사에서 응답에 응한 구성원 비율은 다르게 나타났다.

〈표 4-4〉 전북 지역 한 다문화가족지원센터의 결혼 이민자 출신국 비율(2011년 현재)

출신 국가	빈도(%)
중국	5명(10.0)
베트남	24명(48)
한국	1명(2)
일본	7명(14)
필리핀	6명(12)
기타	7명(14)
합계	50명(100)

이 지역의 경우 응답자의 48%가 베트남 출신으로 통번역 서비스 수요 조사에서도 가장 높게 나타났는데, 베트남 결혼 이민자들의 대부분이 초기입국자들로 한국생활 및 일상생활을 유지하는 데 가장 많은 도움을 필요로 하며, 센터를 내방하는 일도 많고 센터에서 제공하는 각종 프로그램 이용률도 높다.

또한 결혼 이주민들은 자녀교육 문제에도 많은 관심을 가지고 있었는데, 특히 학교에서 방과 후 수업 지원과 다문화가족지원센터 등 공공기관을 통한 학습 지원의 확대를 필요로 했다. 특히 〈그림 4-3〉에서 알 수 있듯이 결혼 이주민들은 자녀들이 학교에서 받는 차별을 해결할 수 있는 방법으로 교사들의 관심 증대와 인식개선을 위해 학교와 사회차원에서 일반 학생 전체를 대상으로 다문화 교육을 강화할 필요가 있다고 느끼고 있었다. 이들은 또한 교사들의 관심과 태도가 자녀들의 학교생활에 영향을 끼칠 수 있다고 생각하고 있었다.

이주민 가정의 자녀들을 위한 프로그램에서 한국어 교육에 대한 수요도 높지만, 다문화적인 배경을 고려한, 보다 다양한 아동 지원 프로그램에 대한 수요도 높다. 예를 들어 2012년 11월 현재 부분적으로 실시되고 있는 언어영재교실사업을 전국 단위로 지속적으로 확대할 필요가 있다. 국제결혼을 한 양쪽 부모 모두의 언어, 문화적 자산을 아동으로 하여금 공유할 수 있게 하는 것이 가족 내의 다문화적 감수성을 키우는 데 도움이 되고 아동의 다문화적 정체성 개발에도 기여하게 될 것이다. 또한 결혼 이주민들이 한국에 적응하기 위해서 한국어뿐만 아니라 한국 문화에 대한 교육도 필요한 것으로 나타났으며, 한국어 교육과정에서도 실력에 따라 수준별로 다양한 교육방법과 교재들을 원하고 있었다. 이는 이주민에 대한 한국어 교육이 형식적인 차원에서 반복되고 있음을 어느 정도 반영하고 있다. 따라서 이주민 대상 한국어 교육 프로그램에 대해 보다 적극적이고 차별화된 교육 프로그램과 교재개발이 요구된다.

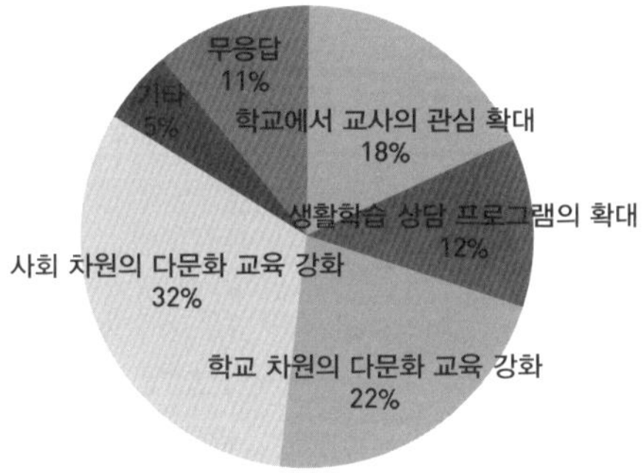

〈그림 4-3〉 주변 사람들의 따돌림 문제를 해결하기 위해 필요한 것은?(복수응답 가능)

취업 프로그램과 관련해서 결혼 이주민들은 교육에 소요되는 비용에 상당한 부담을 느끼고 있었고, 가능하다면 이에 대한 지원도 적극 검토할 필요가 있다. 왜냐하면 이들이 한국 사회에 능동적으로 적응해가기 위해서는 한국어 소통 문제의 해결뿐 아니라, 한국 사회에서 취업을 통한 경제적인 자립이 필요하기 때문이다. 또한 현재 전국적으로 다문화가족지원센터를 중심으로 한 다양한 지원 프로그램이 존재하지만 결혼 이주민들이 거주하는 지역에 따라 인프라의 차이가 존재

한다. 예를 들어 도심을 벗어난 산간 지역이나 남쪽의 도서 지역과 해안 지역에는 대중교통이 발달하지 않아 한국어 교육 등 다양한 교육 프로그램이 개설되어 있어도 집합교육이 거의 불가능한 곳들이 많고, 이 경우 본래 방문교육 사업에 해당되지 않는 프로그램이라도 지역적 특성상 당연히 방문교육을 통해서 제공되어야 하는 곳들도 있어 이에 대한 지원이 필요하다(성상환 외, 2011b 참조).

〈표 4-5〉 문화적인 측면에서 느끼는 어려운 점은?(결혼 이민자 대상, 복수응답 가능)

문화적인 측면에서 느끼는 어려움	빈도(%)
주변에서 나를 한국 사회의 구성원으로 인정해주지 않는다.	16명(15.8)
가까운 관계에서도 한국 문화의 일방적 수용을 강요한다.	31명(30.7)
한국인들이 나의 출신 국가와 문화에 대해서 관심이 없다.	17명(16.8)
한국 문화에 대해 알 기회가 많지 않다.	22명(21.8)
기타	10명(9.9)
무응답	8명(7.9)
합계	104명(103.0)

또한 이주민의 인권 보호 차원에서 반드시 다루어야 할 부분은 이들의 정체성과 관련된 문화 영역이라고 할 수 있다. 이주민들의 문화를 인정해주고 존중해줌으로써 한국 사회의 문화다양성의 외연을 넓히고 고양시키는 효과를 거둘 수 있다. 그러나 이 연구의 설문조사 결과 〈표 4-5〉에서 나타나듯이 문화적인 차원에서 결혼 이주민들은 '가까운 관계에서도 한국 문화의 일방적 수용을 강요한다, 주변에서 나를 한국 사회의 구성원으로 인정해주지 않는다, 한국인들이 나의 출신 국가와 문화에 대해서 관심이 없다, 한국 문화에 대해 알 기회가 많지 않다' 등의 어려움을 호소하고 있었다. 특히 한국 문화의 일방적 수용 강요를 어려움으로 보았다.

이는 한국인과 한국 사회가 아직도 이주민들에 대해 이해를 하려 하기보다는 한국 문화의 일방적인 수용을 강요하고 있다는 것을 나타내고 있다. 이러한 사실은 문화적인 차원에서도 한국인들이 아직도 보수적이고, 일방적인 시각을 고수하고 있다는 것을 나타내고 있고, 이러한 부분의 개선을 위한 지속적인 노력이 요구된다. 이주민들과의 사이에서 생겨날 수 있는 갈등을 최소화하고 소통문화를 진작시키기 위해서는 사회의 전 영역에서 한국 사회의 토착민들이 이주민들의 문화를 존중하고 이해하려는 적극적인 문화다양성 증진 프로그램 개발이 요구된다.

3. 맺는 말: 이주민 당사자 정책 수요 조사를 통한 다문화 인권정책과 교육 프로그램

앞에서 우리는 한국 사회에 정착한 이주민들을 이주 노동자와 결혼 이민자로 나누어 이들의 인권 실태와 이주민 당사자들을 대상으로 한 정책 수요에 대해 살펴보았다. 이는 이주민들을 위한 인권정책과 정책을 입안하는 데 기초 자료가 되겠지만, 한편으로 한국의 공적 영역에서 다문화 인권정책과 다문화 인권교육 프로그램이 어떠한 방향으로 개발되어야 하는가에 대해 시사하는 바가 크다고 할 것이다.

첫째, 위에서 살펴보았듯이 '이주민'이라고 범주화되는 이주 노동자, 결혼 이민자, 다문화 가정의 아동 및 청소년은 단일 범주로 볼 수 없을 정도로 서로 상이한 생활을 영유하고 있으며, 일상에서 경험하는 인권 침해 경험의 성격이나 내용도 다르다는 것이다. 따라서 다문화 시대의 보편 교육 목표로서의 인권이 갖는 사회적, 교육적 의미에 대한 일반적인 이해와 더불어 이주민의 이주 계기(push factor), 경제 수준, 가족의 정서적 지원 유무, 한국 체류 자격 요건 구비 여부에 따라

침해당하기 쉬운 권리 영역이 다양할 수 있음을 염두에 두어야 한다.

둘째, '이주민' 인권 영역 중 '권익 피해의 구제를 위한 권리' 영역에 대한 특별한 관심이 필요하다. 다문화 인권교육 프로그램의 수요자들은 대민 서비스를 통해 우리 사회 내의 소수자들과 직접 접촉하고 있으며, 공무원, 교사, 관리자, 직장 동료 등으로서 이주민에게 보다 많은 자원에의 접근 가능성 및 사회적 성취 가능성을 열어줄 수 있는 잠재력을 가지고 있다. 아울러 인권친화적인 정책 및 근로 환경을 창출하는 선구적 역할을 수행할 것으로 기대된다. 따라서 무지 혹은 강제에 의하여 권익 피해를 구제받을 수 있는 기회를 제한받고 있다는 것 역시 또 하나의 권리 침해라는 인식이 이주민을 포함하여 사회 전반에 확산되도록 해야 한다.

셋째, 잠재적 교육 대상자가 어떤 직업군에 속하느냐에 따라 교육 프로그램을 통해 충족하고자 하는 욕구가 다르다. 교육대상자가 종사하는 업무의 성격은 곧 당사자 이주민과 맺는 상호관계의 성격을 규정하며, 그로부터 발생하는 교육적 필요 및 요구도 달라지기 마련이다.

넷째, 이 연구를 통해 국가인권위원회를 비롯한 다문화 인권정책 유관기관들이 다문화 인권정책에 대한 이주민의 인지도와 중요도를 파악하여 향후 정책 방향 설정을 위한 기초 자료로 활용할 수 있다. 또한 이 연구결과는 중장기 다문화 인권정책 실행 계획의 추진 과제 중 정책 우선순위 및 분야별 시급 과제를 도출하기 위한 근거 자료가 될 수 있다고 본다.

학습 활동

1. 다음 글을 읽고 아래 질문에 대해 서로 토의해보자.

> 국가인권위원회는 14일 인종차별적 언행을 한 경찰관에게 주의조치와 재발방지를 위한 인권교육을 권고했다. 인종차별 관련 진정은 여러 차례 있었으나 권고조치를 내린 것은 처음이다. 인권위에 따르면 인도인 H 씨(28)는 지난해 7월 오후 9시경 경기 부천시에서 시내버스를 타고 가다 함께 탑승한 박모 씨(32)로부터 "더럽다", "냄새 난다" 등 인종차별적 발언을 들었다. 박 씨는 H 씨와 함께 있던 한국인 한모 씨(30 · 여)에게도 "넌 조선×이냐. 새까만 외국놈이랑 사귀니까 기분이 어떠냐"는 모욕적인 발언을 했다. 이에 항의하던 H 씨 일행은 박 씨와 함께 부천 중부경찰서 민원실을 찾았다.
>
> 부천 중부경찰서 계남지구대 소속 경찰관은 양측에 "웬만하면 합의하라"면서 피해자 H 씨에게 "한국에는 인종차별이 없다"고 말했다. 이 경찰관은 호송차량 안에서 박 씨에게 "양복까지 입고 좋게 생기신 분이 왜 여기서 힘들게 사는 사람한테 그랬어요"라는 말도 했다. 경찰 조사과정에서도 성공회대 연구교수 신분이던 H 씨에게 "어떻게 1982년생이 교수가 되느냐. 정확히 뭐 하는 사람이냐"고 물었다. 다른 경찰관은 박 씨에게는 존댓말을 쓰면서 H 씨에게는 손가락질을 하며 반말을 했다는 것.
>
> 인권위는 "해당 경찰관은 국적 등에 대해 차별 없이 평등하게 대우해야 할 의무가 있지만 이를 소홀히 해 피해자의 인격권 및 평등권을 침해했다"며 "경찰관의 언행이 고의적이지 않고 인종적, 문화적 편견에서 비롯된 것으로 보여 주의조치와 재발방지 교육을 권고했다"고 밝혔다.
>
> 2010. 7. 15,「인종차별 조사 경찰이 인종차별 언행」,『동아일보』.

(1) 한국 사회에서 왜 이러한 일이 일어났는지 근본 원인에 대해 생각해보고 서로 토론해보자.

(2) 특히 대민 서비스 분야에서 교사, 사회사업계 종사자, 법무부, 경찰공무원들이 이주민들을 상대할 때 발생할 수 있는 인종차별을 방지하려면 어떠한 노력과 접근 방법이 필요한가?

2. 다음 뉴스를 읽고 물음에 답하시오.

> 국내에 불법체류하는 외국인 자녀도 중학교에 입학할 수 있게 된다.
>
> 일부 산업 연수생이나 재중 동포(조선족) 등 불법체류자의 자녀는 보통 초등학교까지는 다니지만 중학교는 해당 학교 학칙에 따라 입학이 불허되는 경우가 대부분이었다.
>
> 교육과학기술부는 17일 미등록 외국인 아동이 의무교육과정인 중학교에 취학하는 데 어려움이 없도록 초등학교 입학 절차를 그대로 준용하는 내용 등을 담은 초 · 중등교육법 시행령 일부 개정령안을 입법예고했다고 밝혔다.
>
> 개정령안에 따르면 출입국 사실증명이 없는 외국인 자녀의 경우 주택 임대차계약서나 인우(隣友)보증서 등 국내 거주 사실을 확인할 수 있는 서류를 제출하면 중학교에 입학 · 전학 또는 편입학할 수 있게 된다. 교과부 관계자는 "불법체류자들은 단속이 두려워서 자녀를 학교에 보내지 못하는 경우도 많았다"며 "유엔 아동권리에 관한 협약에 따라 아이들의 교육받을 권리를 보장하기 위해 시행령을 고쳤다"고 말했다. 교과부는 개정령에 불법체류자라는 단어를 단 한 번도 쓰지 않았다. 대신 '미등록 외국인 아동 포함'이라고 표현해 불법을 허용한다는 논란을 비켜갔다.
>
> 출입국관리법 제84조에는 공무원이 강제퇴거 대상자(불법체류자)를 발견하면 관계 당국에 통보하도록 규정돼 있어 법적인 충돌을 빚을 소지가 있기 때문이다.

예전에는 정부가 불법체류자 자녀를 통해 부모의 신원과 거주지를 파악해 단속을 벌인 적도 있었다. 하지만 이는 아동의 교육받을 권리와 인권을 무시한 처사라는 국제사회의 비난을 받았다.

교과부는 이제 학교에서는 이런 단속 법령을 적용하지 않기로 했다. 법무부도 학생을 통한 불법체류자 단속은 하지 않겠다는 약속을 한 것으로 알려졌다. 교과부 관계자는 "현행법과 아동의 교육받을 권리 사이에서 절충점을 찾은 것"이라고 말했다.

2010. 8. 17, 「불법체류자 자녀에게도 중학교 입학 허용」, 연합뉴스.

▶일선 학교의 교사는 미등록 외국인 아동이 해당 학교에 입학하거나 재학 중일 때 아동의 교육권을 보호하기 위해 어떤 교육적 배려를 해야 하는지 논의해보자. 특히 이 아동이 학교에서 경험할 수 있는 어려운 상황들을 생각해보고, 교사로서 구체적인 대처 방안을 강구해보자.

3. 아래 신문기사를 읽고 해당 사례가 왜 인권침해에 해당하는지 구체적으로 토론해보자. 이러한 상황에서 가족 구성원 간의 문화적 갈등을 해결하려면 어떻게 해야 할까?

"못사는 나라에서 온 주제에 게으르기까지 하구나!" 2007년 한국인 남편 강모 씨(43)를 만나 한국으로 시집온 캄보디아 출신 M 씨(21)가 오후만 되면 낮잠을 자자 못마땅하게 여긴 시어머니가 내뱉듯 이런 말을 던졌다. 덥고 습한 캄보디아에서는 오후 12시-2시에 잠을 자는 것이 일상이고, M 씨는 습관대로 잠이 들었을 뿐이다. 말이 잘 통하지 않아 시어머니의 오해를 풀기 어려웠던 M 씨는 고민 끝에 이주여성인권센터에 도움을 요청했다. 그는 "못사는 나라, 게으름뱅이라는 말에 큰 충격을 받았다"고 털어놨다.

새 삶을 찾아 고향과 가족을 등지고 한국에 온 결혼 이주여성들이 문화적 차이에서 기인한 오해와 냉대로 눈물을 흘리고 있다. 이주여성인권센터가 지난해 발간한 『결혼 이주여성 인권백서』에 따르면 다문화 부부의 갈등을 초래한 원인으로 '생활방식의 차이'가 18.3%로 가장 높은 비중을 차지했다. 이어 성격 차이(17.2%), 시댁 문제(8.9%), 경제 문제(8.2%) 등의 순서였다. 문화적 차이가 갈등의 가장 큰 원인이 되고 있다는 의미다.

2010. 7. 23, 「아내나라 문화 모르는 남편들」, 『동아일보』.

참고문헌

국가인권위원회. 2003.『국내 거주 외국인노동자아동의 인권 실태조사』. 국가인권위원회.

———. 2010.『다문화사회와 헌법』. 국가인권위원회.

———. 2010.『이주아동의 교육권 실태조사』. 국가인권위원회.

김남국. 2005.「다문화 시대의 시민: 한국 사회에 대한 시론」.『국제정치논총』 제45집 4호: 97-121.

김두식. 2010.『불편해도 괜찮아-영화보다 재미있는 인권이야기』. 국가인권위원회기획. 창비.

대한민국정부. 2007.『국가인권정책기본계획』. 법무부.

모경환. 2009.「다문화교육 교사연수 프로그램 효과분석」.『한국교원교육연구』 제26권 2호: 75-99.

설동훈. 2009.『다문화 인권정책의 현안과 과제』. 국가인권위원회 인권교육포럼.

성상환 외. 2009.『다문화 가정 학생 지도교사를 위한 상담 매뉴얼 개발 연구』. 교육과학기술부 정책연구보고서.

———. 2010a.『다문화 가정 동반중도입국자녀 교육수요 및 지원방안연구』. 중앙다문화교육센터. 교육과학기술부 정책연구보고서.

———. 2010b.『다문화 인권교육 프로그램 개발연구 기초연구보고서』. 국가인권위원회.

———. 2011a.『다문화 인권정책에 대한 이주민 당사자 정책 수요조사 연구보고서』. 국가인권위원회.

———. 2011b.『다문화 가족 방문교육사업 자녀생활서비스 매뉴얼』. 여성가족부/전국다문화가족사업지원단.

이혜진. 2010.『다문화 가정 학생교육 지원정책』. 2010년 교과부 초·중등교사 직무연수자료집. 서울대학교 중앙다문화교육센터.

이민경. 2010.『이주가정자녀 사회통합 정책』. 한국이민정책연구원.

Amnesty International. 2006. *Living in the Shadows*. Peter Benenson House.

Bundesministerium des Innern(독일연방내무부). 2008. *Migration und Integration-Aufenthaltsrecht, Migration- und Integrationspolitik in Deutschland*(이주와 통합-독일의 체류권, 이주정책과 통합정책).

Gogolin, Ingrid, Ursula Neumann, und Han-Joachim Roth. 2003. "Förderung von

Kindern und Jugendlichen mit Migrationshintergrund. Bund-Länder-Kommission für Bildungsplanung und Forschungsförderung." Heft 107. Universität Hamburg.

Guthrie, James (ed.). 2003. *Encyclopedia of Education*. Macmillan Reference.

Joppke, Christian. 1999. *Immigration and the Nation-State: the United States, Germany, and Great Britain*. Oxford University Press.

Panayi, P. 2004. "The Evolution of Multiculturalism in Britain and Germany: An Historical Survey." *Journal of Multilingual and Multicultural Development*, Vol. 25, No. 5 & 6: 466-480.

Ponteretto, Joseph G., Suraiya Baluch, Tamasine Greig, and Lourdes Rivera. 1998. "Development and Initial Score Validation of the Teacher Multicultural Attitude Survey." *Educational and Psychological Measurement*, 58(6): 1002-1016.

Reichert, E. April 2006. "Human Rights: An Examination of Universalism and Cultural Relativism." *Journal of Comparative Social Welfare*, Vol. 22, No. 1. 2006: 23-36.

Taylor, Charles. 1992. *Multiculturalism and the Politics of Recognition*. Princeton University Press.

Ⅱ. 학교에서의 다문화 교육

5장

다문화 교육의 필요성과 과제

윤희원 서울대학교 사범대학 국어교육과

1. 들어가는 말

전 세계적인 인적 · 물적 자원의 활발한 교류 속에서 '우리'의 문화 가운데 새로운 문화의 물결이 찾아들었다. 외국인이라면 늘 소수자이며, 특별한 존재처럼 여겨지던 한국 사회에서 외국인 인구가 증가하게 된 것은 대한민국이라는 국가 브랜드의 경제 · 문화적인 성장과 시기를 같이 하였다. 행정안전부(2011)에 따르면 2011년을 기준으로 한국에 거주하는 장기 체류 외국인, 귀화자, 외국인 자녀는 126만여 명이며 이는 전체 등록 인구 중 2.5%를 차지한다. 이러한 국내 외국인 인구의 증가 현상은 외국인 근로자의 유입으로 시작되었다고 볼 수 있다. 한편 외국인의 자격을 유지하며 한국에서 생활하는 외국인 노동자와 달리 대한민국 국민으로 귀속되는 결혼 이민자가 증가하는 현상은 고령화와 저출산이라는 현실적인 문제와도 맞물려 있다. 이런 현상은 한국 사회에서 남의 문제가 아니라 '우리의 문제'로 인식하게 됨으로써 한국이 다문화 사회로 들어가는 다리와 같은 역할을 하게 되었다.

2. 다문화 교육의 원리

교육은 한 개인이 사회 속에서 자신의 정체성을 확립하도록 하며, 사회의 구성원으로서 함께 살아갈 수 있도록 협력하고 또한 서로를 돕는 역할을 감당하게 한다. 교육이 미치는 이와 같은 영향을 생각해 보았을 때, 다문화 교육은 넓은 의미에서의 교육 현상과 구체적인 '학교 현장'에서의 실천적인 접근으로 나누어볼 수 있다.

(1) 이론적 기초

다문화주의(multiculturalism)에 대한 발견은 19세기 식민지 시대의 유럽에서부터 시작되었다고 볼 수 있지만, 20세기에 들어와 뱅크스(Banks, 1996; 2002; 2005)를 대표로 하는 미국의 다문화주의에 대한 연구에 의해 그 개념이 형성되었다고 볼 수 있다. 19세기의 초기 다문화 연구에서는 본격적인 연구 성과물이 존재하지 못했는데, 이는 실제 연구 대상에 대한 국가와 사회, 그리고 연구자들의 입장이 일방향적인 통합으로 규정되어 있었기 때문이다. 20세기에 들어와 다문화주의는 이민국가인 미국에서 흑인과 이민자 등 소수자의 입장에서 다시 필요성이 대두되었으며, 이는 소수자에게 사회 활동과 교육의 기회가 동일하게 주어지기 어려운 사회적인 현상을 해소하기 위한 차원의 접근이었다고 할 수 있다. 다문화주의는 사회 전반에 걸쳐 나타난 현상이며,

따라서 다문화적인 관점에서 사회의 모든 현상들이 재고되어 접근과 연구가 새롭게 이루어지게 되었다. 여기서 교육에 대한 영역은 다문화주의의 영향을 받은 다른 사회 영역들과 다문화적 사회로의 상황 변화에 복합적으로 작용한다. 다문화 교육은 이런 상황들을 개선하고 변화시키기 위한 목적으로 제시되었다는 것이 그 특징이다.

> 다문화 교육은 남학생과 여학생, 영재 아동과 장애 아동, 그리고 다양한 인종, 민족, 언어, 문화집단의 일원으로 성장한 학생들이 학교의 학업 성취 면에서 평등한 기회를 가질 수 있도록 하는 방향으로 교육제도의 구조를 바꾸는 것을 주된 목적으로 삼는 이념이요, 교육개혁 운동이요, 진행 중인 과업이다.(Banks & Banks, 2007)

기본적으로 다문화 교육은 사회 속에서의 생활을 기초로 하기 때문에 사회 교과적인 성격을 바탕으로 하게 되는데 교육 주체별 요구에 따라 그 구체적인 세부 내용은 달라진다. 기본적인 다문화 교육의 목표를 뱅크스(Banks, 2008)는 다음 여섯 가지로 설명한다.

> ① 다문화 교육은 개인들로 하여금 다른 문화의 관점을 통하여 자신의 문화를 바라보게 함으로써 자신에 대한 이해를 증진한다.
> ② 다문화 교육은 학생들에게 문화적, 종족적, 언어적 대안들을 가르친다.
> ③ 다문화 교육은 모든 학생이 자문화, 주류 문화, 그리고 타문화가 공존하는 다문화 사회에서 요구되는 지식과 기능, 태도를 습득하도록 한다.
> ④ 다문화 교육은 소수 종족 집단이 그들의 인종적, 신체적, 문화적 특성 때문에 겪는 고통과 차별을 감소시킨다.
> ⑤ 다문화 교육은 학생들이 전 지구적이고 일정 수준의 테크놀로지 세계에서 살아가는 데 필요한 읽기, 쓰기, 그리고 수리적인 능력을 습득

하도록 한다.

⑥ 다문화 교육은 다양한 인종, 문화, 언어, 종교 집단에 속한 학생들이 자신의 문화 공동체, 국가 시민 공동체, 지역 문화 그리고 전 지구 공동체에서의 역할 수행에 필요한 지식, 기능, 태도를 습득하도록 한다.

(2) 배경

다문화 현상은 교사와 학습자가 만나는 교육기관으로서의 학교와 다문화 가정의 자녀가 살아가는 가정환경, 그리고 사회적인 환경 속에 놓여 있다. 부모 중 한 명 이상이 외국인인 가정의 자녀들이라 할 수 있는 이들은 기존에 이미 구성되어 있는 사회 속에 들어와 다양한 모습으로 정착하고 있다. 학교 현장에는 다문화 가정의 증가로 인한 다양한 문제가 발생하기 시작했으며, 언론에서 이를 수시로 기사화하고 있다. 예를 들어 국제결혼 가정 자녀에 대한 설문조사에 의하면, 이들 중 17.6%가 집단 따돌림을 경험하고 있는데, 그 이유는 단지 '엄마가 외국인이어서'(34.1%)인 것으로 나타났다(복지부, 2005; 교육부, 2006: 5에서 재인용). 또한 우리나라가 단일민족국가임을 강조하는 교육과정으로 인해 외국인 어린이들이 놀림을 받는 경우도 있다. 그런가 하면, 성공적인 다문화 학급을 이끈 사례로 선정된 교사가 TV에 출연하여 "애들에게 하자가 없다"는 발언을 하여 도리어 문제가 된 경우도 있다. 국제결혼 가정 자녀들의 학업 성취도가 일반 학생 집단에 비해 낮은 것도 문제로 지적(권순희, 2007; 조수진 외, 2008)되고 있는데, 다문화 가정 아동에 대한 교사의 낮은 기대 수준이 자기 충족적 예언이 되어 이들의 낮은 성취로 이어지는 현상이 나타나기도 한다. 또한 다문화 가정 가운데 경제적으로나 법률적으로 가장 취약한 위치에 있는 외국인 노동자 가정 자녀의 취학률이 저조한 수준에 머무르고 있는 것도 개선해야 할 현상 중 하나이다.

다문화 가정이 교육을 통해 사회에 적응하고 발전할 수 있는 기회를 잃어버리는 현상이나, 다문화 가정을 위한 다문화 사회에 대한 인식이 재고되지 못하는 등 다양한 문제를 해결해야 한다.

(3) 우리나라의 다문화 교육

현재 우리 사회는 문화적 다양성을 받아들이는 과정에 있는 셈이며, 우리 초 · 중등학교 교실의 모습은 일반적이라고 여겨졌던 모습에서 여러 면에서 변화가 나타났다. 한국의 다문화 교육은 교육인적자원부(현 교육부)에서 2000년대 후반부터 국내 학교 현장에 있는 다문화 가정 자녀에 대한 연구와 세계시민교육에 대한 교육과정 연구를 진행하면서 본격적으로 시작되었다. 특히 학교 현장에서 점차 증가하고 있는 다문화 가정 자녀에 대한 관심은 구별된 집단으로서의 '다문화 가정 자녀'에 대한 교육 문제 연구와, 모든 학생을 대상으로 하여 각 교과별 학습 내용과 활동에 적용하는 세계 수준의 시민 양성 교육이라는 목표 설정이라는 축을 이루고 있다.

3. 다문화 교육의 필요성

시대적인 변화 속에서 교육은 항상 사회 구성원의 생활을 지지하고 개선하는 노력의 중심이었다. 다문화 사회로 이행하는 과정에서 다문화 교육이 한국 사회에 필수적이라고 할 수 있는 것도 그런 이유 때문이다. 일반적으로 교육은 학교에서 하는 것이기 때문에 교육의 대상을 초등학생부터 대학생 정도로 제한하여 생각할 수도 있겠지만, 다문화 교육은 엄밀히 말해서 이 사회에 사는 모든 구성원에게 요구되는 상호적이고 양방향적인 교육이다.

(1) 대상에 따른 요구

다문화 교육은 다양한 교육 주체의 요구들이 반영되어 매우 복합적인 양상을 띤다. 다문화 교육의 목표에 대해서는, 유능한 인력의 발굴과 교육 및 최대 활용을 위한 전략적 배치라는 국가적 인력 관리 차원의 접근과, 개인의 인권과 행복추구권이라는 각 개별 주체에 대한 접근이 동시에 요구된다. 또한 직접적인 다문화 교육이 일어나는 학교 현장에 있는 다문화 가정 자녀와 비다문화 가정 자녀에 대한 교육의 목표와 내용과 방법이 상이하며, 또한 다문화 가정 및 다문화 가정을 둘러싼 성인(외국인, 배우자, 다문화 가정의 다른 가족), 교육 현장과 관련된 비다문화 성인(교사, 비다문화 가정의 학부모), 그리고 관련 행정 실무자와 책임자들(관련 부처 공무원 및 장관, 국회의원 등 사회 지도층 인사)도 다문화 교육이 직간접적으로 요구되는 대상이다.

1) 아동

다문화 교육의 일차적인 대상은 다문화 현상의 한가운데 놓여 있는 다문화 가정의 자녀들이다. 다문화 가정의 자녀는 한국인 남성과 결혼 이주 여성으로 구성된 가정의 자녀와 부모 중 한 명 이상이 (대부분의 경우 두 명 모두가) 외국인인 외국인 노동자 가정의 자녀를 일컫는데, 통계적으로 전자의 경우가 대부분이라고 할 수 있다. 이른바 결혼 이민자 가정의 자녀들은 양육 환경과 과정 가운데 엄마의 문화와 아빠의 문화에 모두 노출되는 다문화 상황에서 자란다. 행정안전부

(2011)에서 파악한 다문화 가정 자녀는 2011년 현재 151,154명이며 그 중에서 외국인과 한국인 부부의 자녀는 126,317명, 외국인인 아동은 9,621명, 그리고 한국인 부부 사이에서 태어났지만 외국인과 재혼한 가정의 자녀가 15,216명이었다. 다문화 가정 자녀의 숫자가 늘어나면서 모 지역에는 재학생의 70% 이상이 다문화 가정 자녀인 초등학교가 나타나기도 했으며, 이런 현상은 다문화 가정 자녀를 직접적인 대상으로 하는 교육이 필요함을 설명하는 근거가 된다.

다문화 가정 자녀가 성장 과정에서 경험하는 문제는 이들이 학교에 다니기 시작한 이후에 구체적으로 확인된다. 부모가 모두 외국인인 경우와 부모 중 한 명이 외국인인 경우에 따라 그 양상은 매우 다양하다. 외국인이라는 관점으로 접근했을 때 가장 먼저 생각할 수 있는 문제는 언어적 장애이다. 여러 연구(조영달, 2006; 권순희, 2007; 서혁, 2007 등)에서도 다문화 가정 자녀에게 가장 염려되는 문제는 언어에 대한 것이라 언급하고 있다. 다문화 가정 자녀의 어머니를 대상으로 설문조사를 했을 때에도 여전히 한국어에 대한 교육의 필요성과 요구가 가장 많은 비율을 차지하고 있다. 이는 단순한 생존의 언어가 아니라 도구적인 언어, 즉 삶을 일으키는 매개로 언어가 작용하기 때문이다.

〈표 5-1〉 다문화 가정 자녀의 연도별 변화 추이

연도	2007	2008	2009	2010	2011
총인원	44,258명	58,007명	107,689명	121,935명	151,154명

어머니의 한국어 능력 부족으로 자녀에게도 나타날 수 있는 언어 능력 부족은 한국이라는 생활환경에 많은 노출을 경험하는 아동에게는 적극적으로 해소할 수 있는 기회가 주어진다고 할 수 있으나, 가정의 언어와 학교의 언어, 사회의 언어가 다름으로 해서 생기는 결핍 현

상, 즉 일상생활에는 지장이 없으나 공부를 하는 데는 어려움을 느끼는 것과 같은 현상이 자주 관찰되고 있다. 환경적으로 노출 기회가 적거나 입국 시기가 늦어서 생기는 문제에 대해서는 보다 적극적인 해결 노력이 필요하다.

다문화 가정 자녀들과 함께 생활하는 비다문화 가정의 아동들에게도 다문화 교육은 요구되는데, 이것은 그들만이 아니라 모든 학교 구성원인 아동들이 함께 받아야 하는 세계시민 교육 혹은 국제이해 교육이라고 불리는 것으로, 나와 우리라는 틀을 넓혀 함께 살아가고 있는 서로를 이해하고 함께할 수 있는 방법을 아동 스스로 학습 과정을 통해 익힐 수 있도록 하는, 차이가 아니라 다름을 알아가도록 하는 교육이라고 할 수 있다.

2) 교사

모든 분야의 교육에서 그러하듯이, 성공적인 다문화 교육을 위해서도 교사는 매우 중요하다. 학생들에게 다양성에 대해 가르쳐야 하고, 이를 가르칠 수 있다고 생각하는 교사일수록 다문화적 내용이 교육과정에서 중요한 요소라고 간주한다. 그러한 교사는 학생들의 능력, 문화 흥미를 고려하여 수업을 설계한다(Dilworth, 2004; 모경환 외, 2009: 169에서 재인용). 다문화적으로 구성된 교재가 존재한다고 하더라도 다문화 교육과정에 대한 이해가 미비하거나 다양한 집단에 대한 긍정적인 태도가 부족한 교사가 그러한 교재를 사용한다면, 그 효과를 기대하기 어렵다. 그런데 다문화 교육에 대한 준비가 미비한 현재의 교사 양성 과정을 통해서는 다문화 가정의 자녀에 대한 교육을 감당해야 하는 교사들이 어려움을 겪을 수밖에 없다. 다문화 가정 자녀를 지도하는 교사들을 위한 다문화 교육에 대한 연수가 간헐적인 단기 연수로 이루어지는 한 교사들의 일반적인 이해와 실천 능력은 뒤떨어질 수밖에 없다. 또한 참고하거나 활용할 수 있는 기초 자료가 체계적으로 정리되지 않았기 때문에 실제 학교 현장에서는 아직까지도 학습 지도와 생활 지도에 큰 어려움을 느끼고 있다. 다문화 가정의 자녀를 학급에 둔 교사가 겪는 어려움을 조금이라도 해소해주려면, 교사들이 필요할 때 편리하게 활용할 수 있도록 다문화 학습자의 출신 국가에 대한 기초 이해에서부터 각 교과의 수업과 상담을 위한 구체적이고 실제적인 지도 방법 등을 담은 참고 및 안내 자료가 반드시 필요하다.

3) 다문화 가정

다문화 가정은 서로 다른 문화적 배경과 생활 습관에 익숙한 채 살아온 두 사람이 새로운 가정을 이루는 만큼 다른 가정에 비해서 상대적으로 문제 요인이 많을 수밖에 없다. 다문화 가정에 따라 이러한 문제 요인들을 스스로 쉽게 극복하기도 하고 외부의 도움을 받아 해결하기도 하지만, 여느 가정이나 친구 사이에서도 볼 수 있듯이 문제 요인이 확대되어 최악의 경우에는 비극적인 결말을 맞기도 한다. 특히 한국인은 단일민족이라는 혈통의 순수성에 대한 자부심이 유달리 강해서 우리와 다른 가치관은 합당한 기준에서 이탈된 상태로 여기며 이를 배타적으로 대하는 경향을 보여준다. 다양한 문화 형태가 공존하는 지구촌 시대에 이러한 자기문화 중심적 사고는 한국 사회의 다문화 가정을 잘못된 시각으로 바라보게 하는 잠재적 위험성을 안고 있으며, 이로 인해 다문화 가정 및 다문화 가정 구성원들은 본의 아니게 피해를 보는 경우가 많이 생기고 있다.

4) 비다문화 성인

용어가 궁색하기는 하지만, 비다문화 성인으로 분류되는 인구는, 결국 다문화 가정을 이룬 부부 이외의 모든 국민을 일컫는 셈이며, 실제로 다문화 현상에 예외인 사람은 아무도 없다고 해도 과언이 아니다. 이들 중에서 다문화 가정과 밀접한 연관이 있는 범주로 (위에서 다룬 교사 집단을 제외하면) 연구자와 행정-, 정책 관리운영자들을 생각할 수 있다.

다문화 교육은 다문화 사회에 능동적으로 대처해야 하는 구성원들의 교육을 위한 정책적 대안이 될 수 있다. 역사적으로 잦은 전쟁이나 식민주의 등과 같은 영토 구획 과정의 특성상 한 국가의 민족적 구성이 다양하거나, 국가의 발생 자체가 이주 혹은 이민에서 비롯된 국가에서는 문화의 충돌에 능동적으로 대처하기 위해 오래전부터 다문화 교육 및 관련 연구를 실시해왔으며, 그 결과물로 다양한 정책적 대안을 제시하고 있다. 서구 사회에서의 다문화 교육 관련 연구물들은 다문화 사회 관련 논의가 활발해지기 시작한 2000년대 중반 이후부터 한국의 학계에서도 주목을 받기 시작했으며, 이와 관련된 연구물들이 꾸준히 발표되고 있다. 이러한 연구물들은 교육 현장에서의 다문화 교육 실천과 관련하여 적지 않은 시사점을 제공하고 있다.

다문화의 문제가 근본적으로는 기존 사회 구성원과 다른 사회 구성원 간의 새로운 관계 설정을 통한 사회의 재구성이라는 점을 고려해보았을 때, 다문화 정책의 핵심은 교육 관련 정책이 될 수밖에 없다. 교육부에서는 일찍부터 각 지역교육청과의 연계를 통해 다양한 다문화 교육 정책을 펼쳐왔으며, 이는 우리 사회가 다문화 사회라는 새로운 단계로 연착륙하고 더 나아가 보다 발전된 시민성을 바탕으로 고양되어 가는 데 큰 역할을 하고 있다. 그러나 이러한 노력들이 보다 효과적으로 이루어지려면 이를 외부에서, 혹은 보다 더 큰 틀에서 관찰하고 조언하여 목표와 방법들을 가다듬어가는 상호작용들이 이루어져야 한다(중앙다문화교육센터, 2010).

다문화 교육은 사회에서 중심적인 역할을 하며 사회를 구성하고 변화시킬 힘이 있는 다문화 가정 밖 성인들이 생활 속에서 이루어야 할 적응의 문제일 뿐만 아니라 책임이나 요구를 가진 이들에게 구체적인 교육 기회로 연결될 필요가 있는 것이다.

(2) 환경적 필요성

1) 문화적 환경

어느 사회에서나 다양한 문화가 공존하는데, 여기에는 사회적 영향력에 따라 주류 문화와 비주류 문화가 있고, 이들의 차이가 보다 가시적으로 드러나고 충돌하면서 최근과 같은 다문화 현상이 관찰되고 사회적인 이슈로 떠오르게 되었다고 할 수 있다. 각 문화의 특성에 따라 문화의 향유 주체인 "사람"들이 서로 접촉하고 충돌하고 뒤섞이면서, 문화 향유 계층 간의 세력 다툼으로 이어지는 등 다양한 현상이 발생하였다.

다문화 교육은 새로운 문화적 환경을 경험하는 다문화 주체들이 이에 대해서 상황을 판단하고 이해하고 공감할 수 있는 토대를 제공하고자 한다. 외국인이 한국에 와서 가장 먼저 경험하는 것은 장기간에 걸쳐, 한국인에 의해, 한국 땅에서 형성된 한국의 문화이다("한국"이란 대한민국의 약칭이라고 하나, 유사 이래 우리 조상들이 한반도에서 살아온 공동체를 통틀어 일컬으며, 이는 일상적인 언어 사용의 관행이라고 본다).

우리의 의식주 및 사회 전반에 걸쳐 존재하는 모든 양식을 결정하고 구성하는 한국식 문화는 다문화 구성원들에게는 적응과 학습의 대상이 된다. 그런데 선진국에서 혹은 단기적으로 한국을 찾은 경우는 문화에 대한 적응의 필요성이 적고 오히려 경험과 체험 중심의 생활이 되겠지만, 취업이나 결혼 생활을 위해 찾아온 많은 외국인들은 한국의 문화에 대하여 보다 복잡한 상황에 처하게 된다. 세계화의 바람 속에서 한국이, 한국인이 마음의 문을 열고 있는 것처럼 보이지만, '우리'라는 의식 속에 숨겨져 있는 순혈주의에 입각한 우리 문화 중심주의가 나타나는 경우도 많이 볼 수 있다. 이를 편향적인 사대주의나 때론 국수주의라고 보는 시각도 있으며, 이는 이른바 '단일민족'이라는 신념 속에서 오랫동안 살아온 우리나라에서는 다문화에 대한 어떤 정책과 태도가 공존을 위해 적합한 것인지 지혜를 쌓을 기회가 없었고, 따라서 아직까지 다문화 사회에 대한 사회적 인식이 깊이 뿌리를 내리고 있지 못함을 알게 한다. 최근 다문화적 구성원이 급격히 증가하고 있다고는 하나 이웃 일본 등에 비해 그 절대적인 숫자가 아직 적은 상황임에도 다문화 교육이 국가적인 이슈로 부각되게 된 것은 이러한 '순혈주의'적 전통에 섞여드는 이질적인 요소에 대한 강력한 반응이라고 해석할 수도 있다(중앙다문화교육센터, 2008). 따라서 대증적으로 평등한 조건과 기회를 제공하려는 노력과 더불어 다문화적 환경에 대한 사회적인 인식과 가치에 대한 반응을 바람직하게 바꾸어나갈 다문화 교육이 시급하다.

2) 가정환경

다문화 가정은 도시와 농어촌 지역 모두에 분포하고 있으나, 두드러지게는 농어촌 지역에 대다수가 살고 있으며 주로 저소득층에 분포를 나타낸다(윤희원, 2006). 이는 다수의 다문화 가정 자녀들이 처한 교육 환경적인 안정성이 낮으며 즉각적인 혜택을 제한적으로 받고 있음을 말한다.

이런 면에서 다문화 가정에서 발생하는 교육에 대한 요구는 다문화 가정 외부의 사회와 문화적으로 다른 데서 나타나는 문제만이 아니라, 다문화 가정 내에서 가족 구성의 특성상 나타나는 문화적 차이의 문제나 다문화 가정의 사회경제적 지위가 낮은 데서 오는 문제에서도 발생한다. 따라서 다문화 교육은 내용과 방법뿐 아니라, 다양한 요인에 의한 다문화 가정 자녀의 교육 소외를 극복하도록 계획하고 실천되어야 한다.

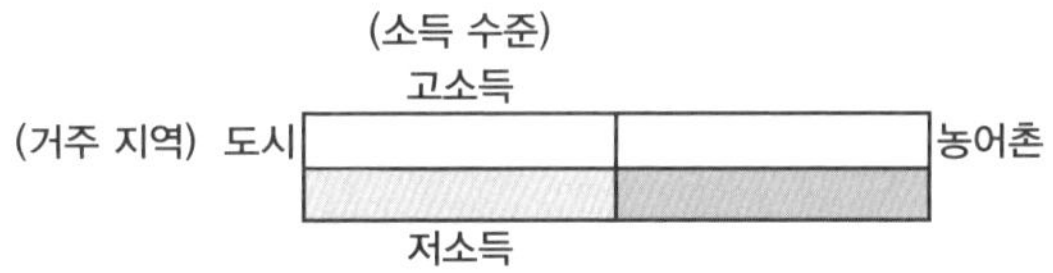

〈그림 5-1〉 다문화 가정 자녀의 거주 지역 및 소득에 따른 분포

3) 교육환경

직접적인 교육의 기회는 "학교"를 통해 제공된다. 다문화 가정의 자녀와 함께 공부를 하는 비다문화 가정의 자녀들, 그리고 그들의 부모와 지도하는 교사가 함께 하고 있는 학교는 다문화 교육의 중심적인 역할을 수행할 수 있는 '다문화 교육 중심'이라고 할 수 있다. 뱅크스(Banks, 2002)는 다문화적인 학교가 갖추어야 할 가장 중요한 바탕으로서 다문화적인 교육을 제공하는 교사를 비롯한 담당 관계자들의 인식 변화가 필요하다고 하였다. 교사는 수업 내용을 전달하는 역할뿐 아니라, 수업 과정 전반을 조율하여 학습자가 학습 내용에 접하고 활동에 참여하도록 돕는 역할을 하고 있다. 따라서 다문화 교육을 위한

교사의 올바른 관점이 무엇보다 필수적이다.

다문화적인 학교가 갖추어야 할 특징(Banks, 2002: 19)

① 교사 및 학교 관리자는 모든 학생들에게 높은 기대를 가지고 긍정적인 태도를 갖는다.
② 공식 교육과정에 다양한 문화, 종족, 양성 집단들의 경험, 문화, 관점을 반영한다.
③ 교사가 활용하는 교수 스타일이 학생들의 학습, 문화, 동기 양식에 적합하도록 한다.
④ 교사 및 관리자는 학생들의 모국어를 존중한다.
⑤ 학교에서 활용하는 교수 자료들에 다양한 문화, 종족, 인종 집단의 관점을 반영한 사건, 상황 및 개념이 반영되어 있다.
⑥ 학교에서 사용되는 평가와 측정 절차는 문화에 민감해야 한다.
⑦ 학교 문화와 잠재적 교육과정은 문화 및 종족적 다양성을 반영한다.
⑧ 학교 상담 교사들은 다양한 인종, 종족, 언어 집단 학생들에게 높은 기대를 갖고, 학생들이 긍정적인 목표를 설정하고 실현할 수 있도록 돕는다.

(3) 다문화 시대의 교육

다문화 교육은 국가적인 인재 양성과 관리 차원에서 요구되는 범사회적인 요구이며, 또한 아동의 입장에서는 개인의 인권과 행복추구권을 확립하여 사회 속에 살아가는 개인으로서 마땅히 보장되어야 할 가치들이 존중받도록 하는 일이다. 다문화 사회에 살고 있지만 오랜 시간 '우리' 문화를 지켜왔던 한국 사람들에게 나와 다른 이들과 함께 살고 있음을 깨닫는 것은 당연한 일인 동시에 적응이 필요한 일이기도 하다.

하지만 우리가 마음을 가다듬는 사이에 식당에서는 한국인 종업원을 보기 어렵게 되고, 지역에 따라서는 우리와 생김새가 다른 여성들이 나타나게 된 것은 그들과 우리에게 동시에 요구되는 급속한 변화에의 적응이라고 할 수 있다. 다문화 시대라는 이름으로 이 시대를 설명할 때 우리의 변화는 구체적인 사실에 근거하여 바람직한 방향으로의 변화를 추구하는 교육으로 설명되고 이루어져야 한다.

4. 다문화 교육의 과제

다문화 교육 프로그램들을 좀 더 내실 있게 운영하기 위해 중앙다문화교육센터의 연구(2007)에서는 다음 두 가지가 우선적으로 이루어져야 한다고 밝힌 바 있다.

첫째는 이를 체계적으로 계획하고 운영하는 일과 실제 교사 연수를 담당할 수 있는 전문 인력을 확보할 것인가의 문제이고, 둘째는 어떻게 하면 일반 교사들에게 다문화적 가치를 함양할 수 있는 다문화 교육을 지속시키고, 그 대상 또한 전국의 모든 교사들로 확대시킬 것인가의 문제이다. 특히 두 번째 문제가 해결되기 위해서는 중앙과 지방에 개설되어 있는 각 다문화 교육센터들 간의 유기적인 상호 협조가 절대적으로 필요하다. 또한, 다문화 교육과 관련된 개념적, 이론적 측면의 연구를 수행하고, 이를 바탕으로 실제 다문화 교사들의 연수도 담당하면서, 경우에 따라서는 중앙과 지방 다문화 교육센터의 업무를 잘 조절할 수 있는 조정자 역할을 할 지도자 그룹도 반드시 필요하다. 이른바 다문화 교육 담당 핵심교원과 전문 연구자의 양성 문제는 시급히 해결되어야 할 과제라고 할 수 있다. 이러한 다문화 교육의 과제는 교육 주체에 따라 실제적인 교육이 수행되는 초중등학교, 정부, 지방자치단체, 그리고 민간사회단체 등에 따라 나눌 수 있다.

(1) 초 · 중등학교

1) 아동

인간은 사회 속에서 인간의 존엄성, 교육적 평등과 행복을 추구하면서 살아간다. 다문화 가정 자녀가 한국 사회에서 다른 구성원과 원활하게 사회적 상호작용을 하면서 인간적인 생활을 영위하고 즐거움과 행복을 누릴 수 있는 성인으로 성장할 수 있도록 교육적인 환경을 갖춘다는 것은 존엄성과 교육적 평등, 행복의 추구를 위한 기본적인 전제다. 그렇기 때문에 다문화 가정 자녀가 학교에서 겪고 있는 문제를 해결하기 위한 연구를 수행하고 대안을 마련해야 한다(중앙다문화교육센터, 2009).

아동은 개인차는 물론, 다문화 가정의 유형에 따라서도 그 대상의 특징이 다르고 그 가운데서도 가정환경에 따라 편차가 나타나기 때문에 가정의 환경적인 특징을 파악하는 일이 무엇보다 중요하다. 학업 성취도에 대한 이해가 있기 이전에 학습자의 인지, 심리, 발달적 특징에 대해 다문화적 준거들을 기준으로 아동을 파악해야 한다.

2) 교사

오랫동안 "우리끼리" 살아온 사회적 분위기, 다문화 사회로의 변화에 대한 준비 부족 등으로 인해 다문화 상황에 대한 교사의 인식 전환이나 다문화 교육과 관련된 지식과 기술은 바람직한 수준에 이르지 못하고 있다. 이로 인하여 여러 연구자들이 현직 교사들을 위한 다문화 교육 연수의 필요성을 강조한 바 있다(모경환 · 황혜원, 2007; 모경환 · 최충옥, 2008; 오은순 외, 2008; 장인실, 2008; 박윤경 · 성경희 · 조영달, 2009). 다문화 교육 교사 연수는 교사가 학급에서 다문화 교육을 실천하는 데 영향을 주는 중요한 요인이기 때문이다(Jones, 2001).

그러나 한국 교사들을 대상으로 실시한 여러 연구들에 따르면, 대부분의 경우에 교사 양성 과정에서 다문화 교육과 관련된 교육을 받은 경험이 거의 없고, 다문화 교육 내용을 포함하는 연수를 받은 경험도 거의 없는 것으로 나타난다(모경환 · 황혜원, 2007; 최충옥 · 모경환, 2007). 따라서 양성 과정 정비와 이미 현장에 나온 교사들을 위한 체계적인 다문화 교육 연수의 개발과 시행이 요청된다. 잘 설계되고 지속적으로 이루어지는 교사 연수 프로그램은 효과적인 다문화 교육과정의 개발과 실행에서도 꼭 필요한 일이다(Ladson-Billings, 2001; 모경환 외, 2009: 178에서 재인용). 미국 교사교육과정인증위원회(National Council for Accreditation of Teacher Education, NCATE) 역시 교사의 중요성을 인식하고 교사 교육 프로그램에 다문화적 관점에서 가르치도록 돕는 교사 양성 과정을 포함하도록 하고 있다(NCATE, 2006; 모경환 외, 2009).

3) 교육과정

다문화 교육이 교실에서 이루어지는 각 교과의 교육과 별도로 이루어지는 것은 교육 현장에서 성과는커녕 실현 가능성조차도 기대하기 어렵다. 따라서 보다 현실적인 대안은 다문화 교육이 교과교육과 융합하여 정상적인 학교 수업에 포함되는 것이며, 이를 실천할 수 있는 구체적인 방안과 실제적인 적용이 필요하다.

현재의 다문화 교육은 광범위하게 이질적인 문화에 대한 국제이해 교육에 초점을 두고 있거나, 다문화 가정 자녀가 우리나라에서 온

전하게 살아갈 수 있는 기본 능력을 기르는 데 지나치게 집중하는 경향이 있다. 학생 전체를 대상으로, 다문화 가정이건 비다문화 가정이건 학생 모두가 교과교육의 목표에 도달하면서 서로의 문화를 이해하고 행복하게 더불어 살 수 있도록 하는 것이 중요하다.

이를 위해 다문화 교육의 목표와 내용, 방법을 담은 교육과정은 필수적이라 할 수 있다. 뱅크스(Banks, 2004)는 다문화 교육과정을 기존의 교육과정을 개혁하는 관점에서 바라보았는데, 4단계 중 1단계와 2단계는 기존 교육과정의 내용 중에서 다문화와 관련된 주제를 다루는 것으로 하고, 3단계와 4단계에서는 기존 교육과정을 바꾸어 학습자들이 다양한 관점을 가지고 문제를 바라보거나 직접 해결하는 행동의 방법을 찾아보는 활동을 수행하도록 하였다.

베넷(Bennett, 2007; 2009: 454-456)은 학교 교육과정 개발의 일반적 절차와 방법을 원용하여 다문화 교육과정을 개발하는 절차와 방법을 제시하며 다문화 교육과정을 곧 의사결정의 과정이라 하였다. 구체적인 수업 목표를 설정하고 수업을 계획하면서 학습자를 위한 학습 목표를 정의하고 수업 계획안을 작성하는 과정이 하나의 모듈로 연결되어야 한다는 것이다. 다문화 교육의 다양한 주체와 필요로 하는 정보와 내용을 인지적으로 학습할 수 있도록 돕는 알맞은 학습 방법이 연결될 때 효과적인 학습으로 이어질 수 있을 것이다.

(2) 정부와 지방자치단체

정부는 개인이 실행하기 어려운 일들을 전면적인 정책이나 계획으로 시행할 수 있는 힘이 있다. 한국의 다문화 교육 문제에 있어서도 정부의 역할은 매우 중요하다. 다문화주의라는 개념을 먼저 성립한 서구와는 달리 우리의 다문화 교육은 정부와 민간에 의해 먼저 주도된다는 특징이 있다(윤희원, 2009). 다문화 교육에 관련된 정부 부처로는 교육과학기술부, 농림수산식품부, 문화체육관광부, 보건복지가족부, 법무부, 여성가족부가 대표적이라고 할 수 있다.

교육과학기술부는 중앙 부처, 시 · 도 교육청과 단위학교를 긴밀히 연계하고 다문화 교육센터를 지정 · 설치하여 교육을 위한 교재 및 프로그램의 개발과 교원 양성, 이를 위한 연수 및 연구학교 운영 등 활발한 움직임을 보이고 있다. 농림수산식품부는 농어촌 지역 국제결혼 가정의 안정적인 생활을 지원하고 이주민들의 불편을 해소하는 차원에서 다문화 교육을 다루고 있다. 문화체육관광부에서는 2007년 12월부터 다문화 정책팀을 신설하고, 다문화 가정을 위한 축제와 문화체험 등의 행사를 매년 시행하고 있다. 법무부는 이주민들의 한국 사회 적응 및 정착, 일상생활에서의 안정적인 체류에 관한 법적인 문제를 다루며, 다문화 가정을 지원하기 위한 국가 주도의 법적 제도와 정책의 시행을 맡고 있다. 보건복지가족부는 가장 주도적으로 다문화 가정 관련 사업을 추진하고 있는 부처이며, 다문화 가정을 위한 다양한 맞춤형 지원을 하기 위해 노력하고 있다. 여성부는 다문화 인구 가운데 여성 인구인 결혼 이민자를 중심으로 결혼 이민자의 한국어 교육, 아동 양육 지원 사업, 다문화 가족 지원센터 등을 통해 다양한 층위의 다문화 교육을 실시하고 있다.

각 지자체들도 정부에서 직접적으로 다문화에 대한 일을 주도하기에 앞서 지역별, 부서별로 필요한 사업을 진행하였는데, 다문화 가정이 많은 경기도와 경상남도, 전라남도 등에서는 비슷한 목적과 프로그램을 가지고 운영하는 경우도 많았다. 각 지자체는 중앙 정부 부처와 현명하게 업무를 분장-협조하여 정책 대상자에게 필요한 것이 무엇이며, 지금의 필요와 미래를 위한 투자 효율에 입각해서 사업을 유기적으로 연속성 있게 추진해야 한다. 특히 '다문화적 관점'에서 그들을 배려하고 교육한다는 것이 오히려 '그들'을 배제하고 특수한 외부 자원으로 남기는 일이 될 수 있으며, '우리'로 포섭하려는 방식은 동화주의(assimilation)적인 성격을 가지고 있기도 하다. 그런가 하면 "역차별"의 소지가 있는 경우도 종종 발생하므로 균형과 조정이 필요하다. 따라서 다문화 관련 정책을 시행할 때에는 사업의 효과뿐 아니라 주변에 미치는 파급 효과와 철학적인 의미들이 다양한 주체들에 의해 점검될 필요가 있다.

(3) 민간사회단체

종교 단체와 노동계에서 교회나 성당 등의 종교 기관과 외국인 근로자 센터, 새날 학교 등을 중심으로 외국인 근로자와 국제결혼 여성에 대한 직접적인 대응을 시작한 것은 국가적인 차원의 종합적인 대책 마련에 앞선 것이었다. 민간 차원에서 이루어지는 다문화 교육은 그 내용에 있어서 현장 중심적이며 매우 실용적인 접근이 많다. 그러나 민간단체로서의 한계, 특히 재정적 안정성과 유능한 인력 수급의 제한 등 어려움도 많다, 특히 정부 주도의 다문화 사업이 전개되면서 사업의 주도권이나 재정 분담 등에서 어려움을 겪기도 했으나, 여전히 비영리 민간사회단체들은 정부 차원에서 관리하거나 접근하기 어려운 외국인 노동자의 자녀나 외국인 귀국 자녀와 같은 경우에 있어서 여전히 절대적인 도움을 주고 있는 실정이다. 따라서 민간 차원에서의 다문화 사업 시설 및 기관에 대해서는, 구체적인 현황 파악과 지원, 그리고 활동 영역의 합리적인 구획이 필요하다.

(4) 관련 연구 분야

간단하게 연구사를 살펴보면 바로 눈에 띄는 바이지만, 다문화 교육에 대해서는 2006년을 기점으로 다양한 통계와 현장 연구를 통한 연구 결과물이 나오기 시작했으며, 연구 대상 및 연구 분야의 확장과 연구 결과물의 양적 질적 증가가 매우 빠른 속도로 이루어지고 있다. 문제는, 다문화 현상과 이를 바탕으로 하는 다문화 교육이 시시각각으로 변하는 사회, 그리고 각 개인의 일상적인 삶, 나아가 국가 경쟁력과 긴밀하게 엮여 있는 만큼, 연구의 문제를 연구자의 지향과 단기적 수요에 맡겨서는 안 된다는 점이다.

또한 다문화 교육은 사회와 직결되어 있고, 현실적인 문제 해결을 위한 연구라는 점에서 개념과 원리를 다루는 기초 연구 못지않게 연구 성과를 바로 사용할 수 있는 응용 연구 및 개발 연구의 수행이 중요하다. 따라서 연구 성과물의 산출에 노력과 자원을 집중할 것이 아니라, 연구의 기획에서 연구 성과의 사용에 이르는 전 과정을 합리적, 효율적으로 운영해야 한다. 다문화 연구 성과가 다문화 교육의 과제를 해결하는 데 기여하기 위해서는 다음과 같은 점에 유의해야 한다.

첫째, 어느 차원에선가는 연구 내용의 정확성과 적절성, 활용 가능성과 실제 활용을 관리해야 한다. 즉, 정부, 시민단체, 지방자치단체, 시 · 도교육청, 대학, 기업, 언론 등 각 기관에서 지금까지 개발한 '다문화 교육'과 관련된 다양한 자료 및 정보를 체계적으로 수집하여 판단 · 평가하고, 활용 가능한 형태와 구조로 연계해주는 서비스를 제공해야 한다. 현재로서는 각 기관이 자체 홈페이지 자료실을 통해서 단편적으로 제공하는 형태여서, 어디에 무엇이 있는지 알기가 어려우므로 필요한 정보를 찾아보기도 쉽지 않으며, 자료실 운영 자체가 순조롭지 않은 경우도 많다. 또한 경우에 따라 양호한 운영 상태를 유지하고 있더라도 자료의 내용과 수준을 한눈에 파악하기가 어려운 상황이다. 게다가 각 기관이 자체적으로 운영하고 있기 때문에 전술한 바와 같이 기관 자체적으로나 일부 주변 기관에서만 해당 자료를 활용하고 있을 뿐이다. 더욱이 기관의 성격에 따라서는 외부인이 접근하기 어렵거나 접근 자체를 차단하는 경우도 있다. 따라서 산재되어 있는 다양한 다문화 교육 관련 자료와 정보를 체계적으로 정리하여 연계 · 제공할 수 있는 시스템을 마련하여 사용자들에게 자료에 대한 신뢰를 갖게 하고 접근성을 높여야 한다.

둘째, 지금까지 축적된 다문화 교육 자료들 가운데 신뢰할 수 있는 양질의 자료를 선별하여 제공해야 한다. 많은 기관들이 단기간에 동시다발적으로 다문화 교육 관련 산출물을 생산하면서 양질의 자료들이 많이 개발됨과 동시에 다문화 교육 관계자들에게 도움이 되지 않는 자료도 유통되고 있는 것이 사실이다. 따라서 관련 자료를 제공하기에 앞서 수집 · 정리하는 과정에서 양질의 자료를 선별해내는 작업은 불가피해 보인다.

셋째, 각 사용자들의 사용 목적에 따라 자료 및 정보를 범주화하여 제공해야 한다. 사용자, 즉 사용의 목적에 따라서 접근 방식과 활용 방식이 다르므로 모든 자료를 일률적으로 관리해서는 안 된다. 즉, 다문화 교육 관련 자료 및 정보를 주로 활용하게 될 교사, 학생, 학부모, 그리고 연구자 등 그룹별로 자료와 정보를 분류하여 제공함으로써 정보와 자료에 보다 쉽고 빠르게 접근하여 편리하게 사용할 수 있게 해야 한다.

마지막으로 중앙 정부나 시 · 도 교육청을 비롯한 전국의 다문화 교육 연구 · 지원 기관들 간의 인력 및 프로그램 연계 체제 기반을 확립해야 한다. 다문화 교육 정보 시스템은 다문화 교육에 종사하고 있는 전국적인 인력 DB 구축과 사이버 교육 · 연수 프로그램 제공 등을 궁극적인 목표로 하고 있는 바, 첫 단계로서 국가기관, 16개 시 · 도 교육청, 다문화 교육 지원기관, 다문화 교육 연구기관, 한국어 교육 지원기관, 다문화 가정 지원기관 등을 연계하는 네트워크가 활성화되어야 한다.

5. 맺는 말

다문화 현상은 21세기 대한민국 사회를 설명하는 키워드 중 하나이다. 단기 방문이나 업무 목적의 외국인 유입 증가 못지않게 우리나라를 삶의 터전으로 삼아서 이주하는 외국인 인구의 증가는 나라 곳곳에서 우리의 삶에 영향을 미치고 있다.

다문화에 대한 관심은 우리의 것이라기보다 일찍이 외국 인구의 유입과 그로 인한 변화를 경험했던 서구를 중심으로 하고 있는데, 이는 대부분 개척하는 통치자의 입장에서 타 문화에 대해 이해하는 것에 바탕을 두고 있었기 때문에 지금의 다문화에 대한 관점과는 거리가 멀다고 할 수 있다. 하지만 1990년대 미국을 중심으로 대두된 다문화주의는 다문화 사회 속에서 주류 문화를 구성하는 다수에 대한 소수의 적응과 평등한 기회 확보를 이야기한다. 한국에서도 순혈주의적인 사고방식과 문화 전통을 가진 사회에 등장한 외국인 노동자, 국제결혼 가정, 다문화 가정 자녀 등은 사회적으로 주목하여 다룰 만한 위치가 되었다.

다문화 교육은 다문화 사회로의 변화에 대한 사회 구성원의 적응을 위한 것이다. 일차적으로 다문화 교육은 다른 문화를 접하게 된 외국인들에 대한 처방이며, 이차적으로는 다른 문화를 발견하게 된 기존의 사회 구성원들에게도 요구되는 것이다. 다문화 교육의 일차적인 대상이 되는 다문화 가정의 자녀는 제도권인 학교라는 울타리 안에서 교육을 받게 된다. 기본적으로 이들에게는 언어 학습 문제가 발생하며, 이러한 언어 문제는 각 교과의 학습에도 영향을 미치게 된다. 또한 학습의 문제처럼 구체적으로 드러나지 않는 경우가 많지만, 학교 안팎에서 경험하는 일상생활, 특히 교우 관계에서 발견되는 '다름'의 문제는 다문화 교육의 문제가 시혜적인 관점에서 다문화 가정의 자녀들에게만 특수 교육을 제공하는 것으로 마감할 수 없음을 알게 한다. 이에 따라 다문화 사회 속에서 살아가는 모두가 함께 세계시민 교육으로서의 다문화 교육을 통해 다른 나라의 문화를 이해하고 나와 다른 이들과 함께 하는 방법을 배우는 시간을 가져야 한다.

또한 성공적인 다문화 교육을 위해서는 교육을 담당할 교사의 역할에 주목해야 한다. 학생들의 다문화 교육을 담당할 사람은 교실수업을 담당하는 교사로서, 다양한 집단에 대하여 적극적이고 긍정적인 태도로 수업을 주도하기 위해서는 먼저 다문화 교육에 대한 일반적인 이해와 구체적인 방법에 대한 지식과 실천 능력이 모두 필요하다. 이를 위해 교사 양성 과정의 정비와 현직교사의 연수, 교사가 손쉽게 활용할 수 있는 다문화 교육의 지침서와 수업 자료, 기타 다양한 참고 자료 등이 제작 · 보급되어야 한다.

다문화 가정 자녀가 살아가는 현장인 다문화 가정을 위한 다문화 교육도 필요하다. 다문화 가정은 직접적으로 다른 문화의 접변이 일어나는 현장이기 때문에 다문화 가정의 구성원들에게는 다문화 사회와 구성원들에 대한 이해와 문제 해결을 위한 교육이 반드시 필요하다.

뿐만 아니라 기존에 사회를 구성하고 있던 이들, 즉 다문화 사회로의 이행을 경험하고 있는 비다문화 성인도 다문화 교육의 대상이 된다. 이 가운데 다문화 현상과 관련을 맺게 되는 교육계 및 정책이나 현안을 다루는 국회의원과 공무원, 행정담당자, 시민활동단체 등은 누구보다도 작금의 다문화 현상을 이해하고 다문화 교육이 어떤 부분에 어떤 식으로 기여할 수 있는지 적극적으로 이해해야 한다. 이미 사회 변화에 따라 교육과학기술부, 보건복지부 등의 정부 부처들이 다문화에 대한 정책을 수립하고 예산을 집행하는 상황에서 현실적인 문제 해결과 함께 어떤 관점과 방향에서 다문화 현상을 다룰 것인지에 대한 '철학'을 함께 고민할 수 있도록 다문화 교육의 장 또한 점검할 필요가 있다. 그리고 관련 정책과 제도 및 사업별 네트워크와 소통 구조 구축이 함께 이루어져야 한다. 연구와 연구 관리 역시 종합적으로 이루어져야 하는 부분이다.

요약컨대, 다문화 교육은 효율적인 인적 자원 관리라는 국가적 관점과 각 개인의 인권과 행복추구권에 대한 관점에서, 사회 구성원 모두가 함께 살아가는 방법을 배우고 익혀나가는 과정이다.

학습 활동

1. 다음은 우리 주변에서 흔히 관찰되는 사례이다. 무엇이 문제인지 생각해보자.

(1) 우리는 커피나 피자를 즐기면서 외국인이 식혜나 빈대떡을 즐기는 것은 신기하게 여긴다.
(2) 한국인 목사는 당연시하면서 외국인 승려는 신기하게 여긴다.
(3) 우리가 쓰는 일상용품의 원산지는 잘 모르면서 외국인이 우리 상품이나 상표를 몰라주면 섭섭하게 여긴다.
(4) 외국 국적 취득자에 대해서 "한국 국적을 버렸다"거나 "미국 시민권을 땄다"는 표현을 사용한다.

2. 우리 주변의 유학생 등 외국인과 영화나 소설을 같이 보고 나서 다음 질문지를 완성한 후, 공통점과 차이점을 비교해보자.

(1) 제목을 보고 어떤 영화라고 예상했는가?
(2) 가장 감동적인 장면은 무엇이었는가?
(3) 상대방은 무슨 장면에서 가장 감동을 받을 것이라고 생각하는가?
(4) 나는 어떤 부분이 이해하기 어려웠는가? 혹은 예상 밖이었는가?
(5) 상대방은 어떤 부분이 이해 혹은 예상하기 어려웠다고 생각하는가?
(6) 상대방은 내가 어떤 부분이 이해 혹은 예상하기 어려울 것이라고 생각할 것인가?
(7) 나와 상대방이 (1)-(6)의 답에서 차이가 나는 부분은 무엇인가?
(8) 그러한 차이는 어디에서 기인하는가?
(9) 그러한 차이가 나는 것은 바람직한가?
(10) 그러한 차이를 줄이거나 없애야 하는가?

3. 다문화 사회에서 보다 행복하게 살기 위해서 각 개인은 어떤 준비가 필요한지 소집단 토의를 한 후, 그 결과를 바탕으로 그러한 준비를 위해서 학교 교육이 어떤 부분에서 어떻게 기여할 수 있을지 분야를 나누어 심포지엄 형식의 발표회를 해보자.

참고문헌

국가인권위원회. 2008.「인권관점에서 다문화 교육 실태분석 및 개선방안 연구」. 국가인원권 위원회 학교교육팀.

보건복지가족부. 2008.『다문화 가족지원을 위한 다문화 사회 이해』. 보건복지가족부 연구보고서.

원진숙 외. 2010.『글로벌 시대의 다문화 교육』. 사회평론.

윤희원. 2006.「다문화 가정 지원 우수 사례 연구」. 교육인적자원부.

———. 2008.「다문화 가정자녀의 교육을 위한 '초급' 교재 출판 및 '중급' 교재 개발 최종 보고서」. 교육과학기술부.

———. 2009.「다문화 사회와 국어교육」.『국어교육학연구』34권. 국어교육학회.

중앙다문화교육센터. 2009.『다문화 교육과 학교 교육』. 중앙다문화교육센터 제1차 다문화 교육 전문가협의회 발표집.

한국교육과정평가원. 2007.『다문화 교육을 위한 교수 · 학습 지원 방안 연구(I)』. 한국교육과정평가원 연구보고서.

6장
한국 다문화 교육의 현황과 정책[1]

조영달 서울대학교 사범대학 사회교육과

1. 들어가는 말

최근 우리 사회는 매우 빠른 속도로 다양해지고 있다. 한 조사연구[2]에 따르면 2005년 국제결혼이 전체 혼인신고의 13.6%(농어촌은 35%)인 43,121건이었으며, 외국인 근로자 역시 급증하여 2006년에는 630,627명에 이르렀다. 새터민 역시 1995년 북한 대홍수 이래로 꾸준

1 이 장은 여성경제학회농업경제학회 공동학술세미나의 초청에 의한 발표자료를 수정하여 실었다. 그리고 필자의 다음 논문을 참고하여 재구성하였으며, 일정 부분 그대로 인용하였다("Policy note: Diversification of the student population and multicultural educational policies in Korea." Research in the Sociology of Education 17, 2010: 183-198).

2 조영달 · 윤희원 · 박상철 외, 2006, 「다문화 가정 자녀의 교육 실태와 정책과제」, 교육인적자원부 2006 정책과제.

히 증가하여 2005년에는 1,387명에 달했다.[3]

사실, 이와 같은 민족적 · 문화적 혼재현상은 한국 사회가 개방화되고, 경제 규모 역시 세계 10위권을 넘나들면서 일어난 일이기도 하다. 이와 더불어 우리 사회에서 빠른 속도로 진행되는 다양화 현상은 단일민족, 단일문화를 중심으로 생각해온 한국과 한국인의 사고방식에 변화가 필요하다는 것을 말해주는 것이기도 하겠다.

이러한 사회 구성원의 다양화에 따라 우리 사회는 필연적으로 해결해야 할 여러 과제를 안게 되었으며, 교육 분야도 예외는 아니다. 예를 들어, 국제결혼 가정 자녀[4]들의 한국어 능력 부족, 정체성 혼란 및 이들에 대한 집단 따돌림 현상의 심화, 많은 수의 외국인 근로자 자녀들의 학교 교육 실패, 그리고 학교제도에 수용되지 않은 불법체류 외국인 근로자 자녀들에 대한 교육이 제대로 이루어지지 않고 있다거나,[5] 새터민 청소년의 학교 부적응[6](학교 성적, 교우관계, 언어 등)은 교육 분야에서 해결해야 할 문제를 대변하는 것들이다.

2006년 이후 다문화 교육을 지원하기 위하여 다양한 노력들이 활

---

3 통계청 DB, '북한 이탈주민 입국자 수' 참조(http://kosis.kr/gen_etl/start_etc.jsp?orgId=101&tblId=DT_1ZGAA42&scrId=&seqNo=&lang_mode=ko&obj_var_id=&itm_id=&path=&vw_cd=&list_id=&url_param=http://kosis.kr:80/gen_etl/start.jsp?orgId=101&tblId=DT_1ZGAA42&conn_path=K1&conn_path=K1).

4 국제결혼자 자녀로 초 · 중 · 고에 재학 중인 인구는 2007년도 4월 기준 13,445명이다. 이 중 초등학생이 11,444명, 중학생은 1,588명, 고등학생은 413명을 차지하고 있다(교육인적자원부, 2007).

5 2006년도 기준으로 법무부 등록 외국인 중, 학령기 인구는 25,488명인데, 이 중 8,341명은 외국인 학교에 다니고 있다. 2007년 기준 국내 학교에 다니고 있는 학생이 1,209명임을 생각하면 외국인 근로자 자녀의 취학은 매우 저조한 것으로 추정된다(교육인적자원부, 2007).

6 2006년도 기준으로 학령기에 해당하는 인원은 997명, 이들 중 69.8%만이 취학하고 있고, 일반학교 재학생은 432명이며, 나머지 565명은 비정규 학교에서 교육받거나 독학 또는 사회진출 중인 것으로 추정된다(교육인적자원부, 2006).

발하게 이루어지고 있다. 결혼 이민자 가정을 위한 다문화 교육 의무화 등을 골자로 한 '이주민 가족의 보호 및 지원법안', 혼혈인 가족에 대한 정부 차원의 복지 프로그램이나 교육 프로그램 마련과 각급 학교에서의 차별 배제와 편견 예방 교육을 강조하는 '혼혈인 가족 지원에 관한 법률안', 다문화 가족 구성원들에게 국어교육이나 사회적응 교육을 실시하도록 하는 '다문화 가족 지원법 제정안' 등이 발의되어 있다(고경화 의원실, 2006; 2007; 김충환 의원실, 2006; 장향숙 의원실, 2007).[7] 또한 교육인적자원부에서는 2006년도와 2007년도에 '다문화 가정 자녀 교육 지원 계획'을 발표하고 그 실행을 독려했으며, '2007 개정 교육과정'에서는 범교과 주제의 하나로 '다문화 교육'을 도입하기에 이르렀다(양영자, 2007: 199).

이러한 상황에서 한국의 다문화 교육 현황과 다문화 교육 방향에 대한 한국인의 인식을 점검해보는 것은 매우 의미 있는 일로 여겨진다. 이는 앞으로 있을 다문화 교육 정책 수립을 위한 기초 자료의 역할을 할 뿐만 아니라, 현재의 한국 다문화 교육이 반드시 해결해야 할 과제를 진단하는 데에도 도움을 줄 것이기 때문이다.

이러한 생각에서 이 장은 다음과 같은 두 개의 연구 문제에 답하려 한다. ① 한국의 다문화 교육의 현황은 어떠한가? 이 질문은 다문화 가정 자녀의 재학 현황과 학교 교육에서의 어려움을 중심으로 답하여질 것이다. ② 이러한 상황에서 현재 한국의 다문화 교육 정책은 어떠한가? 이는 현재 한국 사회에서 이루어지고 있는 다문화 교육을 위한 정책적 노력은 어떠하며, 한국인이 생각하는 정책의 방향은 무엇인가를 중심으로 답하여질 것이다. 그런데 여기서 말하는 정책은 정책

7 양영자(2007: 199)에서 재인용.

에 의해 나타나는 구체적인 사업을 의미하는 것으로 정의한다. 이렇게 정의할 경우, 한국 사회의 다문화 교육 정책의 실상이 더욱 분명히 드러난다고 생각했기 때문이다.

위와 같은 연구 문제는 앞에서 언급한 이 연구의 목적과 관련되어 있다. 즉, 그 목적의 하나는 앞으로의 한국 다문화 교육 정책 수립에 도움을 주려는 것이다. 이 목적을 위해서는 다문화 교육의 현황과 과제를 파악하고, 이루어지고 있는 정책적 고려들을 진단함과 동시에 시민들의 정책 방향에 대한 인식을 이해하는 것이 중요하다고 생각하였다. 왜냐하면, 이것은 효과적인 다문화 교육 정책 수립을 위해 반드시 고려되어야 할 점이기 때문이다. 또한 현재 시작의 단계에 있는 한국 사회의 다문화 교육에서, 전체적인 윤곽을 그리도록 도와줄 수 있는 이와 같은 작업은 다른 연구가 이루어지는 데에도 도움을 줄 것이라 예상했다. 이는, 심리적, 사회문화적, 철학적 연구 및 교수-학습 및 교육과정(curriculum)과 평가에 관련된 좀 더 구체적인 연구가 이루어지는 데 하나의 기반이 될 것이기 때문이다.

한국의 학교에서는 다문화 가정을 둘러싸고 발생하는 여러 가지 문제들로 어려움을 겪고 있으며, 이 문제들은 매우 시급한 해결이 필요한 상황이다. 따라서 이 장에서 제시되는 논의들은 피상적인 수준을 넘어서는, 구체적이면서도 자생적인 다문화 교육에 대한 탐색을 가능하게 할 것이다.

2. 다문화 교육의 개념과 연구의 틀

(1) 다문화 교육의 개념과 성격

다문화 교육이 무엇인가에 대한 논의는 아직까지도 그 종착점을 찾지 못하고 있다. 이는 이러한 논의 자체가 한국 사회에서 비교적 최근에 이루어지고 있는 것이기도 하거니와, 또 하나의 이유는 다문화 교육이 일어나는 문화적 상황이 지역마다 크게 다르기 때문이라 여겨진다. 예를 들어 다문화 교육이란 용어에 대해서도, 미국의 경우 '다(多)문화(Muiticultural)'를 강조하는 반면, 유럽과 같은 지역에서는 '문화적 다원주의(Cultural pluralism)'나 '문화 간(Intercultural)의 이해'를 강조하기도 한다.

서구 사회에서는 다문화 교육에 관하여 이론이나 실천의 측면에서 몇 가지 중요한 흐름이 있어왔다. 하나는 다양한 인종과 민족을 그 사회의 주류 문화에 수용하고 포용하려는 흐름으로, 흔히 회자되는 용광로(melting pot) 정책은 이에 해당된다. 이 관점은 용광로를 거치는 다양한 인종과 민족이 그 사회의 주류 문화에 동화되어 거기서 태어난 사람과 같이 전환되기를 기대하는 것이다.

이에 반하여 다문화 교육이란 다양한 문화나 민족 상호 간의 오해를 해소하고 서로 간의 이해를 정확히 함으로써 긴장과 갈등을 줄이는 것과 관련되어 있다고 주장하는 흐름도 있다. 이러한 생각은 사회를 구성하는 각 집단 간의 관계를 개선하는 데 기여할 수 있을 것이다.

한편, 최근 들어 민족이나 인종을 이루는 각 집단은 그 나름의 가치관과 지식 형성 과정을 지니고 있으며, 이러한 다양한 각 집단의 문화를 인정하고 이를 사회가 품을 수 있을 때에 그 사회 역시 번영할 수 있다는 주장이 강하게 대두되었다. 이는 '샐러드 볼(salad bowl)'에서 각각의 야채가 함께 어우러져 자신의 고유한 맛을 유지하면서 하나의 훌륭한 음식으로 탄생하게 되는 것과 같다고 할 수 있다.

이처럼 다문화 교육을 바라보는 다양한 입장을 바탕으로 하여 다문화 교육에 대한 포괄 범위를 중심으로 학교 다문화 교육의 개념을 어떻게 설정할 것인가는 중요한 이슈이다. 이 장과 관련하여 두 가지 측면에서 개념 정의가 모두 가능할 것이다. 하나는 광의의 다문화 교육이고 다른 하나는 협의의 다문화 교육이다. 넓은 의미에서 학교 다문화 교육은 다양한 문화적 차이를 지닌 학생들이 학교에서 평등한 성취 기회를 갖도록 교육의 구조를 바꾸려는 생각과 개혁운동 및 그 과정을 뜻한다. 이미 뱅크스(Banks, 2006) 등 서구의 많은 학자들이 이러한 광의의 다문화 교육 개념에 동의하고 있기도 하다. 좁은 의미에서 다문화 교육은 주로 학교 교육과정의 개정을 의미한다. 이렇게 다문화 교육을 협의로 정의할 경우, 다문화 교육이 단순히 수업으로만 국한될 수 있다는 위험이 발생한다. 따라서 다문화 교육의 실행 측면이나 그 효과를 위하여, 흔히 다문화 교육은 광의로 정의되고 있다. 이 장에서도 다문화 교육은 주로 광의로 사용될 것이다. 그럼에도 불구하고 실제의 교수 학습과 관련한 부분에서는 협의의 다문화 교육이 학교 교육에서 가장 중요한 의미를 지닐 수 있음은 부인하지 않는다.

여기서 한국 사회에서 관심을 기울이고 있는 다문화 교육의 대상은 〈표 6-1〉과 같은 학생들이다.[8] 이는 한국 사회에서 최근 급격히 증가한 국제결혼과 외국인 근로자의 유입 및 탈북자들의 한국 내 안착을 반영한 것이기도 하다.

---

8 이 분류는 2006년에 이루어진 다문화 가정의 자녀 교육 실태조사(교육부 정책과제)에서 제안한 것이다.

〈표 6-1〉 다문화 교육의 대상

다문화 가정	학생
국제결혼 가정	한국인 아버지와 외국인 어머니 사이에서 태어난 아이
	한국인 어머니와 외국인 아버지 사이에서 태어난 아이
외국인 근로자 가정	외국인 근로자가 한국에서 결혼하여 태어난 아이
	본국에서 결혼하여 형성된 가족이 국내에 이주한 가정의 아이
새터민 가정	북한에서 태어나서 한국에 입국한 아이
	한국에서 태어난 아이

물론 앞에서 언급한 다문화 교육의 개념에는 몇 가지 중요한 전제가 있다. 예를 들어, 기본적으로 다수를 위한 소수의 희생에 반대하는 인권적 전제와 학생 개개인의 성장을 위한 교육이 되어야 한다는 교육적 전제를 포함하고 있다. 또한 다문화 교육은 학교가 거시문화(Macro-Culture)의 측면(제도, 조직 등)과 미시문화(Micro-Culture)의 측면(일상문화 등)이 공존하는 하나의 사회체제로 구성되어 있다는 전제도 가지고 있다. 이러한 교육적, 인권적 전제 및 학교 체제에 대한 전제가 다문화 교육의 개념에는 이미 주어진 것으로 생각해야 한다. 이러한 전제는 사회와 인류를 위한 다문화 교육의 목표 및 이상과도 관련된 것이라 하겠다.

더불어 한 가지 강조되어야 할 점은, 이렇게 교육이 평등하게 이루어질 수 있도록 기회를 제공하고 이를 위해 학교의 변화를 모색하는 것이 다문화 교육이라 규정하면, 학교사회의 다문화 교육과정에서 교사의 역할은 매우 중요한 것으로 이해할 수 있다는 것이다. 이는 교사가 학교 교육의 가장 중요한 주체 중 하나이며, 학교에서 학생들과 가장 많은 시간을 보내는 대상이기 때문이기도 하다. 이러한 교사 역할의 중요성은 다문화 교육을 논의하는 많은 학자들이 공감하는 바이기도 하다. 실제로 필자에 의해 조사된 많은 서구의 문헌들 역시 교사를 다문화 교육의 개선을 위한 중요한 역할 축으로 생각하고 있었다.[9]

(2) 다문화 교육의 필요성

다문화 교육은 우리 사회의 다양성 증가에 따라 나타나는 여러 가지 과제를 해결하는 데 기여할 수 있는 중요한 해결책의 하나로 여겨지고 있다. 다문화 교육에 관한 다양한 개념이 존재함에도 불구하고, 많은 학자들은 다문화 교육이 다양한 인종과 민족 및 여러 사회 계층 출신인 학생들에게 어떻게 평등한 교육적 경험을 제공할 것인가에 관심을 두고 있으며, 또한 이러한 요인들이 교육에 어떤 영향을 끼치는가를 연구한다는 데 의견을 같이 하고 있다.

이러한 다문화 교육의 필요성은 다음의 세 측면으로 요약하여 생각해볼 수 있을 것이다.

첫째, 인권의 측면에서 다문화적 배경을 가진 학생 개인에게 교육권과 학습권을 보장하여 민주적 가치관과 태도를 길러줄 수 있다는 점이다. 이는 헌법질서를 통하여 자유민주국가를 지향하고 있는 국가의 입장에서는 당연히 해야 할 일이라 생각한다.

둘째, 사회 전체의 측면에서 보면, 다문화 교육은 사회적 갈등을 줄이고 사회 통합에 기여할 수 있는 방안을 제시해줄 수 있다. 특히 한국 사회와 같이 단일민족을 오랫동안 유지해온 경우에는 다문화 가정의 자녀들이 국적과 민족의 불일치를 경험하게 되고 언어와 문화에서도 이중성을 경험하게 되며, 이들이 근대화 이후 뒤늦게 한국 사회의 구성원으로 편입됨으로써 사회적 하층에 속할 가능성이 많다. 그러므로 이러한 사회적 통합을 위한 교육적 노력으로서의 다문화 교육은 사회적 갈등을 줄일 수 있는 매우 중요한 것이다.

셋째, 한국 사회에 다양한 문화적 배경들이 섞임으로써 더욱더 건

---

9 대부분의 논저에서 주장되어온 바이어서 문헌에 대한 나열은 생략함.

강하고 새로운 문화 창조의 기회가 제공될 수 있다는 문화적 측면도 고려해볼 수 있을 것이다. 사실 어떻게 보면 오랫동안 단일민족과 단일문화를 유지해온 한국 사회의 경우, 다양한 문화의 주입은 새로운 문화의 창조를 위한 시발점이 될 수도 있을 것이다. 이러한 측면의 다문화 교육 필요성은 앞서 제시된 두 측면의 필요성과 비교하여 매우 적극적인 것이라 할 수 있다.

이처럼 다문화 교육은 개인적 측면과 사회 전체적 측면 모두에서 그 필요성을 인정받으며, 나아가 새로운 문화를 창조하는 기반으로 작용할 수 있을 것이다.

(3) 다문화 교육의 배경과 시작

우리 사회에서 다문화 교육에 대한 높은 관심이 사회적인 이슈로 등장한 것은 극히 최근의 일이다. 물론 이에 대한 연구자들의 연구와 관심이 꾸준히 있어왔던 것이 사실이지만, 전체 사회의 커다란 이슈로 다문화 교육에 대한 관심이 확산된 계기는 한국계 미국인이자 미식축구 선수 하인즈 워드의 한국 방문이라고 할 수 있다.

상대적으로 구미의 경우는 다문화 교육과 관련된 논의의 역사가 길고, 관련 분야의 연구들이 축적되어왔다. 특히 미국의 경우는 국가 건설 초기에서부터 이민 등에 의해 다원적인 사회가 구성되었다는 점에서 우리 사회의 다문화 교육의 이론과 쟁점에 대해 시사하는 바가 많다. 실제로 자유와 평등, 정의의 관점은 다문화 교육의 이론적 흐름을 논의하는 중요한 주제로 간주되어왔다.

다문화 교육에 영향을 준 흐름으로, 우선 언급할 수 있는 하나는 60-70년대의 인권운동이다. 자유와 정의의 실현이란 명분을 내건 미국의 60-70년대 인권운동은 교육 부문에서도 자유와 정의를 실현하고 차별을 극복하기 위한 과정으로 다문화 교육이 강조되는 계기가 되었다. 소수 집단의 역사와 문화, 그리고 관점을 반영하는 교육과정 구성과 교과서 편찬 등의 일들이 당시에 있었던 중요한 활동 내용이다. 또한 소수계 민족 출신의 교사와 행정가를 고용하고 소수계의 학부모 및 인사들이 학교에 관여할 수 있는 기회를 마련한 것 역시 60-70년대의 인권운동이 학교 다문화 교육에 준 영향이기도 하다.

이러한 인권운동과 함께 최근까지 활발하게 이루어져왔던 여성운동 또한 미국 사회의 다문화 교육에 많은 영향을 끼치게 되었다. 여성운동의 주도자들은 남성과 주류 문화 중심의 사회적 의사결정을 크게 비판하였으며, 이러한 연장선에서 학교 교육에서도 남성과 주류 문화 중심의 교육과정과 교과서를 개정해야 한다는 요구가 강하게 제기되어, 이와 관련된 각종 개혁 운동이 진행되기도 하였다. 행정 과정에 더 많은 소수계 고용을 요구하는 움직임 등이 그 대표적 예이다. 게다가 이 과정에서 '주류(Mainstreaming),' '문화적 다원주의(Cultural pluralism),' '다양성(Diversity)'의 개념들이 주목받기 시작하였으며, 이러한 개념들은 그 이후 다문화 교육을 다루는 중요한 개념으로 등장하였다.

또한 다문화 교육은 지역과 지역의 역사에 따라 다양한 실천 과정을 보여주고 있다. 이는 정책의 실천은 상황과 맥락 속에서 이루어질 수밖에 없다는 점을 생각하면 일면 당연한 것이다. 예를 들어, 같은 영어권이라 하더라도 다문화 교육의 강조점은 각 나라의 역사와 상황에 따라 상이할 수 있다. 영국의 경우 다문화 교육은 통합을 위한 동화(assimilation)와 문화적 다원주의가 끊임없이 충돌하면서 발전해왔다. 동화는 초기 미국의 다문화 교육이 지닌 핵심 아이디어였던 용광로(melting pot) 정책과 유사한 생각이다. 동화주의는 사회적 통합을 지향하는 유럽 전반의 분위기와 잘 맞아떨어져 주된 다문화 교육의 방향으로 제시되었다. 하지만 오늘날 많은 학자들을 통해 문화적 다원주의의 중요성이 거듭 강조되면서, 기존의 동화주의 입장과 함께 다원주의 역시 교육에 많은 영향을 끼치고 있다. 호주의 다문화 교육은 교육 제도 속으로 다문화주의를 끌어들여오는 과정에서 발전했다. 실제로, 호주에서는 1978년 다문화주의가 공식적으로 정부 정책 속에 편입되었다. 그 후 다문화주의는 1989년 'National Agenda for a Multicultural Australia'라는 다문화주의 정책 기조가 발표되면서 교육을 포함한 사회 제도 전반으로 퍼져나갔다. 그리고 뉴질랜드는 교육과정에서 문화적 다양성을 인식할 수 있는 방안을 모색하는 과정을 통해서 다문화 교육을 실현·발전시키고 있다.

이러한 다른 나라의 상황과는 달리, 한국 사회에서 다문화 교육에 대한 논의는 앞에서 언급한 바와 같이 극히 최근의 일이며, 자생적 정책이나 연구가 크게 축적되어 있지 않다는 점은 한국 다문화 교육의 중요한 특징이기도 하다. 물론, 개별 지방자치단체나 종교단체 및 NGO를 중심으로 다문화 가정의 자녀에 대하여 도움을 주려는 많은 노력이 그동안 있어왔음은 사실이다. 그러나 국가적으로 정부가 서울대학교에 "중앙다문화교육연구센터(Center for Multi-cultural Education in Korea)"를 설치하고 각 지역에 다문화 교육 실천 프로그램을 지원하기 시작한 것은 2006년 이후의 일이다. 이 중앙 센터를 통하여 학부모, 학생 및 교사를 대상으로 하는 인식 조사, 정책의 성과 분석, 교사연수를 위한 프로그램 개발, 인터넷을 통한 네트워크의 구축, 다문화 가정 자녀 교육 지원을 위한 교육자료 개발 등이 이루어졌다.

(4) 문화적 행동에 영향을 끼치는 변인

사실 문화의 차이에 따라 다양한 행동의 차이를 볼 수 있다. 예를 들어, 문화적으로 다른 사람들이 지니는 서로 다른 시간 사용의 개념은 상이한 행동을 낳게 된다. 여러 명의 친구와 약속을 하는 상황을 가정해보자. 단원적 시간의 개념을 사용하는 문화권에서는 오후 1시에 친구 A와 약속을 하며, 오후 1시 30분에 친구 B를 만날 계획을 세운다. 그러나 다원적 시간의 개념을 사용하는 문화권에서는 친구 A와도 오후 1시에, 친구 B와도 오후 1시에 만날 약속을 하게 된다. 그리고 먼저 오는 친구와 만난 후, 다시 다음 친구를 만나게 될 것이다. 일반적으로 다원적 시간 개념을 사용하는 사람들이 단원적인 경우보다 좀 더 관용적이라 주장하는 사람들도 있다. 이처럼 사람들은 자신의 문화적 배경에 따라 서로 다른 행동 패턴을 보이게 되는 것이다.

그 외에도 다양한 문화적 변인에 따라 행동이 달라지는 사례는 매우 많다. 우선, 가시적 영역을 중시하는 문화와 묵시적 영역을 중시하는 문화가 그 예가 될 수 있으며, 개인주의적 문화와 집단주의적 문화, 가부장적인 문화와 모계적인 문화, 독재적 문화와 민주적 문화, 그리고 고맥락적 의사소통(high context communication)과 저맥락적 의사소통(low context communication) 등의 문화적 변인들이 마찬가지의 행동적 차이를 불러올 수 있을 것이다.

이러한 문화적 차이와 행동의 차이에 따른 다문화 교육에 대한 심층적 논의를 위하여 다문화 교육에 영향을 끼치는 문화적 행동 변인에는 어떤 것들이 있는지 알아볼 필요가 있을 것이다. 이 변인들은 문화를 구분 짓는 기준으로 작용할 것이며, 나아가 문화의 다양성과 이에 따른 행동의 차이를 만드는 요인으로 작용하게 될 것이다. 인종, 민족, 언어, 종교 등은 가장 대표적으로 언급할 수 있는 문화의 다양성에 영향을 끼치는 변인이다. 또한 같은 인종, 같은 민족, 같은 종교를 사용하는 집단 안에서도 문화 다양성에 영향을 주는 여러 변인들이 존재한다. 개인이나 집단에 따라 다르게 나타나는 사회적 이념, 사회경제적 지위, 사회 정책, 지역(도시/농어촌), 지식 획득 체계와 정보 등에 따라서도 문화는 상이한 모습으로 형성된다. 게다가 성(gender)과 연령은 물론 학업 성취와 같은 능력 역시 문화적 행동에 영향을 끼치는 중요한 변인으로 작용할 수 있다.

이러한 여러 변인이 있음에도 불구하고, 한국 사회에서는 아직 민족과 언어, 종교 등의 문제가 가장 빈번하게 취급되고 있다. 이는 최근 들어 국제결혼 가정과 외국인 근로자의 수가 크게 증가하면서 이들을 중심으로 연구가 일어나기 시작했기 때문으로 여겨진다.

(5) 문화의 개념에서 본 다문화 교육 정책의 방향

인간의 창조물이면서 인간의 삶에 커다란 영향을 끼친다는 점은 문화가 지니는 가장 중요한 특성의 하나라 하겠다. 문화는 도구나 언어처럼 인간의 창조물이지만, 그것은 한번 형성되면 바로 그 문화를 통하여 인간의 다음 행동에 영향을 끼친다. 또한 문화는 집단과 개인이 이루어낸 경험의 침전물로서 그것이 이어지는 과정에서 생산과 재생산이 일어나며, 그 과정에서 힘과 자원의 배분과 관련된 사회정치적 성격을 지니기도 한다. 따라서 이렇게 생각하면, 모든 사람은 문화적으로 행동한다는 전제를 확립할 수 있을 것이다.

또한 모든 개인과 집단은 문화와 문화적 다양성을 모두 가지고 있다는 점에서 다문화적 성격을 갖는다. 학생들은 대개 가족문화의 배경을 지닌 채 학교사회에 진입하고, 여기서 다시 또래집단의 문화를 공유하기도 하며, 그 사회의 청소년 활동문화와 접하고 이 속에서 행동하기도 한다. 이처럼 복잡한 현대사회에서 상이한 하위문화들과 동떨어져 성장한다는 것은 거의 불가능하다. 따라서 굿이너프(Goodenough, 1976)는 '보편적 인간 경험으로서의 다문화주의'를 이야기하기도 했다.

우리는 문화의 개념을 대략 네 가지 부류로 생각할 수 있을지 모른다. 하나는 오래전부터 사용되어 온 함양(cultivate)의 개념을 포함하는 것이다. 이는 문화인과 비문화인을 우등과 열등으로 나누기도 했던 개념이기도 하다. 다른 하나는 문화를 행동을 일으키는 어떤 토대적 구조물(super organic, symbol system 등)로 생각하는 것이다. 그것을 스키마로 생각하든, 정보 구성의 기본 단위(information bit)로 생각하든 그 속에는 행동을 나타나게 하는 구조라는 생각이 깔려 있다. 또한 문화는 사회 전체적으로는 힘과 자원의 배분 및 갈등과 관련된 정치사회적 특성을 추적할 수 있게 해주는 그 어떤 것(distribution of power, cultural capital 등)으로도 생각할 수 있다. 이에 더하여 문화는 단순히 사회 전체의 거시적인 문화만이 아니라, 일상적으로 친밀하지만 그 때문에 지각할 수 없는, 그러나 삶에 커다란 영향을 끼치는 무엇인가(personal culture)로도 생각할 수 있다.

앞에서 제시한 문화 개념에 따른 논점을 바탕으로, 우리는 다음과 같은 학교 다문화 교육의 실천적 접근 방식을 생각해볼 수 있을 것이다. 이는 학교 다문화 교육의 각 관심영역을 보는 시각을 제공하는 것이기도 하거니와, 문화의 개념이 주는 시사점 중에서 어떤 부분을 실제의 교육 현장에서 현실화할 것인가에 관련된 것이기도 하다. 이와 관련하여 우리는 다음과 같은 네 가지 다문화 교육 정책을 제안할 수 있을 것이다.

① 용광로 정책(melting-pot policy): 이는 주로 배양으로서의 문화의 개념과 관련된 것으로, 다양한 문화를 그 학교사회의 주류 교육문화에 수용하려는 흐름이다. 우리가 온갖 것들을 용광로에 집어넣어 하나로 융해해내듯이 다양한 문화를 그 사회의 주류 문화의 흐름 속에 수용하고 이를 중심으로 사회적 통합을 이루려는 정책을 용광로 정책이라 명명한다.

② 상호이해 정책(cultural understanding): 이는 행동유인의 토대적 구조물로서의 문화 개념을 바탕으로, 인간의 행동을 이해하기 위해서는 상대의 문화를 서로 잘 이해해야 한다는 생각이다. 다양한 문화에 대한 체계적이고 정확한 상호이해를 토대로, 학교문화 상호 간의 오해나 집단 간의 갈등을 해소할 수도 있을 것이다. 이러한 상호이해 정책을 고려하면 교과서나 교육과정에서 다문화적 관점의 내용 구성과 서술이 매우 중요하다.

③ 인정과 승인 정책(multi-cultural policy): 이는 권력배분으로서의 문화의 개념과 맥을 같이 하는 것으로서, 각각의 집단문화를 문화의 테두리(cultural boundary)로 인정하고 문화적 구별짓기(cultural border)를 막자는 생각이다. 이렇게 되면, 각 문화집단은 그 나름으로 정체성을 인정받게 될 것이며, 동시에 이러한 정체성을 승인받을 수 있는 권리를 지니게 된다. 이 주장에서 사회는 각각의 정체성을 지닌 문화들이 서로 조화를 이루어 일종의 '샐러드 볼(salad bowl) 효과'를 기대하게 된다. 그러나 승인을 위한 투쟁의 과정이나 서로 다른 정체성을 지닌 문화들이 조화를 이루어나가는 과정은 실제로 매우 많은 어려움에 직면할 수 있으며, 따라서 사회적으로 커다란 비용을 치를 수 있다.

④ 일상적 구성 정책(local-practical policy): 이는 문화를 개인문화(personal culture)의 관점에서 보려는 정책으로, 학교문화의 구성성을 인정하고 학생과 교사의 삶의 영역(local community of practice)에서 출발하는 교육지식의 저장고를 중시하는 정책이다. 사려 깊은

다문화 교육이나 제3공간의 설치 등의 생각들은 모두 이러한 생각에 기초하고 있다. 그러나 이러한 정책의 실행은 높은 수준의 비용을 필요로 할 수 있다. 학생과 교사의 개별적 삶의 영역에 주의를 기울이고 이에 대해 정보를 수집한다는 것은 엄청난 교육 탐색비용을 수반할 것이며, 제3공간의 신설은 학교사회의 조직과 구성을 재편하게 될 것이다.

실제로 그 사회가 어떤 정책을 중심으로 문제에 접근할 것인가는 사회 구성원들의 인식과 합의 및 정책 집행의 여건이 수반되어야 한다. 이 점에서 어떤 정책을 실천할 것인가는 정치경제적 합의 과정을 수반하는 일종의 교육의 정치학이 작용하는 영역이라 할 것이다. 각 정책은 그 나름의 철학에 기반하고 있다. 그럼에도 용광로 정책보다는 다른 정책들이 다문화 가정 자녀에 대한 깊이 있는 배려의 측면에서 어느 정도 앞서는 것임에는 틀림이 없다.

3. 한국 학교 다문화 교육의 현황[10]

(1) 국제결혼 가정의 자녀

1) 농어촌 · 도시 저소득층의 국제결혼 여성 자녀

"국제결혼 가정"은 주로 외국인 여성이 한국인 남성과 결혼하게 되는 경우가 대부분이었으며, 소득 수준과 거주 지역을 기준으로 보면, 농어촌, 도시 지역의 저소득층 가정에 속해 있는 경우가 많았다. 또한, 전문직 종사자 등 고소득층에 속하면서 도시 지역에 사는 가정의 경우에는 자녀 교육에 큰 문제가 없는 것으로 판단됐으나, 도시나 농어촌 지역에 사는 저소득층 가정의 자녀, 그중에서도 특히 외국인 어머니를 둔 아동에 대해서는 국가 차원에서 특별히 관심을 기울일 필요가 있는 것으로 보고되었다.[11] 특히, 아버지에 비하여 어머니가 자녀 양육에 미치는 영향력이 훨씬 크다는 점을 상기할 때, 이러한 가정에 대한 지원은 더욱 절실해짐을 알 수 있다.

참고로 2007년 9월 현재 여성결혼 이민자는 총 94,966명이며, 국적별로는 한국계 중국인 31,899명, 중국 22,835명, 베트남 20,140명, 일본 5,436명, 필리핀 4,751명 등이다(표 6-2).

여성 결혼 이민자의 경우 본국에서는 대부분 중산층 여성들로서, 본인과 가족들이 더 잘 살기 위하여 한국에 시집온 것으로 분석된다. 학력은 고졸 이상이 2명 중 1명꼴이며, 전문대 이상도 22%나 되는 것으로 나타났다. 여성 결혼 이민자의 거주지는 도시와 농촌 비율이 3:1 정도였으며, 여성 결혼 이민자 가구의 절반 이상이 최저 생계비 이하의 소득으로 살아가고 있는 것으로 알려지고 있다.

2004년의 경우, 농어촌 지역에 사는 남자 1,814명이 외국인 여성과 결혼하였다 이는 농어촌 지역 전체 결혼 건수(6,629건)의 27.4%에 해당하는 것으로, 농어촌 총각 4명 가운데 1명은 외국인 여성을 신부로 맞이하는 것으로 나타났다. 농어촌 지역으로 시집온 외국 여성의 국적은 중국이 879명으로 가장 많고, 베트남이 560명, 필리핀이 195명으로 그

---

10 이 절은 박상철 · 윤희원 · 조영달, 2007, 「우리나라 다문화 가정의 자녀 교육 실태조사」, 『교육연구와 실천』(71권), 서울대학교 교육종합연구원: 1-64; 조영달 외, 2007, 『다문화 교육 정책 수립을 위한 기초 인식 조사』, 서울대학교 중앙다문화교육센터 연구보고서의 내용을 요약 · 재구성한 것이다.

11 박상철 · 윤희원 · 조영달, 2007, 「우리나라 다문화 가정의 자녀 교육 실태조사」, 『교육연구와 실천』(71권), 서울대학교 교육종합연구원: 1-64.

뒤를 이었다.

이들의 자녀들은 1997년 국적법 개정 이후 한국 국적을 가지게 되었으며, 다른 영역과 마찬가지로 취학과 의무교육 등의 교육적 측면에서도 내국인과 동일한 권리를 가지게 되었다. 예를 들면, 농어촌 지역의 국제결혼 붐이 일기 시작한 것은 1990년대 후반이며, 2000년에 들어서면서 이들 사이에서 태어난 자녀들 역시 초등학교에 의무적으로 입학하기 시작하였다. 국제결혼 가정 자녀의 취학 현황을 보면, 지역별 학생 수는 경기(24.2%), 서울(11.2%), 전남(9.6%), 전북(8.4%), 경북(7.6%)의 순이고, 초 87.1%, 중 9.5%, 고 3.4%로 아직은 초등학생이 대부분인 것을 알 수 있다.

〈표 6-2〉 여성 결혼 이민자 현황

(2007. 9. 현재)

출신국	인원 수(명)	비율(%)
전체 체류자	94,966	100
한국계 중국인	31,899	33.6
중국	22,835	24
베트남	20,140	21.2
일본	5,436	5.7
필리핀	4,751	5
몽골	1,974	2
태국	1,685	1.8
캄보디아	1,483	1.6
미국	543	0.6
기타	4,220	4.4

*출처: 법무부, 2007. 9.

또 〈표 6-3〉에서, 읍면 지역에 사는 학생으로 분류된 2,501명은 거의 대부분 1997년 이후 본격화된 농어촌 총각과 중국, 동남아 등지의 외국인 여성 간 국제결혼 가정의 자녀일 것으로 추측된다.

<표 6-3> 국제결혼 가정 자녀의 취학 현황

(단위: 명)

구분	서울	부산	대구	인천	광주	대전	울산	경기	강원	충북	충남	전북	전남	경북	경남	제주	계
초	555	203	133	243	117	82	10	1,259	288	253	312	475	550	411	394	47	5,332
중	108	36	15	25	8	14	0	176	14	19	24	29	28	30	56	1	583
고	25	11	9	19	2	17	0	45	2	7	9	13	9	27	7	4	206
합계	688	250	157	287	127	113	10	1,480	304	279	345	517	587	468	457	52	6,121
시 지역	688	239	133	262	127	113	10	1,042	105	112	140	193	64	130	230	32	3,620
읍면 지역	0	11	24	25	0	0	0	438	199	167	205	324	523	338	227	20	2,501

*출처: 교육인적자원부 조사 자료, 2005. 10.

2) 학습 부진과 그 원인

이들 자녀들은 학교에서 상당한 어려움을 겪고 있는 것으로 나타났다. 거의 대부분의 학생들이 학교생활에서 언어 능력의 부족, 정체성의 혼란, 정서적 충격 등의 이유로 학습의 어려움을 호소하였다.

예를 들어, 국제결혼 가정 2세들은 말을 배우는 가장 중요한 시기인 유아기에 한국말이 서투른 외국인 어머니의 교육하에 성장하기 때문에 언어 발달이 늦고 의사소통에 제한을 받는다. 이에 따른 언어 능력의 부족은 학습 부진을 초래하고 있다. 일상적인 의사소통에는 큰 문제가 없었으나, 독해와 어휘력, 쓰기, 작문 능력은 현저히 떨어지는 것으로 나타났다.[12]

또한, 국제결혼 가정 자녀들은 성장하는 과정에서 정체성의 혼란

12 참고: "가정조사를 마치고 한 달 동안 세 학생을 유심히 지켜보았다. 생김새에서 드러나게 차이가 없어서 그런지 교우관계는 좋았다. 그러나 세 학생 모두 매우 소극적이고 자신감이 부족하였다. 아이들 사이에서 종종 어머니 이야기가 나올 때면 세 학생 모두 당황하고 의기소침해 있는 것을 볼 수 있었다. 그렇다고 따돌림이나 놀림을 받는 일은 없었다. 그런데 학력에 있어서는 일반 학생에 비교해 큰 차이가 났다. 한글을 읽고 쓰는 능력이 현저히 뒤처지고 있었다. 하교 후 교실에 남겨 1시간씩 지도를 해도 별 효과가 없었다. 현재 우리 아이들의 가장 큰 문제인 학력 부진을 해결하기 위해 세 어린이의 집에 안내장을 보내어 어머니와 개별 상담을 하였다(전북 A초등학교 교사 인터뷰, 2006, A-1)."

을 경험하기도 한다. 어느 중국 조선족 어머니와 필리핀 출신의 어머니는 자녀들이 겪는 정체성의 혼란을 다음과 같이 표현했다. "조선족은 한국 사람도 중국 사람도 아니거든요. 그 가운데서 이 문화도 저 문화도 아닌 조선족 문화를 가지고 있는 거거든요. 그러니까 한국 문화를 완벽하게 알고 있지는 못하거든요. 그러니까 생각이나 사상이 많이 다른 상황이거든요(초등학생을 자녀로 둔 어느 중국 조선족 어머니 인터뷰, 2006, B-2)."

〈표 6-4〉 집단 따돌림을 경험하는 주된 이유

집단 따돌림을 당한 이유	비율(%)
엄마가 외국인이기 때문에	34.1
의사소통이 잘 안되어서	20.7
특별한 이유 없이	15.9
태도와 행동이 달라서	13.4
외모가 달라서	4.9
기타	22.0

*출처: 설동훈, 2005.

국제결혼 가정의 자녀는 10명 중 2명 정도가 집단 따돌림을 경험한 것으로 조사되었고, 이 수치는 우리나라 초등학생이 집단 따돌림을 경험하는 비율(13.4%)과 거의 유사하다.[13] 그러나 우리나라 학생이 경험하는 집단 따돌림과 국제결혼 가정의 자녀가 경험하는 집단 따돌림은 그 내용에 있어서 전혀 다르다. 우리나라 학생의 경우, 집단 따돌림을 경험하는 주된 이유는 '잘난 척해서'(29.4%)인 반면, 국제결혼 가정의 자녀는 그 성격상의 특성과는 무관하게 단순히 국제결혼 가정의

13 전국 초등학교 4-6학년 3,507명을 대상으로 조사한 결과에 의하면, 조사 대상자의 13.4%에 해당하는 학생이 '집단 괴롭힘이나 따돌림을 경험한 적이 있다'고 응답하였다(2005년 한국교육개발원 조사).

자녀라는 이유 때문인 것으로 나타났다(표 6-4).[14]

(2) 외국인 근로자 가정의 자녀

1) 방치되는 아이들

불법체류자를 포함한 등록 외국인[15] 중 취학 연령대인 7세 이상 18세 이하는 17,287명으로 추정된다.[16] 이 중 외국인학교 재학생 7,800명을 제외하면 국내 학교 유입 가능 인원은 약 9,500명으로 추정되지만, 국내 학교 재학생은 1,574명(2005년 통계)에 불과하다. 따라서 대략 8,000명의 불법체류자 자녀들이 학교 밖에서 방치되고 있는 실정이다. 이는 한국 사회가 앞으로 해결해야 할 중요한 문제로 보인다.

특히 저개발국의 불법체류 외국인 근로자 가정의 경우에는 거주지의 불안정, 경제적 어려움, 신분노출 우려 등의 이유로 자녀를 정규 학교에 보내지 않는 경향이 있는 것으로 보인다. 설동훈(2003)의 외국인 근로자 자녀를 대상으로 실시한 표본 조사 연구에 의하면, 정규 학

---

14 국제결혼 가정 자녀의 경우에는 본인의 의사와 무관하게 결정된 요인, 또는 본인의 노력에 의하여 해결될 수 없는 이유로 집단 따돌림을 경험하기 때문에 매우 건강하지 못한 정서적 충격(자살 충동, 적개심 등)을 경험하게 된다.

15 2003년 초 · 중등교육법시행령 개정 이후 불법체류 외국인 근로자 자녀의 경우에도 학교 교육의 혜택을 받을 수 있게 되었다. 외국인 근로자 아동은 ① 신체적 자유, 표현의 자유, 정보 접근의 권리, ② 양육받을 권리, 가족 재결합의 권리(부모가 합법체류자인 경우), 유해환경으로부터 보호받을 권리, ③ 차별받지 않을 권리, ④ 차별이나 처벌로부터 보호받을 권리, ⑤ 국적 취득의 권리, 휴식 · 여가 및 문화생활에 참여할 권리, ⑥ 교육받을 권리, 노동 착취로부터 보호받을 권리 등을 가지며, 만 7-12세인 외국인 불법체류자의 자녀는 관할구청에서 출입국사실증명서만 발급받아 인근 초등학교에 제출하면 입학해 수료 후 정식 졸업장을 받을 수 있다. 또한, 중학교와 고등학교에서 학업을 계속하고자 하는 외국인 근로자 자녀의 경우에도 비록 청강생 신분으로나마 우리나라 공교육제도의 혜택을 받을 수 있다.

16 이하, 교육인적자원부 내부 조사 자료에 의거함.

교에 다니지 않는 이유가 '돈을 벌기 위해서'(35%), '한국말을 못해서'(20%), '불법체류 아동이기 때문'(15%) 등으로 나타나 이를 뒷받침한다. 이 통계로 추정하면 대략 3,000명(2005년 통계)의 불법체류 외국인 근로자 자녀들이 취업을 위해 학교에 다니지 않는 것이 된다.

〈표 6-5〉 등록 외국인 중 국내 학교 재학생

(단위: 명)

구분	초	중	고	계
2003년도	570(131)	191(6)	76(2)	837(139)
2004년도	615(84)	207(26)	99(5)	921(115)
2005년도	995(99)	352(43)	227(6)	1,574(148) *수도권 988명

*괄호 안은 불법체류자 자녀로서, 전체 수에 포함됨.

*출처: 교육부 내부 자료, 2006.

2) 학교 아이들의 고충

학교 안 1,500여 명의 외국인 근로자 자녀는 학교 적응에 있어서 앞에서 제시한 국제결혼 가정의 자녀의 경우와 크게 다르지 않은 양상을 보인다. 즉, 외국인 근로자 자녀는 국제결혼 가정의 자녀와 마찬가지로, 또는 그 이상으로 언어 능력의 부족으로 말미암아 학습 부진의 정도가 심각하고, 정체성의 혼란을 경험하며, 집단 따돌림 등으로 건강하지 못한 정서적 충격을 경험하는 것으로 나타났다.

우선 언어 문제의 심각성을 살펴보면, 외국인 아동이 학교에서 겪는 문제 중 '언어의 문제'가 56%로 가장 높은 비율을 차지했다. 이로 인한 낮은 성적이 16%, 따돌림, 구타, 교우 문제가 20%, 생활수준의 차이가 4%로 그 뒤를 따랐다.

〈표 6-6〉 외국인 아동이 학교에서 겪는 고충

(단위: %)

구분	전체 (50명)	초등학교 (31명)	중등학교 (19명)
미숙한 한국어	30.0	32.3	26.3
한국어 수업을 따라가기 힘듦	26.0	32.3	15.8
낮은 성적	16.0	3.2	36.8
따돌림, 놀림, 구타	12.0	16.1	5.3
친구 사귀기가 힘듦	8.0	6.5	10.5
소비 수준의 차이에서 오는 소외감	4.0	6.5	-
기타	24.0	29.0	15.8

*출처: 국가인권위원회 통계자료, 2003.

따돌림의 경우, 조영달(2007)의 조사는 다문화 학생들이 일반 가정 학생들보다 따돌림 경험이 더 많은 것을 보여준다. 즉, 다문화 학생의 경우 일반 학생에 비해 괴롭힘을 당한 경험이 상대적으로 많으며(다문화 학생의 경우 '보통이다' 이상이 24.2%, 일반 학생의 경우 19.5%), 이는 일반 학생에 대한 다문화 교육의 중요성을 입증하는 것이기도 하다.

〈표 6-7〉 '친구들이 나를 따돌리거나 괴롭힌다'에 대한 응답

(단위: 명, %)

구분	다문화 전체		국제결혼		외국인 노동자		일반	
그렇다	46	5.1	36	5.1	4	3.4	21	2.8
조금 그렇다	38	4.2	31	4.4	4	3.4	22	3.0
보통이다	134	14.9	104	14.8	20	16.9	101	13.7
조금 아니다	124	13.8	94	13.3	19	16.1	123	16.7
아니다	55	62.0	440	62.4	71	60.2	471	63.8

둘째, 이들은 모국에 대한 긍지를 상실하는 양상을 보이는데, 특히 외모만으로는 외국인으로 판단하기 어려운 외국인 노동자 자녀의 경우 한국 생활에 적응해가면서 자신의 국적을 창피해하며 숨기려는 경향이 있다.

셋째, 나이와 맞지 않는 학년 배정의 문제로, 이러한 학년 배정의 문제는 외국인 근로자 자녀들의 학교생활 적응에 중요한 장애요인이

된다. 부족한 한국어 실력으로 인해 2-3살 어린 같은 반 한국 학생에게 반말을 듣거나 성적이 낮게 나와 상처를 받기도 한다. 뿐만 아니라, 자신의 의사를 잘 전달하지 못하는 경우가 많아 학급 생활에 적극적으로 임하지 않는 경향이 많다. 나이 어린 학급 동료와의 학교생활이 재미없어 장기적으로 학교를 결석하는 사례가 발견되기도 한다.

〈표 6-8〉 가장 어려운 교과는 무엇인가에 대한 응답

(단위: 명, %)

구분	다문화 전체		국제결혼		외국인 노동자	
국어	63	8.1	36	5.8	20	21.8
도덕	12	1.5	10	1.6	0	0.0
사회	172	22.2	138	22.3	23	25.0
수학	199	25.7	166	26.8	17	18.5
과학	58	7.5	41	6.6	13	14.1
기술가정	11	1.4	10	1.6	0	0.0
체육	17	2.2	11	1.8	4	4.3
음악	36	4.6	28	4.5	3	3.3
미술	23	3.0	22	3.5	1	1.1
영어	152	19.6	134	21.5	6	6.5
그 외	33	4.2	25	4.0	5	5.4
계	776	100.0	621	100.0	92	100.0

또한, 가장 어려운 교과에 대한 응답(표 6-8)은 국제결혼 가정 학생들과 외국인 노동자 가정 학생들 사이에서 확연한 차이를 발견할 수 있는 부분이다.[17] 국제결혼 가정 학생의 경우 가장 어려운 교과를 수학(26.8%), 사회(22.3%), 영어(21.5%), 순으로 응답하였다. 반면에 외국인 노동자 가정 학생들은 사회(25.0%), 국어(21.8%), 수학(18.5%), 과학(14.1%)순으로 응답하였다. 이러한 차이는 교과를 어려워하는 이유가 상이한 데서 기인한다. 즉, 국제결혼 가정 자녀들의 경우에는 한국어

17 조영달 외, 2007, 『다문화 교육 정책 수립을 위한 기초 인식 조사』, 서울대학교 중앙다문화교육센터 연구보고서를 참고하고 재구성하였음.

에 대한 어려움보다는 수학교육과정의 난이도와 한국 문화에의 적응의 문제에서 비롯된 것으로 보이고, 외국인 근로자 자녀들의 경우에는 언어와 문화의 문제가 크게 작용하는 것으로 여겨진다.

(3) 새터민 가정의 자녀: 탈락하는 아이들

1) 빈곤한 가정환경에서의 생활

새터민의 경우, 박상철 등(2007)의 조사에 의하면, 많은 경우 생활의 빈곤을 겪고 있는 것으로 조사되었다. 그 가장의 31.7%가 무직이며, 단순 노무자 10%, 장치기계 조작 23.3%인 것으로 조사된 점이나, 새터민 가정의 약 40%가 정부에서 주는 보조금에 의존하여 생활하고 있는 점들은 이러한 사실을 뒷받침한다.

〈표 6-9〉 새터민 가정 부모의 직업

(단위: 명, %)

구분	아버지	어머니
단순 노무 종사자	6(10.0)	15(23.8)
농업, 임업, 어업 숙련 종사자	0(0.0)	0(0.0)
장치, 기계조작 및 조립 종사자	14(23.3)	2(3.1)
판매 종사자	4(6.7)	8(12.7)
준전문가	0(0.0)	0(0.0)
사무 종사자	2(3.3)	2(3.1)
전문가	0(0.0)	2(3.1)
의회의원, 고위임원 및 관리사	0(0.0)	0(0.0)
무직	19(31.7)	31(49.2)
기타(사망, 북에 거주)	15(25.0)	3(4.8)
계	60(100.0)	63(100.0)

*출처: 박상철 · 윤희원 · 조영달, 2007.

2) 낮은 취학률과 높은 중도 탈락률(drop-out)

새터민 학생들의 낮은 취학률과 높은 중도 탈락률은 자녀 교육의 커다란 문제로 지적되고 있다. 새터민 가정 자녀의 초등학교 취학률은 85.7%인데 비해, 중학교 취학률은 49.1%, 고등학교 취학률은 6.6%이다. 참고로 2005년도 교육통계연보에 따르면, 2005년 현재, 우리나라 학령기 청소년의 초등학교, 중학교, 고등학교 취학률은 각각 98.8%, 94.3%, 92.2%이다.

〈표 6-10〉 새터민 자녀 취학 현황(2004년 9월 현재)

구분	초(6-12)	중(13-15)	고(16-20)	평생교육시설	계
취학 대상자	223	167	411		801
재학생	191	82	27	3	303
취학률(%)	85.7	49.1	6.6		37.8

*출처: 교육인적자원부 조사 자료, 2004. 9. 1.

〈표 6-11〉 최근 6년간 입학생 대비 중도 탈락 현황(1999-2004년 9월 현재)

구분	초(6-12)	중(13-15)	고(16-20)	평생교육시설	계
입학생	283	136	76	6	501
중도 탈락률 (%)	3(1.1)	22(16.2)	11(14.5)	2(33.3)	38(7.6)
졸업생	86	31	35	2	154

*출처: 교육인적자원부 조사 자료, 2004. 9.

또한, 1999년에서 2004년 3월까지 새터민 학생의 입학생 대비 중도 탈락생 비율을 살펴보면, 초등학생이 1.1%인데 반해 중학생의 중도 탈락률은 16.2%, 고등학생은 14.5%에 이르고 있다. 이에 비해 2004년도 교육통계연보에 따르면, 우리나라 학생의 중도 탈락률은 1999년부터 2003년까지의 중학생 1.1-1.9%, 일반고 1.1-1.7%, 실업계 4.0-5.1%로 조사되었다. 새터민 중학생의 중도 탈락률은 우리나라 전체 중학생의 8-15배이며, 새터민 고등학생의 중도 탈락률은 전체 일반고 학생의 8-13배이고, 실업계 고등학교 학생의 3-4배에 달한다.

그리고 새터민 학생들 자신에게는 가장 큰 고민이 '학교 성적'(73.9%)인 것으로 나타났다. 특히 중학생(90.3%)들이 초등학생(58.8%)들보다 학교 성적에 대한 고민이 더욱 컸으며. 초등학생의 경우에는 '말씨가 다른 것'(20.6%)에 대한 고민이 성적 다음으로 많았다.

〈표 6-12〉 새터민 학생들의 현재 가장 큰 고민

(단위: 명, %)

구분	초등학교	중학교	합계
학교 성적이 좋지 않은 것	20(58.8)	28(90.3)	48(73.9)
말씨가 다른 것(북한 사투리)	7(20.6)	0(0.0)	7(10.8)
어려운 가정환경	1(20.6)	0(0.0)	1(1.5)
외모(키, 얼굴, 몸매 등)	3(8.8)	2(6.5)	5(7.7)
친한 친구가 없음	2(5.9)	1(3.2)	3(4.6)
가정의 불화 (부모형제의 다툼, 이혼 등)	0(0.0)	0(0.0)	0(0.0)
선생님의 무관심	1(2.9)	0(0.0)	1(1.5)
계	34(100.0)	31(100.0)	65(100.0)

*출처: 김미숙, 2005.

4. 한국 다문화 교육 정책의 현황과 인식[18]

(1) 정책(사업)의 현황

우선 다문화 정책 전반에서 각 시행 주체별 다문화 교육 정책 빈도를 알아보면 다음과 같다. 여기서 정책은 사업적 정책이 아닌 동일 정책에서 나온 사업은 모두 하나의 정책으로 취급하는 순수 정책을

18 이 절은 박성혁 외, 2007, 『우리나라 다문화 교육 정책 추진현황, 과제 및 성과분석 연구』, 서울대학교 중앙다문화교육센터 연구보고서와 조영달 외, 2007, 『다문화 교육 정책 수립을 위한 기초 인식 조사』, 서울대학교 중앙다문화교육센터 연구보고서를 참고하고 재구성하였으며, 필요한 부분은 그대로 전제하였다.

의미한다. 우선, 목적별로 분류된 다문화 정책을 추진 주체에 따라서 그 빈도가 어떻게 달라지는지를 확인하기 위해 정책 목적과 추진 기관이라는 두 가지 기준을 동시에 사용하여 분석을 시도하였다. 구체적으로 추진 기관 기준에는 중앙 부처, 지방자치단체, 교육청 및 각급 학교, NGO(비정부기구)의 네 가지 항목이 구성되어 있으며, 분석 결과 얻게 된 자료는 〈표 6-13〉과 같은 빈도분포를 보이고 있다.[19]

〈표 6-13〉 정책 목적과 추진 기관에 따른 다문화 정책 빈도분포

(단위: 명, %)

정책 목적 / 추진 기관	다문화 교육	보건의료 복지지원	법적 지원	상호이해	계
중앙 부처	16(36)	8	8	6	38(39)
지자체	5(12)	6	4	6	21(21)
교육청 (학교 포함)	16(36)	0	0	10	26(27)
NGO	7(16)	1	0	5	13(13)
계	44(100)	15	12	27	98(100)

정책 목적과 추진 기관이 각 네 가지 항목으로 구성되어 총 열여섯 가지의 분류항목으로 분류되었다. 우선 추진 기관별로는 중앙 부처와 교육청 및 각급 학교 차원의 정책 활동이 매우 활발하게 진행되고 있음을 확인해볼 수 있다. 정책 목적과 추진 기관에 따라서 다문화 정책의 빈도를 중복 합산한 결과, 전체적인 정책의 빈도수는 총 98개로 확인되었다. 이 가운데 중앙 부처에서 추진하고 있는 정책이 38개로, 이는 전체의 39%에 해당하였다. 또한 교육청 및 각급 학교의 차원에서 진행되고 있는 정책은 98개 가운데 26개로, 27%에 해당하였다. 따라서 중앙 부처와 교육청 · 각급 학교에서 추진되고 있는 정책의 빈도

19 박성혁 외, 2007, 앞의 자료 참조.

는 전체 가운데 66%에 해당한다는 점을 확인할 수 있다.[20]

여기서 다문화 교육 정책을 중심으로 살펴보면, 이 역시 중앙 부처와 교육청이 중심이 되어 있음을 알 수 있다. 즉, 다문화 교육 정책 전체 44개 가운데 중앙 부처와 교육청이 각각 16개씩으로 전체의 72%이다. 이처럼 다문화 정책 전체와 마찬가지로 다문화 교육 정책이 중앙 부처와 교육청에 집중되어 있는 것은, 중앙 부처의 경우는 예산의 여력이 있기 때문이며, 교육청의 경우는 학교를 중심으로 현실적인 노력을 하여야 할 필요를 느끼기 때문인 것으로 이해되고 있다.[21]

다문화 정책 사업(사업을 단위로 계산함)을 사업 대상과 목적별로 살펴보면 다음과 같다. 중앙 정부, 지방자치단체, 교육청, 및 NGO들을 중심으로 하는 2006년 자료에 의한 박성혁 외(2007)의 연구는 대략 198개의 정책을 정책 대상과 목적별로 다음과 같이 분류하였다. 즉, 정책 대상 기준에서는 결혼 이민자(가족), 이주 노동자(가족), 탈북자(가족), 한국 가정의 네 가지 항목으로 구성하였으며, 정책 목적 기준으로는 다문화 교육, 복지 지원, 법적 지원, 상호이해 등으로 분류하였다.

빈도를 확인해본 결과 〈표 6-14〉와 같은 빈도분포 결과를 얻을 수 있었다. 목적과 대상이 각 네 가지 항목으로 구성되어 총 열여섯 가지의 분류항목이 나타났다. 이 가운데 다문화 교육을 정책 목적으로 삼고 있으면서, 결혼 이민자(가족)을 정책 대상으로 삼고 있는 경우가 모두 43개 정책에 해당하는 것으로 가장 높은 빈도를 보이고 있었으며, 그 다음 역시 이주 노동자를 위한 다문화 교육 정책 사업이었다. 각 정책 목적별 분포는 주로 다문화 교육(47%)의 목적과 상호이해(31%)의

20 위의 자료.

21 위의 자료.

목적이 우세를 보이며, 정책 대상별로는 결혼 이민자(46%)와 이주 노동자(38%)가 주된 타깃인 것으로 조사되었다. 다문화 교육 사업에서도 결혼 이민자와 이주 노동자가 주된 대상이었음(양자를 합하면 전체 다문화 교육 사업의 약 75%임)은 전체 다문화 정책 사업의 경향과 마찬가지였다.

〈표 6-14〉 정책 사업의 목적과 대상에 따른 다문화 정책 사업 빈도분포

(단위: 명, %)

목적 대상	다문화 교육	보건의료 복지지원	법적 지원	상호이해	계
결혼 이민자 (가족)	43	14	10	25	92(46)
이주 노동자 (가족)	35	8	7	25	75(38)
탈북자(가족)	6	2	0	3	11(6)
한국 가정	9	2	0	9	20(10)
계	93(47)	26(13)	17(9)	62(31)	198(100)

여기서 특히 한국 가정에 대한 정책 프로그램이 10%의 적은 비중임은 유의할만하다. 이는 한국의 다문화 가정에 대한 정책이 주로 다문화 가정에 집중되어 있어, 한국인의 다문화에 대한 전체적인 인식을 제고하는 데에는 실패할 가능성이 있음을 의미하는 것이기도 하다.

다음으로 다문화 교육과 관련하여 그 내용을 살펴보면 다음과 같다. 정책 내용은 다시 하위 여섯 가지 항목으로 구성되어 있는데, 이는 각각 한국어 교육, 한국 문화 교육, 한국제도 교육, 정보화 소양 교육, 직업 능력 교육, 다문화 이해증진 교육으로 설정되어 있다. 이러한 기준에 따라 빈도를 확인해본 결과 〈표 6-15〉와 같은 정책 내용별 정책 빈도분포를 확인할 수 있었다.[22]

22 위의 자료.

〈표 6-15〉 정책 내용에 따른 다문화 교육 정책의 빈도분포

정책 내용	한국어	한국 문화	제도	정보화	직업	다문화 이해
	31	32	3	10	6	30

전체적으로 한국어, 한국 문화, 다문화 이해 항목이 높은 빈도를 보이고 있음을 알 수 있다. 이러한 분석결과를 토대로 확인해볼 수 있는 것은 내용의 대부분이 한국어, 한국 문화, 다문화의 이해교육(합하여 85% 이상)에만 집중되어 있다는 것이다. 이처럼 다문화 교육 정책 사업에서 내용 영역에 대한 균형적 접근이 이루어지고 있지 않은 점은, 일면 정책 목표와 관련지어 볼 때 명확하고 장기적인 준비와 목적의식 없이 단기적이고 즉흥적으로 정책을 계획하고 추진한 결과라 해석되기도 한다.

(2) 정책 방향에 대한 인식[23]

전체적으로 한국의 학교사회에서 교사들은 학교 다문화 교육의 목표에 대하여 다음과 같은 사항들에 동의하고 있었다. 즉, 사회적응, 개인발달, 다양성 수용 능력 제고, 사회 통합, 다양성 인정과 약자 배려 등을 학교 다문화 교육의 방향으로 생각하고 있었다. 특히 그중에서도 다문화 교육의 목표를 문화적 다양성의 인정과 사회적 약자의 배려 차원에서 이해하려는 비중이 가장 높았다(표 6-16). 다른 목표들은 긍정한 비율이 75% 정도인데 비해, 약자 배려적 차원은 82%에 이르렀다.[24]

23 조영달 외, 2007, 『다문화 교육 정책 수립을 위한 기초 인식 조사』, 서울대학교 중앙다문화교육센터 연구보고서를 참고하고 재구성하였음.

24 위의 자료.

〈표 6-16〉 학교 다문화 교육의 기본 방향(교사 892명 대상)

학교 다문화 교육의 기본 방향 관련 문항	'그렇다(5)'와 '조금 그렇다(4)'의 비율(%)
a. 다문화 가정 학생이 한국 사회에 적응하도록 만드는 것	75.1
b. 학업성취를 포함하여 다문화 가정 학생의 개인 발달을 돕는 것	77.7
c. 모든 학생의 다양성 수용 능력을 증대시키는 것	76.7
d. 사회의 갈등을 방지 · 해결하여 사회 통합을 증진시키는 것	77.8
e. 문화적 다양성 인정 및 사회적 약자에 대한 배려를 증진시키는 것	82.0

*구분: (1) 아니다 (2) 조금 아니다 (3) 보통 (4) 조금 그렇다 (5) 그렇다

또한 〈표 6-17〉에 의하면, 일반 학부모들 역시 다문화 교육의 정책 방향에 대하여 상당히 진보적인 생각을 보여주었다.[25] 즉, 40% 이상의 학부모들이 다문화 가정의 고유문화 유지에 도움(40.5%), 학교학부모 다문화 프로그램 참여(45.1%), 대입 및 취업에서 다문화 학생 우선 배려(42.4%), 교사의 다문화 학생에 대한 우선적 관심 필요(37.5%) 등에 동의하였다. 특히, 대학입시나 취업에서 다문화 가정의 학생들을 우선적으로 배려할 수 있다는 생각은 매우 전향적인 것으로 보인다. 이러한 생각들은 얼핏 보면 각 문화집단은 그 나름으로 정체성을 인정받으며, 동시에 이러한 정체성을 승인받을 수 있는 권리를 지니게 되는, 또한 이를 통하여 그 사회는 각각의 정체성을 지닌 문화들이 서로 조화를 이루어 일종의 샐러드 볼 효과를 기대할 수 있다는 일종의 승인 정책(multi-cultural policy)의 인정으로 여겨질 수도 있다.

그런데, e항의 응답에서는 a항에서 d항에 이르는 응답과는 상이한 반응을 보여주었다. 즉, 다문화 가정의 자녀들을 교육하기 위해 세금을 더 낼 의향이 있느냐는 질문에 대하여는 긍정적인 답을 한 학부모가 30%를 넘지 못하였다. 이는 그 앞의 응답과는 매우 다른 결과이다.

25 위의 자료.

이러한 사고의 이중성은 한편으로는 "책임을 동반하는 공적 의식"이란 측면에서 한국 학부모의 공적 의식 부족으로 해석될 수도 있다. 그러나 이에 대한 해석은 또 다른 연구에서 좀 더 구체적으로 규명되어야 할 것이다.

〈표 6-17〉 일반 가정 학부모의 다문화 교육에 대한 인식

학부모 인식 관련 문항	평균	'그렇다(5)'와 '조금 그렇다(4)'의 비율(%)
a. 다문화 가정의 고유문화 유지를 도움	3.27	40.5
b. 학교 학부모 다문화 프로그램 참여	3.49	45.1
c. 대입 취업 등 다문화 학생 우선 배려	3.31	42.4
d. 교사 다문화 학생 우선적 관심 필요	3.13	37.5
e. 다문화 가정 지원 위한 세금을 더 부담	2.84	28.9

*구분: (1) 아니다 (2) 조금 아니다 (3) 보통 (4) 조금 그렇다 (5) 그렇다

5. 맺는 말: 정책 방향으로서의 "성찰적 사회화(Reflective Socialization)"

지금까지 한국 사회에서도 다문화 교육을 위한 여러 가지 노력들이 있어왔다. 국제결혼 가정 자녀에 대하여 정부 차원에서 공공 재단이나 지방자치단체를 중심으로 전담팀을 만들어 다문화 가정 자녀에 대한 입학 상담이나 한국어 · 전통문화 교육 및 학습지원이 이루어졌으며, 외국인 근로자 가정 자녀에 대해서는 시민단체, 종교계의 외국인 노동자 센터나 노동자의 집 및 외국인 노동자 상담소 등이 운영되고 있고, 이들을 위한 특별학급이 설치되기도 하였다. 대안학교의 설립도 추진되고 있으며, 민간단체를 중심으로 여러 교육 프로그램과 의료법률 서비스가 이루어지고 있기도 하다. 그리고 새터민 가정 자녀를 위해서도 생활공동체 성격의 대안학교나 방과 후 학습보충 프로그램

의 운영 및 특성화고교가 운영되고 있기도 하다.

그러나 이러한 노력들이 더욱 활발하게 이루어지고, 실질적인 효과가 나타나 문화적 편견과 차별을 해소하기 위해서는 좀 더 체계적인 노력이 있어야 할 것으로 여겨진다. 이 장의 연구는 이러한 노력에 도움을 주려는 것이었다.

이 장에서 지금까지의 논의를 통하여 밝힌 바를 간략히 요약하면 다음과 같이 정리할 수 있을 것이다. 우선 하나는 많은 다문화 가정이 저소득층에 속해 있거나 읍면의 낙후된 지역에 위치해 있다는 점이다. 이 점은 다문화 가정 학생 개개인에게 자신의 삶을 반성적으로 조망하고 자신의 성장을 위한 모멘텀을 제공해주어야 함을 의미하는 것이라 하겠다. 또한 많은 다문화 가정의 학생들이 학교 교육에서 겪는 어려움의 원인으로 한국어에 능숙하지 못함과 한국 문화에 대한 깊이 있는 이해의 부족을 지적하고 있는 바, 이에 대한 학교 교육의 보완책 역시 시급해 보인다. 더하여 일반 가정 학부모와 학생들에 대한 다문화와 상호이해 교육이 필요하다. 이는 따돌림에 대한 경험 통계에서 이미 드러난 바 있다. 또한 탈북자 가정의 자녀들이 경험하는 학교사회에의 부적응(중도 탈락 등)에는 북한에서의 사회화 과정과는 크게 상이한 경험에서 오는 문화적 괴리가 큰 원인인 것으로 여겨진다.[26]

이처럼 다문화 가정의 학생들의 경우, 물리적 환경이 주는 열악함이나, 언어와 문화적인 측면에서의 태생적 한계, 그리고 도움을 받을 수 있거나 의지할 수 있는 네트워크(예, 친구 등)의 한계 등은 어쩌면 교육의 "사회적 경제적 재생산(reproduction)" 개념을 확인시켜주는 것일

26 박하나, 2007, 「사회과 학업성취도에 대한 탈북청소년의 경험 이해」, 서울대학교 석사학위논문.

수도 있다. 또는 자신의 여건을 타개하기 위한 획기적인 투입이 일어나지 않을 경우, "성취의 악순환(vicious circle in achievement)"에 매어 있을 수 있음을 생각게 하는 단서일 수 있다.

이를 위하여 아마도 두 가지 정책적 대안을 제안할 수 있을 것이다. 하나는 비판이론의 관점에서 학교와 다문화 가정 학생들(및 일반 학생에게도)을 상황 타개를 위한 개혁의 축으로 여기는 것이다. 그리고 교사는 이를 위한 변화를 구동하는 존재일 것이다. 그러나 구체적 실천현실에서 이러한 대안은 현실적으로 당장 받아들여지기 어려울 것으로 여겨진다. 이미 관련된 사회제도나 체제가 그러한 방향으로 접근하는 데에는 한계가 있을 수밖에 없도록 정립되어 있기 때문이다.

이러한 관점이 현실적이기보다는 다문화 교육을 위한 장기적인 방향과 노력의 지향을 보여주는 것이라면, 다른 하나의 대안은 학생 자신의 자립적 능력을 끌어 올리려는 노력일 것이다. 이러한 관점에서 한국의 다문화 교육 정책을 인도(guide)하는 개념으로서 "성찰적 사회화(Reflective Socialization)"[27]를 제안할 수 있다. 일반적으로 사회화는, 자신이 속한 집단에서 생활하기 위해 필요한 능력과 태도, 지위에 대한 인식과 역할학습 및 규범과 가치를 습득하는 전달의 과정이다. 여기서 "성찰적 사회화"는 다문화 가정 자녀들이 자신의 삶에 필요한 능력과 태도 및 역할과 규범을 학습해나가는 과정에서, 자신의 위치와 그 처한 환경을 스스로 검토(self-examination)하고 자신의 성장을 위한 비판적 성찰을 겸하게 되는 사회화 과정을 의미한다. 성찰적 사회화를 하도록 도와주는 것이, 다문화 가정의 학생들이 언급한 언어적, 문화적, 환경적 어려움을 극복하고, 성공적인 한국인으로 거듭나면서 자아정체감

27 이는 필자가 제안하는 개념이다.

(self-identity)을 발달시킬 수 있게 하는 첩경일 것이다.

물론 이 과정에서 '중요한 타자들(significant others)'의 의식적인 도움은 필수적이다. 예를 들어, 부모와 학교를 중심으로 하는 교사의 역할은 이러한 반성적 사회화를 이끌어 가는 데 무엇보다 중요할 것이다. 다문화 가정의 자녀들과 실제로 대면하는 사람들과 교육현장이 얼마나 많은 노력을 기울이는가는 소외를 막고 이들이 자신을 성장시켜 나감으로써 다양한 문화의 인정과 포용으로 한국 사회의 역량을 키워 나가는 데 절대적으로 중요하다. 또 이를 위해 학교사회에서 교장 · 교감선생님, 교사, 학부모 및 관련자들이 서로 협의하여 적절한 의사결정이 이루어질 수 있도록, 다문화 교육에 대한 학교 교육 활동의 폭을 넓히고, 학교에 힘을 실어 주어야(empowering to school) 할 것이다.

〈표 6-18〉 다문화 가정 학생들의 임원 경험에 따른 '자아정체감'

임원 경험		자유도	t
있다(252명)	없다(570명)		
4.3730점	4.1079점	552.145	−4.806***

(*p〈0.05, **p〈0.01, ***p〈0.001)

하나의 예로 다문화 가정의 자녀로서 스스로에 대한 적극적인 태도로 학교에서 임원 경험을 한 학생은 그렇지 않은 경우보다 자아정체감이 높은 것으로 나타났다.[28] 〈표 6-18〉에 의하면 학교에서 임원을 맡았던 학생들이 그렇지 않은 학생들보다 p〈0.001 수준에서 자아정체감이 높다.

또 하나 지적되어야 할 점은 정책적인 것이다. 앞 절에서 살펴본

28 조영달 외, 2007, 앞의 자료. 전체 다문화 가정 학생들의 평균 자아정체감 점수는 4.1958점으로, 점수가 높을수록 자아정체감은 높다.

바와 같이 한국 사회의 다문화 교육 정책에서는 법적 · 제도적 장치가 상대적으로 취약한 상황에 있다. 물론, 최근 들어 출입국관리법의 외국인 개념규정과 아동복지법 등을 개정하고 다수의 외국인 권리 보호를 위한 국제협약에 가입하며 아동의 권리에 관한 협약을 비준하기도 하였지만, 아직 교육상의 차별금지나 이주 노동자에 대한 권리 보호 등의 측면에서는 보완해야 할 법적 · 제도적 장치가 많이 있음도 사실이다. 또한, 각 중앙 부처와 각 지방자치단체 및 NGO 등에 흩어져 있는 다문화 교육 관련 사업들을 통합하여 관리하고 모니터링하면서 적절한 방향을 제안하는 기능이 정부 내에 필요하다.

또한 이에 더하여 공공 부문 및 학교와 민간의 다문화 교육 노력들을 체계적으로 지원하기 위해 전문 인력의 양성과 종합적 관리를 위한 민관의 협력기구, 다문화 교육 연구 · 연수 센터가 필수적인 것으로 보인다. 이를 통하여, 다문화 교육의 관리 단위를 개인에서 가족 수준으로 변화시키고, 다문화 교육 관계망을 형성하는 문제나 학교 · 교육과정 · 교과서 차원에서 다문화적으로 고려하며, 다문화 교육의 정보화 등의 문제들이 실질적으로 검토되어야 효과적인 정책 집행이 이루어질 수 있을 것이다.

이러한 노력을 통하여 한국 사회는 사회적 통합에 더욱 다가서며, 세계국가로 나아갈 수 있을 뿐만 아니라 새로운 문화 창조의 기회를 제공받을 수 있게 될 것이다. 이 글이 이러한 노력이 이루어지는 데 하나의 실증적 참고자료가 되었으면 한다.

학습 활동

▶다음 자료를 읽고 아래의 활동을 해보자.

(자료 1)

샘은 독일에서 나고 자란 소년이다. 샘의 부모님은 전쟁으로 고향인 아프리카를 떠나, 아버지는 전철을 운전하고 어머니는 간호사로 일하고 있다. 샘과 같은 반인 보리스는 샘이 나타나기 전에는 무엇이든 일등을 놓치지 않았다. 작문과 수학수업에서 1등을 빼앗겼을 뿐만 아니라, 음악경연대회에서 피아노를 치는 영광도 샘이 차지했다. 샘이 너무나 싫은 보리스는 피부색이 검은 샘을 반 아이들과 함께 "커피우유"라고 놀렸다. 이에 샘은 주근깨가 많은 보리스를 "소보로빵"이라고 불렀다.

그러던 어느 날, 외국인을 배척하는 사람들이 샘의 집에 화염병을 던져 오른손에 화상을 입은 샘은 더 이상 피아노 연주를 할 수 없게 된다. 또한 샘은 이 광경을 보고도 도와주지 않은 보리스, 보리스의 아빠, 이웃 사람들에게 더 큰 마음의 상처를 입게 된다. 이 일 이후로 샘은 학교에 자주 나가지 않게 되었다. 선생님의 부탁으로 샘의 집을 방문하게 된 보리스는 외국인 노동자들의 삶이 백인인 자신의 삶과 별로 다를 것이 없음을 깨닫게 된다. 외국인 노동자들은 무조건 가난하고 질 낮은 삶을 살 것이라는 편견이 깨진 것이다. 이후 샘과 보리스는 화해를 하고 함께 음악경연대회에 나가 함께 피아노를 연주하게 된다.

카롤린 필립스, 2006, 전은경 역, 『커피우유와 소보로빵』, 푸른숲주니어.

(자료 2)

은진은 불의를 보면 참지 못하는 성격을 지닌 명랑하고 당찬 초등학생이다. 하지만 학교에서 놀림을 받을까봐 엄마가 필리핀 사람이라는 것이 알려지는 게 두려운 여자아이기도 하다. 그래서 엄마를 닮아 곱슬머리인 머리를 늘 양갈래로 땋고 다닌다. 이런 은진을 짓궂은 남자애들은

'밧줄머리파 두목'이라며 놀리기도 한다.

어느 날 은진은 같은 반 장난꾸러기 남자아이와 싸우게 되고 이 일로 그 아이의 엄마에게 혼나게 된다. 이때, 때마침 학부모 회의에 온 은진의 엄마가 그 모습을 보게 되어 당당하게 그 아이의 엄마에게 할 말을 하며 은진을 도와주게 된다. 이 일을 계기로 은진은 필리핀 출신인 엄마를 숨기지 않고 인정하게 되었고, 자기 자신을 있는 그대로 받아들이게 된다.

안동희 외, 2007, 영화 〈별별이야기2: 여섯 빛깔 무지개〉 中 "샤방샤방 샤랄라".

(자료 3)

말레이시아 어머니를 둔 피부색이 까만 초등학생인 한별이는 지금까지 학급에서 착한 어린이 스티커를 한 장도 받지 못했다. 발표할 때 손을 들고 싶어도 주위에서 지켜보는 시선이 두렵다. 다른 아이들이 발표할 때는 잘 들어주면서도 한별이가 발표하면 까만 얼굴을 보느라 반 친구들의 시선이 따갑기 때문이다.

어느 날 꽃을 좋아하는 한별이가 물을 주지만 친구들은 착한 어린이 스티커를 받고 싶어 그러는 것이라 오해하기도 한다. 꼭 그런 것만은 아니라고 말하는 한별이에게 한 친구는 '넌 얼굴이 까매서 심장도 까맣잖아!'라는 말을 한다. 이 말에 큰 상처를 받은 한별이는 아무 말도 못하고 집으로 돌아와 조용히 엄마의 품에 기댄다.

초, 2012, 만화 〈반짝반짝 한별이 이야기〉.

(1) 주변 사람들이 샘과 샘의 가족, 은진의 엄마, 한별에게 편견을 가지고 차별하는 이유가 무엇인지 말해보자.
(2) 학교(혹은 교실)에서 비슷한 경험이 있다면 함께 이야기해보자.
(3) 샘, 은진, 한별과 같은 학생들이 학교를 잘 다닐 수 있도록 학교가 해줄 수 있는 일에는 무엇이 있는지 토의해보자.

(4) 우리 사회에 샘, 은진, 한별이네와 비슷한 가정이 많아질 경우를 대비하여 무엇을 준비해야 할지 토의해보자.

참고문헌

구정화. 2010. 『다문화 교육의 이해와 실천』. 동문사.

김미숙. 2005. 「북한 이탈학생의 학교적응 실태 및 지원방안」 KP 2005-6. 한국교육개발원.

박상철 · 윤희원 · 조영달. 2007. 「우리나라 다문화 가정의 자녀 교육 실태조사」. 『교육연구와 실천』 71권. 서울대학교 교육종합연구원: 1-64.

박성혁 외. 2007. 『우리나라 다문화 교육 정책 추진현황, 과제 및 성과분석 연구』. 서울대학교 중앙다문화교육센터 연구보고서.

박하나. 2007. 「사회과 학업성취도에 대한 탈북청소년의 경험 이해」. 서울대학교 석사학위논문.

설동훈. 2003. 「외국인 노동자 지원 시민단체의 발전(1990-2002)」. 11차 시민사회 포럼.

———. 2005. 「외국인 노동자의 직업능력개발과 자녀교육」. 인적자원정책협력망 워크숍 발표 자료. 한국직업능력개발원.

양영자. 2007. 「한국의 다문화 교육 현황과 과제」. 『한국에서의 다문화주의: 현실과 쟁점』. 한울아카데미.

조대훈. 2008. 「다문화 교육을 위한 교수법; 교실수업 및 교사교육에 대한 시사점」. 조영달 외. 『다문화 교육을 위한 교양교재』. 교육인적자원부: 85-124.

조영달 · 윤희원 · 박상철 외. 2006. 「다문화 가정 자녀의 교육 실태와 정책과제」. 교육인적자원부 2006 정책과제.

조영달 외. 2007. 『다문화 교육 정책 수립을 위한 기초 인식 조사』. 서울대학교 중앙다문화교육센터 연구보고서.

Banks, J. A. 2004. *Diversity and Citizenship Education: Global Perspectives*. Jossey-Bass.

———. 2006. "Multicultural Education: Characteristics and Goals." In *Multicultural Education: Issues and Perspectives*, 5th Ed. J. A. Banks and C. A. M. Banks (ed.). Allyn & Bacon: 3-31.

Bourdieu, P. 1977. "Outline of a Theory of Practice." *Cambridge Studies in Social Anthropology*, No. 16. Cambridge University Press.

Cho, Y. 2010. "Policy Note: Diversification of the Student Population and Multicultural Educational Policies in Korea." *Research in Sociology of Education*, Vol. 17: 183–

198.

Erickson, F. 2005. "Culture in Society and in Educational Practices." In *Multicultural Education: Issues and Perspectives*, 5th Ed. J. A. Banks and C. A. M. Banks (ed.). Allyn & Bacon: 31-60.

Geertz, C. 1973. *The Interpretation of Cultures*. Basic Books.

Goodenough, W. 1976. "Multiculturalism as the Normal Human Experience." *Anthropology and Education Quarterly*, 7(4): 4-7.

———. 1981. *Culture, Language and Society*. Benjamin/Cummins.

Ministry of Education, Science, and Technology. 2008. *Educationalstatistics*. Available at http://std.kedi.re.kr/index.jsp.

———. 2008. *2007 Immigrationstatistics*. Bind-Tech Press.

———. 2009. *2008 Immigrationstatistics*. Bind-Tech Press.

Moll, L. 1998. "Funds of Knowledge for Teaching: A New Approach to Culture in Education." Keynote Address Delivered to the Illinois State Board of Education, 21st Annual Statewide, Conference for Teachers of Linguistically and Culturally Diverse Students, Springfield, IL.

Nieto, S. 1996. *Affirming Diversity: The Sociocultural Context of Multicultural Education*, 2nd Ed. Longman.

Ovando, C. J. 1997. "Language Diversity and Education." In *Multicultural Education: Issues and Perspectives*, 3rd Ed. J. A. Banks and C. A. M. Banks (ed.). Allyn & Bacon: 272-296.

Sleeter, C. E. and C. A. Grant. 1993. *Making Choices for Multicultural Education*. Merrill/Macmillan.

Tylor, E. B. 1970. *Primitive Culture: Researches into the Development of Mythology, Philosophy, Religion, Language, Art, and Custom*. Murray.

7장

다문화 가정과 자녀 교육

우희숙 덕문고등학교

1. 들어가는 말: 다문화 가정 자녀의 증가와 학교 다문화 교육

한국의 체류 외국인이 100만 명을 훌쩍 넘어섰다. 국제결혼 가정, 이주 노동자 가정, 북한 이탈 주민 가정 구성원들이 우리 사회의 주요한 공동체 구성원이 되면서 다양성을 인정하고 존중하는 학교 다문화 교육의 필요성이 그 어느 때보다 중요해지고 있지만, 일선 교육 현장에서 다문화 가정이나 다문화 교육에 대한 충분한 이해나 준비가 부족한 채 이들을 지도해야 하는 교사들이 겪는 어려움은 여전히 큰 실정이다.

학교 다문화 교육 여건이 부족한 현실 속에서 공교육에 입학하거나 재학 중인 다문화 가정 자녀들은 소통과 이해 부족으로 종종 학교 따돌림이나 소외의 대상이 되고 있어 이들이 겪는 학교생활의 어려움과 적응이 새로운 학교 문제로 제기되고 있다. 이에 따라 학교 공동체 생활을 통해 학생들의 문화적 갈등을 예방하고 다문화적 시민성을 증진시키는 학교 다문화 교육의 활성화가 학교 교육의 중요한 과제로 등장하고 있다.

이 장은 예비교사들의 다문화 가정 자녀들이 처한 교육적 어려움에 대한 예비교사의 이해를 도와 학교에서의 바람직한 다문화적 민주시민성 교육을 증진하는 데 초점을 맞추었다. 이를 위해 첫째, 한국 사회를 살아가는 다문화 가정 자녀의 교육 현황과 그들이 처한 교육적 어려움을 살펴본다. 둘째, 이러한 교육적 어려움을 바탕으로 실제적인 다문화 가정 자녀를 위한 학교 교육의 지도방향과 대책을 모색한다. 예비교사들의 다문화 가정 자녀에 대한 올바른 이해를 증진하는 것은 고정관념과 편견의 시선으로 다문화 가정 학생들을 바라보는 시선을 줄여 바람직하고 신뢰할 수 있는 교사-학습자 관계를 만드는 데 도움이 될 것이다.

2. 다문화 가정 자녀의 교육 문제

(1) 국제결혼 가정 자녀 교육

1) 교육 현황

〈표 7-1〉에서 확인할 수 있듯, 현재 공교육에 재학 중인 국제결혼 가정 자녀의 수는 30,040명이다. 이는 2009년과 비교하여 21.4% 증가한 것으로, 여타 다문화 가정 집단 중에서도 특히 국제결혼 가정 자녀의 입학 비중이 뚜렷한 상승세를 보인다.

학교급별로는 초등학교 재학이 78.6%로 가장 많고, 중학교(16%), 고등학교(5.4%)순이다. 지역별로는 경기(22.3%), 서울(12.9%), 전남(9.6%), 경남(7.2%)순이며, 부모 국적별로는 일본(36.4%), 중국(17.3%), 필리핀(17.1%)순으로 나타나고 있다(교육과학기술부, 2010). 한국 사회에 거주하는 국제결혼 가정 자녀의 문화적 특성을 교사들이 이해하는 것은 교사들과 다문화 가정 학생들의 효과적인 소통관계 구축에 긍정적인 역할을 할 수 있다.

〈표 7-1〉 공교육 재학 중인 국제결혼 가정 자녀

(단위: 명)

구분	초		중		고		계	
	인원	증감(%)	인원	증감(%)	인원	증감(%)	인원	증감(%)
2006	6,795		924		279		7,998	
2007	11,444	68.4	1,588	71.9	413	48.0	13,445	68.1
2008	15,804	38.1	2,213	38.9	761	84.0	18,778	39.6
2009	20,632	30.5	2,987	35.0	1,126	48.0	24,745	31.8
2010	23,602	14.4	4,814	61.2	1,624	44.2	30,040	21.4

*출처: 교육과학기술부, 2010.

2) 교육 문제

다문화 가정 학생들을 이해하기 위해서는 다문화 가정 자녀의 집단 간 차이와 집단 내 개인차에 주목해야 한다. 교사가 지나치게 다문화 가정 학생들의 집단적, 범주적 특징에만 매몰될 경우, 자칫 자신이 가지고 있는 특정한 집단적 편견과 고정관념에 의해 왜곡된 시선으로 다문화 가정 학생들을 대하기 쉽다. 따라서 이들이 가진 진정한 어려움을 파악하지 못한 채, 오히려 교사 본인은 의도하지 않았지만, 정신적 상처를 학생들에게 줄 수 있다는 점에 주의할 필요가 있다. 따라서 교사가 전체적인 다문화 가정 자녀의 집단별 특성과 함께 학생 개개인의 개인차에 주목할 때 비로소 교사와 학생 간의 보다 진실한 소통이 이루어질 수 있다. 이러한 관점을 가지고 국제결혼 가정 자녀들의 집단 범주적 특성을 살펴보면, 이들이 겪는 교육 문제는 크게 정체성 갈등과 학교 부적응 두 가지 양상으로 구분할 수 있다.

첫째는 국제결혼 가정 자녀들이 겪는 정체성 갈등이다. 한국인 부모와 외국인 부모 사이에 태어난 국제결혼 가정 자녀들의 경우 해외에서 입국한 자녀에 비해 한국어를 모국어처럼 자연스럽게 습득하고, 문화와 생활 정서를 익힌 경우가 많다. 따라서 타 다문화 가정 자녀에 비해 학교생활에서 언어적, 문화적 어려움은 상대적으로 낮은 반면, 부모님으로부터 물려받은 다양한 인종적, 문화적 유산을 받아들여 자기 자신의 정체성으로 통합해나가는 과정에서 갈등이나 혼란을 경험하여 정체성 갈등을 겪을 수 있다.

이러한 과정에서 부모님이 물려주신 인종적, 문화적, 민족적 유산을 자신만의 독특한 장점과 개성으로 잘 승화시키는 경우도 있지만, 반면 남들과 다른 복잡한 정체성으로 인한 갈등을 겪는 경우가 많이 발생한다. 특히 이러한 인종적, 문화적 차이 때문에 학교에서 또래들의 놀림이나 편견의 대상이 되면, 자신의 정체성에 대한 부정적인 내적 강화를 하게 되어 외국인 부모님의 존재를 드러내는 것을 부끄럽게 여기거나 숨기고 자신에 대한 부정적, 소극적인 정체성을 형성하는 데 영향을 끼친다.

따라서 교사는 국제결혼 가정 자녀들이 처한 복잡한 정체성의 문제를 이해하고, 이들 학생들이 부모로부터 물려받은 인종, 민족, 문화적으로 다양한 유산에 대해 긍정적으로 인식하고, 자신의 정체성의 일부로 자연스럽게 받아들일 수 있도록 지도해야 한다.

두 번째는 왕따, 따돌림 등과 같은 학교 부적응 문제를 들 수 있다. 국제결혼 가정 자녀와 일반 학생의 집단 따돌림 현상을 비교해보면 따돌림당하는 비율은 큰 차이가 없지만, 따돌림을 당하는 원인에서 뚜렷한 차이를 보이는 것이 특징이다. 일반적인 한국인 학생들이 따돌림당하는 이유는 주로 '잘난 척해서'(29.4%) 등과 같이 개인적 기질 또는 성격에 기인하지만, 국제결혼 가정 자녀들은 '국제결혼 가정 자녀'라는 이유 자체로 집단 따돌림을 당하는 경우가 많다(조영달, 2006). 이는 국제결혼 가정 자녀들이 개인의 기질적 특성과 무관하게 인종, 민족, 신체적 특성만으로 편견이나 소외의 대상이 되는 경우가 많다는 것을 의미한다. 특히 피부색이 짙거나 외모가 뚜렷하게 구별될수록 더욱 쉽게 집단 따돌림의 대상이 되고 있다.

국제결혼 가정 자녀의 따돌림 문제는 학교 현장에서 다문화 교육의 대상이 단순히 다문화 가정 자녀들만을 대상으로 해서는 안 된다는 점을 말해준다. 이러한 문제 해결을 위해 교사는 국제결혼 가정 학생들을 대상으로 긍정적인 정체성 함양 교육을 실시하면서 아울러 일반 학생들을 대상으로 한 다문화 이해교육을 병행할 필요가 있다.

(2) 외국인 근로자 자녀 교육

1) 공교육 재학 현황

2010년 기준으로 공교육에 재학 중인 외국인 근로자 자녀의 수는 총 1,748명이다. 이는 작년 대비 약 37.6% 증가한 것으로 학교급별로는 초등학교가 62.9%, 중학교 25.5%, 고등학교 11.6%순이다. 지역별로는 서울 · 경기가 가장 많은 것으로 나타났다(67.7%). 부모 국적별로는 몽골이 가장 많고(20.8%), 중국(19%), 일본(13.3%)순으로 많다.

외국인 근로자 자녀는 국제결혼 가정 자녀에 비해 공교육에 재학 중인 학생 수는 적은 편이다. 그러나 공식적으로 집계된 수치보다 취학연령대의 외국인 근로자 자녀는 훨씬 더 많을 것으로 추정된다. 왜냐하면 외국인 근로자 자녀의 경우 체류나 신분 문제로 학교를 다니는 학생들보다 학교 밖에 있는 아동들이 훨씬 많기 때문이다(조영달, 2006; 교육과학기술부, 2010).

저출산, 고령화에 따른 노동인구의 감소, 중소기업의 생산직 인력난과 3D업종에 대한 인력 부족 현상은 외국인 근로자의 유입을 증가시키고 있으며, 이에 따라 앞으로 취학연령대 아동의 공교육 진학 또한 증가할 것으로 예상된다. 따라서 이들의 체류나 신분 문제에 따른 교육적 어려움을 해소하고, 교육과 복지의 사각지대에 놓인 많은 외국인 근로자 자녀들에 대한 제도적인 교육 지원책을 강구할 필요가 있다.

〈표 7-2〉 외국인 근로자 자녀 재학 현황

(단위: 명)

구분	초		중		고		계	
	인원	증감(%)	인원	증감(%)	인원	증감(%)	인원	증감(%)
2006	1,115		215		61		1,391	
2007	755	△32.3	391	81.9	63	3.3	1,209	△13.0
2008	981	29.9	314	△19.7	107	69.8	1,402	15.9
2009	834	△15.0	307	△2.2	129	20.6	1,270	△9.4
2010	1,099	31.8	446	45.3	203	57.4	1,748	37.6

*출처: 교육과학기술부, 2010.

2) 외국인 근로자 가정 자녀의 교육 문제

외국인 근로자 가정 자녀의 교육 문제에 있어 가장 큰 어려움은 체류 및 신분 문제이다. 국제결혼 가정 자녀들은 한국인 부나 모에 의해 법적으로 한국 국적을 자연스럽게 취득할 수 있는 반면, 외국인 근로자 가정 자녀는 속인주의 원칙에 따라 외국인인 부모의 국적을 따르기 때문에 법적 신분상 외국인으로 분류된다. 특히 부모가 불법체류 신분 등일 경우에 아동의 양육과 교육에 심각한 악영향을 끼치게 되어 이들이 한국 사회에서 제도적인 교육을 받을 수 있는 여건은 여타 다문화 가정 자녀들 중에서 가장 불안정하다. 연구에 따르면 여타 이유로 제도권 교육 밖에 있는 취학연령대 외국인 근로자 가정 자녀의 수가 대략 8,000여 명으로 추정된다(조영달 외, 2006). 이는 학교에 재학 중인 1,748명(교육과학기술부 2010년 기준)보다 훨씬 많은 수의 학생들이 제도권 밖에 머물고 있음을 의미한다.

2003년 초중등교육법 시행령 개정 이후 미등록 이주 노동자 자녀에게도 교육 기회가 제공되고 입학장벽이 낮아지고 있지만, 아직도 많은 학생들이 부모의 불안정한 체류 자격과 여건으로 학교를 다니지 못하고 청소년 아르바이트 등의 비정규직으로 내몰리고 있다. 중학교 이상부터는 입학 여부가 학교장 재량으로 결정되기 때문에 상급학교 진학이 어렵고, 불법체류자 신분의 부모님이 단속에 걸려 강제 출국되어 생이별을 하거나, 동반 출국할 수밖에 없어 이들의 학업 지속성은 매우 낮고 불안정하다. 이러한 교육 외적 상황은 학습 동기 유발이나 학업집중력을 떨어뜨리는 중요한 요인으로 지목된다(이창호 외, 2007; 우희숙, 2008).

외국인 근로자 가정 자녀들이 당면한 또 다른 교육 문제는 언어적 어려움이다. 이들은 대개 한국에서 체류, 입학한 지 6개월에서 1년 정도가 지나면 일상적인 한국어 회화는 큰 무리 없이 익힐 수 있다. 그러나 외국인으로서 기초 한국어를 습득하고, 학교생활에 적응하기까지 초기 6개월여 기간 동안 언어적, 문화적 차이와 그에 따른 소외를 극복하지 못하고 학교를 중도에 탈락하거나 학습에 대한 흥미를 잃어버리는 경우가 많이 발생한다. 이러한 점을 고려하여 교사들은 이주 가정 자녀가 언어적, 문화적 어려움을 가장 크게 느끼는 초기 6개월여의 기간에 특히 신경을 써서 학교생활 적응을 도울 필요가 있다.

외국인 근로자 가정 자녀들은 체류기간이 길어지면서 한국어 실력이 향상되면 학업성적도 빠르게 향상되는 경우를 많이 보인다. 또한 학교생활도 원만하고 성실하게 하는 경우가 많다. 따라서 입학 초기의 언어적, 문화적 차이에 따른 학습 부진과 부적응 문제에 교사가 좀 더 신경을 써서 지도해준다면 이들이 성공적인 학교생활을 영위하는 데 큰 도움을 줄 수 있다.

이를 위해 방과 후 수업 등을 활용하여 외국인 근로자 자녀를 위한 한국어 교육 수업을 실시하는 것도 한 방안이 될 수 있다. 외국인 근로자 자녀에 대한 학습지도를 할 때 교사들은 특히 교과서에 나오는 주요 개념을 중심으로 설명하는 것이 효과적이다. 이들은 학교생활을 통해 또래와 어울리면서 일상적인 한국어는 금방 배우지만 교과서에 주로 나오는 추상적인 개념과 한자어는 여전히 잘 모르는 경우가 많기 때문에 교과서에 제시된 한자어에 기반을 둔 개념의 의미를 몰라 어려워하는 경우가 많다. 이때 학생들의 입장에서 그들이 가지고 있는 스키마를 활용하여 추상적인 개념을 이해할 수 있도록 교사가 설명해주면 훨씬 이해가 쉬울 수 있다.

마지막으로 외국인 근로자 자녀의 성공적인 학교생활을 돕기 위해 교사는 긍정적인 또래관계를 조성해주어야 한다. 많은 외국인 근로자 자녀들이 한국에서 학교를 다닐 때 가장 싫었던 경험으로 '아이들이 놀리고 욕하는 것', '나이 어린 애들이랑 공부하는 것', '또래 친구가 없는 것'을 꼽고 있다(우희숙, 2008). 특히 자신의 나이보다 한참 어린 학생들과 같은 학년에 배정될 경우 아이들의 자존감이 낮아지고, 긍정적인 또래관계를 형성하기가 힘들어질 수 있으므로 교사는 외국인 노동자 가정 자녀들이 학교생활을 통해 긍정적인 교우관계를 형성할 수 있도록 지도할 필요가 있다.

(3) 북한 이탈 주민 가정 자녀 교육

1) 공교육 재학 현황

북한 이탈 주민 전체 입국자 중에서 6-20세 사이의 학령기 청소년 입국자의 수는 지속적으로 증가하고 있다. 1998년 전체 입국자 중 12명에 불과하던 북한 이탈 청소년의 수는 2010년 현재 321명으로 증가하였다(통일부, 2010). 북한 이탈 청소년의 재학 현황을 살펴보면, 총 1,867명의 학생 중 정규학교 재학생이 1,681명(90%), 대안교육시설 재학생이 186명(10%)인 것으로 나타났다(교육과학기술부, 2010). 특히 정규학교에 재학 중인 학생 수는 2009년 1,143명에서 2010년 1,417명, 2011년 1,681명으로 꾸준히 증가하고 있다. 이에 따라 공교육 적응에 어려움을 겪거나 중도 탈락하는 청소년들 또한 늘고 있어 이들에 대한 지속적인 교육 지원과 관심이 요구되고 있다.

〈표 7-3〉 북한 이탈 청소년 연도별 입국 현황

(단위: 명)

연도 / 대상	'98	'99	'00	'01	'02	'03	'04	'05	'06	'07	'08	'09	'10	합계
전체 (입국자 수)	71	148	312	583	1,138	1,281	1,894	1,383	2,018	2,544	2,809	2,927	2,423	19,531
6-20세 (입국자 수)	12	22	60	124	211	220	330	224	336	366	378	464	321	3,068

*출처: 통일부, 2010. 12.

〈표 7-4〉 학교 유형별 북한 이탈 청소년 재학 현황(2011. 4)

(단위: 명, %)

<table>
<tr><th rowspan="3">구분</th><th colspan="6">정규학교</th><th rowspan="3">대안교육
시설
(전일제)</th><th rowspan="3">계</th></tr>
<tr><th colspan="2">초등학교</th><th colspan="2">중학교</th><th colspan="2">고등학교</th></tr>
<tr><th>남</th><th>여</th><th>남</th><th>여</th><th>남</th><th>여</th></tr>
<tr><td rowspan="3">재학 현황
('11.4)</td><td>493</td><td>527</td><td>161</td><td>127</td><td>169</td><td>204</td><td rowspan="3">186
(10)</td><td rowspan="3">1,867
(100)</td></tr>
<tr><td colspan="2">1,020(60.7)</td><td colspan="2">288(17.1)</td><td colspan="2">373(22.2)</td></tr>
<tr><td colspan="6">1,681(90)</td></tr>
</table>

*대안교육시설은 전일제 민간교육시설에서 수학하는 학생임.
*출처: 교육과학기술부, 2011.

〈표 7-5〉 연도별 북한 이탈 청소년 재학 현황(2011. 4)

(단위: 명, %)

구분	정규학교			합계
	초	중	고	
2007.4	341(49.6)	232(33.8)	114(16.6)	687
2008.4	495(51.2)	288(29.8)	183(19)	966
2009.4	562(49.2)	305(26.7)	276(24.1)	1,143
2010.4	773(54.5)	297(21.0)	347(24.5)	1,417
2011.4	1,020(60.7)	288(17.1)	373(22.2)	1,681

*출처: 교육과학기술부, 2011.

〈표 7-6〉 지역별 북한 이탈 청소년 재학 현황(2011. 4)

(단위: 명)

구분	학교 수 (개교)	재학생 수				시도별 비율 (%)
		초등학교	중학교	고등학교	계	
서울	150	288	102	136	526	31.3
부산	36	53	10	16	79	4.7
대구	26	39	5	8	52	3.1
인천	31	141	31	10	182	10.8
광주	23	25	7	5	37	2.2
대전	21	13	5	8	26	1.5
울산	12	9	4	2	15	0.9
경기	119	248	82	146	476	28.3
강원	15	24	6	4	34	2.0
충북	19	22	5	3	30	1.8
충남	25	39	7	9	55	3.3
전북	17	11	5	4	20	1.2
전남	18	12	5	5	22	1.3
경북	29	36	6	8	50	3.0
경남	28	56	5	4	65	3.9
제주	10	4	3	5	12	0.7
계	579	1,020	288	373	1,681	100.0

*출처: 교육과학기술부, 2011.

2) 북한 이탈 청소년 교육 문제

국제결혼 가정 자녀들은 한국에서 출생한 경우 처음부터 한국의 공교육에 지속적으로 노출되어 잘 적응하는 경우가 많다. 외국인 근로자 자녀들도 대부분 본국에서 우리와 유사한 정규교육을 받다가 입국하기 때문에 북한 이탈 청소년처럼 상이한 사회체제와 교육과정에 따른 학습 격차가 크지 않다.

그러나 북한 이탈 청소년의 경우 기본적인 남북 간 학제 차이에 따른 학력 차와 사회주의 체제적 교과내용의 차이에 더하여 북한사회의 경제적, 사회적 상황에 따른 학습결손과 탈북 후 제3국에서의 은신과 피난 과정에서 발생하는 교육 공백이 겹치면서 남한에서의 공교육 적응에 있어 가장 많은 어려움을 겪고 있다. 그 결과, 남한의 학교생활에 적응하지 못하고 중도 탈락하거나 대안학교에 다니는 경우, 또는 검정고시를 통해 대학입시를 준비하는 경우가 늘고 있다.

북한 이탈 청소년들이 학교생활에서 겪는 또 다른 문제는 북한 출신과 말투에 대한 또래 친구들의 놀림이라고 할 수 있다. 외국인 근로자 가정 자녀나 국제결혼 가정 자녀는 부모가 외국인이기 때문에 한국어 습득이 어려운 경우가 있지만, 북한 이탈 청소년은 사실 우리와 같은 한민족이기 때문에 언어, 민족적 장벽은 없다.

그러나 북한 이탈 청소년은 남한과 북한의 말투 차이와 체제 차이에 따른 문화적 이질감과 충격을 여타 다문화 가정 자녀들 중 가장 크게 경험하고 있다. 이들은 남한에서 학생들이 많이 쓰는 외래어나 외국어에 익숙하지 않아 말뜻을 이해하는 데 어려움을 겪고, 북한식 말투에 대한 놀림 때문에 학교에서는 아예 침묵하고 지내거나 철저히 말투를 남한식으로 바꾸고 자신이 북한 출신임을 숨기기도 한다. 이러한 결과는 공교육에 재학 중인 북한 이탈 청소년들의 높은 중도 탈락률로 나타나고 있다.

남북한의 사상과 문화의 차이, 교육과정과 학력 수준의 차이, 탈북 과정에서 겪은 생존 체험의 고통에 더하여 자본주의 체제하의 상대적 박탈감과 남한 사람들의 북한에 대한 우월적 태도와 편견이 복합원인이 되어 북한 이탈 청소년들의 학교 부적응을 심화시키고 있다.

〈표 7-7〉 북한 이탈 청소년 중도 탈락률(2011. 4)

(단위: 명)

구분		초	중	고	계
2007년도	2007. 4. 재학생 수	341	232	114	687
	중도 탈락생 수	12	30	32	74
	중도 탈락률(%)	3.5	12.9	28.1	10.8
2008년도	2008. 4. 재학생 수	495	288	183	966
	중도 탈락생 수	7	26	26	59
	중도 탈락률(%)	1.4	9.0	14.2	6.1
2009년도	2009. 4. 재학생 수	562	305	276	1,143
	중도 탈락생 수	5	26	25	56
	중도 탈락률(%)	0.9	8.5	9.1	4.9
2010년도	2010. 4. 재학생 수	773	297	347	1,417
	중도 탈락생 수	19	13	35	67
	중도 탈락률(%)	2.5	4.4	10.1	4.7

*중도 탈락률 = (연도별 중도 탈락자 총수/연도별 재학생 총수) × 100

*변화 추이: 2007년 10.8% → 2008년 6.1% → 2009년 4.9% → 2010년 4.7%

*출처: 교육과학기술부, 2011.

〈표 7-8〉 북한 이탈 청소년 중도 탈락 사유별 현황(2011. 4)

(단위: 명)

구분	2007학년도 (07.3-08.2)	2008학년도 (08.3-09.2)	2009학년도 (09.3-10.2)	2010학년도 (10.3-11.2)	2010학년도 비율(%)
학교부적응(기초학력 부족, 고연령 등)	21	20	24	8	11.9
장기결석 등				9	13.4
가정사정(경제사정, 가정환경 등)	10	9	9	16	23.9
진로변경(검정고시, 대안학교 등)	14	14	6	6	9.0
건강	3	2	3	6	9.0
취업				1	1.5
이민 등 출국	–	–	–	12	17.9
행방불명	–	–	–	4	6.0
기타	26	14	14	1	1.5
미기입				4	6.0
계	74	59	42	67	100

*출처: 교육과학기술부, 2011.

구체적으로 중도 탈락 사유를 살펴보면, 학교부적응(39.9%)이 가장 많고, 검정고시(20.8%), 가사(7.9%), 경제적 사정(5.6%), 기타(26.9%) 등이다. 문제는 초등학교에서 중, 고등학교로 진학할수록 학교에 적응하지 못하고 탈락하는 경우가 증가한다는 점이다. 이는 중학교 이후 심화되는 입시 위주 교육체제에의 부적응, 기초 학습 부족에 따른 학력격차의 지속과 좌절감 등이 중첩되어 발생하는 것이다. 교사들은 북한 이탈 청소년의 남한 공교육 적응의 어려움을 인식하고, 이들이 안정적으로 학교생활에 적응할 수 있도록 정서적 지지와 관심을 가질 필요가 있다. 동시에 북한 출신 학생에 대한 남한 학생들의 고정관념과 편견을 해소하는 교육도 지속적으로 이루어질 필요가 있다. 또 공교육뿐 아니라 공교육에서 탈락한 북한 이탈 청소년들의 교육을 담당하는 다양한 대안학교에 대한 관심과 교육적 지원도 필요하다.

3. 다문화 가정 자녀의 학교 교육 지도

(1) 문화적으로 적합한 교수법

다문화 가정 자녀들이 섞여 있는 일반 수업에서 교사는 다양한 학생들의 문화적 배경을 고려한 문화적으로 적합한 교수법(culturally relevant approach)을 활용할 필요가 있다. 문화적으로 적합한 교수법이란 교사가 학생들의 문화를 이해하고 이를 수업에서 적극 활용하여 교사와 학생 간의 상호작용을 극대화하는 교수법(Ladson-Billings, 2001: 202)으로, 교사가 일반 학생뿐 아니라 소수 학생들의 문화적 맥락을 수업 속에서 함께 고려하는 교수법을 뜻한다. 교사는 다양한 학생들이 가진 사회적, 문화적 배경을 이해하고 그와 관련된 예나 설명을 통해 다문화 가정 학생들의 이해를 증진시킬 수 있다.

예를 들어 베트남, 몽골 학생들이 있는 학급에서 교사는 역사적 사실을 설명할 때 한국뿐 아니라 베트남, 몽골과 공통적인 맥락 속에서 예를 가져오거나 그와 연관지어 사실을 설명한다. 이는 소수 집단 학생에게는 교과지식을 자신의 삶이나 문화적 배경과 연관지어 이해할 수 있게 하고, 다수 집단 학생에게는 특정한 역사적 사실을 다양한 역사적 관점과 맥락 속에서 이해할 수 있도록 도울 수 있다는 점에서 모든 학습자에게 효과적이다.

(2) 개념학습

일반 학교에서 다문화 교육은 다문화 가정 아동이 섞여 있는 일반 학급에서의 통합수업과 다문화 가정 자녀들만을 대상으로 방과 후 수업, 또는 이동식 수업의 두 가지 방식으로 이루어진다. 이 중에서 방과 후 다문화 가정 학생들만을 대상으로 이루어지는 이동식 수업을 할 경우 이들의 언어적, 문화적 배경을 고려한 학습지도가 보다 효과적으로 이루어질 수 있다.

한국어가 능숙하지 못한 다문화 가정 자녀를 대상으로 교과학습을 지도할 경우 교사는 학생들이 자신이 가진 스키마를 활용하여 추상적인 한국어 개념을 이해할 수 있도록 지도해야 한다. 교사가 다문화 가정 자녀의 언어를 수업에 활용할 수 있다면 더욱 좋겠지만, 상대 학생의 모국어 구사 능력이 없어도 한국어로 학습지도를 할 수 있다. 이때 교사는 교과의 관련 개념을 학생들의 한국어 능력과 수준에 맞추어 쉽게 풀어서 개념을 설명해야 한다. 교과지도의 경우, 학생들이 관련 단원의 핵심 개념을 파악할 수 있도록 도와주어야 한다. 개념과 관련하여 다양한 생활 속의 예를 들거나, 개념의 유의어와 반대어 제시하기, 개념을 활용한 문장 만들기 등을 활용하면 학생들이 보다 명확하게 개념의 의미를 이해하는 데 도움을 줄 수 있다. 추상적인 개념의 이해를 돕기 위해 관련된 역사적, 문화적 자료나 사진, 동영상 등의 시각적 보조 자료를 활용하는 것도 좋은 방법이다.

이렇게 개념을 익힌 뒤에는 반드시 학생들이 그날 배운 개념을 활용하여 말하거나 써보게 하여 새로운 개념을 익힐 수 있도록 해야 한다. 입법부, 정당, 권위 등 교과서에 자주 등장하는 추상적인 한자어 개념은 아이들이 일상생활에서 쉽게 익힐 수 없는 한국어이기 때문에 말하기와 쓰기를 통해 의식적인 인식 과정을 거치지 않으면 쉽게 잊어버리게 된다. 수업 과정에 게임이나 퀴즈를 활용하여 아이들이 즐겁게 참여하면서 개념을 익히도록 하는 것도 아이들의 학습흥미를 높일 수 있다. 교사의 긍정적인 칭찬과 보상은 다문화 가정 자녀의 자신감과 성취의욕을 증진시키는 데 효과적이다.

또 교과서 뒤편에 실린 색인 찾기를 통해 어려운 단어의 뜻을 찾아보게 하거나, 인터넷으로 사전을 찾는 법 등을 알려주면 다문화 가정 자녀들이 평소에 공부하는 데 도움이 될 수 있다.

(3) 동화가 아닌 정체성 존중 교육

다문화 가정 학생을 위한 적응교육 프로그램을 구성할 때 가장 주의해야 할 점은 '적응'과 '동화'를 구분해야 한다는 점이다. 다문화 가정 자녀에게 한국어 교육과 한국 문화 이해교육을 하는 것은 이들을 한국인으로 동화시키기 위한 것이 아니다. 다문화 가정 자녀들은 자신의 언어와 문화적 정체성을 확립한 가운데 한국 사회에서 올바른 민주 시민으로 살아가는 태도를 함양해야 한다. 따라서 한국의 역사와 문화, 풍습을 가르칠 때 문화의 다양성과 보편성 속에서 학생들이 간문화적 이해 능력을 증진할 수 있도록 해야 한다. 따라서 다문화 가정 자녀에 대한 문화 이해교육은 이들이 부모로부터 물려받은 다양한 문화적, 인종적, 민족적 유산을 긍정적으로 인식하고 받아들여 건전한 자기 정체성을 확립한 가운데 이루어질 필요가 있다. 다문화 가정 자녀의 다양한 정체성을 존중하는 가운데 이들이 다문화 한국 사회의 민주시민으로 살아갈 수 있는 자질을 함양하는 교육이 필요하다.

(4) 편견 감소와 협동학습

다양한 학습자로 구성된 교실환경에서 이질적 구성원에 대한 접촉은 일반적으로 고정관념과 편견을 감소시킬 것으로 기대된다. 그러나 단순히 다양한 학생들을 하나의 교실에 통합한다고 해서 인종 간의 편견이 감소하는 것은 아니다. 오히려 서로 다른 배경을 가진 민족 집단 간의 우연한 접촉은 기존의 부정적인 고정관념을 고착하고 새로운 고정관념을 만들어내기도 한다. 오늘날 공교육에 통합된 많은 다문화 가정 자녀들이 학교에 적응하지 못하고 중도 탈락하거나 소외를 겪는 것도 이를 뒷받침한다. 따라서 공교육에서 이질적인 구성원 간의 접촉이 바람직한 교육적 효과를 산출할 수 있는 교육적 방안을 고민할 필요가 있다.

협동학습은 학교에서 인종 관계를 개선하고 상호 공감을 형성하여 교육 목표를 달성하는 가장 효과적인 방식의 하나로 알려져 있다. 협동학습은 통합수업이나 다문화 가정 자녀만 대상으로 하는 분반수업 모두에서 효과적으로 활용할 수 있다.

다양한 구성원으로 이루어진 다문화적 교실환경에서 협동학습은 학생들이 공통의 목표를 추구하고 서로 상호 의존하는 과정 속에서 일반 학생들이 이질적 구성원에 대한 편견을 감소하고 소수 학생들이 자존감과 성취감을 증진하는 데 기여한다.

올포트(Allport, 1954)는 다수 집단과 소수 집단 구성원이 동등한 지위에서 공통의 목표를 위해 상호 접촉할 때 집단 간의 편견이 감소될 수 있다고 말하고 있다. 셰리프(Sherif, 1961) 등은 접촉이 편견을 감소시키는 조건으로 상호의존, 공통의 목표, 동등한 지위, 우호적이고 비공식적인 개인 간의 접촉, 다양한 접촉, 평등한 사회적 규범이라는 여섯 가지를 들고 있다.

이러한 평등한 접촉 조건에 기반하여 이질적인 구성원들을 섞어서 한 모둠으로 구성하고 공통의 과제를 완수하게 하는 협동학습은 교실 내의 인종 간 편견을 감소하는 데 효과적이다. 이때 다문화 가정 자녀도 팀 내에서 과제에 대해 적절한 몫을 분담하도록 할 필요가 있다. 이러한 과정에서 학생들은 인종과 민족을 떠나 동등한 모둠원으로 긍정적인 상호의존과 협력을 체험하게 되고 이질적인 구성원에 대한 이해를 증진할 수 있다.

이질적인 구성원과 동등한 지위에서 공통의 목표를 함께 추구하는 협동학습을 통해 다수 학생은 배려와 협동을 통한 공동체 정신을 체험할 수 있고, 다문화 가정 학생은 참여를 통해 긍정적인 소속감과 성취감을 가질 수 있다. 또 협동학습을 통해 학급 친구들과 더욱 친밀해지는 계기를 제공할 수 있다.

(5) 긍정적인 또래환경

학교에서 긍정적이고 친밀한 친구관계를 형성하고 있는 다문화 가정 자녀의 경우 학교생활에 쉽게 적응할 수 있다. 따라서 교사는 다문화 가정 자녀의 특성을 고려하여 학급 내 친구들과 친밀하게 지낼 수 있도록 환경을 조성해줄 필요가 있다. 한국에 입국한 지 얼마 안 된 이주 노동자 가정 자녀가 학급에 배정될 경우 교사는 같은 나라(문화권) 출신이면서 한국어에 능통한 학생을 짝으로 배정하거나, 또는 새로 온 친구에게 긍정적인 호감을 갖고 친구관계를 맺고자 하는 한국 학생을 짝이나 또래 도우미로 지정, 학교생활에 적응할 수 있도록 도울 수 있다.

다양한 학생들이 학급에 들어왔을 때 쉽게 친해질 수 있고 적응할 수 있는 환경을 조성하는 것은 다문화 가정 자녀에게는 학교생활의 적응을 돕고, 일반 학생들에게는 문화적 이해를 증진하고 타인에 대한 배려의식을 함양하는 기회를 제공할 수 있다. 따라서 다문화 가정 자녀가 교실 내에서 긍정적이고 협력적인 친구 관계를 맺도록 교실분위기를 형성하는 것은 일반 학생과 다문화 가정 자녀 모두에게 긍정적으로 작용한다.

4. 맺는 말

이상으로 다문화 가정 자녀의 학교 교육 현황과 교육 지도 방안을 살펴보았다. 학교 다문화 교육은 반드시 다문화 가정 학생과 일반 학생을 위한 다문화 교육이 함께 이루어져야 한다. 왜냐하면 다문화 교육은 다수의 입장에서 시혜를 베푸는 것이 아니라, 동등한 입장에서 다 같이 공존하는 삶을 살기 위해 필요한 삶의 방식을 모두가 배우는 교육이기 때문이다.

다문화 교육은 단순히 소수 집단 학생들이 한국어와 한국 문화를 익히는 데 국한된 교육이 아니라 모든 학생들이 다양한 구성원의 차이를 이해하고 존중하며 함께 살아가기 위한 민주시민의 자질을 익히는 교육이다. 따라서 다문화 가정의 자녀에 대한 학교 교육이 또 다른 소외나 편견, 차별의 도구가 되지 않도록 교사는 특히 유의해야 한다. 이러한 관점에서 다문화 가정 자녀의 교육지도는 학교 다문화 교육의 일부이며, 일반 학생들과 다문화 가정 학생 모두가 함께 어울려 살아갈 수 있는 공동체적 시민의 삶의 방식을 학교 교육을 통해 학습하는 기회가 되도록 해야 한다. 이러한 노력이 공교육 현장을 통해 지속적으로 이루어질 때 비로소 다문화 가정 자녀들은 자신의 다양한 인종적, 민족적, 문화적 유산을 긍정적으로 인식하는 건강한 민주시민으로 성장할 수 있을 것이다.

다문화 가정 자녀에 대한 우리의 교육적 관심이 소수에 대한 특별한 배려나 단순한 적응교육에 국한되지 않고 사회정의와 평등, 민주주의의 확장을 지향하는 기본적 토대 속에서 이루어질 때 비로소 우리는 교육현장을 통해 미래 다문화 한국 사회의 민주적 지향점을 만들어갈 수 있을 것이다.

학습 활동

▶다음 자료를 참고하여 '생각거리'의 물음에 답해보자.

〈다문화 가정 이해를 돕는 수업 자료〉

학습 주제	생각거리	활용 동영상
1.한국 사회의 다양성	• 한국 사회는 단일민족인가? • 우리 사회의 구성원이 될 수 있는 자격 기준은 무엇일까? • 이주 노동자는 우리 사회의 구성원일까?	• 지식채널e 〈피부색〉 • sbs스페셜 〈단일민족의 나라, 당신들의 대한민국〉 • 국가 인권위원회 〈여섯 개의 시선, 별별이야기〉
2. 인종차별과 반편견	• 외국인에 대한 우리의 고정관념은 무엇인가? • 외국인을 대하는 우리의 태도는 동질적인가, 이질적인가? • 다문화 가정에 대한 나의 이미지는 어떻게 형성되었나?	• 지식채널e 〈바타와 삼부〉 • 지식채널e 〈그녀는 이렇게 얘기했죠〉 • sbs스페셜 〈단일민족의 나라, 당신들의 대한민국〉
3. 통일과 북한 이탈 주민	• 통일은 반드시 필요할까? • 북한이 어떤 사람인가? • 북한 이탈 주민에 대해 내가 가지고 있는 오해나 편견에는 어떤 것이 있을까? • 영화를 본 뒤 변한 생각과 변하지 않은 생각은 무엇인가?	• 지식채널e 〈보통사람〉 • 영화 〈어떤 나라〉(다니엘 고든 감독) • 영화 〈우리 학교〉(김명준 감독)

참고문헌

교육과학기술부. 2010.「다문화 가정 학생 통계현황」(2010년 4월 기준).

———. 2011.「2011년 탈북청소년 교육 지원 추진계획」.

———. 2011.「탈북청소년 주요 통계 자료」.

우희숙. 2008.「이주 노동자 자녀의 사회과 학습태도의 의미이해」. 서울대학교 석사학위논문.

———. 2010.「한국 다문화 가정의 이해」. 최충옥 외.『다문화 교육의 이해』. 양서원.

이창호 외. 2007.「소수 집단 청소년들의 생활실태 및 지원방안 연구」. 한국청소년정책연구원.

조영달 외. 2006.「다문화 가정의 자녀 교육 실태조사 연구」. 교육인적자원부.

8장

다문화 가정 자녀의 언어교육

권순희 전주교육대학교 국어교육과

1. 들어가는 말

다문화 가정 자녀의 언어교육은 자국어로서의 한국어 교육, 제2언어로서의 한국어 교육, 이중언어 교육을 생각해볼 수 있다. 이 장에서는 한국어 교육과 이중언어 교육은 관련이 있으므로 논의하되, 이중언어 교육 중에서 한국어 교육에 초점을 두어 논의할 것이다. 이중언어 교육은 또 다른 영역에서 논의해야 할 사항이기 때문이다.

먼저 다문화 가정 자녀가 사용하는 언어들 간의 관계, 다문화 가정 학생을 위한 언어교육의 관점을 살펴보고, 다문화 가정 학생들을 위한 한국어 교육 내용으로 일상생활 한국어와 학습인지 한국어에 대한 이론과 실태, 지도 방안 및 제도화 방안에 대해 살펴본다.

2. 제2언어로서의 한국어 교육과 이중언어

다문화 가정 자녀의 다양성으로 인하여 제2언어로서의 한국어 교육(Korean as Second Language, KSL)과 이중언어에 대한 관계를 정립할 필요가 있다.

결혼 이민자 가정[1] 자녀들은 '결혼 이민 부모 출신국 언어'[2]와 한국어를 동시에 배울 수 있는 여건에 있다. 대부분의 결혼 이민자 가정의 자녀에게 한국어가 주요 의사소통 언어이므로 한국어를 제1언어라고 볼 수 있다. 그러나 경우에 따라서는 한국어가 제2언어가 될 수도 있다. 한국어와 '결혼 이민 부모 출신국 언어'를 동시에 구사할 때 이중언어를 구사한다고 볼 수 있다.

외국인 근로자 가정 자녀들의 경우는 부모와 같이 사용하는 모국어가 있고 제2언어로서의 한국어(KSL)를 학습하게 된다. 언어 능력이 발전하여 차츰 유창한 이중언어를 구사하게 될 것이다. 이 경우에 KSL이 스펙트럼과 같이 발전한다고 볼 수 있다. 이중언어(bilingualism)를 구사하는 정도에 따라서 그 능력이 다르기 때문에 스펙트럼이라는 표현을 사용해보았다. 이중언어 능력의 개념은 학자마다 다르다. 두 개의 언어를 모어처럼 유창하게 구사하는 능력을 이중언어 능력으로 보는 견해와, 말하기 능력은 제외하고 듣고 이해하는 수동적인 능력만으로도 이중언어를 구사하는 것으로 보아야 한다는 견해가 있다. 최근에

1 결혼 이민자 가정의 유형도 요즘은 다양화되고 있다. 여기에서는 한 부모가 외국인이고 다른 한 부모가 한국인인 가정을 의미한다.

2 결혼 이민자의 모국어를 일컫는 말임. 용어 출처: 이재분 외, 2010, 「다문화 가족 자녀의 결혼 이민 부모 출신국 언어 습득을 위한 교육 지원 사례 연구」, 한국여성정책연구원 · 한국교육개발원.

는 '그가 이중언어인이냐'를 묻기보다 오히려 '그가 어느 정도로 이중언어인이냐'에 더욱 관심을 둔다. '어느 정도'란 '얼마나 능통하냐'를 묻는 것이다(박영순, 1983).

이중언어는 교육 시기나 유창성 정도에 따라 나뉜다. 제1언어와 제2언어를 동시적으로 배웠느냐, 제1언어를 습득한 후 제2언어를 배웠느냐에 따라, 또한 모국어와 같이 유창하게 하느냐, 듣고 이해하는 정도만 하느냐에 따라 구별할 수 있다.

이중언어는 대체적으로 종속적 이중언어(subordinate bilingualism), 등위적 이중언어(coordinate bilingualism), 복합적 이중언어(compound bilingualism)로 나뉜다. 종속적 이중언어는 모국어를 습득한 성인이 다른 언어사용 사회에 가서 그 지역의 언어를 배우는 경우로, 한 언어의 의미가 다른 언어의 단어에 종속되어 있다고 본다. 이러한 경우는 일반적으로 한 언어의 유창도가 다른 언어의 유창도에 부정적인 영향을 주게 된다. 등위적 이중언어는 모국어를 습득한 후 다른 언어를 배우는 경우로, 두 언어의 단어가 마음속에 별개(two meaning system)로 존재하는 것을 의미한다. 제1언어와 제2언어를 유창하게 구사하더라도 제1언어가 대체로 우세하다고 볼 수 있다. 복합적 이중언어는 두 개의 언어를 동시에 혹은 병행하여 습득하는 경우를 말하며 두 언어의 단어가 동일한 의미체계(one meaning system)를 나타낸다. 제1언어와 제2언어를 매우 유창하게 구사하여 마치 두 개의 모국어를 구사하는 것과 같은 수준의 이중언어를 구사하는 경우이다. 매우 유창한 이중언어 단계라고 볼 수 있다.[3]

---

3 ko.wikipedia.org(최종 검색: 2012. 2).

3. 다문화 가정 양상과 언어교육 방향

다문화 가정에는 국제결혼 가정, 외국인 근로자 가정, 새터민 가정 등이 있으며, 외국에 장기체류한 후 귀국한 가정,[4] 재외 동포 중 역이민 온 가정[5] 등도 다문화 가정 사례에 추가해야 한다는 전제[6] 아래 다문화 가정의 종류에 따른 사용 언어와 언어교육의 방향을 정리[7]하면 〈표 8-1〉과 같다.

〈표 8-1〉 다문화 가정 양상과 언어교육 방향

다문화 가정	다문화 가정 종류	자녀의 사용 언어	자녀의 언어교육 방향
국제결혼 가정	한국인 아버지와 외국인 어머니로 이루어진 가정 → (2세 한국인)	한국어, 어머니 나라의 언어 (소수 언어) → (부분) 이중언어(한국어 우세)	이중언어 교육, 한국어 부진아 교육
	한국인 어머니와 외국인 아버지로 이루어진 가정 → (2세 한국인)	한국어, 아버지 나라의 언어 (소수 언어) → (부분) 이중언어(한국어 우세)	이중언어 교육, 한국어 부진아 교육
	국제 재혼 가정 → (입양된 중도 입국 자녀)	부 또는 모의 언어, 제2언어로서의 한국어(KSL)	이중언어 교육

4 지금까지 다문화 가정 자녀 대상 프로그램에서 제외되었다. 예를 들면, 귀국 자녀가 전통문화 체험 프로그램에 참여할 필요성이 높은데도 불구하고 다문화 가정 자녀가 아니라는 이유로 다문화 가정교육 프로그램이나 행사에서 제외되곤 하였다. 다문화가족지원법에 포함되지 않는 부류이기 때문에 예산 집행에서도 제외된 것이다. 그러나 교육적인 면에서 바라볼 때 학습 대상으로 포함해야 한다.

5 재외 동포의 가정이 한국에 귀국할 경우에 그 가정의 자녀들은 한국어를 잘 구사하지 못하고 한국 문화를 낯설어한다. 이들도 다문화 가정에 포함시키고 국가의 여러 교육 혜택을 누릴 수 있도록 해야 할 것이다. 국가 간의 경제 여건 변화 등으로 이민 간 사람들이 본국으로 귀국하는 사례가 있다. 예를 들어 일본에서도 한때 브라질로 이민(2008년 현재 브라질 이민 100주년) 간 사람들이 일본 경제가 좋아지자 다시 본국으로 귀국하여 마을을 형성하며 살고 있다. 우리나라의 경우도 남해군에 '독일인 마을'이 형성되어 있다.

6 다문화 가정의 양상이 다양화되면서 중도 입국 자녀, 비보호 청소년까지 교육 대상에 포함시켜야 하는 현실이 되었다.

7 권순희(2009: 62)의 「다문화 가정 양상과 언어교육 방향」을 보완한 것임.

<table>
<tr><td rowspan="3">외국인
근로자
가정</td><td>외국인 근로자가 한국에 이주한 후에 같은 국적의 사람과 결혼하여 이룬 가정
→ (2세 한국 태생)</td><td>부모의 언어,
제2언어로서의 한국어(KSL)</td><td>이중언어 교육</td></tr>
<tr><td>외국인 근로자가 한국에 이주한 후에 이룬 국제결혼 가정
→ (2세 한국 태생)</td><td>부의 언어, 모의 언어,
제2언어로서의 한국어(KSL)</td><td>다중언어 교육,
이중언어 교육</td></tr>
<tr><td>본국에서 결혼하여 형성된 가정이 이주한 경우
→ (1.5세대 본국 태생)</td><td>부모의 언어,
제2언어로서의 한국어(KSL)</td><td>이중언어 교육</td></tr>
<tr><td rowspan="3">새터민
가정</td><td>북한에서 입국한 가정</td><td>북한어, 부분 교정 남한어</td><td>한국어 교정,
방언 허용</td></tr>
<tr><td>입국 후 남한에서 형성된 가정</td><td>북한어, 남한어</td><td>한국어 부분 교정,
방언 허용</td></tr>
<tr><td>중국 등 제3국가 배우자와 비보호 청소년이 있는 가정</td><td>북한어, 중국어(혹은 타 언어),
제2언어로서의 한국어(KSL)</td><td>한국어 교정,
이중언어 교육</td></tr>
<tr><td rowspan="2">재외 동포
및
장기 외국
체류
귀국 가정</td><td>입국 재외 동포 가정,
재외 동포 중 국제결혼 가정 등</td><td>부분 한국어,
외국 체류지 언어 등 다양</td><td>한국어 보완,
외국어 유지</td></tr>
<tr><td>장기 외국 유학 가정</td><td>한국어,
외국 체류지 언어 등</td><td>한국어 보완,
외국어 유지</td></tr>
</table>

4. 다문화 가정 학생을 위한 언어교육의 관점

다문화 가정 학생이라 하더라도 결혼 이민자 가정 자녀인지, 외국인 근로자 가정 자녀인지, 새터민 가정 자녀인지 등에 따라 서로 다른 언어적 환경을 가지고 성장하기 때문에 언어교육 방향 또한 다르게 설정할 필요가 있다. 요즘에는 다문화 가정 자녀의 유형이 더 세분화되고 있다. 국제결혼 중 재혼 가정이 늘어나면서 재혼하기 전에 낳은 아이를 입양하는 경우가 있는데 이 자녀를 '중도 입국 자녀'라 한다. 또한 새터민 자녀 중에는 북한에서 출생하지 않고 중국이나 제3국가에서 출생한 자녀가 있는데 이들은 탈북한 경우가 아니어서 새터민으로 분류되지 않고 있다. 새터민 자녀 중 중국이나 제3국에서 출생한 자녀를 명명할 마땅한 법적 용어가 없는 형편이다. 학계와 북한 이탈 주민 관련 단체 실무자들은 이들을 '비보호 청소년'으로 명명하고 있다. 비보호 청소년에 대한 정확한 통계[8]조차 파악하지 못하고 있는 형편이다.

결혼 이민자 가정 자녀, 새터민 가정의 자녀는 상대적으로 한국어에 많이 노출된 가정환경과 분위기 속에서 자란다. 그러나 외국인 근로자 가정 자녀나 중도 입국 자녀, 비보호 청소년[9]은 한국어를 제2언어로 접근해서 배워야 하는 환경에 놓여 있다.

다문화 가정 학생이 자라온 언어 환경에 따라 언어교육의 방향은 달라진다. 다문화 가정 학생을 위한 언어교육의 방향은 대체로 자국어 교육의 관점, 제2언어 교육의 관점, 이중언어 지원의 관점으로 대별할 수 있다. 자국어 교육의 관점이란 한국어를 모어로 사용하고 있는 한국인을 대상으로 한 국어교육과 같은 관점으로 언어교육을 바라보는 것이다. 제2언어 교육의 관점은 제1언어인 모국어가 있고 한국어가 제2언어로 작동하는 경우로서, 언어적 소수자가 한국 사회에 적응하고 소통할 수 있도록 한국 사회에서 통용되는 주류 언어인 한국어를 교수 · 학습하는 경우이다. 이중언어 지원의 관점이란 한국어를 전혀 모르거나 한국어의 수준이 너무 낮아서 한국어로만 학교 교육을 받을 수 없는 조건의 학생들을 이중언어 강사가 조력하여 학교 교육에 적응할 수 있도록 하거나, 특별학급이나 특별 교육 기관을 두어 일정기간 교육하고 그 후 학교 교육에 적응할 수 있도록 도와야 한다는 관점이다. 학습자의 개별 사정에 따라 그 유형은 더 세분할 수 있겠지만 대

8 2011년 4월 교육과학기술부가 처음 집계한 비보호 청소년 현황 자료에 따르면 초등학교에 585명, 중학교에 13명, 고등학교에 10명 등 총 608명이 재학하고 있다. 「〈한반도 리포트〉 '비보호 청소년' 실태 · 문제점」, 『세계일보』(2012. 01. 24).

9 북한이탈주민지원재단이 학교에 다니는 비보호 청소년 435명을 대상으로 실시한 조사 결과에 따르면 응답자의 76.3%가 학생에게 향후 필요한 지원으로 학습 및 학업 지원을 꼽았다. 이어 교육비 등 경제적 지원(69.0%), 진로상담 지원(20.9%), 친구 교류 등 적응 지원(10.6%), 의료 지원(7.1%) 등의 순으로 나타났다.

략 세 가지 관점으로 언어교육을 바라볼 수 있다.

자세히 살펴보면, 다문화 가정 학생을 위한 자국어 교육의 관점은 유창한 한국어 환경에서 한국인과 교류하면서 한국어를 쉽게 배울 수 있다는 전제 아래 이루어지는 교육을 의미한다. 될 수 있으면 다문화 가정 학생이 일반 학생들과 어울려 교육을 받는 환경을 전제한다. 특별반을 형성하여 지도하거나 다문화 학교 등을 설립하여 따로 지도하는 방법은 바람직하지 않다고 보는 관점이다.

제2언어 교육의 관점은 제1언어와 제2언어를 동등하게 잘 구사할 수 있는 학생을 대상으로 하기 때문에 평소에는 일반 학생들과 함께 일반 학급에서 수업을 하고 학교 교육에 잘 적응하지 못할 경우나 부진이 나타나서 보충 교육이 필요할 경우에 한해 방과 후 교실 등을 운영하는 형태의 교육을 하자는 관점이다. 일상생활 한국어 수준은 일정 수준이 되나 학습 한국어 수준이 낮아 학교 교육을 따라가기 어려운 상황에서는 특별학급이나 KSL 교육 기관 등을 통해 단기간 KSL 교육을 받고 일반 학급에 배치하자는 관점이다.

이중언어 지원의 관점이란 외국인 근로자 가정의 자녀나 중도 입국 자녀와 같이 한국어를 전혀 하지 못하는 상황에서 한국에 입국하여 일반 학급에서 수업 받기 곤란한 학생을 대상으로 한국어 적응을 위해 모국어를 활용하여 한국어를 지도하자는 것이다. 이중언어 강사의 도움을 받을 수 있도록 제도화하여 모국어로 한국어 교육을 받거나 모국어와 한국어를 병행하여 한국어 교육을 받고 점차 한국어에 익숙해지면 한국어로 수업을 받을 수 있도록 하는 경우에 해당한다.

다문화 가정 학생을 위한 언어교육 방향은 교육 정책에 따라 달라지며, 교육 변인인 교사 변인, 학습자 변인, 환경 변인 등에 따라 다를 수 있기 때문에 일반화하기 어렵다.

그 학생이 국제결혼 가정 자녀인지, 외국인 근로자의 자녀인지, 중도 입국 자녀인지, 그 지역 사회, 학교, 다문화 가정 학생의 배경 언어, 인지 수준과 학습 요구, 학업 성취도, 학부모의 사회 · 경제적 지위, 가정에서의 언어 사용 실태 등 제반 요소를 포함한 언어 · 사회적 배경을 종합적으로 고려하는 맞춤형 교육이 되어야 바람직할 것이다(원진숙, 2009: 157). 개별적 맞춤형 교육에 대한 구체적 논의에 앞서, 먼저 학교 및 사회단체 운영 형태, 행할 수 있는 프로그램의 유형 및 지도 내용을 유형화해보겠다. 그 속성상 범주화하기 곤란한 요소가 많다. 이 논의는 대략적인 것이며 학습자 유형이나 프로그램의 유형, 지도 내용은 유동적임을 밝힌다.

〈표 8-2〉 학습자 유형에 따른 언어교육 프로그램 유형

프로그램 운영 장소	학습자 유형	프로그램 유형	지도 내용
학교 내	결혼 이민자 가정의 학생, 새터민 가정의 학생	통합 학급 안에서 국어로 지도하는 프로그램	교과교육
	결혼 이민자 가정의 학생, 외국인 근로자 가정의 학생, 비보호 청소년	통합 학급 안에서 이중언어 강사의 도움을 받아 지도하는 프로그램	교과교육 및 한국어 교육
	외국인 근로자 가정의 학생, 중도 입국 학생	방과 후 양방향 이중언어 교육 프로그램–이중언어 강사, 한국어 교육 강사	한국어 교육, 이중언어 교육, 교과 보충지도
	결혼 이민자 가정의 학생, 새터민 가정의 학생, 귀국 학생,	방과 후 교과 보충지도	교과 보충지도, 숙제지도
학교 밖	한국어에 익숙하지 않은 외국인 근로자 가정의 학생, 귀국 학생, 중도 입국 학생, 비보호 청소년	지역 거점 다문화 학교를 중심으로 하는 교육 프로그램	한국어 교육, 학교생활 적응지도
	결혼 이민자 가정의 학생, 외국인 근로자 가정의 학생	주말 학교 운영 교육 프로그램	한국어 교육, 교과 보충지도, 이중언어 교육
	이중언어 교육을 원하는 자	사이버 학교 운영과 방학 중 보충 프로그램	이중언어 교육
사회 기관	이중언어 교육을 원하는 자	다문화 가족 지원 센터 내 이중언어 교육	이중언어 교육
	결혼 이민자 가정의 학생, 외국인 근로자 가정의 학생, 귀국 학생, 중도 입국 학생	복지센터 등 사회단체 내 언어 프로그램	한국어 교육, 숙제지도

5. 일상생활 한국어와 학습인지 한국어

위에서 살펴본 제도 아래 다문화 가정 자녀의 한국어 교육은 일상생활 한국어와 학습인지 한국어 차원에서 이루어져야 한다. 일상생활 한국어란 의사소통상의 한국어를 이르고, 학습인지 한국어란 학교 교육에서 학습을 하는 과정에서 알아야 할 한국어를 의미한다.

커민스(Cummins, 1979)는 캐나다 다문화 가정 자녀들이 나타내는 영어 사용의 문제를 연구하였는데, 일상적 의사소통 능력(Basic Interpersonal Communication Skill, BICS)과 학문인지 언어 능력(Cognitive Academic Language Proficiency, CALP)을 구분하여 제시하고 있다. 일상적 의사소통 능력은 평소 일상생활 속에서 자연스럽게 얻어지는 기본적인 언어 능력인 데 비해, 학문인지 언어 능력은 학습 문제 해결 능력을 발휘할 때 나타나는 것으로 자연스럽게 습득되는 것이 아니다. 학문인지 언어 능력은 학습을 위한 상황적인 제한과 학습 내용 및 학습자 활동에 대한 인위적인 조절을 통해 학습되는 고차원적인 수준의 언어 능력이다. 교육 상황에서 드러나는 말하기, 듣기, 읽기, 쓰기의 언어 수행 능력은 인지 기술과 밀접한 관계가 있으며, 이것은 학문적 성취를 통해서 발달한다.

일상적 의사소통 능력은 다문화 가정 자녀들이 모어 화자(다문화 가정 자녀의 목표어를 모어로 사용하는 화자)와 소통하는 생활환경에서 2년 정도에 습득할 수 있는 것이라고 한다면, 학문인지 언어 능력은 5-7년 정도의 시간이 지나야 습득할 수 있는 것이라고 본다.[10] 커민스(Cummins, 2000)는 학문인지 언어 능력이 다문화 가정 자녀의 사회적 진입 문제

10 http://esl.fis.edu/teachers/support/cummin.htm.

와 관련되는 중요한 능력이라고 논의하고 있다.

이 이론은 우리나라에도 적용된다. 실제 우리나라 다문화 가정 자녀의 한국어 사용 실태를 살펴보면 일상적 의사소통 능력보다는 학문인지 언어 능력 면에서 부진을 나타내고 있다. 국제결혼 다문화 가정 자녀들은 부모 중 한 명이, 대부분의 경우 엄마가 한국어에 서툰 외국인이다. 또, 많은 경우 경제적으로 열악한 환경이다. 이 경우 다문화 가정 자녀는 가정에서 읽기, 쓰기와 같은 문어적인 언어 능력을 지도받지 못하거나 지도받더라도 수준이 낮은 경우가 대부분이다. 문식성 발달의 지체는 언어를 매개로 형성되는 추상적 사고 능력과 개념화 능력 발달에서 지체를 가져온다. 이는 학년이 올라갈수록 가중되며, 초등학교 고학년이나 중등학교에서 사용되는 수업 언어를 이해하는 데 어려움을 겪게 한다. 그 결과 학업 성취의 부진을 가져온다. 이러한 문제는 일상적인 의사소통의 언어와 학교에서 사용하는 언어의 차이에서 기인한다. 일상적 의사소통에서 보이는 유창성 때문에 이들은 교사들에게 관찰되지 못하는 경우가 허다하다. 그러나 초등학교 고학년으로 올라갈수록 수업에서 사용하는 어휘는 전문화되고, 언어 능력도 구어 능력보다는 문어 능력을 요구하게 된다.

윤희원(2009)은 다문화 가정 자녀의 한국어 사용 실태에 대하여 첫째, 기초 지식이나 상식의 결핍, 둘째, 논리적 사고 및 추상화 능력 부족, 셋째, 감각적 표현 및 직관의 차이라는 문제점을 지적하였다. 다문화 가정 자녀는 언어를 습득하는 단계에서부터 언어적 노출의 빈도가 낮다. 이주 여성 대부분이 한국어를 충분히 익힌 상태에서 아이들을 양육하는 것이 아니라 생활 한국어 정도의 한국어를 익힌 상태에서 아이를 양육하게 된다. 반면 시어머니들이나 한국인 가족들은 이주 여성에게 한국어로 아이를 양육할 것을 요구하는 것이 현실이다. 가정에서 한국어를 사용하지 않는 외국인 근로자 자녀의 경우도 마찬가지이다. 따라서 대부분의 다문화 가정 자녀가 가족과의 관계 속에서 습득하거나 학습한 한국어의 양이나 질이 일반 가정의 학생들에 비해 낮다고 할 수 있다.

다문화 가정 자녀를 지도하는 현장의 교사들도 다문화 배경 학습자가 일상생활의 언어 사용에는 큰 문제가 없지만 의사소통 이상의 언어 능력을 갖기 위해서는 언어교육이 필요하다고 지적한 바 있다(이성준, 2010: 32).

이성준(2010)은 초등학교 3, 4학년 학생으로 구성된 다문화 가정 자녀 19명과 모어 가정 자녀 48명을 대상으로 한국어 학문인지 언어 능력을 측정하였다. 그 결과는 다음과 같이 요약할 수 있다.

첫째, 한국어 학문인지 언어 능력 측정 검사에서 전체 평균은 68.32였으며, 측정 신뢰도는 0.808로 신뢰도가 있는 것으로 나타났다. 둘째, 다문화 가정 자녀는 모어 가정 자녀에 비해서 평균이 약 19점 낮았으며, 모든 측정 영역에서 상대적으로 평균 점수가 낮게 나타났다. 셋째, 측정 영역 중에서 학습 한국어 능력보다 학문인지 언어 능력에서 그 차이가 크게 나타났다. 넷째, 다문화 가정 자녀들의 응답 특징은 문제에 대한 무응답과 문제 방식을 이해하지 못해 나타난 오류, 그리고 글자의 표기 오류가 많았다는 것이다. 다섯째, 다문화 가정 자녀들은 논리 이해, 논리 추론 등의 영역에서 점수가 낮게 나타났으며, 표준편차가 커 학습자 간 편차가 큰 것으로 나타났다. 여섯째, 음운, 어휘, 문장과 같은 학습 요소에 대한 학습의 부재는 '쓰기' 기능과 연결된 학습 문제로 나타났다. 일곱째, 다문화 가정 자녀는 한국어 학문인지 언어 능력과 관련하여 제시된 새로운 개념을 다루는 방법을 모르고, 표면적인 정보를 통해서만 이해를 하며, 제공된 맥락 정보를 잘 활용하지 못하는 것으로 나타났다.

이성준(2010)은 한국어 문식성을 함양하기 위해 다양한 주제와 표현 방식을 가진 글 및 자료에 대한 언어적 읽기 연습이 필요하며, 문식성 도달 여부를 확인하기 위한 방법으로 쓰기 활동을 구성해야 한다는 문식성 중심의 교육을 제안하고 있다. 그리고 학습자에게 학습 내용에 대한 환경적, 내용적 정보가 많이 주어질 때 학습 성취가 용이하다면서 맥락 확장 중심의 교육을 제안한다. 또한 교사가 다문화 교육의 대상이 되는 학습자에 대한 구체적인 지식을 가지고 다양한 문화의 내용을 다루어야 한다는 다문화 중심의 교육을 제안한다. 현재 다문화 가정 자녀에 대한 구체적인 지도 내용과 방법이 지속적으로 연구되고 있는 상황이다.

6. 교실수업 적응 한국어 교육

선행 연구 결과 다문화 가정 학생의 학교 적응 수준은 대체로 일반 학생보다 낮은 것으로 나타났으며, 이들의 학교 적응에는 주요 배경 변인인 거주 지역, 어머니의 출신국, 어머니의 최종학력, 성별, 학년, 가정 내 교육적 지지 등이 영향을 미치는 것으로 나타났다(이재분 외, 2009). 다문화 가정 자녀들은 그들 부모 혹은 친구들과 기본적인 의사소통을 하는 데에는 지장이 없으나 실제 수업 환경 속에서는 어려움을 느끼는 경우가 많다. 수업 시간이라는 것은 언어적 만남으로 언어 자체가 교육의 대상이 될 수 있으며 언어를 학습의 도구로써 활용하기도 한다(박진욱 외, 2008: 42).

수업이라는 맥락에서 사용되는 언어는 일반적 상황의 한국어 의사소통과는 다른 방식의 의사소통으로 이루어진다. 학교 수업과 같은 상황에서 사용되는 텍스트나 언어 기능은 생활 속의 의사소통에서 수행되는 언어적 특성과 차이가 있다. 예를 들면, 수업 시간에는 글로 된 자료를 많이 사용한다. 교과서 및 기타 교육용 자료 등은 일상생활에서 접하는 텍스트보다는 상대적으로 더 학문적 성격을 지닌다. 수업 듣기, 발표하기, 토론하기, 모둠 활동하기 등 언어 기능도 비공식적인 수행보다는 공식적인 수행에 해당하는 것이 많다. 수업에서는 교사와 학생 간의 상호작용, 학생과 학생 간의 상호작용이 주를 이루며, 일상적 대화 방식과는 다른 면모인 공식적 대화 방식을 보여준다.

교실 부적응, 교과 부적응의 원인은 부모로부터 받은 언어적 수혜가 가장 큰 원인일 것이고, 개인적 특성, 수업환경에 대한 문제 등 다양한 원인들이 있을 것이다(박진욱 외, 2008: 40). 2003년 국가인권위원회 자료에 따르면 다문화 가정 자녀가 학교에서 겪는 문제 중 56%가 언어의 문제이며 이들 대부분이 교실수업에 적응을 힘들어 한다고 보고 있다. 홍영숙(2007)은 다문화 가정 자녀의 언어 문제는 취학 전에 해결되어야 한다고 본다. 이는 유치원 시기의 언어는 의사소통에 비중을 두는 데 비해 초등학교 진학 후에는 언어가 학습의 도구로서 사용되며 교과학습의 내용으로서의 언어교육이 이루어지고 특히 문어 중심으로 교육이 본격화되기 때문이다.

박진욱 외(2008)은 유치원과 초등학교 1, 2학년의 수업을 비교 분석하였다. 이 연구에 따르면 유치원 학습자들은 구어적이며 비격식체의 반응을 하는 데 비해 초등학생 학습자들은 95%가 격식체로 발표하였으며 비격식체로 발표한 학습자의 경우 끝을 얼버무리는 행동을 보였다(박진욱 외, 2008: 47)고 분석하고 있다. 또한 유치원 수업에 비해 초등학교 수업에서는 다문화 배경 학습자가 수업 내용 중 이해하지 못하는 부분에 대해 교사에게 직접 질문하는 경우가 적다. 초등학교 교사 발화의 특성에서 학습자를 지명해서 발언권을 준다는 부분과 학습자 발화의 특성 중 문어적 특성을 가지고 있다는 점, 격식체를 쓴다는 점 등과 같이 수업의 언어 환경은 일상생활의 언어 환경과 크게 다르다. 다문화 배경 학습자가 수업 중 궁금한 것이 있어도 질문 자체를 부담스러운 행동으로 여겨 질문하지 않는 것이다.

박진욱 외(2011: 45)에 따르면, 다문화 가정 자녀들의 학업 성취를 위해서는 학업 상황에서 사용되는 언어 기술을 가르쳐야 한다. 특히 표현 교육을 향상시켰을 때, 학업 수행 능력 향상으로 이어질 수 있다고 본다. 그런데 표현 교육은 이해교육이 전제되어야 하는 것으로, 예를 들면 쓰기 능력을 향상시키기 위해서는 읽기 능력이 전제되어야 한다.

최영환(2009: 38-41)은 국어과를 학업 수행을 위한 교과 학습의 도구가 되는 언어를 가르치는 교과로서 다문화 학생이 공교육에 적응할 때 반드시 필요한 교과라고 밝히며 국어과에서 다문화 학생을 위한 교육을 할 때는 교수 · 학습을 위한 기본 도구로서 한국어를 가르치는 것이 필요함을 지적한 바 있다. 박진욱 외(2011)는 다문화 가정 자녀를 위한 언어적 접근의 보완교육이 필요하다고 언급하고 있다. 또한 언어적 지원을 토대로 학업 수행 능력이 향상될 수 있도록 지원해야 한다고 주장하고 있다. 다문화 가정 자녀들이 교실수업에서 어려움을 겪는다는 사실에 주목하여 언어적 지원이 이루어져야 한다. 내용에 초점을 둔 교과교육은 각 교과의 특수성과 관련된 것이기 때문에 각 교과에서 지원해야 하며, 범교과에서 필요로 하는 언어 능력을 신장시키기 위해서 언어적 지원이 이루어져야 한다. 특히 언어 사용 능력을 향상시키기 위한 내용 지식과 표현 전략 및 이해 전략에 대한 연구와 충분한 연습을 통한 실천이 병행되어야 한다.

7. 다문화 가정 자녀의 국어 기초 능력 지도

학습 기본 능력이라 할 수 있는 3R(읽기, 쓰기, 셈하기) 중에서 문식성이 차지하는 비중은 높다. 문식성을 향상시켜주는 과목인 국어과는 기본 교과로서의 성격을 지닌다. 국어 능력 저하는 다른 교과 학습 능력의 저하를 야기한다고 할 수 있다. 그러므로 국어 능력 신장을 위한 체계적인 교육이 필요하다.

다문화 가정 자녀는 다른 과목에 비해 국어과 과목이 매우 취약하고 쓰기, 읽기(문장 이해력) 능력이 떨어지는 것으로 나타났다. 반면에 교사들은 다문화 가정 자녀의 국어 실력에 문제가 없다고 인식하기도 한다. 그러나 지도를 자세히 하게 되면 기초 언어 능력이나 교과 학습 능력 면에서도 결여가 많이 발견된다고 지적한다. 예를 들면, 전래동화에서 쉽게 접할 수 있는 사또, 훈장, 나그네 등의 어휘를 어려워하거나 기약분수, 대분수, 포유류, 양서류와 같은 교과학습 어휘를 어려워하는 것이다.

다문화 가정 자녀가 모두 학습 부진을 겪을 거라는 생각은 오해이다. 그럼에도 불구하고 학습 부진이나 학습 능력 향상을 위한 보충이 필요한 상태이다. 다만 주의할 것은 다문화 가정 자녀를 일반 학생과 같이 평등하게 대우하는 것이 바람직하다는 것이다.

이 절에서는 다문화 가정 자녀 중 특히 결혼 이민자 가정의 자녀를 중심으로 언어적 문제점을 살펴보고, 결혼 이민자 자녀를 대상으로 한 국어교육의 실천 방향을 제시하겠다. 조사 대상은 초등학생 및 중학생이며, 멘토링 제도에 참여한 학생들이 학습자를 지도하면서 관찰한 사례, 교실수업 관찰 사례, 일기와 같은 산출물, 면담으로 조사된 내용을 토대로 정리한 것이다. 결혼 이민자 자녀에게 초점을 둔 것은 전국적으로 학교 현장에서 다문화 가정 자녀 형태 중 결혼 이민자 자녀가 다수를 차지하기 때문이다. 또, 초등학생에 초점을 둔 것은 아직 중학생의 언어 실태에 대한 연구가 이루어지지 않았으며, 초등학교가 기초 과정이기 때문이다.

결혼 이민자 자녀들의 언어적 차이나 문제점은 겉으로 두드러지게 나타나거나 심각하게 드러나기보다는 부진의 정도로 내재되어 있다. 초등학교에서 겪게 되는 학습 부진이 중학교에 진학하면서 심화된다. 초등학교에서는 담임교사가 학생들과 한 교실에서 생활하면서 교과를 지도하기 때문에 중학교에 비해 학습 부진 학생에게 관심을 가지고 지도할 수 있는 여건이 잘 마련되어 있다고 평가할 수 있다. 그러나 중학교에서 담임교사는 조회, 종례 시간에 잠깐 들러 학생을 지도하는 체제이고 교과 담당 교사가 각 교과를 지도하는 체제이다. 담임 및 교과 담당의 이원체제는 학생에 대한 친밀한 파악을 하기 어렵게 하며, 학생의 학습 부진을 감지하기 어렵게 만든다. 중학교부터는 학습량이 많아져서 교과 담당 교사는 진도 나가기도 벅차기 때문에 학습 부진 학생을 특별히 지도하고 관심을 가질 여력이 없게 마련이다. 이와 같이 상급 학교로 진학할수록 지도가 어려운 형편이며 학습 부진의 폭은 깊어진다고 할 수 있다.

(1) 다문화 가정 엄마의 발음과 언어 환경

다문화 가정의 엄마들은 (자녀들이 초등학생임에도 불구하고) 조사나 어미에서 정확하지 못한 표현을 사용하거나 조사나 어미를 생략하기도 한다. 문장의 순서가 바뀌기도 하고, 발음이 명확하지 못하고 말의 끝을 흐리게 발음하기도 한다. 또한 존댓말 사용이 불안정한 경우를 쉽게 찾을 수 있다. 이러한 환경은 다문화 가정 자녀들의 평소 국어

교육 환경에서 약점으로 작용할 수 있다. 다음은 김선정(2011)이 제시하고 있는 다문화 가정 엄마의 대표적인 말하기 사례로, 서술어를 누락하기도 하고, 일반적인 형태가 아닌 구문 도치, 무엇과 무슨, 어디와 어느의 문법적 혼동 등의 사례이다.

〈서술어 누락〉

(예1)

CK: 고구마 몇 분 삶아야.

시어머니: 고구마?

CK: 아버지는 밥을 먹어.

시어머니: 니 밥 묵고(먹고) 나서.

(예2)

아이: 모기.

CK: 아빠가 창문을 열어서 오늘 모기.

(예3)

시어머니: 아이들 먹던 건 없어?

VK: 안 봤어요. 여기 한 개만.

시어머니: 있어?

VK: 네.

(김선정, 2011: 9-10)

〈구문 도치〉

(예4)

PK: 몇 개? 몇 명이나 돼, 사람?

PK: 니 목사님 보냈잖아 집에. 말씀 안 외워가주고(외워서) 집에 가라잖아.

PK: 음… 어느… 누구 자동차야? 데려갈 거?

(김선정, 2011: 11)

〈무엇/무슨, 어디/어느 사용처 혼동〉

(예5) 지금은 엄마 나이는 어떻게?

(예6) XX아빠! XX아빠, XX이 무슨 닦고 있어요?

(예7) 누가? 누가 깔아? 니가 얼마, 몇 개?

(예8) 오빠, 저기 어디 나라야?

(예9) 엄마 니들 하고 문방구 가면 겁이 난다. 왜 알아?

(김선정, 2011: 12)

그 밖에도 어휘 다양도(TTR)가 평균 발화 길이가 길어져도 높아지지 않는다는 연구 결과(김선정, 2011)가 있다. 완전한 문장으로 말하기보다는 명사를 나열하는 경향이 드러난다. 또한 자신의 말을 상대방이 못 알아들을 때 발음 때문에 청자가 못 알아듣는다고 생각하지 못하고 잘못된 어휘를 사용하여 상대방이 못 알아듣는다고 인식하는지, 대체할 어휘를 제시함으로써 보충하려는 보상전략을 사용하기도 하며, 풀어서 말하는 경향을 보인다. 연구자가 만난 필리핀계 결혼 이민자는 한국에 온 지 15년이 되었는데도 경음과 겹받침을 잘 발음하지 못한다.

〈경음 발음 오류〉

(예10)

A: 교수님 살 바졌어요?(필리핀계 결혼 이민자)

B: 예? 바졌어요? 으응, 살 빠졌어요.

(예11)

A: 발라야.

B: 예, 빨라야.

〈겹받침 발음 오류〉

(예12)

○혁이가 나는 엄마 달랐어('닮았어'를 달랐어로 말함). 나는 요리 잘해.

결혼 이민자가 한국에 살게 되면서 새로 생긴 습관은 묻는 습관(질문 습관), 베트남 말(모어)로 바꾸어 기억하려 함, 몸짓을 많이 사용함, 말수가 줄어듦(회피 전략), 말 반복(반복 전략), 목소리 커짐, 귀 뚫는 습관(들으려는 노력), 숫자나 방향을 나타낼 때 손짓 사용, 대화를 처음 시작하는 능력 부족(질문에 답하는 정도는 가능)이라고 한다(김선정, 2011).

특기할 만한 사실은 인용문을 구성하기 힘들어하고 흉내내기로 인용문을 대신한다는 것이다. 인용문은 복문이기 때문에 문법에 맞게 구성하기가 쉽지 않다. "…래요, …라고 했어요, …하재요"라는 표현을 사용하려면 두 개의 문장을 연결하는 연습이 필요하다. 김선정(2011)에서 보이고 있는 사례는 다음과 같다.

(예13)

VK: 근데 나한테, "많이 먹어요".(아주머니의 말소리를 흉내 내며)

VK: 근데 선생님이 "나중에 남편하고 또 와요. 비빔밥도 먹어요".

(선생님의 말소리를 흉내 내며)

(김선정, 2011: 18)

결혼 이민자들이 어려워하는 어휘는 '녹색어머니회'처럼 단어가 발생한 문화적 배경을 알아야 그 뜻을 알 수 있는 것들이다. '녹색'이나 '어머니', '회' 각각의 의미를 알지만 '녹색어머니회'가 학교 앞에서 학생들 등교 시에 교통정리를 해주는 학부모라는 의미를 알기는 쉽지 않다. '컴퓨터크리닝', '애프터서비스'처럼 콩글리시 또한 이해하기 어려운 어휘이다. 은유, 환유처럼 상징의미를 지닌 표현 또한 이해하기 어려운 부분이다.

다문화 가정 엄마의 발음과 언어 환경은 다문화 가정 자녀에게 영향력을 미친다. 그러나 다문화 가정 자녀들이 한국인 아빠나 친척과의 교류 속에 놓여 있고, 어린이집, 유치원 등의 교육 기관을 통해 보완할 수 있는 언어 환경 속에 놓여 있으며, 언어 발달 단계 면에서 어린이들은 외부 자극에 개방적이기 때문에 낙관적으로 언어 환경을 생각해볼 수 있다.

(2) 문자 지도 및 받아쓰기 지도

문자 지도, 즉 한글 깨치기에 대한 논의는 초기 단계의 논의이므로 이는 별도의 논의가 있어야 할 것이다. 이 부분은 다문화 가정 학생을 위한 KSL 교육과정 개발 연구(원진숙 외, 2011)에서 논의되었다. 여기에서는 한글을 깨친 학생에 대한 지도를 중심으로 논의하겠다.

다문화 가정 자녀들은 한글 문자 구조를 이해하지 못하는 경우가 있다. 현재 초등학교 1학년 1학기 읽기 교과서에 보면 한글의 자음자와 모음자를 구별하는 내용이 나온다. 대부분 학생들은 한글이 자음과 모음, 받침으로(정확하게는 초성, 중성, 종성의 구조로) 구성된다는 것을 알고 있다. 한글을 배우면서 부모로부터 자연스럽게 구조를 습득하게 되기 때문이다. 그러나 다문화 가정 자녀들은 한글의 구조를 알지 못하는 경우가 많다.

(예14)

민우에게 발견된 문제점은 한글이 이루어진 구성을 잘 이해하지 못하고 있다는 것이다. 자음과 모음조차 제대로 알지 못하고 있었고, 바르게 쓰는 방법과 순서 또한 알지 못하고 있었다. 예를 들면 'ㄱ'이 '기역'이라는 것도 모르고 있었다.… 한글을 바르게 쓰는 것을 학습하였고 획순이나 배열 순서도 익히게 하였다. 'ㅓ'를 쓸 때 'ㅣ'를 쓴 다음 점을 찍는 방식을 사용[11]하였다. ㄹ, ㅂ, ㅍ 등의 획순이 많이 틀렸다. 리을은 한자 새을(乙)자를 쓰듯이 획순을 썼고, 비읍과 피읖도 자주 틀렸다. 틀릴 때마다 지우고 다시 쓰라고 했더니 한 학기 후에는 어느 정도 고쳐졌다.

(전주교대 멘토 조명지가 지도한 여름초등학교[12] 1학년 ○민우)

다문화 가정 자녀들은 받아쓰기 시험을 어려워하며, 받아쓰기에서 많이 틀리는 편이다. 1, 2학년 초등학교 저학년 받아쓰기의 어려움은 나중에 읽기와 쓰기 어려움으로 연결되며, 고학년의 학업상 어려움으로도 이어질 수 있다.

받아쓰기 지도는 대체적으로 가정의 도움을 필요로 한다. 그런데 결혼 이민자인 어머니들은 가정에서 자녀의 받아쓰기를 지도하기 어렵다고 호소한다. 고려인이나 조선족의 경우도 받아쓰기 지도는 쉽지 않다고 이야기한다. 말을 할 줄 안다는 것과 정확하게 쓸 줄 안다는 것은 또 다른 문제인 것이다. 연구자가 "한국인 아버지가 자녀의 받아쓰

11 외국인들 중에는 획순에 대한 관습을 모르는 경우가 있다. 중국인 결혼 이민자 가정의 자녀가 '앉'자를 쓸 때 'ㅇ'과 'ㄴ'을 먼저 쓴 후 'ㅏ'와 'ㅎ'을 나중에 쓰는 순서로 글자를 쓰는 경우도 있다. 마치 한문 '朴'자를 쓰듯이 오른쪽 부분을 먼저 쓰고 왼쪽 부분을 쓰는 것이다. 한글은 자음과 모음, 자음의 순으로 구성된다는 것을 모르는 것이다. 휴대전화 문자 보내기로 지도하면 효과적이다.

12 이하 학교 이름, 학생 이름은 모두 가명임.

기를 지도하면 되지 않느냐"고 질문하자 결혼 이민자들의 반응은 의외였다. 한국인 아버지가 학력이 낮고 문식성이 부족하며 자녀 교육에 대한 관심이 적은 경우가 많다. 그 때문에 아버지가 자녀의 받아쓰기를 돌봐줄 수 없다는 반응이었다.

다문화 가정 자녀들은 집에서 받아쓰기 연습을 할 때 엄마가 불러주는 어휘의 발음과 학교에서 선생님이 불러주는 어휘의 발음이 다르다고 호소한다. 예를 들면, 물고기와 불고기의 발음을 비교해보자. 겉으로 볼 때 비슷한 어휘가 한 개는 물고기[물꼬기]와 같이 [꼬기]로, 한 개는 불고기[불고기]와 같이 [고기]로 소리 나는 것이다. 빨랫줄[빨래쭐]과 고무줄[고무줄]의 형태와 발음 또한 쉽지 않다.

〈표 8-3〉은 이계풍(2009: 19)이 제시하고 있는 전남 무안군 ○○초등학교에 재학 중인 다문화 가정 자녀 14명의 받아쓰기 오류 사례이다.

〈표 8-3〉 다문화 가정 자녀의 받아쓰기 오류 사례

번호	정답	오류 사례
1	소정이는 학교가 끝난 뒤 엄마와 함께 양파밭에 물을 주었습니다.	끝낭뒤(1명), 한께(1명), 함개(1명), 함꼐(1명), 양파받에(1명), 양파밧의(1명), 주웠습니다(1명), 주엇습니다(1명)
2	소정이는 친구와 심하게 싸웠습니다.	신하게(1명), 심하개(2명), 심하계(1명)
3	선생님께서 어른 먼저 드린 후 저희들이 먹어야 한다고 했습니다.	어름(1명), 든린후(1명), 저히(2명), 저이(3명), 들리후(1명)
4	동생은 공부방에 안 가고 바닷가에 놀러 갔습니다.	공부방의(1명), 바다가로(1명), 바다가의(1명), 않가고(3명), 롤로(1명), 놀로(3명)
5	체험학습에서 많은 문화재도 보고 박물관도 견학을 하였습니다.	체엄학습(2명), 체헌하습(1명), 채험학습(4명), 많는(1명), 만은(1명), 문화제(5명), 묵화제(1명), 무나지(1명), 문아재(1명), 갠악(1명), 게낙(1명), 제학(1명)
6	나의 가족은 항상 행복합니다.	나으(1명), 한상(1명)
7	나는 가끔 동생이 부끄러울 때가 있습니다.	각금(1명), 가금(1명), 가끈(1명), 부꾸러운적(2명)
8	나는 오늘 거짓말을 한 것을 반성하였습니다.	거짖말(2명), 겄진말(1명), 거진말(2명), 거짐말(1명), 방선(1명), 밧석하였습니다(1명), 방성하였습니다(1명)
9	아버지는 낙지를 잡으러 바다로 나가셨습니다.	낚지(3명), 낮지(1명), 잡으로(12명)
10	소정이가 오늘 "야, 나 너랑 안 놀아."라고 소리쳤습니다.	안 놀애(1명), 않놀아(5명), 안노라(1명)

받아쓰기 오류 사례를 살펴보면, 소리 나는 대로 적고 있음을 알 수 있다. 맞춤법에 맞게 적으려면, 소리대로 적되 어법에 맞도록 적을 수 있어야 한다.

받아쓰기 지도의 간략한 대안으로는 문자해득을 위해 받아쓰기 단계장을 따로 만들어주고, 다른 아이들과 다른 목표 점수를 정해주어 성취감을 가질 수 있도록 한다. 여러 차례 받아쓰기를 실시하고, 해당 교과서 단원이나 받아쓰기 단계장의 문장을 큰 소리로 읽게 한다.

(3) 어휘 지도

일상 어휘보다 학습 어휘나 학습을 위한 인지 어휘에서 어려움을 느낀다. 일상 어휘에서도 다양한 어휘를 구사하지 못한다. 개념어, 추상어 등에 대한 어휘 능력이 부족하며 상위어, 하위어의 관계 파악이 어렵고 이를 자유롭게 사용하는 데 어려움을 느낀다. 어휘가 빈곤하여 반복 표현을 사용하는 사례가 드러난다. 다음을 보자.

(예15)

오늘 내 친구가 집에 놀러왔다. 너무 재미있었다. 누가 놀러왔냐면 은성이랑 창준이랑 동환이가 놀러왔다. 그런데 엄청 큰 허스키 한 마리가 우리 집 강아지를 물어서 은성이랑 창준이랑 동환이랑 내가 돌을 던졌는데 우리 아빠가 개목줄 갔다(→가져다) 허스키를 때렸다.

(4학년 MKMS 일기)

(예16)

민우에게 거실 벽의 시계나 의자에 앉아 있는 엄마, 아빠, 누나, 아기 등 그림 보여줌. 시계 하나가 주어진다면 민우는 그것을 시계로만 알고 있지 그 시계로 인해 연상되는 벽시계나 뻐꾸기시계, 혹은 시간이나 시계에 관련된 다른 단어를 알지 못했다.

(전주교대 멘토가 지도한 여름초등학교 1학년 ○민우)

"은성이랑 창준이랑 동환이랑"이라는 표현 대신 하나의 개념어인 "친구랑"이라는 표현을 쓸 수 있을 것이다. 시계의 종류도 벽시계, 괘종시계, 알람시계, 손목시계, 디지털시계 등 다양하게 표현하지 못하고 시계라고만 표현한다.

부모의 학력이나 경제적이 높은 집의 아이들이 그렇지 못한 집의 아이들에 비해 어휘력이 풍부하다는 연구 결과는 잘 알려진 사실이다. 어휘력의 풍성함은 언어 사용 능력을 향상시키는 기본 자원이라 할 수 있다. 어휘력을 향상시키기 위해서는 상상력을 통해 관련된 어휘를 알아내는 게임을 하거나 연상 어휘를 찾는 게임 등을 통해 연습을 많이 할 필요가 있다. 초등학생에게는 끝말잇기도 하나의 방법이다. 고학년이나 중등학생의 경우는 게임보다는 대화, 토론, 독서, 작문 등을 통해 향상시키는 것이 좋을 것이다.

다문화 가정 학생 중 초등학교 저학년에게 그림을 보여주고 해당 단어를 쓰는 학습 활동을 해보게 했더니 어려워했다. 그림이 의미하는 바를 알아차리지만 어떤 표현을 써야 할지 해당 단어를 떠올리지 못하기도 하였다. 예를 들면, 미용사, 축구공, 골프 등의 단어를 기억하지 못하거나 모르고 있다. 개념어를 잘 생각해내지 못하는 것이다. 대신 그림의 의미를 풀어 설명한다. 예를 들면, 미용사가 있는 그림을 보고서 '미용사'라는 개념어로 표현하지 못하고 '머리를 해주는 사람', '머리를 자르는 사람' 정도로 표현한다. 또 그림 자체가 의미하는 것을 알지 못한다. 예를 들면, 우리나라 전통 문화에 대한 그림이나 익숙하지 않은 그림을 보고 추론하는 능력이 부족하다. 탈춤, 남매, 형제, 닮다 등의 어휘를 생각해내야 하는 그림이었는데 어휘를 잘 알아내지 못하였다.

머릿속으로는 생각하고 있는 단어가 있는 경우에도 글자로 표기하지 못해 표현하지 못하는 경우가 있다.

(예17)

멘토: 이건 뭐야?

민우: 냉장고.('낸장고'처럼 발음 이상함)[13]

멘토: 생각했네. 써봐.

민우: (못 쓰는 글자 많음)

(여름초등학교 1학년 ○민우)

자존감의 문제가 어휘에 대한 반응에 영향을 주는 것을 발견할 수 있다. 자신이 국내인이며 한국인이라는 자존감이 부족한 경우, 외국인, 내국인에 대해 부정적 반응을 하였다. 반면에 결혼 이민자인 엄마에 대한 자존감이 있는 학생의 경우는 엄마의 이름을 쓸 때도 의기소침하지 않는다.

(예18)

아빠 이름 쓰고, 엄마 이름 쓰고, 누나 이름 쓰는 활동이 있었는데 엄마가 태국에서 오신 분이라 이름이 낯설었어요. 탐궁칸(가명)을 민우가

13 익산 모 초등학교 임미성 선생님이 지도하는 초등학교 1학년 다문화 가정 학생은 "뚜껑"이라는 말을 할 때 "꾸떵"이라고 말하였다. 잘 고쳐지지 않았고, 반 아이들도 한동안 "꾸떵"이라고 말하면 "뚜껑"의 의미로 알아들었다.

쓰기에 불편해하자 누나가 고쳐줬어요. 자존감에는 문제가 없어 보였어요. …컴퓨터 화면에 엄마 사진을 넣을 정도로 온 식구가 엄마를 좋아했어요. 엄마 사진, 아이들 사진이 집 안에 많고, 아이들은 자존감이 있었어요. 아빠가 자주 집에 있었고 엄마는 집에 없을 때가 많았어요. 엄마가 무슨 일하시는지 아빠보다 더 바빴어요.

(전주교대 멘토가 지도한 여름초등학교 ○민우)

일상생활을 위한 한국어의 사용에 어려움을 겪지 않더라도 교과서에 나오는 학습 용어는 어려워하였다. 교과서의 지시문을 이해하는데 어려움을 겪었다. 예를 들면, 국어 읽기 분야에서 읽기 능력이 유창하지 못하고, 수학 문제를 풀 때 문제의 지시 내용을 이해하지 못하여 수학 문제를 풀지 못하는 경우가 있다. 또한 한국의 문화와 역사, 사회생활을 소개하는 사회 과목을 어려워하는데 배경지식의 차이도 무시할 수 없지만 낯선 어휘를 이해하지 못하는 것에도 원인이 있다.

다음 사례는 초등학교 6학년 학생 신수현의 일기이다. 매우 유창하게 한국어를 구사하는 학생인데, 교과 학습 어휘 부분에서 정확한 것인지 모르겠다는 표현을 일기에 사용하고 있다.

(예19)

2010년 6월 22일 화요일

제목: 공개 수업

7교시 공개수업이 있는 날이다. 우린 과학을 수업하였다. 일단 선생님께서 골판지(?맞는건가?)를 나눠주시고 각 동물의 특징을 찾아보라고 하셨다. 상어, 잉어, 납자루, 붕어… 양면테이프를 떼고 골판지에 갖다붙였다. 맨 꼴찌에 하고 싶었던 우리들의 마음을 아는지 모르는지 장난쟁이 정○○은 자기가 발표하지도 않을 거면서 자신만만하게 손을 번쩍들었다. 다○이와 지○이는 짜증내는 인상을 찌푸리고 정○○을 날카롭게 눈치로 쏘아보았다. 하지만 어쩔 수 없는 상황이다. 다○이는 커다란 노란색 골판지를 두팔로 번쩍들고 지○이는 어류에 대한 특징을 발표하였다. 그 앞에 있는 나도 목소리가 너무 작아 들리지도 않았다. 마지막까지 발표를 마치고 이제 티비에 나오는 과학을 배웠다. 수○이네 조는 파충류인가 양서류, 주○이네 조는 포유류였던가…?? 아무튼 과학을 배운 보람이 있다.

(예20)

6월 30일 수요일

제목: 수학총정리

선생님께서 수학총정리를 한 권 주셨다. …그런데 선생님이 "○○아, 통분 모르면 나와도 돼"이러셨는데 이름을 제대로 못 들어서 계속 통분 문제만 빤히 쳐다보았다. 다시 똑같은 쌤의 말이 들렸는데 그 ○○이 바로 나를 가르킨 것이었다. 그래서 앞으로 나갔는데 통분 문제는 넘기고 기약분수? 문제를 풀이로 알려주시고 나는 제자리로 돌아가 기약분수를 풀었다. (기약분수였나?) 한꺼번에 다 맞고 합격하려고 몇 분 동안 문제를 풀어나가고 채○이 뒤에 내가 섰다.

(6학년 신수현 일기)

"곰파지(?맞는건가?)", "포유류였던가…?? 아무튼 과학을 배운 보람이 있다", "기약분수였나?" 등의 표현에서 맞는 것인지에 대한 표현과 물음표는 이를 증명한다. 골판지, 포유류, 기약분수는 교과 학습 어휘에 해당한다. 텔레비전 뉴스를 보다가 결혼 이민자 엄마가 모르는 부분이 있어 물어보면 신수현은 곧잘 자세히 설명하면서 답변을 한다.[14] 학교 교육에도 잘 적응하는 편이다. 하지만 교과 학습 어휘는 어렵다고 반응한다.

강진숙(2009)은 일반 가정 자녀 66명과 다문화 가정 자녀 66명을 대상으로 한 어휘력의 차이를 조사하였다. 도시와 농촌으로 나누어 초등학교 1, 2학년 학생을 대상으로 한 연구였다. 그 결과는 다음과 같다.

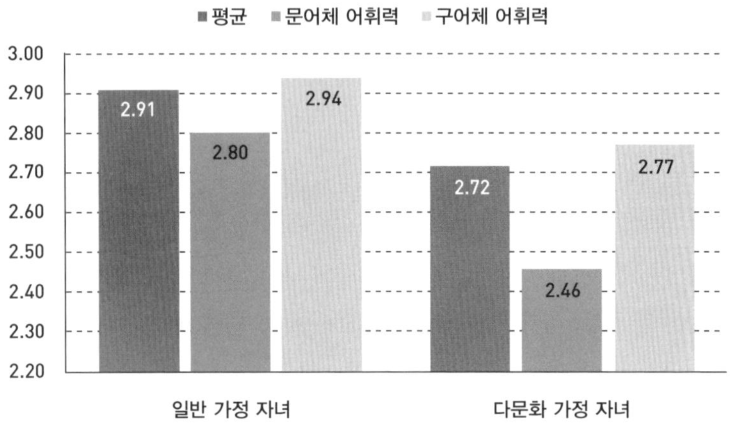

〈그림 8-1〉 전체 어휘력, 문어체 어휘력, 구어체 어휘력 비교
*출처: 강진숙, 2009: 57.

〈그림 8-1〉에서 보는 바와 같이 다문화 가정 자녀는 어휘력 중에서도 구어체 어휘력보다는 문어체 어휘력 부분에서 부진의 정도가 심하다. 일대일의 관계로 보기는 어렵지만 구어체 어휘는 대체적으로 일상생활에서 사용하는 어휘라고 볼 수 있으며, 문어체 어휘는 학습 어휘, 인지 어휘라고 볼 수 있을 것이다.

14 다음은 2011년 8월 현재 중학교 1학년인 신수현과의 인터뷰 내용이다.
신수현: 뉴스 들으면서 엄마가 모르는 말 물어보면 제가 알려줘요.
면담자: 어, 그래? 수현이는 뉴스 들으면 다 알아들어?
신수현: 예.
면담자: 수현이 신문도 읽니?
신수현: 아니오. 신문 안 읽어요.
면담자: 응, 그래.

이를 해결하기 위해서는 첫째, 책 읽어주기 프로그램을 개발해야 한다. 선진국에서는 가독성(readability)이라는 개념으로 아동의 독서교육에 있어 어휘의 중요성을 강조하고 있다. 책 읽어주기 프로그램을 통해 다문화 가정 자녀들은 풍부한 어휘력을 기를 수 있게 될 것이다. 특히 그들에게 부족한 것이 문어체 어휘력임을 고려할 때 책 읽어주기 프로그램은 다문화 가정 자녀의 어휘력 보충에 큰 도움이 될 것이다.

둘째, 병설 유치원을 확대하여야 한다. 다문화 가정 자녀의 부족한 어휘력은 교육을 통해 충분히 보충이 가능하다. 교육의 효과는 학년이 낮을수록 더욱 클 것이다. 다문화 가정 자녀들에게 체계적인 교육을 제공하기 위해서는 교육 프로그램이 공교육 제도권 안에서 이루어져야 할 것이다. 따라서 병설 유치원을 확대하여 많은 다문화 가정 자녀들에게 교육의 기회를 제공하여야 할 것이다(강진숙, 2009: 65).

(4) 말하기, 듣기

결혼 이민자 가정의 가족 구성 형태나 본국적은 다문화 가정 자녀의 발음에 영향을 준다. 부모 이외의 조부모나 다른 친척과 함께 사느냐, 외조부모와 사느냐 등 환경에 따라서도 발음에 차이가 난다. 부모가 적극적인 성격의 소유자인지, 사회 활동을 얼마나 하는지, 가정에서의 대화 시간이 얼마인지 등의 환경이 발음에 영향을 미친다. 또한 다문화 가정 자녀들이 유치원이나 어린이집을 다녔느냐의 여부도 발음에 큰 영향을 미친다.

다문화 가정 자녀들은 발표에 소극적인 경우가 많다. 발음이 분명하지 않다고 놀림을 당하거나 실수할까봐 발표를 하지 않기도 한다. 그러나 발표 횟수의 감소나 소극성은 발표 능력을 키워줄 기회를 주지 않기 때문에 문제이다.

발표는 연습이 필요하므로 자주 기회를 주고, 못한 부분을 수정해 주기보다는 잘할 부분을 칭찬해주며 지도한다. 전체 학생 앞에서 발표하기 어려워할 경우에는 소집단 안에서 발표 연습을 한 후 정리하여 학급 전체 학생 앞에서 발표하게 한다. 또는 두 명 이상의 학생들이 번갈아가면서 협력하여 발표를 하도록 지도하는 것도 바람직하다.

(5) 읽기

읽기교육의 초기 단계에서는 음독을 권장하다가 차츰 묵독을 지도하게 된다. S초등학교 2학년 진규는 수업 시간에 읽기를 할 때 잘못 발음하는 경우도 있어 학급 친구들의 웃음을 자아내기도 한다. 다문화 가정 자녀들이 읽기를 하는 경우 부자연스러운 발음을 하기도 하지만 잘 읽었다고 칭찬하며 교사는 격려를 아끼지 않아야 한다.

(예21)

교사가 나눠서 읽기를 시켰다. 혜정이가 더듬거리면서 읽는다. 발음이 약간 어색하다. 더듬더듬 한 글자씩 읽는다. 혜정이는 평소에 말할 때는 발음이 이상하지 않은데 읽기를 할 때는 발음이 부자연스럽다. 혜정이 읽은 후 선생님이 "혜정이가 요즘 발표도 잘 하고, 열심히 하고 있구나. 다같이 박수!"라고 격려하는 말을 한다.

선희가 이어서 잘 읽는다. 진규는 커졌다 작아졌다. '많아서'를 만아져(?)로 발음을 하자 아이들이 웃는다. 그러자 교사가 "너희들도 가끔 그렇게 발음하잖아"라고 하고 "계속 읽어"라고 한다. 진규는 얼굴이 빨개진다. 교사가 잘 읽었다고 해주니까 이어서 또박또박 읽으려고 한다. "킁킁"을 "끙끙"으로 읽고 "향기도 맡았습니다"는 작고 힘없는 목소리로 읽고 앉는다. 읽기 어려운 발음도 있다고 선생님이 얘기하면서 잘 읽었다고 격려하여 준다.

(S초등학교 2학년 1반 2007년 6월 11일 3교시 국어시간)

다문화 가정 학생들에게 공통적으로 나타나는 현상이 겹받침의 발음을 어려워한다는 것이다. 예를 들면, 동화책에 나오는 젊은이를 읽을 때 [절므니]라는 발음 대신에 [절느니]라고 발음한다.

(예22)

겹받침의 경우 발음을 대충함. 겹받침 단어의 발음을 잘 모르고 있다. 모르는 단어는 읽는 중간중간 질문을 많이 하였다. 정확한 읽기가 되지 않아 쓰기에서도 많이 틀리는 편이다.

(양○초등학교 1학년 ○형채)

민우는 책을 읽을 때 '의'를 '우'로 발음하곤 했어요.

(여름초등학교 1학년 ○민우)

또, 구개음화, 자음접변이 있는 단어 등에서 발음을 정확히 하지 못하는 경향을 보인다.

〈표 8-4〉 다문화 가정 자녀 발음 사례

어휘	바른 소리	다문화 가정 자녀의 발음
젊다	점따	절따
짖다	짇따	진따
솟을	소슬	솟틀
굳이	구지	굿티
찢어	찌저	찌더

*출처: 이세연, 2009: 116.

읽기에 유창하지 않은데다 속도가 느려 학업에 영향을 미친다.

(예23)

글자를 쓰여진 그대로 읽으려고 노력하며, 느리게 읽는 편입니다. 맨 처음 1학년 기말고사 시험지를 풀게 했을 때, 30분 이상의 시간이 지나도록 5번 문제까지만 풀었습니다.

(양○초등학교 1학년 ○형채)

학교 교육의 대부분의 교과서 읽기, 학습 활동지 풀기, 숙제 등으로 이루어지기 때문에 읽기 속도가 느리면 학업을 수행하기 힘들다. 독해 능력의 부족은 국어과만의 문제로 끝나는 것이 아니라 타 교과에도 영향을 미친다. 예를 들면, 독해 능력이 부족할 경우 문장제 수학 문제를 풀기 어렵다.

읽기의 기본은 가정에서의 문식성 환경과 밀접한 관계가 있다. 결혼 이민자 가정의 어머니들은 여가시간의 문제, 발음상의 문제, 독해력의 문제 등으로 이야기책을 많이 읽어주지 못하는 형편이다.

또 일반 학생들보다 상대적으로 가정의 문식성 환경이 부족하다. 가정의 문식성 환경 조사에 따르면, "부모님이 책을 읽어준 경험이 있느냐"는 질문에 다문화 가정 자녀들 모두 "별로 없다"고 답하였다. 선생님이 주인공의 성격이나 상황에 맞게 글을 읽어줄 때 다문화 가정 자녀들 모두 집중하고 활동에 적극적으로 참여하였다(이세연, 2009: 112).

초등학교에 들어오기 전부터 가정에서 동화를 읽어주는 부모를 경험하고, 스스로 동화를 읽을 수 있는 환경을 경험할 때 읽기에 대한 태도나 습관이 길러진다. 만약 가정에서 이러한 환경을 경험하지 못했을 때에는 학교에서 경험할 수 있도록 지도해줄 필요가 있다. 초등학교에서 경험하는 것이 중요하지만 중고등학교에서도 독서에 재미를 느끼고 독서의 필요성을 인식하고 습관화할 수 있도록 환경을 만들어 주고 지도한다. 1차적으로는 학교에서 지도할 수 있을 것이나, 복지 단체 등 사회 기관 차원에서 이 학생들을 지원해주거나 공공도서관에서 상설 프로그램이나 이벤트[15]를 만들어서 독서 지도를 할 수 있다. 현재 우리나라의 도서관에서 독서교육이 진행되고 있다. 분기별로나 매달 아이들이 체험하고 즐기는 프로그램이 진행되고 있다. 그렇지만 일회성 행사인 경우가 많다. 지속적으로 프로그램을 운영하고, 학생들이 쉽게 접근할 수 있도록 홍보할 필요가 있다.

(6) 쓰기

글쓰기 두려움은 다문화 가정 자녀뿐만 아니라 일반 학생들도 똑같이 겪는 일반적인 현상이다. 그 원인을 쉽게 파악하기는 어렵다. 쓰기에 대한 긍정적인 기쁨을 느끼기도 전에 부정적인 느낌을 먼저 습득하는 것에서 한 가지 원인을 찾을 수 있다. 문자를 습득할 당시의 부정적 경험이나 암기식으로 가르치는 받아쓰기와 받아쓰기 점수 등의 영향, 의무감[16]에서 쓰는 일기 등으로 쓰기에 대한 느낌이 긍정적인 경험으로 작용하지 못할 때 글쓰기 두려움이 형성되는 것이다. 그러나 같은 환경에서도 어떤 학습자는 긍정적인 학습 태도를 형성하고 기억하기 때문에 쉽게 논의할 수 있는 문제는 아니다.

결혼 이민자 자녀의 경우 구어와 문어 차이에 따른 맞춤법 오류가 많이 관찰된다. 구어의 발음이 맞춤법 오류에 영향을 미치는데, 다음

---

15 도서관이 잘 된 나라로 핀란드를 들 수 있다. 핀란드의 도서관은 사람들이 많이 모이는 역 주변이나 슈퍼 근처에 많이 지어졌다. 또 학생들이 방과 후 도서관에서 내 집같이 생활하도록 도와주고 있다. 핀란드는 일반 도서관뿐만 아니라 음악 전문 도서관이 있어 청소년 및 국민 간의 문화 격차를 줄여주고, 혜택을 누리게 함으로써 교육을 하고 있다. '도서관 10'이라는 이름의 도서관은 음악으로 특화된 도서관이다. 도서관 카드만 있으면 음악, 공연 감상은 물론 청소년들에게 잠재된 문화 콘텐츠를 만들어낼 수 있는 공간이라는 데 의미가 있다. http://blog.naver.com/PostView.nhn?blogId=jihyoppo&logNo=30084406590(최종 검색: 2012. 2).

16 일기 쓰기가 학교에서 내주는 하나의 숙제이다.

과 같이 양○초등학교 1학년 ○형채와 여름초등학교 1학년 ○민우도 자신이 발음하는 대로 쓰기 때문에 맞춤법이 많이 틀리고 있다.

〈표 8-5〉 구어 · 문어 차이에 따른 맞춤법 오류의 예

○형채, ○민우(1학년, 남)의 잘못된 표기	올바른 표기	항목 비고
칠반	칠판	평음, 격음 차이 혼동
내모	네모	'애'와 '에' 차이 혼동
재비	제비	'애'와 '에' 차이 혼동
생(냇)	셋(넷)	'애'와 '에' 차이 혼동
경찰간(소방간)	경찰관(소방관)	이중모음 표기 혼동
챙그랑	쨍그랑	경음, 격음 표기 혼동
으자	의자	이중모음 표기 혼동
까마기	까마귀	이중모음 표기 혼동
빨릅니다	빠릅니다	동사변화 혼동, 형태소 몰이해
해씁니다	했습니다	'쌍시옷' 생략
해서	했어	형태소 몰이해, 선어말어미
바빴어	바빠서	형태소 몰이해

그 밖에도 활용 오류, 이중 모음, 단모음 표기의 오류, 시제 표기의 오류 등이 발견되며, 외국어의 간섭으로 한국어 표현을 달리하는 혼종어 사용이 나타나기도 하고, 표현 늘려쓰기의 사용, 글의 통일성 부족 등이 관찰된다.

특이할 만한 사실은 초등학교 6학년 신수현 학생이 쓴 다음의 일기 사례와 같이 구어 표현의 논리가 그대로 쓰기에 반영된다는 것이다.

(예24)

2010년 8월 11일 수요일

젤뚜르다 선생님이 서학동성당 모든 애들에게 설레임을 나누어주셨다. 아니, 사가지고 오셨다. 나는 커피맛을 먹고 싶었는데 쌤이 대부분 아메리카노 메인프레임 맛을 골라오셨고 그 중에 3-4개가 우유맛이였다. 역시 젤뚜르다 쌤도 우리의 입맛도 아시는구나! 우유맛은 처음엔 괜찮았는데 녹아서 먹으면 먹을수록 점점 느끼한 맛으로 변해져가서 싫다.

아메리카노 메인프레임 커피맛은 그 맛 자체가 계속 지속되고 똑같아서 좋고 내가 핸드폰으로 하정이의 몰카를 찍고 있었는데 하정이는 나를 위해서 아이스크림을 양손으로 들고 왼쪽 설레임을 나에게 건네 주었다. 나는 하정이꺼 몰카를 전부 다 삭제하고 고맙게 받아먹으면서 하정이의 대한 잘못을 뉘우쳤다. ㅠㅠㅠ~;; 하정아, 미안해! 내 맘 알지?(모르면 어쩔 수 없는 거고…) 역시 아메리카노 메인프레임 커피맛은 느끼한 맛이 없어서 너무 좋아~〉-〈 ♡. 아무튼 오늘은 재미있고 신나는 하루였다. 다음에 또 가서 그 때는 제대로 시원하게 놀고 싶다.

(6학년 신수현 일기)

위 학생의 경우는 저학년에 비해 많은 양의 일기를 쓰고 있다. 그러나 시간적 순서에 따른 기술이 미숙하며, 아직도 문법적 오류가 드러난다. "우유맛이였다" 대신에 '우유맛이었다'로, "변해져가서" 대신에 '변해서'로, "하정이의 대한 잘못" 대신에 '하정이에 대한'으로 표현해야 옳다. 또한 통일성이 부족한 글이다. "우유맛은 처음엔 괜찮았는데 녹아서 먹으면 먹을수록 점점 느끼한 맛으로 변해져가서 싫다"라는 표현이 앞에 나오고 "나는 하정이꺼 몰카를 전부 다 삭제하고 고맙게 받아먹으면서 하정이의 대한 잘못을 뉘우쳤다"라는 표현이 뒤에 나오고 있다. 아이스크림을 받아먹고, 맛에 대한 평가를 하거나, 기존 경험의 영향으로 아이스크림 맛은 어떠하다는 언급을 하였어야 옳다. 또는 하정이가 가져다 준 아이스크림 중 무엇을 선택했는데, 그 이유는 과거의 경험 때문이라는 내용으로 써야 할 것이다. 과거의 경험과 현재의 사실 가운데에서 일어나는 느낌을 기록하다보니 표현법과 그 뒤에 수반되는 사고가 복잡하게 되었다. 그 결과 과거와 현재의 상관관계를 논리적으로 처리하지 못하고 있다.

다음의 사례도 신수현의 초등학교 6학년 당시의 일기이다. 어휘를 중심으로 살펴보자.

(예25)

2010년 7월 24일 토요일

제목: I'm uptown girl.

AR이와 DH이랑 시내에서 (MH이도) 5시간 동안 실컷 놀다왔다. 먼저 도레미에 3D 입체 롤러코스터를 탔는데 덜컹 거리고 귀신 나오는 장면까지 그 누구하나 소릴지른 사람은 나까지 포함해서 아무도 없었다. 그렇게 도레미노래방까지 마치고 다음 코스 쇼핑을 할 차례다. 아름이가 나에게 핸드폰 줄과 귀걸이를 사주었다. MH이는 빨리 점심 먹자고 앙탈이다. 문구점에서 다 쓴 사회노트와 곧 있으면 엄마아빠 결혼기념일이라서 엄마가 제일 좋아하는 파란색 상자와 (?)효과를 사서 그 가운데에 요즘 엄마가 모으시는 메니큐어를 놓았다. AR이와 DH이와 내동생이랑 시소에 가서 초콜릿빙수를 시켜먹었다. 복불복으로 운도 지지리없는 내가 카운터에 가서 주문을 시켰고 오천원 이상의 음식을 시켰으므로 서비스로 구운 빵을 먹었다. 만두 한 판에서 비빔만두도, 고기만두도 시켜 먹어서 오늘 하루만큼은 우리들이 돼지같다는 느낌을 받았었다. 원타임노래방은 너무나 추웠어~! 다음에는 DHE(2반) JS(3반)이랑도 DH이랑 AR이까지 같이 놀러가보고 싶었다. 매니큐어 가게에서 직원언니에게 "40대 주부가 사용하는 메니큐어 좀 추천해 주세요."라고 묻자, 보라색, 파랑색, 초록색 메니큐어가 나왔었는데 엄마께서는 이 색깔들이 다 있어서 반짝이 핑크를 4천원에 샀다.^^

(6학년 신수현 일기)

제목을 'I'm uptown girl'과 같이 영어로 쓴 것이 특이하다. "(?)효과를 사서"라는 부분은 무슨 의미인지 알기 어렵다. 특별히 쓰고 싶은 표현이 있었던 것 같은데 정확한 표현이 생각나지 않아 물음표 처리를 한 듯하다. 어떤 상품에 관련된 전문적인 어휘일 것으로 예측된다. "복불복으로 운도 지지리없는"이라는 표현은 아이들이 쉽게 사용하는 표현으로 보기 어렵다. 2010년 당시 유행했던 텔레비전 프로그램인 〈복불복쇼〉의 영향이라고 해석된다.

일기 전체적으로 사건을 기록함에 있어서 시간 순서를 무시하고 쓰고 있으며, 중심 사건 위주의 기술이라고 보기도 어렵다. 매니큐어에 대한 얘기가 중간 앞부분과 글 뒷부분에 나온다. 매니큐어 얘기가 연결성 있게 나온다기보다는 관심 대상의 흐름에 따라 등장하고 있다.

다문화 학생의 글에 결혼 이민자 가정의 고유한 가치관이나 관점이 드러나기도 한다.

> 북한 통일 되면 기차를 놓겠다는 일기를 쓴 거예요. 그래서 제가 아이에게 물어봤죠. "왜 기차를 놓으려고 해?"라고요. 그랬더니 "엄마 고향 심양에 기차를 타고 가려고요"라고 답변하는 거예요. 결혼한 지 7년만에 엄마가 심양에 가보았고, 자주 못간다고 말했어요. 일기에 간혹 중화의식이나 제패의식이 나타나기도 해요.
>
> (익산 모 초등학교 1학년 담임교사 임미성)

다음 사례에서는 문화 혼합 현상이 나타나고 있음을 알 수 있다.

> (예26)
>
> 2010년 8월 12일 목요일
>
> 제목: 놀기
>
> 수연이언니, 나, 주현이, 현희 넷이서 우리집에서 후라이팬놀이, 빙고, 끝말잇기··· 네 번째에서도 내가 걸릴 거 같아서 이제 그만하고 369를 하였다. 13에서 수연이언니가 걸려서 뭐였더라···? 암튼 딱밤을 맞았을 것

이다. 어떤 게임(필리핀겜)에서는 현희 갯수가 제일 적어서 오랜만에 딱밤 이마에 세게 쳤는데 수연이언니가 너무하다고, 현희 이마 빨갛게 됐다고 그랬다. ㅋㅋSorry 현희야~

(6학년 신수현 일기)

통신언어를 사용하고 있고, 영어도 간혹 쓰고 있다. 필리핀 게임을 친구들과 하면서 놀았다는 내용으로 보아 필리핀을 다녀오면서 엄마나라의 문화를 습득하고 전수하고 있는 것으로 보인다.

(예27)

2010년 7월 3일

제목: 생일파티

진이네 집에서 3살 기념으로 생일파티를 열었다. 그곳에는 맛있는 음식들이 차려져 있었다. 머쉬멜로우 얹은 바비큐, 다양한 필리핀 전통음식도 제각각이다. 나는 JH(10)랑 바베큐를 뽑아 먹었는데 머쉬멜로우가 느끼했다. 바베큐는 맛있었지만 덜 익은 부분도 있었다. 손님들 오느라 음식을 급하게 차렸나보다. 안쪽 방(진이네 방)에는 놀이방이었다.…

(6학년 신수현 일기)

위 예문은 필리핀 문화가 이 학생의 생활에 개입하고 있으며, 이를 친구들에게 전해주기도 한다는 6학년 학생의 생활상을 보여주고 있다. 필리핀 게임으로 친구들과 어울리고 있으며, 필리핀 전통음식을 공유하는 생활을 하고 있음을 기록하고 있다.

8. 맺는 말: 다문화 가정 자녀의 언어교육 정책 현황 및 개선 방안

(1) 언어교육 정책 현황

교육 측면에서 본다면, 교육과학기술부가 2006년 '다문화 가정 자녀 교육 지원 대책'을 발표한 것을 시작으로 다문화 가정 자녀의 지원이 제도화되었다. 다문화 가정 자녀의 한국어 능력 향상 지원을 통해 학교 적응을 도우려는 교육과학기술부의 노력은 교재 개발과 연구학교, 거점학교, 예비 과정, 특별 학급 운영 등의 제도로 나타난다. 또 시 · 도 교육청별로 다문화 가정 학생 프로그램을 시행하고 있다. 문화체험 활동, 한국어반(KSL) 운영, 멘토링 등 지역 특성에 맞는 다문화 교육 사업을 실시하고 있다.

자세히 살펴보면, 중앙다문화교육센터를 통해 2008년『학교가 좋아요1』초급용 한국어 교재와 2009년『학교가 좋아요2』중급용 한국어 교재가 개발되었다. 2011년 현재 연구학교 16개, 거점학교 130개, 예비 과정(경기 2개, 인천 2개), 특별학급(경기 4개교 6학급, 대전 2개교 2학급)이 운영되고 있다. 또한 시 · 도 교육청별 자체 사업으로 다문화 학생이 많은 곳을 중심으로 한국어반을 운영하고 있다. 중도 입국 자녀 등을 위한 다문화 대안학교는 서울, 충북 지역에 2012년 3월, 인천 지역에 2013년 3월 개교하였으며, 대안교육 위탁기관 지정이 부산, 광주 등으로 확대되고 있다.

국립국어원은 2010년부터 다문화 가족 자녀 대상 한국어 교육 방송을 한국방송공사와 공동으로 기획하여 개발하였다. 다문화 가족의 자녀와 부모가 재미있고 쉽게 한국어와 한국 문화를 배울 수 있도록 돕는 한국어 학습 프로그램은 KBS 2TV 〈TV 유치원 파니파니〉의 '해바바랑 또나랑 글자놀이 2'를 통해 방영하고 있다. 글자 카드 찾기, 만화영화로 각색한 재미있는 동화를 통하여 자연스럽게 한글을 배우는 말놀이 등으로 구성되어 있는 이 프로그램은 매주 수요일 오후 4시부터 약 20분 동안 방영되고 있다.[17]

〈그림 8-2〉 해바바랑 또나랑 글자놀이 방송 화면

(2) 개선 방안

1) 학교 적응 및 교과 적응 프로그램 운영

유치원에서 초등학교 단계로 이동하는 상황에서 학교 적응을 위한 프로그램뿐 아니라 교과 적응을 위한 프로그램을 운영한다면 다문화 가정 자녀의 학습에 도움이 된다. 교과 적응 프로그램은 학습 능력 배양을 위한 특수 언어 교재의 마련으로 이루어질 수 있다. 박진욱(2009: 69)은 학문적 어휘, 활동적 어휘, 교사-학습자 간의 의사소통 어휘 등을 지도해야 할 것이며, 학습자가 스스로 학습을 하는 도중 발생하는 여러 문제 상황에서 유연하게 대처할 수 있는 학습전략을 포함

17 http://blog.naver.com/urimaljigi/40148627056.

할 것을 제안하고 있다.

〈표 8-6〉 교과 적응 프로그램을 위한 특수 교재 구성 내용

구분	내용
학령기 아동 특수 교재	• 교과서는 어떻게 볼까?(교과서 활용 방법) • 선생님 질문 있어요(교사-학습자 의사소통 방법) • 혼자서도 잘 해요(학습전략) • 예쁜 글씨, 좋은 글(문어 능력 강화) • 엄마와 함께하는 재미있는 숙제

*출처: 박진욱, 2009: 69.

초등학교 때까지는 자녀와 부모가 과제를 함께 수행해야 하는 경우가 많으므로 부모가 자녀의 교육을 돕는 방법을 알려주는 부모교육 차원의 프로그램도 필요하다. 이재분 외(2010)는 다문화 가정 초등학생의 입학 초기 학교적응 프로그램을 개발하였다. 한국에서 태어나고 자란 학생과 중도 입국 학생으로 나누어 자료를 제시하고 있다. 학부모용, 교사용, 학생용 적응 프로그램을 제시하고 있어서 교육 공동체 차원에서의 교육 대안을 제시한다.

2) KSL 교육 프로그램 운영

한국의 공교육 시스템 안에서 적응하는 데 어려움을 겪고 있는 외국인 근로자 자녀나 중도 입국 학생에게 무엇보다 절실하게 요구되는 것은 제2언어로서의 한국어 교육 지원이다. 각 학교마다 또는 거점학교에서 KSL 교육 프로그램을 운영하는 것이다. 원진숙 외(2011)에서 다문화 가정 학생을 위한 한국어(KSL) 교육과정을 개발하였으므로 이를 활용할 수 있다. 원진숙 외(2011)는 KSL 교육과정의 성격, 목표, 구성 원리, 내용 체계를 제시하고 있으며, 한국어 숙달도에 따른 성취기준을 한국어 의사소통 능력(BICS)과 학습 한국어 능력(CALP)이라는 두 가지 범주를 구성하여 제시하고 있다.

개발된 교육과정을 학교 현장에서 실효성 있게 실천하기 위해 개발된 한국어 교육과정에 근거하여 초중고 각 두 권의 표준 한국어 교재, 총 6권의 교재가 출간되었다.[18]

3) 한국어 능력 평가 도구 개발

다문화 가정 학생의 한국어 능력을 평가 진단할 수 있는 주니어 토픽(J-TOPIK)의 개발이 필요하다. 다문화 가정 학생의 한국어 능력 진단이 가능하다면, 체계적인 수준별 교육에 보탬이 될 것이다. 지금까지 개발되어 시행되고 있는 한국어 능력시험은 주로 유학생이나 전문직업인 등 성인을 대상으로 한 것이고, 아동용 한국어 능력시험 도구는 별도로 개발된 적이 없다. 아동용 한국어 능력시험의 초기 단계 사업으로 2012년에는 다문화 배경 학습자를 위한 진단도구가 개발되었다.[19]

4) 예비교사 양성 및 다문화 교사 교육 및 연수 강화

다문화 가정 학생 교육을 담당하고 있는 현장 교사와 관련 기관 담당자들을 위한 교육 및 연수가 이루어져야 한다. 교육과정, 교재, 평가 도구가 개발된다 하더라도 실질적인 교수학습은 교사를 통해 이루어지기 때문에 교사 교육이 뒷받침되어야 한다.

18 원진숙 외, 2012, 『초등학생을 위한 표준 한국어 교재』 1-2권, 국립국어원.
박석준 외, 2012, 『중학생을 위한 표준 한국어 교재』 1-2권, 국립국어원.
박석준 외, 2012, 『고등학생을 위한 표준 한국어 교재』 1-2권, 국립국어원.

19 김정남 외, 2012, 『2012년 다문화 학생 한국어 교육과정 진단도구 개발 연구』, 국립국제교육원.

학습 활동

1. 다음 글을 읽고 다솜학교 설립에 대한 견해를 말해보자.

〈'다문화 코리아' 元年〉 '다솜학교' 서울 이어 제천서도 문 연다

사회 통합위 · 교과부 등 설립 · 지원 협약 체결

다문화 가정 청소년에게 기술교육을 하는 고교 과정 대안학교인 '다솜학교'가 2012년 3월 서울에 이어 충북 제천시에서도 문을 연다.

다솜학교 개교는 외국에서 태어나 부모를 따라 한국에 들어온 중도입국 다문화 자녀 2명 중 1명이 제도교육을 받지 못하는 이른바 '탈학교' 상태에 놓여 있는 상황에서 나온 것이어서 주목된다. 또 2013년에는 인천에 초 · 중 · 고교 과정을 모두 갖춘 다문화 학교가 지어져 다문화 청소년들을 위한 교육 여건이 한층 더 강화될 전망이다.

사회통합위원회와 교육과학기술부, 고용노동부, 충북도교육청은 12일 오전 서울 종로구 세종로 정부 중앙청사에서 다솜학교 설립 · 지원 업무협약을 체결했다. 충북 제천시의 한국폴리텍 제천캠퍼스에 들어설 다솜학교는 다문화 가정 자녀의 학교 적응을 돕기 위해 언어 · 문화 · 기술교육을 실시하는 고교 과정 대안학교다. 다솜학교의 3년 과정을 마치면 고교 학력을 인정받고, 기능사 수준의 자격도 취득할 수 있다.

산업현장 인력수요와 다문화 가정 청소년들의 선호도 등을 고려해 3개 학과를 운영하며 한 학년에 3개반(1개반 15명)씩 총 9개 학급을 둔다. 내년 3월 입학할 45명은 올해 11월쯤 모집한다. 중학교 학력을 소지한 다문화 가정 자녀는 누구나 지원할 수 있다.

전국 단위로 학생을 모집하기 때문에 기숙사 시설을 기본으로 제공하며 입학금과 수업료, 기숙사비는 전액 국비로 지원한다.(중략)

교과부 관계자는 "부족한 한국어 능력과 가정형편, 학교 문화에 대한 이해 부족으로 학교를 그만둔 다문화 가정 자녀를 방치해선 안 된다"며

> "다솜학교에서 사회문화 적응교육과 정규 일반교육, 기능기술 교육을 통해 학생들의 사회 적응력과 자존감을 키우고 취업 · 자립을 위한 능력을 기르도록 하겠다"고 말했다. 다솜학교는 고용부 산하 직업교육 전문대학인 한국폴리텍이 설립 · 운영하며 교과부와 충북도교육청은 필요한 제도적 · 행정적 지원을 한다.
>
> 이에 앞서 교과부와 서울시, 서울시교육청은 서울 지역 다솜학교를 설립하는 업무협약을 지난해 12월 체결하고 내년 3월 개교를 목표로 설립 준비를 하고 있다.
>
> 2011. 07. 12, 「다솜학교 서울 이어 제천서도 문연다」, 『문화일보』 중에서.

(1) 다문화 가정 학생만이 다니는 다솜학교 설립에 대해 찬성, 반대 중 주장할 의견을 선택하고 그 이유를 말해보자.

(2) 다문화 시대의 교육 정책 중 고쳐야 할 것이 있다면 무엇이 있을지 찾아보자.

(3) 위에서 제기한 문제를 개선하기 위한 구체적 대안을 제시해보자.

2. 다음의 과제를 해결해보자.

(1) 다문화 가정 학생이 쓴 글을 수집하고, 이를 분석해보자.

(2) 다문화 가정 학생의 가정생활, 학교생활, 교우 관계, 부모 자녀 관계를 알 수 있는 자료를 수집할 수 있는 방법을 논의해보자.

(3) 학교 차원, 사회 차원의 언어교육 정책을 계획하고 실천 가능성을 모색해보자.

(4) '제2언어로서의 한국어 교육'과 '외국어로서의 한국어 교육'의 차이점을 알고 '제2언어로서의 한국어 교육' 지도 방안을 생각해보자.

권장도서

조영달. 2006.『다문화 가정의 자녀 교육 실태 조사』. 교육인적자원부.

조혜영 · 이창호 · 권순희 · 서덕희 · 이은하. 2007.『다문화 가족 자녀의 학교생활실태와 교사 · 학생의 수용성 연구』. 한국여성정책연구원 · 한국청소년정책연구원.

참고문헌

강진숙. 2009.「다문화 가정 자녀의 어휘력 연구」. 계명대학교 석사학위논문.

권순희. 2007.「다문화 가정 자녀의 상담 지도 사례」.『국어교육학연구』29. 국어교육학회.

———. 2009.「다문화 가정 자녀의 국어 사용 실태」.『국어교육연구』36집. 국어교육학회,

———. 2009.「이중언어 교육의 필요성과 정책 제안」.『국어교육학연구』34. 국어교육학회.

김선정. 2011.「여성결혼 이민자의 한국어 발화 특성-문장 구성상의 특성과 전략적 특성을 중심으로」.『다문화 사회 내에서의 의사소통 문제』. 이중언어학회 제26차 전국학술대회 자료집.

박영순. 1983.「이중언어 교육의 의의와 재일한국자녀 문제」『이중언어학』1호, 이중언어학회.

박정은. 2007.『다문화 사회에서 생각하는 모어교육-이주가정과 국제결혼 가정을 중심으로』. 일지사.

박진욱. 2009.「다문화 가정 자녀의 교과적응을 위한 학습언어 연구-학령기 아동을 중심으로」. 고려대학교 석사학위논문.

박진욱 · 노정은. 2011.「다문화 가정 자녀의 학업 수행 능력 향상을 위한 표현 교육방안-초등학교 국어과를 중심으로」.『이중언어학』47호. 이중언어학회.

박진욱 · 장은희. 2008.『다문화 가정 자녀의 교과적응을 휘안 교실 담화 비교 분석-유치원 교실과 초등학교 교실 담화를 중심으로』. 담화인지언어학회 제30회 정기학술대회 자료집.

원진숙. 2009.「초등학교 다문화 가정 학생을 위한 언어교육 프로그램」.『한국초등국어교육』 40. 한국초등국어교육학회.

윤희원. 2009.「다문화 사회와 국어교육」.『국어교육학연구』 34집. 국어교육학회.

이계풍. 2009.「다문화 가정 자녀의 생활문 특징 연구」. 광주교육대학교 석사학위논문.

이성준. 2010.「다문화 가정 자녀의 학문인지 언어 능력 신장을 위한 한국어 교육과정 연구」. 서울대학교 석사학위논문.

이세연. 2009.「다문화 제재 문학 텍스트를 활용한 초등 한국어 교재 개발 방안 연구-한국어 능력 중급 수준의 다문화 가정 자녀를 중심으로」. 서울교육대학교 석사학위논문.

이재분 외. 2009.「학교에서의 다문화 가족 교육 지원 실태 및 요구조사」. 한국교육개발원.

———. 2010.「다문화 가정 초등학생의 입학초기 학교적응 프로그램-중도 입국 학생」. 한국교육개발원.

———. 2010.「다문화 가정 초등학생의 입학초기 학교적응 프로그램-한국에서 태어나고 자란 학생」. 한국교육개발원.

조영달. 2006.『다문화 가정의 자녀 교육 실태 조사』. 교육인적자원부.

조혜영 · 이창호 · 권순희 · 서덕희 · 이은하. 2007.『다문화 가족 자녀의 학교생활실태와 교사 · 학생의 수용성 연구』. 한국여성정책연구원 · 한국청소년정책연구원.

최영환. 2009.「초등학교 국어 교실 현장의 다문화 교육 방향」.『국어교육학연구』 34집. 국어교육학회.

홍영숙. 2007.「다문화 가정이 봉착하는 자녀 교육 문제와 시사점」. 광주교육대학교 석사학위논문.

Cummins, J. 1979. "Linguistic Interdependence and the Educational Development of Bilingual Children". *Review of Educational Research*, 49: 222-251.

———. 2000. *Language, Power and Pedagogy: Bilingual Children in the Crossfire*. Multilingual Matters.

http://esl.fis.edu/teachers/support/cummin.htm.

9장

다문화 사회에서의 의사소통 역량

권오현 서울대학교 사범대학 독어교육과

1. 들어가는 말

오늘날 우리 사회는 급속도로 글로벌 네트워크에 통합되어가고 있다. 특히 노동시장의 개방을 통해 많은 외국 인력이 유입되고 국제결혼 가정이 늘어나면서 이제 이주 가정은 생활공간을 함께 나누는 일상적 파트너가 되었다. 그러나 단일민족임을 자랑스럽게 생각해온 한국 사회에서 이주 가정의 독특한 사고나 행동을 이해하고 수용하는 기반은 아직 미약해 보인다. 모두가 함께 살아가는 인류 공동체에 주도적으로 참여하기 위해서는 우리가 먼저 문화적 장벽을 열고 다름을 기꺼이 포용하는 자세를 갖추어야 한다. 최근 들어 외국인 가정이라는 표현 대신에 다문화 가정이라는 용어가 널리 사용되는 것도 피아 구분에서 벗어나 문화적 공존과 차이를 인정하며 서로가 나눔의 공동체를 구성하려는 취지를 담고 있다.

이렇게 일상생활이 다문화적 공간으로 변하면서 대인적 커뮤니케이션[1]도 일상성에 의한 자동적 진행에서 벗어나 각자의 문화에 기반을 두는 의식적 행위로 변화되었다. 다문화 시대의 의사소통 역량은 언어 기호의 운용에 더하여 다양한 문화 맥락 속에서 행위를 합당하게 수행할 수 있는 복합적 행동 능력을 말한다. 이는 세계화 시대를 살아가는 우리 모두에게 요구되는 핵심 역량으로서 미래 경쟁력을 좌우할 지표 중 하나로 인식된다.[2] 이제 다문화 교육은 청소년들에게 다양한 그룹 사이에서 상호작용하는 자질을 계발시켜주는 데에도 관심을 가져야 한다. 그리고 다문화 교육의 사회적 타당성을 더하기 위해서는 이주민 관점과 한국인 관점의 두 방향을 구분할 필요성이 제기된다. 첫 번째 이주민 관점은 외부 관점의 다문화 교육으로서 이주민이 한시바삐 '한국적 소통역량'을 갖추어 한국 사회에 제대로 적응하도록 도와주는 방향이다. 우리의 이웃인 다문화 가정 구성원을 잘 보듬으려는 취지가 여기에 있다. 두 번째 한국인 관점은 내부 관점의 다문화 교육으로서 한국인이 '다문화적 소통역량'을 키워가며 다문화를 통해 새롭게 진화하는 데 관심을 둔다. 다문화 현상을 통해 우리 자신의 역량을 키우려는 취지가 여기에 있다. 그리하여 지금은 학교에서의 다문화

1 우리나라에서 '커뮤니케이션' 개념은 다양하게 사용된다. 커뮤니케이션이라 하면 ① 대화, ② 매스미디어, ③ 행위와 태도(=행태), ④ 문화 등을 두루 지칭한다. 그리고 '소통'이라는 용어는 최근에 대화로서의 커뮤니케이션뿐만 아니라 다른 사람과의 원활한 교류를 지칭하는 포괄적 의미로도 사용된다.

2 OECD는 2003년에 DeSeCo(Defining and Selecting Key Competencies) 프로젝트를 통해 미래에 개인이 갖추어야 할 '핵심 역량'으로 다음의 세 가지를 정리 발표하였다: ① 도구를 상호적으로 사용하기, ② 이질적인 집단과 상호작용하기, ③ 자율적으로 행동하기. 이를 정리하면, 앞으로는 자율적으로 행동할 수 있는 인간이 다른 사람들과 협동하고 지식을 상호융합하며 살아가야 함을 말한다.

교육이 이주민 아동들의 적응에 초점을 맞추는 데서 나아가 다문화적 요소를 활용하여 한국 학생들의 일반적 소통역량을 강화시켜주는 데도 함께 관심을 보여야 할 때이다.

그동안 우리 사회는 이러한 소통역량을 그냥 개인적 성격이나 인품 정도로 생각하며, 교육을 통해 해결해야 할 문제로 여기지 않았다. 그러나 현대사회에 들어서는 이런 자질도 인간이 어린 시절부터 체계적으로 개발해야 할 핵심적 역량으로 인식된다. 더구나 다문화 사회에서는 다양한 문화 상황에 맞는 소통역량을 갖출 필요성이 제기되는데, 오늘날 유럽은 이것을 별도로 '상호문화적 소통역량'이라 부르며 큰 교육적 관심을 쏟고 있다.

2. 인간의 삶과 의사소통

(1) 인간 의사소통에 대한 이해

인간은 의사소통 행위를 통해 자신의 의도를 전달하고 상대방의 의도를 들음으로써 타인과 사회적 관계를 맺는다. 의사소통 행위를 수행하기 위해서는 서로가 약속하거나 관습적으로 공유하는 기호체계가 필요한데, 언어는 가장 효율적이며 세밀한 기호체계라 할 수 있다. 그러나 의사소통은 언어를 초월하여 사회적 관계가 형성된 곳이면 언제 어디서나 행해지기 때문에, 의사소통을 인간의 행동이나 태도—즉, 행태(Verfahren)—에 수반된 필연적 현상으로 보는 관점이 타당하다. 예를 들어, 가만히 있는 사람의 표정이나 행동에서 그의 속마음을 읽는 경우, 사랑하는 이를 바라보는 연인의 애정어린 눈빛, 혹은 문 앞에 놓여 있는 신발(=나는 방안에 있어요) 등에도 소통적 기능이 담겨 있다. 중요한 것은 그러한 행동이나 태도가 발신자와 수신자의 관계에서 이루어지고, 소통을 위해 사용할 유효한 도구(=코드체계)가 있어야 한다는 점이다. 이때 사용된 도구가 언어든 동작이든 물체든 그 지시 관계에 대해 발신자와 수신자 사이에 공통된 해석이 존재한다면 소통은 어디서나 이루어진다. '소통하지 않는 것은 불가능하다'는 바츨라빅 등(Watzlawick u.a.)의 표현[3]은 의사소통이 인간관계에 내재하는 필연적 요소임을 말해준다. 상대방에게 등을 돌리고 침묵하는 것과 같은 관계상의 영점 상황도 경우에 따라서는 언어에 의해 조율된 기호보다 더욱 강한 메시지를 전달할 수 있다.

이러한 점에서 보면, 나와 너의 관계 구도에서 행해지는 인간의 행위와 태도는 그 자체의 기능과 더불어 항상 소통의 기능을 수행한다고 볼 수 있다. 즉 "모든 사회적 행태는 곧 소통적인 것이다".[4] 그런데 의사소통을 대화에서 행태로 확대하는 경우에 의사소통의 기본 조건인 지시 관계의 공유성, 즉 발신자와 수신자가 공통된 지시 관계를 운영하느냐 하는 문제가 더욱 절실히 제기된다. 예를 들어 워싱턴을 방문한 소련 서기장 흐루시초프가 카퍼레이드 도중 러시아 방식으로 양손을 앞으로 모아 인사를 하였는데, 미국 시민들이 이를 소련이 우주개발 경쟁에서 앞선 당시의 상황을 과시하는 모습으로 해석한 것은 양자 사이에 지시 관계의 공유성이 부재하기 때문이다. 언어든 행태든 기표와 기의의 관계는 문화적 요소에 의해 강하게 영향을 받는다. 인간의 모든 행태들이 대인적 관계 속에서 특정한 의미를 발현하는 것은 문화에 기반을 둔다는 점에서 보면, 문화는 사람 사이에 의

3 Paul Watzlawick u.a., 2007, *Menschliche Kommunikation*, 11. Auflage: 50.

4 Hartwig Kalverk, 1995, "Kultureme Erkennen, Lehren und Lernen." *Fremdsprachen Lehren und Lernen*, 24: 143.

사소통이 가능하게 해주는 '침묵의 언어'이며 인간의 삶 자체라 할 수 있다. "문화는 의사소통이다"[5]라는 에두아드 홀(E. T. Hall)의 유명한 말은 고고학이나 인류학의 범주에 머물던 문화를 일상생활로 끌어오며 문화를 인간의 상호작용에 뿌리를 둔 근본적 현상으로 해석한다. 인간의 상호작용 방식은 기계적이거나 자연법칙적 관계가 아니라 개인과 집단의 경험에 따라 가변적인 활동 영역을 맴돌기에, 인간의 행태구조를 일반화하고 환경을 다루는 공통의 방식을 제공하는 문화는 의사소통을 배경에서 조종하는 숨겨진 심급이라 할 수 있다.

그리하여 다문화 시대에 의사소통 역량을 제대로 갖추기 위해서는 타 문화에 대한 이해는 물론이고 소통방식의 차이에 대한 열린 마음과 태도가 필요하다. 다문화 시대에 나눔의 공동체를 정착시키려 한다면 '○○끼리'라는 정체성의 담장을 넘어 '다 함께'라는 관계와 융합의 메시지에 귀를 기울여야 한다. 일반적으로 소통은 말이나 행동을 통해 상호 간에 의사를 주고받는 것을 뜻하는데, 여기서는 인간의 마음이나 정을 함께 나누는 상황까지도 포함된다. 그렇게 보면 소통만큼 우리 사회를 따뜻하게 만드는 것은 없을 것이다. 인간은 소통하지 않는 상태에서는 그저 분리된 개인으로 존재하지만, 소통이 이루어지는 순간에 비로소 진정한 의미의 공동체 구성원이 된다.

이러한 소통의 의미는 줄탁동시(啐啄同時)라는 사자성어에 잘 응축되어 있다. 어미 닭이 품은 알 속에서 자란 병아리는 부화의 시기가 되면 안에서 쪼기(啐) 시작하는데, 이때 그 소리를 기다려온 어미 닭이 밖에서 같은 부위를 동시에 쪼음(啄)으로써 병아리가 세상 밖으로 나오게 된다. 이러한 줄탁동시는 우리 사회에서 함께함, 대화, 양방향을

5 Edward T. Hall, 1980, *The Silent Language*, Greenwood Press: 97.

지칭하는 용어로서 소통의 모습을 하나의 사례로 보여준다. 우리 사회는 구성원들의 줄탁동시를 통해서만 진정한 공동체가 될 수 있기에, 줄탁동시는 세상을 살아가는 데 필요한 가르침이자 다문화 교육의 이치라 할 수 있다.

그러면 의사소통은 구체적으로 어떤 모습으로 진행되는 것일까? 슐츠 폰 툰(Schulz von Thun)[6]은 바츨라빅(Watzlawick)의 '인간 의사소통 이론'을 자신의 관점과 결합하여 정보를 '4변적 구조체'로 보았다. 이 모델에 의하면 송신자는 원하든 원하지 않든 네 가지 측면에서 의사소통을 행하며, 따라서 수신자도 이 네 차원 모두에서 반응을 하게 된다. 슐츠 폰 툰의 관점은 구체적 의사소통을 분석하고 의사소통 장애를 발견하는 데 유용하다. 정보의 4측면은 다음과 같다.

① 사실내용 측면(It 정보): 의사소통을 통해 전달되는 사실 내용이 무엇인가 하는 점이 관심사이다. 인간의 감정이나 판단과는 별도로 존재하는 사실적 정보의 교환이 이루어진다.
② 관계 측면(We 정보): 의사소통을 통해 상대방과 나는 어떤 관계를 형성하는가 하는 점이 관심사이다. 의사소통은 수행 방식에 따라 나와 상대방 사이에 특정한 관계를 형성시켜준다. 어떤 표현 수단을 선택하느냐에 따라(어투나 비언어적 소통 등) 발신자와 수신자 사이에 특정한 관계가 설정된다. 이는 선택된 언어가 정보전달과 더불어 수신자에게 하나의 역할을 부여하기 때문이다(비대칭적 관계의 형성 등).
③ 자기현시 측면(I 정보): 의사소통을 통해 나는 상대방에 대해 무엇을 알 수 있는가 하는 점이 관심사이다. 즉 의사소통은 정보 자체와 더불어 상대방의 인성, 상태, 관점, 입장을 알 수 있는 가능성을 제공한다. 이런 경우에 의사소통은 정보의 장(場)이면서 판단이나 평가의 장이

6 E. Schulz von Thun, 1995, *Miteinander Reden I*, Rowohlt.

되어 정서 및 심적 상태의 발견이 가능하게 해준다. 물론 이런 것들도 직접 대화의 주제(It 정보)로 삼을 수도 있지만 대개 특정한 사실내용이 전달되는 도중에 현시적으로 드러난다.

④ 호소 측면(You 정보): 의사소통을 통해 발신자가 수신자에게 어떤 반응을 요구하고 기대하는가 하는 점이 관심사이다. 이런 경우에 정보전달은 수신자에게 특정한 방식으로 영향을 미치려는 목적을 지닌다. 즉, 발신자의 설명, 요구, 설득, 명령에 따른 수신자의 행동 실천 혹은 행동 변화가 기대된다.

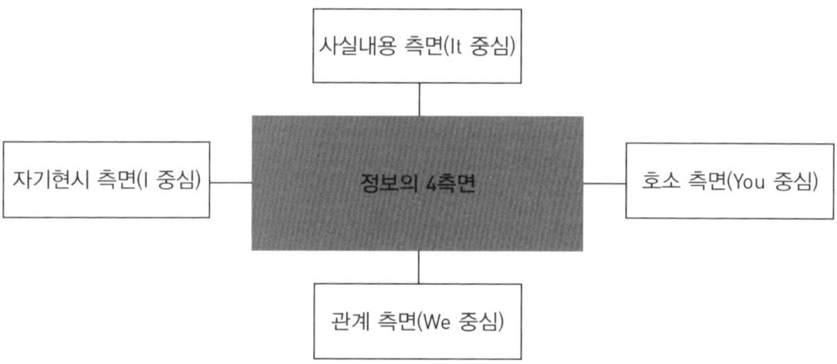

〈그림 9-1〉 슐츠 폰 툰(Schulz von Thun)에 의한 정보의 4측면

(2) 한국식 의사소통 문화의 특징

원활한 의사소통의 전개는 언어 능력과 더불어 적절한 문화 능력[7]이 함께 발휘될 때 가능하다. 언어학적 관점에서 보면 언어체계는 규칙에 의거하여 의사소통의 정확성을 지향하는 반면에, 문화적 요소는 그

7 문화와 문명은 다음과 같이 구분된다. 문화는 공간적 개념(한국 문화)으로서 내적 정신이 중심에 있으며 향토, 민족, 내면과 관련된다. 반면에 문명은 시간적 개념(현대 문명)으로서 외적 물질이 중심에 있으며, 세계, 시민, 외면과 관련된다. 문화가 독일적 가치라면 문명은 프랑스적 가치라 할 수 있다.

러한 의사소통에 상황성이나 맥락성을 확장시켜 준다. 예를 들어 '아이가 참 밉상이다!'라는 표현의 경우에 기호 사용만으로 보면 부정적으로 들리겠지만, 그 집단의 언어관행 중에 이 표현을 다르게 해석할 수 있는 토대가 마련되어 있다면 이 말은 꼭 비난만으로 들리지는 않을 것이다. 모든 언어표현에는 동일한 기호에 느낌, 뉘앙스, 뜻의 편차가 생기는 것이 정도의 차이만 다를 뿐 수없이 관찰되는데, 이와 같은 현상은 문화적 요소가 작동된 결과로 볼 수 있다.

우리나라 사람들은 한국적 문화가담에 의거하여 의사소통을 진행하기 때문에 나름대로 독특한 특성들을 보여준다. 한국식 의사소통 문화의 대표적 특성들을 정리하면 다음과 같다.

첫째, 한국인의 의사소통은 맥락에 의존하는 정도가 특히 높다. 이러한 '고맥락적 의사소통(high context communication)'은 상황 속에서 의미를 정교하게 파악해야 하기 때문에 상대의 말을 의미론적으로 받아들이면 안 되며, 관습과 경험에 의거하여 화용론적으로 이해하려고 노력해야 한다. 예를 들어 작별하면서 던지는 '다음에 보자', '전화할게', '나중에 술 한 잔 하자' 등등은 그 자체의 의미보다는 헤어짐 상황에서 두 사람의 관계를 보강하는 교감기능을 수행할 뿐이다. 그리하여 정상적인 한국적 소통역량을 갖춘 사람이라면 누구나 그러한 말을 의무적 약속이 아니라 '안녕'과 같은 인사말 정도로 받아들이게 된다. 소개팅에서 상대방 여성을 계속 만나고 싶어서 연락처를 물었을 때 여자가 '제가 연락드릴게요'라고 답을 하면, 이는 계속적 만남에 대해 여자가 부담을 갖고 있음을 뜻하는 말이기 때문에 남자는 당시의 맥락적 요소들을 모두 해석에 끌어들이며 연락에 대한 기대치를 낮추게 될 것이다. 이러한 의사소통 방식은 비록 잠정적으로 오해 가능성을 내포한다 하더라도, 직접적 언급을 통해 상대방에게 상처를 안 주려는 배려심이 작용하며 의미의 활동 범위를 상황과 예민하게 연결하기 때문에 대단히 품격 있는 소통방식이라 할 수 있다.

둘째, 한국인의 의사소통은 이심전심 방식을 택한다. '척 하면 삼척이지, 굳이 말을 해야 아나'라는 의식이 대화 속에 널리 퍼져 있다. 이는 높은 이해심과 강한 공동체 의식에 기반을 두지만 소통의 부재나 속뜻을 알 수 없는 결과를 낳게 된다. 꽤 비싼 장어집에서 "몇인분 드릴까요?"라는 주인의 말에 손님이 "그냥 알아서 주세요"라고 응답하는 주문 방식은 정확하게 언급하거나 지적하는 것을 공동체적 믿음에 대한 손상으로 여기는 소통 문화에 따른 것이다. 여기에는 금전적 문제와 관련하여 정확한 표현을 사용하기보다는 '우리가 남이가?' 하는 내적 연대감을 중시하는 생활원칙이 더욱 작동되고 있다. 다음의 사례를 보자.

(예) 어느 부부가 영화를 보고 집으로 가는 중에…

아내: (조심스런 말투로…) 여보, 배 안 고파?

남편: 아니, 아직 괜찮은데… (잠시 침묵이 흐른다)

아내: 당신 참 나빠… 정말 이기적이야…

남편: 왜? 왜 그러는데?

아내: 당신은 항상 자기 생각만 하잖아. 나는 안중에도 없고…

남편: 아니, 내가 언제 그랬어??? 당신도 참…

대화에서 "여보, 배 안 고파?"라는 아내의 말은 단어와 뜻의 의미론적 연결에서 벗어나 오로지 당시의 상황과 맞물려 활동하는 이심전심 방식에 기반을 둔다. 이런 대화는 공동체적 믿음으로 묶여 있는 대인관계를 전제로 하며 초언어적 영역에서 의사소통 기능을 수행한다.

따라서 이러한 전제를 인식하지 못하고 발화를 그저 언어적 영역에서 이해하려 하는 남편은 한국적 대화 문화에 상응하는 의사소통 역량을 제대로 갖추지 못한 사람이라 할 수 있다.

셋째, 한국인의 의사소통은 언어 외적 나눔에 인색하다. 눈길의 나눔에 소홀하다든지 상대방의 발화에 호응이 약한 것이 외적 나눔의 부족함을 보여주는 대표적 사례들이다. 말하거나 들을 때 상대방의 눈을 바라보는 것이 대화의 신뢰도를 높여줌에도 불구하고 우리는 의사를 주고받음에 있어서 시선 접촉을 부담스러워하는 경우가 많다. 건배의 목적이 상대방과 일체감을 나누는 데 있다고 할 수 있는데, 정작 잔을 부딪치는 순간에 상대방의 눈을 보지 않고 잔에 시선을 주는 건배 습관은 아이콘택이 약한 우리의 소통문화를 단적으로 보여준다. 그리고 말할 때는 다양한 제스처와 표정을 사용하고, 들을 때는 틈틈이 맞장구를 쳐야 대화에 활기가 북돋아질 텐데, 우리는 대화 중에 다양한 피드백을 전하는 데 아주 인색하다. 대화에서 피드백은 쉽게 나눌 수 있으면서도 그 효과는 의외로 강렬하다. 예를 들어 상대방의 말을 들을 때 자연스레 머리를 끄덕이는 행동은 아주 쉬우면서도 가장 효과적인 의사소통 행위라 할 수 있다.

한국인의 독특한 대화방식에서 보듯이 행태로서의 의사소통은 문화특유적으로 규정된다. 이러한 사실을 염두에 두면, 의사소통에 대한 연구는 언어 차원을 넘어서서 새로운 과제를 요구한다.

첫째, 문화 차이가 있는 경우에 의사소통은 실패할 가능성을 언제나 지니는데, 이러한 실패로 인해 소통참여자가 의사소통의 의지를 잃거나 상대 문화를 비하해서는 안 된다. 의사소통의 본질은 상호성, 존중, 이해에 있기에 의사소통의 방법에 대한 연구와 더불어 관용성과 같은 인성적인 측면에 대한 연구도 병행해야 한다.

둘째, 의사소통은 언어, 행동, 자세 등 모든 인간 행태의 복합작용에 의해 이루어진다. 의사소통은 다채널을 통해 전달되는 정보라고 규정하면 서로 다른 기호요소들(음성, 제스처, 표정) 간의 관계에 대한 연구도 필요하다. 즉, 의사소통은 인간의 행태 연구를 필요로 한다.

셋째, 의사소통의 주요 채널인 언어는 대단히 예민한 소통 수단이다. 언어는 흔히 함축성이라 불리는 개념, 의미, 평가의 복합체이기 때문에 동일한 단어라도 문화 맥락에 따라 의미가 서로 다르게 구체화된다. 그리하여 '문화담지자로서의 언어'에 의해 실현되는 의사소통은 문화 연구를 전제로 한다.

(3) 소통역량이 뛰어난 사람은?

소통역량이 뛰어난 사람을 키우는 것은 학교 교육이 수행해야 할 과제 중의 하나이다. 소통역량이 탁월한 사람은 의도에 맞게 의사전달을 잘 구사할 뿐 아니라 상대방의 조건이나 입장을 배려하며 최상의 소통 결과를 창출할 수 있는 사람이다. 다른 집단 구성원과 스스럼없이 어울리는 사람, 상대방의 입장에서 생각하고 행동할 줄 아는 사람, 편견이나 집착 없이 유연한 사고를 하는 사람, 여러 영역 사이에서 창의적으로 생각하는 사람 등이 이러한 범주에 속한다. 이를 좀 더 구체적으로 조명해보겠다.

1) 소통역량이 뛰어난 사람은 같은 표현을 해도 관계 중심 의사소통을 구사한다.

의사소통 방식은 내용 중심과 관계 중심으로 구분된다. 내용 중심 의사소통은 의도가 빠르게 실현되도록 사실 내용을 전달하는 데 초점을 두는 방식을 말하며, 관계 중심 의사소통은 내용 전달을 우회적으로 수행하더라도 양자의 원활한 관계 형성을 중요시한다. 내용 중심 의사소통은 할 말을 차분히 다 하는 직설적 소통방식으로서 객체 커뮤니케이션(objective communication)이라 하며, 관계 중심은 할 말을 하면서도 사람과 감성을 항상 고려하기에 인성 커뮤니케이션(personal communication)이라 한다. 관계 중심 의사소통은 상대방을 배려하며 우회적 표현을 사용하거나 장점을 부각시킴으로써 따뜻한 분위기를 유지한다.

(예1) 지각한 학생을 훈계하는 선생님

"지각을 하면 성적에서 감점을 하겠습니다. 그러면 여러분들이 내신에서 큰 손해를 본다는 사실을 명심하세요."(내용 중심 의사소통)

"아침 일찍 나오는 것이 힘들지만 조금만 참고 견딥시다. 지각은 본인에게도 손해이지만 학급 전체 분위기를 산만하게 만듭니다. 그래서 지각생에게는 성적에 불이익을 줄 수밖에 없습니다. 하지만 우리 반에는 지각생이 없을 거라고 저는 믿습니다."(관계 중심 의사소통)

(예2) 다문화 가정 자녀의 낮은 영어 성적에 대한 조언

"○○는 엄마가 필리핀 분이신데 어떻게 영어 점수가 이 모양이니? 엄마에게 과외를 받아서라도 다음에는 성적 좀 올리도록 해라!"(내용 중심 의사소통)

"○○는 어머니가 영어를 잘하셔서 참 좋겠구나. 어머니와 매일 영어로도 이야기해보렴. 그럼 ○○는 앞으로 선생님보다 영어를 더 잘할 거야."(관계 중심 의사소통)

관계 중심 의사소통 전략을 구사하는 사람은 주어진 상황에서 장점이나 칭찬거리를 찾아 먼저 언급한 후에 이를 기반으로 할 말을 하는 방식을 선호한다. 그러면 듣는 사람은 존중받는 느낌 속에서 자신의 잘못을 긍정적으로 해결할 방안을 스스로 찾는 데 적극성을 보인다. 그리고 말을 하는 시간보다 청취에 치중하는 방식도 관계 중심 의사소통을 구사하는 좋은 전략 중의 하나이다.

2) 소통역량이 뛰어난 사람은 비대칭적 의사소통에서 타인을 잘 배려한다.

비대칭적 의사소통은 소통참여자 사이에 상하관계가 형성되어 있거나 주도자와 종속자의 역할이 분명하게 설정된 경우를 말한다. 사장과 직원 사이, 교사와 학생 사이와 같은 사회적 지위관계는 물론이고 면접관과 피면접자, 한국인과 이주민과 같은 상황적 관계에서도 비대칭성이 나타난다. 이러한 비대칭적 의사소통은 화제 선정이나 대화 진행을 일방이 주도하며, 대화자 사이에 발화시간의 불균형이 나타나거나 한쪽이 상대적으로 더 큰 의사소통의 부담감을 안게 되는 특징을 지닌다. 다문화 가정 구성원과의 대화도 전형적인 비대칭적 의사소통에 속한다. 비대칭적 특성을 고려해볼 때, 다문화 구성원과 효과적으로 의사소통을 하기 위해서는 교사 측에서 다음과 같은 점에 유의할 필요가 있다.

• 상대방을 적극적으로 대화로 유도한다:
눈 마주침에 의한 격려 등을 통해 위축된 마음을 제거해준다.
• 배경 정보를 미리 앎으로써 상대방이 나의 말을 쉽게 이해하도록 한다:
대화 내용에 대한 사전 인지는 제한된 언어처리 능력에 대처하는 좋은 방안이다.

• 보완 대체 의사소통을 적극적으로 사용한다:
손짓, 머리 끄덕임, 그림, 표정, 미소 등을 통해 상대방의 이해를 도와준다.

• 시작과 끝을 분명하게 정리해준다:
대화진행의 형식적 측면을 분명히 함으로써 상대방에게 이해의 안정성을 높여준다.

• 꼭 기억해 두어야 할 중요한 사항은 메모로 전해준다:
일정이나 장소, 준비물 등 중요한 사항은 반복적으로 확인해볼 수 있도록 한다.

일반적으로 '역할거리(role distance)'가 짧은 사람은 비대칭적 의사소통에서 상대방을 잘 배려하며 타인의 입장에서 생각하는 데 익숙하다. 이런 사람은 자신감뿐만 아니라 소탈함과 열린 마음을 함께 갖추고 있으며 자신의 사회적 역할에 고정되지 않고 다양한 역할을 쉽게 구사한다. 즉 나눔, 배려심, 공동체 의식이 강하기 때문에 자신의 세계를 넘어 타인의 조건과 입장을 반영하는 소통으로 기꺼이 나아간다. 비대칭 상황에서 가급적 '나-메시지(I-Message)' 표현 방식을 사용하는 것도 좋은 전략이다. 다음의 사례를 보자.

(예) 숙제를 해 오지 않은 민수를 나무라는 선생님
민수: 선생님, 죄송합니다!
담임: 민수, 너는 너무 게을러. 그러니 성적이 오르겠어?(너-메시지)
⇨ 민수가 자꾸 과제를 놓치니 선생님도 참 걱정된다.(나-메시지)

상대방의 행위 결과에 대해 '너-메시지(You-Message)' 방식은 너의 상황이나 잘못 위주로 말하는 반면에, '나-메시지' 방식은 나의 상황이나 심경 위주로 표현한다. '너-메시지' 표현법은 대화 시에 상대방을 주어로 하여 원인을 찾거나 결과의 부정적 요소를 확인하는 방식("너는 너무 게을러…")에 주로 의존한다. 비대칭적 대인관계에서 상대방에게서 귀책사유를 찾는 것보다 내 입장을 충분히 설명하여("선생님도 참 걱정된다.") 양해를 구하는 '나-메시지' 화법이 훨씬 강한 인상을 주는 의사소통 방식이라 할 수 있다.

3) 소통역량이 뛰어난 사람은 말할 때 엔트로피와 잉여를 잘 조화시킨다.

정보이론에서 '엔트로피(entropy)'는 언어의 무질서 정도를 나타내는 용어로서 비예측성을 특징으로 하며, 새로운 내용전달을 통한 정보가치나 표현의 참신성에 비중을 둔다. 반면에 '잉여(redundance)'는 관습화 정도를 나타내는 용어로서 예측성을 특징으로 하며, 정보운영의 원활함과 기대 충족에 비중을 둔다. 아래의 사례를 보면, "봄이 온다"라는 말은 잉여수치가 높은 표현이며, "봄은 사랑이다"라는 표현은 엔트로피와 잉여가 반반 섞인 상태로 볼 수 있다. 반면에 "봄은 판유리다"라는 말은 청자의 기대치나 언어적 등장빈도가 극히 낮은 엔트로피 중심의 문장이다. 그러나 이 말은 봄이 되면 판유리를 교체하기를 권하는 광고전단지에 충분히 등장할 수 있는 문장이다.

(예) Spring is ① coming. ----- R
② love. ----- R/E
③ a pane of glass. ----- E

이와 같이 엔트로피 수치가 높으면 새로운 정보는 많이 얻지만 이해가 어려우며, 잉여 수치가 높으면 이해는 쉬우나 새로운 정보에 노출되는 정도가 적어 시간이 허비될 여지가 크다. 의사소통에서는 엔트로피와 잉여의 배분관계가 규칙성 정도, 이해도 및 심미성 수준을 결정짓는다. 엔트로피와 잉여의 최대치(100)를 좌우에 배치했을 때 양자의 배분에 따라 의사소통은 다음과 같은 특성을 지닌다.

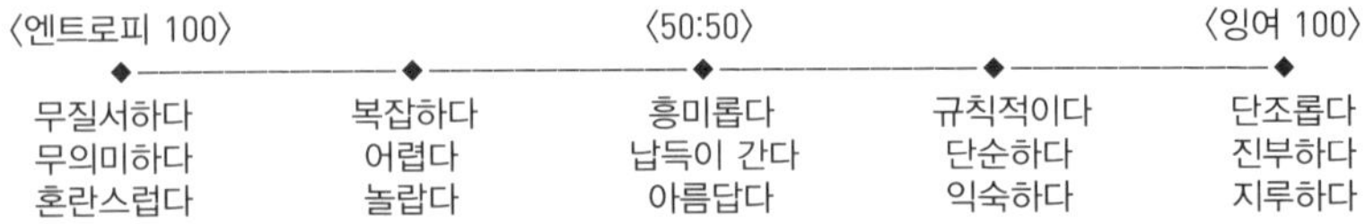

〈그림 9-2〉 엔트로피와 잉여 수치에 따른 의사소통의 특성

엔트로피와 잉여의 적절한 배분이 말의 효율성을 결정하기 때문에 교사는 필요에 따라 엔트로피와 잉여를 적절히 조절함으로써 새로운 정보전달과 이해도 제고가 동시에 이루어지게 해야 한다. 교사의 수업 발화에서는 엔트로피와 잉여의 조화가 특히 중요하다. 교사가 시간에 쫓겨 빠르게 설명하는 것은 '엔트로피'를 과도하게 높일 것이며, 지나친 반복은 정보전달의 공백을 가져올 수 있다. 그러나 교사가 다문화 가정 구성원과 이야기 나눌 때는 내국인에게보다 잉여가 많은 말을 구사할 필요가 있다. 외국어는 그 자체로 과(過)정보 상태이기에 다문화 가정 학생에게 한글로 설명할 때는 의도적으로 정보잉여 상태를 만들어주어야 한다. 이때 말을 여러 번 반복해주거나, 말과 관련된 그림을 보여주거나, 말로 전달되는 내용을 제스처를 통해 보완해주는 방법 등이 좋은 전략이다.

4) 소통역량이 뛰어난 사람은 표현 중심 의사소통을 잘 구사한다.

표현 중심 의사소통이란 관심거리가 의미보다는 '표현 자체'에 두어지는 의사소통 방식이다. 여기서는 표현의 참신성이 의미의 내용보다 더욱 관심을 끈다. 문학적 표현이나 노래 가사(예: "내 속엔 내가 너무도 많아…")는 대표적인 표현 중심 의사소통이라 할 수 있다. 예를 들어 "I like IKE!"라는 미국 아이젠하워 대통령의 선거 구호를 보자. 여기서 IKE는 아이젠하워 대통령의 애칭인데 동사 like와 발음이 유사함으로써 두 단어 사이에 존재하는 공통적 음가가 관심의 중심에 선다. 즉, "I like IKE!"라는 문장이 무엇을 의미하는가 하는 것(시니피에)은 중요하지 않으며, 정해진 시니피에를 표현하는 언어기호의 독특한 조합(시니피앙)이 더욱 부각된다. 따라서 여기서 "I love IKE!"는 의미론적으로는 유사하지만 기대하는 표현가치를 전혀 충족시키지 못한다. '팬그램(pangram)'도 대표적인 표현 중심의 의사소통이다. 한국어 팬그램의 대표적 문안인 "닭 콩팥 훔친 집사"를 예로 들면, 여기서는 단어가 지칭하는 의미론적 대상은 아무런 가치를 지니지 않으며 오로지 모든 한글 철자를 하나씩 포함하는 글자 배치가 소통의 목적을 이룬다. 즉, 표현의 참신성이 의미내용보다 중요하다. 표현 중심의 의사소통을 잘 구사하는 사람은 같은 말을 해도 독창적이며 참신하게 구성할 줄 안다.

표현 중심의 의사소통 역량이 뛰어난 사람은 대개 애매성에 대한 관용도가 높다. 애매성에 대한 관용도는 원칙, 익숙함, 편안함, 고정관념에서 탈피하는 힘을 말한다. 이는 도전성, 역동성, 창의성이 생기는 근원이 된다. 학교 교육은 명확성/체계성과 더불어 애매성/개방성을 함께 키워줄 필요가 있다. "군자는 그릇이 되면 안 된다(君子 不器)"[8]는

8 '논어의 '君子 不器'는 지도자는 하나의 용도로 사용되는 그릇처럼 되어서는 안 되며, 모두

논어(論語) 위정(爲政) 편에 나오는 말도 애매성에 대한 관용도와 관련하여 생각해볼 수 있다. 필자는 이 말을 '인재는 그릇(器)이 된 다음에는 그릇이 되지 말라!'라는 뜻으로 해석한다. 사람은 원칙, 체계성, 전문성을 익히는 성기(成器)의 차원을 갖추고 나면 여유, 융통성, 보편성을 보는 불기(不器)의 단계로 나아가야 한다. 특정 분야의 논리나 고정된 원칙에서 벗어나 개방된 상태에서 전체를 모두 볼 수 있다면 일상적 규칙체계에서 풀려나 자유롭게 창의적 사고를 펼칠 가능성이 더욱 커진다. 재치 있는 언어퀴즈를 만들 수 있는 자질은 이러한 규칙에서에서 벗어나 다양한 연결 가능성을 자유롭게 인식하는 총체적 사고력에 기반을 둔다.

3. 상호문화 의사소통

(1) 상호문화 의사소통에 대한 이해

우리 삶의 영역에 두루 전개되는 '문화적 전환(cultural turn)'[9]은 의사소통도 문화 경계를 넘어서는 현상으로 만들었다. 상호문화 의사소통은 서로 다른 문화권에 소속된 사람들 사이를 오가는 탈영역적 활동을 의미한다. 즉, 상호문화 의사소통은 다른 문화 구성원 사이에 전개되는 대인적 교류행위로서 대화, 협상, 강의, 연설 등을 포함한다. 물론 상호문화 의사소통도 기본 구조에 있어서는 문화 내적 의사소통과

와 상통(相通)하는 보편적 인격과 덕성을 갖추어야 함을 일컫는 말이다.

9 '문화적 전환(cultural turn)'은 글로벌화, 이주민 증가, 후기산업사회 진전 등에 따라 나타난 문화 중심적 사고방식을 말한다. 여기서는 문화 간 만남과 조화가 교육과 연구의 주요 범주로 인식된다.

차이가 없다. 발신자와 수신자가 기호를 사용해 상호 간에 의도하는 바를 전달하는 형태는 동일하다. 다만 발신자와 수신자가 문화 차이에 기인하는 다른 배경을 지님으로써 서로가 이야기하는 당연한 내용도 심각한 오해를 야기할 수 있다는 점이 상호문화 의사소통의 가장 큰 특징이다. 문화는 의사소통 가운데 보이지 않는 부분이고 의사소통은 문화의 보이는 부분이기에, 상호문화 의사소통을 진행하기 위해서는 상대방의 문화에 대한 이해와 감각을 가지고 있어야 한다.

교사가 다문화 가정의 학생을 지도하는 것도 상호문화 의사소통의 일종이다. 따라서 교사는 다문화 가정의 학생들을 대할 때 의사소통의 이면적 부분까지 고려하며 조심스럽게 접근해야 한다. 우리의 문화적 맥락에서 자연스럽게 받아들여지는 내용도 그들에게는 제대로 이해되지 못하는 경우가 많음은 물론이고 상황에 따라서는 학생들에게 뜻밖의 상처를 줄 수도 있다. 의사소통은 나 혼자 하는 것이 아니라 항상 상대방과 서로 영향을 주고받는 것이기 때문에 교사가 마음대로 의사소통의 방향을 조정할 수 있다는 생각은 버려야 하며, 의사소통 양상도 자신의 예측과는 다르게 전개될 가능성이 언제나 존재함을 유념해야 한다. 이는 학생이 교사의 말을 어떻게 받아들이느냐에 따라 대화의 방향이 변할 수 있고, 또 교사가 학생의 말에 어떻게 반응하느냐에 따라 상황이 달라질 수도 있기 때문이다. 따라서 몇 마디 말만을 주고받은 후에 성급히 상황을 판단하려 하지 말고 수시로 상황이 변할 수 있다는 전제하에, 변하는 상황에 민감하게 대응해야 한다. 그리고 학생의 반응과 내가 하고자 하는 말에 항상 주의를 기울이며, 될 수 있으면 대화가 완전히 끝난 후에 상황 판단을 하도록 해야 한다.[10]

10 김숙현, 2001, 『한국인과 문화간 커뮤니케이션』, 커뮤니케이션북스: 39 참조.

다문화 가정의 자녀를 지도함에 있어서 상호문화 의사소통의 관점에서 접근하는 것은 다음과 같은 면에서 시사점을 던져준다.

첫째, 상호문화 의사소통은 문화가 다른 사람들의 말과 행동을 제대로 이해하는 문제를 다룬다는 점이다. 상호문화 의사소통의 성공을 위해서는 상대방 문화에 대한 이해와 배려가 필요하다. 이때 '상대방 문화를 이해한다'는 말은 단순히 그것을 인지적으로 파악한다는 뜻이 아니라 그 사람의 말과 행동에 담겨 있는 문화적 특성을 이해하고 이것을 자신의 익숙한 기준에서 속단하는 판단을 자제하며 상대방의 입장에서 받아들이려고 노력함을 의미한다. 다문화 가정 자녀를 지도하는 교사는 스스로 지금 상호문화 의사소통을 진행하고 있다는 의식을 가져야 한다. 상호문화 의사소통에 대한 의식은 교사로 하여금 비록 학생의 말과 행동이 일상적 기준에서 이탈하더라도 이를 최대한 이해하려는 자세를 갖게 해주며 본인이 의사를 전달할 때도 학생의 독특한 입장을 최대한 배려해서 표현을 구성하도록 유도한다.

둘째, 상호문화 의사소통은 상대방을 개방적으로 이해하는 차원을 넘어 상대방이 우리의 문화에 익숙해서 새로운 문화 능력을 갖추도록 해준다. 여기서 문화 능력은 그 문화를 안다는 차원을 넘어 새로운 문화의 맥락 속에서 혹은 맥락에 적합하게 행동할 수 있음을 말한다. 인간은 누구나 복합 문화 능력을 지닌 채 태어난다고 한다. 인간이 어떤 행동방식에 익숙한 것은 그곳에서 태어나 그곳에서 자라면서 그러한 행동방식에 동화되었기 때문이지 선천적으로 그 문화에 고정된 것이 아니다. 인간이 지닌 복합 문화 능력은 필요성과 외적 환경만 적절하면 언제든지 가동될 수 있는 스탠바이 상태이다. 인간의 이러한 능력을 자극하면서 복합적 의사소통 능력을 촉진시키는 제도화된 장치 중의 하나를 교육이라 할 수 있다. 다문화 가정의 자녀를 지도하는 교사는 학생이 가정에서 체화한 문화를 기반으로 우리 문화를 받아들이도록 지도해야 한다. 그러기 위해서는 교사도 두 문화의 차이를 분명히 의식해야 하지만, 학생도 자국 문화와 한국 문화의 변별적 요소를 분명히 의식하며 이를 자신의 사고와 행동에 반영해나가도록 해야 한다. 학생이 지닌 잠재적인 복합 문화 능력이 내적으로 충돌하여 그의 사고와 행동에 혼선이 일어나는 것을 방지하고, 다문화 가정 학생의 복합 문화 능력을 그의 성장과 미래 설계에 긍정적 요소로 작용하도록 도와주는 것이 상호문화 의사소통을 수행하는 교사의 핵심적 역할이다.

셋째, 상호문화 의사소통은 다른 문화권에 사는 사람에게 있어서 낯선 문화를 부정적으로 보지 않고 긍정적 효과를 창출하는 것으로 인식하게 한다. 모든 문화는 다른 문화와의 접촉을 통해 일상적 자동화를 극복하고 긍정적 자기발전의 동력을 만들기 때문이다. 아동에게 있어서 낯섦은 사고의 지평 확대를 위해 필요한 '정신의 자양분'이 될 수 있다. 인간의 사회화 과정은 낯섦을 익숙함으로 변화시키며 끊임없이 자신의 세계를 넓혀가는 것을 의미한다. 유아기에는 세계가 '어머니'와 '비어머니'로 나뉘어, 주변의 대부분이 낯섦의 영역 속에 있었다. 그러다가 성장과 더불어 환경과의 접촉이 늘어나면서 인간은 '어머니'의 영역을 확대시키며 공동체에 합당한 사고와 행동방식을 습득해간다. 환경의 외부에 있으면서 낯섦을 제공해주는 영역을 '주변 세계'라고 부르는데, 주변 세계에는 낯섦과 익숙함이 병존하고 있기 때문에 주변 세계와의 만남은 항상 긴장과 불안정을 야기하지만 여기에서 발생하는 긴장은 비교, 분석, 통찰, 자기반성 등을 촉진함으로써 오히려 인간 활동에 깊이를 더해주는 원동력이 되기도 한다. 이런 점에서 보면 다양한 낯섦에 노출되어 있는 다문화 가정의 자녀는 학교에서 교사가 낯섦을 교육적으로 잘 처리만 해준다면, 다른 아동보다 더

유리한 교육환경을 갖는다고도 말할 수 있다.

(2) 상호문화적 행동역량

'상호문화적 행동역량'[11]은 최근에 사회 각 분야에서 현대인이 갖추어야 할 핵심 역량으로 부각되고 있다. 상호문화적 행동역량은 보통 "타문화권 사람들의 가치체계와 의사소통 맥락에 적절하게 행동하고, 의사소통을 수행하고, 그들을 잘 이해할 수 있는 능력"으로 정의된다.[12] 즉, 어떤 사람이 타 문화권 파트너와의 상호행위에서 그 문화권에 통용되는 사회규범과 행동규칙을 준수하며 자신의 목표를 실현하고 상호행위의 결과를 효과적으로 창출할 때 그는 상호문화적 행동역량을 갖추었다고 말한다.

이러한 상호문화적 행동역량은 포괄적인 상호문화 역량의 부분 영역으로서 다문화적 상황에서 사회적 관계를 합당하게 운영하는 자질을 뜻한다. 일반적으로 상호문화 역량은 인지적(認知的) 차원, 정의적(情意的) 차원, 행태지향적(行態指向的) 차원이 결합된 것으로 간주된다.

인지적인 차원의 상호문화 역량은 문화 실천적이거나 근원적인 지식을 모두 포함하는데, 여기서 문화의 근원적 지식이라 함은 문화적인 가치, 의사소통 스타일 등 가시적 문화 행위를 이면에서 조정하는 근거나 규범이나 법칙에 대한 안목을 의미한다. 따라서 인지적 차원은 일상생활을 할 때 경험하는 구체적 실천행위(예를 들어, 지하철을 이용하는 방법, 식사를 하고 음식 값을 지불하는 방법)에 대한 지식뿐만 아니라, 그러한 행위 형태를 조정하는 근원적 힘(전통, 규정 등)에 대한 세부적 지

---

11 '역량(Kompetenz)'은 인간이 자기를 조절하며 창의적으로 행동할 수 있는 상태를 말한다. 능력이 갖추는 것이라 한다면 역량은 실천하는 것이라 할 수 있다.

12 H. J. Lüsebrink, 2005, *Interkulturelle Kommunikation*, J. B. Metzler: 9.

식까지도 포함하는 것으로 볼 수 있다.

정의적인 차원의 상호문화 역량은 타 문화에 대해 합리적으로 적응하고 대응하는 능력을 의미한다. 정의적 능력은 타 문화를 대하는 긍정적 태도로서 자기중심주의로부터의 탈피, 다른 문화에 대한 선입관 제거, 개방적 입장, 공감 능력 등을 아우른다. 정의적 차원은 대개 행태지향적 차원과 더불어 수행된다.

학자에 따라서는 행태지향적 상호문화 행동역량은 상호문화 역량의 하부 개념이 아니라 인지적 정의적 차원으로 구성된 상호문화 역량으로부터 형성되는 별개의 능력으로 보기도 한다.[13] 이러한 입장에 따르면 상호문화적 행동역량은 언어와 비언어 운영과 관련된 제반 문화 지식을 소지한 사람이 타 문화에 대해 열린 마음을 가지고 상황에 맞게 의사소통을 수행하는 자질을 일컫는다.

이러한 상호문화적 행동역량은 특히 국제적인 경제 교류와 외교 협력에 있어서 중요시되는데, 이러한 견지에서 포지아들로프스키(A. Podsiadlowski)는 상호문화적 교류와 협력 분야에서 심리상담가와 교육자로 오랫동안 일해온 경험을 바탕으로 상호문화적 행동역량을 심리학적인 관점에서 다음과 같이 규정한다: "상호문화적 행동역량은 문화적인 차이에 대한 정신적인 부담감을 덜 느끼고, 애매한 상황에 대한 관용도, 타 문화권에 대한 적응력, 행동의 유연성을 보이면서 합당하게 의사소통할 수 있는 능력을 의미한다."[14]

상호문화적 행동역량을 교수법적인 측면에서 정의한 학자도 있

13 M. Grünhage-Monetti (Hrsg.), 2006, *Interkulturelle Kompetenz in der Zuwanderungsgesellschaft*: 30.

14 A. Podsiadlowski, 2004, *Interkulturelle Kommunikation und Zusammenarbeit*, Verlag Vahlen: 46.

다. 게링(Gehring)은 상호문화적 행동역량을 "특정한 상호문화적 만남의 상황에서 자신의 문화와 타 문화의 차이점을 인식하여 타 문화권 맥락에 맞는 적절한 행동전략을 세우고 유연하게 행동할 수 있는 능력이자 숙련도"라고 하며, 이 능력과 숙련도는 학교 교육에서 학습되어야 하는 중요한 자질이라고 규정하였다.[15] 다시 말하면, 상호문화적 행동역량을 키워주는 교육은 문화권 사이에 걸쳐진 오해 상황을 제거하고 이해의 어려움을 줄여 상호 간의 행동에 문화적합성을 부여하는 것을 의미한다.

다문화 교육과 관련해서 상호문화적 행동 능력은 지금까지 크게 두 가지로 나누어 연구되었다. 그중 하나는 지역에 대한 정보 능력이며, 다른 하나는 의사소통 능력이다. 여기서 지역에 대한 정보는 국가에 대한 지역학적 정보만을 의미하는 것이 아니라, 위에서 제시한 문화권 내의 근원적 지식과 일상의 구체적 상황을 위해 필요한 행동지식까지 포괄한다. 이러한 행동지식을 바탕으로 하는 의사소통 역량은 문화권에 따라 일정한 행동패턴으로 나타나는데, 특정 문화권에서 실천되는 행동패턴의 체계를 가급적 많이 학습하는 것이야말로 상호문화 의사소통 역량을 키워주는 다문화 교육의 핵심 과제라 할 수 있다.

(3) 낯섦 경험을 통한 진화

인간은 거의 매일 익숙한 현상과 낯선 현상을 만나며 살아간다.[16] 이때 낯선 것의 인식은 오로지 자신의 것, 즉 익숙한 카테고리의 도움에 의해 이루어진다. 낯섦은 그 자체로 존재하는 것이 아니라 '관계적

---

15 W. Gehring, 2002, *Interkulturelle Kompetenz-Konzepte und Praxis des Unterrichts*, Gunter Narr Verlag.

범주'로만 나타날 뿐이다. 낯섦은 어떤 기준에서 판단된 상태이지 차이 자체가 곧 낯섦이라고 할 수는 없다. 이렇게 낯섦은 이미 존재하는 것이 아니라 누가 무엇을 인식한 결과라는 사실이 낯섦의 가장 큰 특징을 이룬다.[17]

낯선 것이 낯설게 느껴지는 것은 문화적으로 전승된 나의 익숙함과 거리를 취하기 때문이다. 익숙함과의 심리적 거리가 낯섦 인식의 기준으로서 영향력을 행사한다는 뜻이다. 익숙함과의 심리적 거리는 대개 익숙함을 기준으로 판단하여 일치성과 상이성의 상관관계에서 어디에 더욱 관련되는가에 따라 결정된다. 일치성이 작동되면 심리적 거리가 좁혀지면서 낯섦이 줄어들며 반대로 상이성이 작동되면 낯섦이 실감나게 등장한다.

살아가면서 수행하는 낯섦에 대한 이해는 무한한 유연성 속에서 "자신의 것을 새롭게 바라보는 공간을 마련해주며, 자기 문화나 타 문화에 대해 보다 개방적이고 세심한 입장을 취하는 것을 방해해온 개인적 집단적 국수주의의 아집을 완화해준다".[18] 이런 점에서 보면, 낯선 것과의 만남은 사회 내에서 다분히 생산적인 요소를 함유하고 있다고 하겠다. 이것은 다음의 점에서 그러하다.

---

16 발덴펠스는 낯섦 경험이 인간 세계의 질서와 어떤 관계에 있느냐에 따라 낯섦을 '일상적 낯섦', '구조적 낯섦', '급진적 낯섦'으로 분류하였다. Bernhard Waldenfels, 1997, *Topographie des Fremden*, Suhrkamp: 35-37.

17 이런 점에서 낯섦은 '다름(das Andere)'과 본질적으로 구분되는데, 다름이 인식 이전에 그 자체로 존재 가능한 상태를 지칭하는 반면에, 낯섦은 관계적 구도 속에서 "파악된 다름(das aufgefasste Andere)", 즉 다름이나 차이가 해석된 결과로서의 피해석항(Interpretament)을 뜻한다. Alois Wierlacher, 1993, "Kulturwissenschaftliche Xenologie", A. Wierlacher (Hrsg.), *Kulturthema Fremdheit*, Iudicium Verlag: 62.

18 위의 책: 17.

- 낯선 것은 선입관에 덜 노출되고 전통 속에 고정되어 있지 않기 때문에 보다 새로운 해석의 가능성을 지닌다.
- 낯선 자는 주어진 상황을 비판적 · 객관적으로 통찰함으로써 새로운 해석을 통해 기존의 질서에 생산적 변혁을 가져올 수 있다.

이에 대해 비어라허(A. Wierlacher)는 문학을 예로 들어 다음과 같이 말한 바 있다. "낯선 문화에 속한 독자가 텍스트를 외부의 시각에서 읽음은, 그에게 보다 큰 거리와 유연성을 확보해주고, 다문화적 독자그룹의 특성에 따라 텍스트가 복수의 관점에서 고찰되게 하며, 관습화된 속단에 의한 반응을 제어하고, 고정화된 견해를 문제시하는 이해 방법을 지칭한다."[19] 아무래도 자기 것을 이해하는 것은 관습화된 경험구조에 종속되기 마련이기에 여기에는 이해된 것과 문화적 체계 사이에 긴장관계가 형성되지 못하며, 따라서 이해를 통한 변혁의 에너지는 그만큼 줄어든다. 반면에 문화적 낯섦을 경험하는 경우에는 익숙한 관습이나 행동구조에 대한 도전이 나타남으로써 이해의 탈자동화가 이루어지고, 독자는 모국어의 정보 수용 양태를 타파하는 새로운 반응 속에서 기존의 사고 질서에 이질적 체험구조를 삽입한다. 그리하여 낯선 것을 이해하는 것은 자기 것을 이해할 때보다 기존의 사고지평에 변화를 가져올 가능성이 훨씬 늘어난다.

이때 낯선 것의 이해는 간혹 잘못된 이해가 될 수 있다. 이러한 오류는 일반적으로 자신의 문화 맥락에 맞추어 수용하려는 욕구가 강한 데서 기인한다. 상호문화 의사소통을 행하는 자가 유연성을 확보하지

19 Alois Wierlacher (Hg.), 1985, "Das Fremde und das Eigene", *Prolegomena zu einer interkulturellen Germanistik*: 17.

않고 안정된 입장만을 유지한다면 그는 끊임없이 자기의 것을 남의 것에 투영함으로써 낯선 것이 가지고 있는 체험의 역동성을 놓칠 것이다. 그러나 비록 잘못된 이해라 하더라도 그것이 유연성을 확보하고 있다면 반드시 무의미하다고 말하기는 곤란하다. 왜냐하면 낯선 것의 이해는 진위의 차원도 중요하지만 그것보다는 낯선 체험 자체가 가지고 있는 연관 영역의 변화, 즉 옳고 그름의 차원을 떠나 체험자의 의식구조에 나타나는 시각의 다양화도 그만큼 중요하기 때문이다. 그리하여 "오해 자체도 간혹 낯선 문화수용의 풍요로운 형식이 될 수 있다"[20]는 말은 일리가 있다고 하겠다.

낯선 것을 경험하는 다른 장점은 낯섦이 다시 익숙함에 영향을 주며 주체가 자신의 익숙함을 새롭게 인식하게 한다는 점이다. 익숙함은 대개 자동적으로 진행되기 때문에 존재는 하지만 잘 인식되지는 않는다. 즉, 자신의 익숙함은 사람이나 사물이나 상황을 낯선 것으로 해석할 때 비로소 인식의 범주로 들어온다. 모든 자아는 지속적 성장을 위해서 다른 것과의 만남을 필요로 하는데, 다르거나 낯선 것의 경험은 사고와 행위의 확장을 지극함으로써 자아의 성장에 자양분을 제공한다. 다른 것과의 만남은 인간이면 누구나 벗어날 수 없는 근원적 경험을 나타내기 때문에 이러한 근원적 경험이 부족하면 자아의 성장 동력도 위축될 수밖에 없다.

이처럼 낯선 것의 이해는 단순히 새로움을 아는 차원을 넘어 자기 것을 진정으로 이해하는 수단이 된다. 따라서 낯선 것의 이해는 하나가 다른 하나를 이해한다는 일방성이 아니라 상호보완적 이원관계 속

20 Pramod Talgeri, "Vom Verständnis der Andersheit der Fremdkultur", A. Wierlacher (Hg.), *Perspektiven und Verfahren interkultureller Germanistik*: 367.

에서 이루어진다. 모든 문화는 이질 문화와의 접촉을 통해 사고와 행동의 경직성을 타파하고 긍정적 자기발전의 동력을 얻을 수 있다. 이에 대해 헥셀슈나이더는 "상호문화성은 낯선 문화의 정체성을 정서적으로 느끼고 이성적으로 파악하며, 이를 통해 자신의 정체성을 발견하거나 보다 잘 이해하도록 도와준다는 점에서, 남의 것의 인식을 통해 자기의 것을 보다 심도 있게 인식하는 것"[21]이라 하였다.

낯섦 경험은 상호문화 의사소통의 핵심 요소이다. 소통당사자들이 동일한 연관 영역에 속해 있는 일반적 소통과는 달리 상호문화 의사소통은 처음부터 연관 영역의 차이를 전제로 하기 때문에 여기에서는 소통의 성공 여부가 동일한 전제조건에서 결정되는 것이 아니라 소통에 참여하는 다양한 상이성 차원에 의해 역동적으로 이루어진다. 상호문화 의사소통에서 작동하는 낯섦 경험은 화석화된 사고 및 행동 영역에 진화를 가져올 잠재력을 잉태하고 있다. 정신세계의 진화는 이해에 유연성이 존재할 때 가능하다. 선입관 없이 외부인의 입장에서 타문화에 대해 접근하고 이를 통해 자기문화에 대한 시각을 다양화하는 것이 상호문화 의사소통이 주는 진화의 효과이다.

상호문화 의사소통 역량을 갖추는 것은 또한 우리의 삶을 행복하고 더욱 깊이 있게 만드는 지름길이 된다. 인간은 늘 보아온 익숙한 현상만 접해서는 자신을 진정으로 관찰하기 어렵다. 인간의 정신 활동은 낯선 것을 통해 자신의 것을 새롭게 인식하고 여기에 익숙해지는 과정이기에 참다운 정신적 성장을 위해서는 낯선 것에게서 무엇인가를 찾으려 하는 마음가짐을 늘 갖추고 있어야 한다. 인간의 창의성이 고

21 Erhard Hexelschneider, 1985, "Das Fremde und das Eigene als Grundkomponenten von Interkulturalität", A. Wierlacher (Hg.), 위의 책: 260.

정된 틀에서 나오는 것이 아니라 익숙한 것과 낯선 것 사이의 긴장관계 속에서 발현된다는 사실에서 보면, 다문화적 환경은 창의적 사고를 펼치는 데에도 중요한 자극제가 된다. 다양성의 아름다움, 사이의 미학을 통해 우리 세상의 여러 가지 이치들을 새롭게 발견하는 즐거움은 다문화 사회가 우리에게 주는 가장 큰 선물이다.

4. 맺는 말

미래 사회의 필수 요건으로 간주되는 상호문화 의사소통 역량은 다른 문화를 이해하고 여기에 맞게 행동하는 자질, 다문화 상황에서 구사하는 언어 능력, 그리고 다른 나라 사람의 입장을 이해하고 그들과 조화롭게 살아가는 태도를 두루 포함한다. 우리끼리는 세상사를 이해하는 동일한 바탕을 지니기 때문에 비교적 문제없이 소통이 이루어지지만, 다문화 가정과 같은 타문화 구성원과의 교류는 문화적 배경이 다르다보니 의도한 바와 달리 여러 가지 오해를 불러일으킬 수 있다. 그리하여 전 지구화된 미래 사회를 살아가기 위해서는 우리 국민들이 상호문화 의사소통 역량을 갖추는 것이 필요하다.

이러한 상호문화적 의사소통 역량의 관점에서 보면, 이주가정 구성원들을 일방적으로 우리 문화의 기준에 맞추려 하는 소위 동화 중심의 접근법은 바람직하지 않다. 그것보다는 다양한 문화의 존재 가치를 인정하며 문화 사이의 자연스러운 교류를 통해 새로운 생활의 힘을 쌓아 가게 하는 진화 중심의 접근법이 더욱 권장된다. 진화적 보편주의에 의하면 인간은 자신의 문화적 경험을 바탕으로 낯선 것과 상호작용하며 스스로 행동을 조절하고 새로운 사고 모델을 창출하는 능력을 지닌다. 따라서 이주가정 구성원들을 어딘가 부족한 사람, 우리와 완전히 다른 사람, 우리의 도움이 없으면 설 수 없는 결핍된 존재로 생각하는 것은 근본적으로 잘못되었다. "사람은 누구나 그 자체로 하나의 세계이며, 모든 사람의 비석에는 그의 세계사가 존재한다"[22]는 하이네의 말처럼, 인간은 탄생과 더불어 이미 자신의 세계를 다스리는 세계적 인물이 된다. 이러한 인간 중심적 가치관을 믿으며 사람은 누구나 똑같이 소중하다는 사실을 인식하고 이를 말과 가슴으로 실천하는 능력이 바로 상호문화 의사소통 역량의 핵심이다.

정리하면, 상호문화 의사소통 역량은 남을 통해 나를 다시 보고 존재의 가치를 남에게서도 느끼는 열린 자세이며, 인간으로서의 '끼'라 할 수 있다. 다문화 가정뿐 아니라 우리 사회에서 힘든 생활을 하는 모든 사람에게 우리가 보여줄 것은 자신의 소중함을 남에게도 적용하는 인간으로서의 '끼'이지 자신보다 약해 보이는 사람에게 '티'를 내면서 느끼는 음침한 승리감은 아닐 것이다. 독일에 사는 터키계 이주가정의 삶을 그린 소설 『별을 잡아먹는 보름달』(D. 잡츠올로 作)에는 문화적 나눔과 공존을 갈구하는 인간의 소망이 반달로 상징화되어 있다. 포동포동한 보름달의 이면에는 빛을 잃은 수많은 별들의 아픔이 숨어 있다. 반면에 반달은 항상 겸손하게 다른 사람들의 자리를 배려해주는 나눔의 덕을 실천한다. 인간은 누구나 풍성하고 가득 찬 보름달이 되고 싶어 하지만 완전히 가득 찬 상태에서는 이웃을 진정으로 돌아보기 어렵다. 반달의 겸손함을 가지고 주위를 바라보며, 세상살이에 힘들어하는 모든 사람들에게 조용히 자신의 마음과 관심을 전하는 것, 그것은 다문화 사회를 살아가는 우리에게 필요한 가장 중요한 자세라 할 수 있다.

22 H. Heine, 1981, *Sämtliche Schriften Bd.3*, Ullstein Werkausgaben: 378.

학습 활동

1. 다음은 2010 남아공 월드컵 독일 축구팀에 관한 표이다. 표를 보고 아래와 같이 토론해보자.

번	이름	아버지	어머니	출생지	출생년도
01	Neuer, Manuel				1986
12	Wiese, Tim				1981
22	Butt, Hans Jörg				1974
04	Aogo, Dennis	나이지리아	독일	독일	1987
05	Taşçı, Serdar	터키	터키	독일	1987
20	Boateng, Jérôme	가나	독일	독일	1988
14	Badstuber, Holger				1989
02	Jansen, Marcell				1985
03	Friedrich, Arne				1979
16	Lahm, Philipp				1983
17	Mertesacker, Per				1984
06	Khedira, Sami	튀니지	독일	독일	1987
08	Oezil, Mesut	터키	터키	독일	1988
15	Trochowski, Piotr	폴란드 (독일계)	폴란드 (독일계)	독일	1984
21	Marin, Marko	보스니아	보스니아	보스니아 (2살 때 독일)	1989
18	Kroos, Toni				1990
07	Schweinsteiger, B.				1984
10	Podolski, Lukas	폴란드	폴란드	폴란드 (2살 때 독일)	1985
11	Klose, Miroslav	폴란드 (독일계)	폴란드 (독일계)	폴란드 (8살 때 독일)	1978
23	Gómez, Mario	스페인	독일	독일	1985
19	Cacau	브라질	브라질	브라질 (18세때 독일)	1981
13	Müller, Thomas				1989
09	Kießling, Stefan				1984

(1) 2010 남아공 월드컵에서 독일 국가대표팀의 성공 사례(아르헨 4:0 승, 영국 4:1승)를 다문화적 관점의 팀 구성에서 찾을 수 있는 근거는 무엇인가?

(2) 다양성 속에서 조화를 추구하는 접근방식이 현대사회에 갖는 의미는 무엇인가?
(3) 다양한 관계의 구성이 창의성 발현에 도움이 되는 사례들을 주변에서 찾아보자.

2. 다음은 KBS 〈미녀들의 수다〉 '베라'양 사건에 대한 내용이다. 오해받은 내용과 실제 내용을 읽고 아래와 같이 토론해보자.

▶한국인을 비하한 것으로 문제된 부분: 〈서울의 잠 못 이루는 밤〉 코너에서 발췌

[오해받은 내용]

"한국 지하철을 보면 동생이 키운 쥐가 생각난다. 쥐들을 좁은 공간에 많이 넣으면 서로 물고 싸우는데 지하철을 보면 그 쥐가 생각난다."

[실제 내용]

"지하철에서의 무례한 행동을 보면 파리 유학시절이 생각난다. 서울이나 파리같이 수백만이 밀집해 사는 도시에는 '내가 먼저'라는 의식이 성행하게 된다. 이런 모습을 보면 초등학교 때 동생이 키우던 사막쥠퍼쥐가 떠오른다. 그들은 한 우리에 많은 수를 넣어 두면 서로 싸워 떼어 놓을 수밖에 없었다."

(1) 한국 네티즌들이 [실제 내용]보다는 [오해받은 내용]에 더욱 적극적으로 반응하는 이유는 무엇인가?
(2) 이러한 오해 상황이 발생했을 때 바람직한 다문화적 해결 방안은 무엇인가?
(3) 다문화 사회에서 문화 차이에 의한 갈등을 완화할 방안은 무엇인가?

참고문헌

구현정. 2009.『대화의 기법, 이론과 실제』. 경진.

권오현. 1996.「상호문화적 커뮤니케이션으로서의 외국어교육」.『독어교육』14.

권오현 · 김유리 · 손대영. 2006.『다문화 시대를 위한 상호문화적 행동 능력 중심 외국어교육 모델 개발』. 2006년 교과교육공동연구 연구결과보고서.

김숙현 외. 2001.『한국인과 문화간 커뮤니케이션』. 커뮤니케이션북스.

김정은. 2011.『한국인의 문화간 의사소통』. 한국문화사.

유수연. 2008.『문화간 소통의 이해』. 한국문화사.

최윤희. 2003.『문화간 커뮤니케이션과 국제협상』. 커뮤니케이션북스.

홀라이트, 베라. 2009. 김진아 역.『서울의 잠 못 이루는 밤』. 문학세계사.

Gehring, W. (Hrsg.). 2002. *Interkulturelle Kompetenz-Konzepte und Praxis des Unterrichts*. Gunter Narr Verlag.

Grünhage-Monetti, M. (Hrsg.). 2006. *Interkulturelle Kompetenz in der Zuwanderungsgesellschaft*. W. Bertelsmann Verlag.

Heine, Heinrich. 1981. *Sämtliche Schriften Bd.3*. Ullstein Werkausgaben.

Hexelschneider, Erhard. 1985. "Das Fremde und das Eigene als Grundkomponenten von Interkulturalität." A. Wierlacher (Hg.). *Perspektiven und Verfahren interkultureller Germanistik*. Iudicium Verlag.

Kalverkämper, Hartwig. 1995. "Kultureme Erkennen, Lehren und Lernen." *Fremdsprachen Lehren und Lernen*, 24.

Lüsebrink, H. J. 2005. *Interkulturelle Kommunikation*. J. B. Metzler.

Podsiadlowski, Astrid. 2004. *Interkulturelle Kommunikation und Zusammenarbeit*. Verlag Vahlen.

Schulz von Thun, E. 1995. *Miteinander Reden*, 1. Rowohlt.

Talgeri, Pramod. 1985. "Vom Verständnis der Andersheit der Fremdkultur." A. Wierlacher (Hg.). *Perspektiven und Verfahren interkultureller Germanistik*. Iudicium Verlag.

Waldenfels, Bernhard. 1997. *Topographie des Fremden*. Suhrkamp.

Watzlawick, Paul u.a. 2007. *Menschliche Kommunikation*. 11. Auflage.

Wierlacher, Alois. 1993. "Kulturwissenschaftliche Xenologie." A. Wierlacher (Hrsg.). *Kulturthema Fremdheit*. Iudicium Verlag.

Wierlacher, Alois. (Hg.). 1985. "Das Fremde und das Eigene." *Prolegomena zu einer interkulturellen Germanistik*. Iudicium Verlag.

Zaptçioğlu, Dilek. 2001. *Der Mond isst die Sterne auf*. Omnibus.

Ⅲ. 다문화 수업과 학생지도

10장
다문화 교육과 학교 교육과정

모경환 서울대학교 사범대학 사회교육과

1. 들어가는 말: 다문화 시대의 학교 교육과정

21세기 한국 사회는 전 지구화, 개방화가 진행되면서 다인종 · 다문화 사회로 급속히 변화하고 있다. 외국인 노동자, 국제결혼 이주자들이 지속적으로 증가하면서 노동 현장, 각급 학교, 지역 공동체에서 다인종적, 다문화적 공존과 상호존중은 중요한 사회적 과제가 되었다. 다문화 가정은 한국 사회의 소수 집단을 형성하고 있으며 쉽게 정착하지 못하고 있다. 또한 다문화 가정 자녀들은 언어 능력과 학습의 부진 및 학교 부적응을 경험하고 있다. 이러한 상황에서 다문화 교육을 통해 다문화 가정 자녀의 적응과 기존 다수 집단 자녀의 개방적 · 관용적 태도를 양성하는 것이 중요한 사회적 · 교육적 과제이다.

학교의 다문화 교육은 다양한 인종, 언어, 문화, 종교 등을 가지고 있는 학생들이 공존할 수 있게 하며 장차 학생들이 다원화된 사회의 시민으로서 자질을 갖추도록 하는 목표를 가지고 있다. 특히 학교 다문화 교육의 실행에 있어서 교육과정이 핵심 요소이다. 교육과정은 학생이 성취하기를 기대하는 목표를 어떤 내용과 환경을 통해 실현할 것인가를 정한 체계를 의미한다. 따라서 학교에서 다문화 교육을 직접적으로 구현하는 방법은 다문화 교육과정의 개발과 실행이라고 할 수 있다.

요컨대 다문화 사회에 대응하는 학교 교육과정을 개발, 시행하는 것이 중요한 교육적 과제이다. 다문화 시대에 적합한 교육 목표의 구성, 이를 실현하기 위한 교육 내용의 선정, 교과 및 교과 외 활동을 통한 다양한 학습 활동의 구성, 그리고 다문화주의에 적합한 평가의 모색이 그것이다. 그러므로 다문화 교육을 위해 교육과정을 개혁하는 것과, 변화된 교육과정에 따라 교과서가 어떻게 기술되는가도 효율적인 다문화 교육을 위해 대단히 중요한 문제이다.

교육과정에서 가장 핵심적인 문제는 '무엇을 가르칠 것인가' 혹은 '학생들은 무엇을 배워야 하는가'이다. 이 문제는 결국 '교육이 추구하는 사회란 어떤 사회인가', '교육이 기르고자 하는 인간은 어떤 인간인가'와 같은 형이상학적인 문제로 소급된다. 이는 가치의 영역으로, 세계관과 인간관의 합의점을 찾기란 쉬운 일이 아니다. 따라서 결국 학생들이 배워야 할 지식, 태도, 가치가 무엇인가를 결정하는 것은 끊임없는 경합의 영역이며 본질적으로 정치적인 문제이다(Nieto & Bode, 2008: 127). 교육과정에 무슨 내용을 담을 것인가? 이에 대해 다문화 교육은 학생들의 역사와 경험과 문화가 교육과정의 우선적인 구성요소가 되어야 한다고 주장한다(Gollick & Chinn, 2006: 360-363).

뱅크스(Banks & Banks, 2004)에 따르면, 다문화 교육이란 교육과정과 교육제도를 개혁하여 다양한 집단의 학생들에게 균등한 교육 기회를 제공하는 것을 목표로 하는 개혁운동이다. 따라서 다문화 교육은 학교 교육과정에서 인종차별(racism), 성차별(sexism), 계급차별(classism), 언어차별(linguicism), 장애인차별(ablism), 연령차별(ageism), 동성애자 차별(heterosexism), 종교적 불관용(religious intolerance), 외국인 혐오(xenophobia)와 관련된 이슈를 직접적으로 다루며(National Association for Multicultural Education, 2012), 모든 형태의 교육 불평등을 시정하고자 한다.

따라서 다문화 교육은 모든 학습의 기초가 되어야 한다. 다문화 교육은 모든 사람을 위한, 모든 사람에 관한 교육이다. 따라서 다문화 교육은 과학, 수학, 언어, 사회, 예술 등 모든 교과에 속한다. 그러므로 다문화 교육은 모든 학교급, 교과 영역 전문가들의 협력을 필요로 한다(Tiedt & Tiedt, 2010: 25). 다문화 교육과정은 소수자의 적응과 성취를 돕는 한편, 학습자들이 서로 다른 문화에 대한 이해와 존중을 바탕으로 포용과 공존을 배우고 다원화된 사회의 시민으로서 성장하도록 돕는 프로그램이 되어야 한다. 이런 의미에서 다문화 교육과정은 특정 소수 집단을 상대로 하는 복지 프로그램이 아니라 모든 학습자를 대상으로 하여 다문화 사회의 구성원으로서 필요한 지식, 기능, 가치, 태도를 함양하도록 하는 것을 목표로 구성되어야 한다.

2. 학교 다문화 교육의 내용

(1) 다문화 교육의 내용 선정

이상의 목표를 달성하기 위해서는 학교의 교육과정이 학교급이나 교과에 상관없이 다문화적이어야 한다. 교육과정이 다문화적이라는 것은 사회를 구성하는 다양한 집단의 역사, 관점, 경험이 다루어진다는 것을 의미한다. 즉, 집단이 사회에서 차지하는 권력 정도, 경제적 빈부, 인구 규모와 상관없이 다양한 집단의 학생들이 바로 자기 출신 집단과 자기 자신의 경험을 교육과정에서 만날 수 있어야 한다. 이는 소수 집단 학생들의 정체성과 자부심 형성에 긍정적일 뿐 아니라 다수 집단 학생들의 다양한 문화에 대한 개방적이고 관용적인 태도를 기르는 데도 필요하다. 골릭과 친은 다문화 교육과정이 첫째, 교과에 학생들의 다양한 문화를 반영해야 하며, 둘째, 교육 내용을 통해 학생들이 민족, 종교, 계층적으로 다양한 집단들이 자신들과 다른 관점을 가질 수 있음을 이해하는 것이 중요하다고 강조한다(Gollick & Chinn, 2006: 360-363).

다문화 교육의 범위에 관해서는 끊임없는 논쟁이 전개되고 있다. 다문화 교육이 민족, 인종, 문화적 차이만을 포함하는가? 성별, 계층별 차이도 포함하는가? 혹은 성적 지향도 포함하는가? 교육과정에서 단원에 포함시키는가, 아니면 전체 학교 교육을 개혁하는 접근 방식을 취해야 하는가 등이다(Manning & Baruth, 2004: 346). 다문화 교육을 지지하는 대부분의 학자들은 다문화 교육과정이 단순히 언어적 · 종교적 · 민족적 · 인종적 소수자의 문화를 다루는 것에 한정되는 것이 아니라, 사회적 약자 일반—그 기준이 계층이든, 성별이든, 연령이든, 성적 취향이든, 지역이든—을 대표하는 지식을 포함해야 한다고 주장한다.

황규호와 양영자(2008)는 다문화 교육의 내용 선정에 있어서의 쟁점과 과제를 논의하면서 다문화 교육의 유형을 소수자 적응교육, 소수자 정체성 교육, 상호이해 증진교육 등 세 가지로 구분하였다. 첫째 소수자 적응교육은 한국 사회의 소수 집단이 생활에 필요한 적응 능력을 함양하도록 하는 교육을 말한다. 둘째 소수자 정체성 교육은 한국 사회의 소수 집단이 한국 시민으로서의 정체성과 동시에 자신의 고유한 문화적 공동체에 대한 정체성이 조화롭게 형성되도록 하는 교육을 의미한다. 셋째 상호이해 증진교육은 다수자 대상의 소수자 이해교육과 소수자 상호이해 증진교육을 말한다.

뱅크스(Banks, 1993) 역시 다문화 교육과정에 포함될 내용을 인종 집단이나 민족 집단의 문제로만 보지 않는다. 그는 지식을 주류적 학문 지식(mainstream academic knowledge)과 변혁적 학문 지식(transformative academic knowledge)으로 구분하고 있다. 첫째, 주류 학문 지식은 사회과학에서 확립된 전통적 개념, 패러다임, 이론, 설명 등을 말한다. 주류 학문 지식의 주요한 전제는 객관적 진리가 존재하며, 이는 엄격하고 객관적인 연구 절차에 의해 발견될 수 있다는 것이다. 지식이란 인간의 이해관계, 가치, 관점, 감정으로부터 영향을 받지 않는 중립적인 것이다. 서구의 학문적 전통은 오랜 기간 이러한 관점에 기반해왔다. 따라서 정통 학문에 기원을 두고 있는 교육과정상의 지식들도 객관적이며 가치중립적인 것으로 여겨져왔다.

둘째, 변혁적 학문 지식은 주류 학문 지식에 도전하는 개념, 패러다임, 이론, 설명들을 통칭한다. 변혁적 학문 지식은 주류 학문과는 다른 인식론에서 출발한다. 인간의 이해와 가치, 관점은 지식의 구성에 영향을 미친다. 즉, 지식은 객관적이거나 중립적인 것이 아니라 그 자체가 유목적적이며 가치내재적이다. 그리고 모든 지식은 권력과 사회적 관계를 반영한다. 주류 학문 지식이 말 그대로 '주류'인 것은 그것이 진리에 가까워서가 아니라 사회 다수 집단의 이해관계를 대표하기 때문이다. 같은 맥락에서 여성, 아동, 서민, 소수 문화 집단 등과 같은 사회적 약자 집단의 경험과 관점은 그것이 소수 집단의 것이었기 때문에 주관적이라거나 지엽적이라는 이유로 학문적 가치가 없다고 폄하되어 왔다. 변혁적 학문 지식을 지지하는 학자들은 주류적 학문이 내세우는 객관성이나 가치중립성의 신화로 인해 평가절하되어 왔던 소수 집단의 역사, 경험, 관점이 대등한 지식으로 인정받아야 한다고 주장한다.

뱅크스는 변혁적 학문적 지식이 보여주는 지식의 구성 과정이 교육과정의 핵심이 되어야 한다고 주장한다. 기존의 교육과정은 지식을 완전무결한 것, 의문이나 비판의 여지가 없는 것으로 전달한다. 이것은 지식이 구성 · 재구성되는 실제의 모습과는 동떨어진 것이다. 학생들에게 학문 안에 존재하는 내재적인 문화적 가정, 준거의 틀, 관점, 편견들이 지식의 구성에 어떻게 영향을 미치는지 이해하고 탐구해보도록 해야 한다. 단일한 관점을 해석하는 다양한 관점이 존재할 수 있으며, 이러한 다양성은 현상을 인식하는 개인 혹은 집단의 경험의 차이에서 기원한다는 것을 경험할 수 있어야 한다. 자연히 뱅크스가 조언하는 지식의 구성 과정을 가르치는 교육과정은 다문화적일 수밖에 없다. 다문화적으로 구성된 교육과정은 인식론적 측면에서도 보다 실제적인 것이다.

(2) 다문화 교육의 주요 내용

차별적 요소를 극복하고 모든 집단의 학생들에게 균등한 교육의 기회를 제공하는 것을 목표로 하는 다문화 교육을 위하여 학교 교육과정에서 다루어야 할 내용은 매우 다양하다. 여기서는 다문화 교육의 내용으로서 기본이 되는 문화와 민족, 인종 집단에 대한 지식에 대해 논의하고자 한다.

1) 문화

다문화 교육에서 가장 주요한 개념은 문화이다. 문화란 한 사회 집단의 생활양식, 즉 인간이 만든 총체적 환경이라고 정의할 수 있다. 문화는 사회 집단의 물질적, 비물질적 측면을 모두 포괄하지만, 오늘날 많은 사회과학자들은 문화의 관념적, 상징적 측면을 강조하고 있다. 특히 근대화된 사회에서 한 집단을 다른 집단과 구별 짓는 것은 물질적인 문화 요소보다 가치관, 상징, 관점과 같은 정신적 요소이다(Banks, 2008). 즉, 한 국가공동체 내에서 다양한 민족 집단들을 구별해 주는 것은 음식, 옷과 같은 물질적 문화가 아니라 가치관, 규범, 관점과 같은 비물질적 문화이다. 따라서 다문화 교육에서 문화를 가르칠 때 염두에 두어야 할 점은 한 사회 안에서 각 민족 집단이 가진 문화의 본질이 각 민족의 독특한 가치관, 신념, 상징, 관점에 있다는 것이다. 단순히 수업 시간에 여러 집단의 음식, 의복, 주거 생활만을 소개하고 다루게 되면, 민족 집단의 본질을 놓치고 학생들에게 문화에 대한 오개념을 제공할 위험이 있다.

또한 뱅크스(Banks, 2008)는 문화가 역동적이고 복잡하며 변화무쌍하다는 점을 고려해야 한다고 지적한다. 국가 내의 한 민족 집단의 문화를 다룰 때 교사는 이들의 이민 시기, 사회계층, 지역, 종교, 성, 교육

등과 같은 요인이 그 민족 집단 내에 존재하는 하위 집단과 개인의 가치관과 행동에 어떻게 영향을 미치는지를 학생들이 이해할 수 있도록 해야 한다. 예를 들어, 멕시코계 미국인 집단의 문화를 다룰 때, 1900년대 초기에 미국으로 부모가 이주해서 동부 해안에 살고, 중상층에 속하며, 대학 교육을 받은 멕시코계 여성과 20년 전에 멕시코로부터 미국 캘리포니아로 이주해온 노동자 남성은 상당한 문화적 차이를 가지고 있을 것이다. 이와 함께 학생들이 민족 집단에 대하여 학습할 때, 새로운 고정관념을 형성하지 않도록 하는 것이 중요하다. 수업 시간에 한 민족 집단의 문화로 다뤄지는 일반적인 특징이 획일적으로 그 민족 집단의 개별 구성원들에게 나타나는 것은 아니라는 점을 지적할 필요가 있다. 같은 민족 집단이라 할지라도 개인이나 하위 집단들 사이에서는 상당한 차이를 보일 수 있다.

2) 여러 민족 집단에 관한 지식

다양한 민족 · 문화 집단에 대한 학습을 위한 주요 개념

① 출신 지역과 이주
② 공유하는 문화, 가치, 상징
③ 민족 정체성과 민족적 동질감
④ 관점, 세계관, 판단의 준거
⑤ 민족 단체와 민족 자결
⑥ 인구통계학적, 사회적, 정치적, 경제적 지위
⑦ 편견, 차별, 그리고 인종차별주의
⑧ 민족 내부의 다양성
⑨ 동화와 문화접변

⑩ 혁명
⑪ 지식의 구성

다문화 교육과정에 다양한 민족 집단들의 문화적 내용들을 통합할 때에는 국가 내에 존재하는 민족 집단들의 역사와 문화에 관한 지식들을 다루어야 한다. 뱅크스(Banks, 2008)는 여러 민족 집단들에 대한 지식을 다룰 때 중심이 되는 개념들을 위와 같이 11개로 제시하고 미국에 대한 다양한 사례를 들어 설명하고 있는데, 다문화 교육과정에 여러 민족 및 문화 집단들의 내용을 통합할 때 하나의 기준점이 될 수 있다.

(3) 교육과정 내용 선정의 기준

뱅크스(Banks, 2008)는 다문화 교육과정을 위한 핵심 개념의 선정에 지침이 되는 기준을, 타바(Taba)와 동료들이 제시한 네 가지 기준을 기초로 마지막 항목을 더하여 다섯 가지로 제시하고 있다. 이러한 다섯 가지 기준은 학교 다문화 교육과정을 구성하고 교과서를 작성하는 데 중요한 하나의 기준점을 제공해준다.

첫째, 타당성(validity)이다. 이는 다문화 교육과정에 포함시키는 내용이 기반 학문의 개념들을 적절하게 대표하는 개념인가 하는 점이다.

둘째, 중요성(significance)이다. 이는 개념들이 현재 세계의 중요한 측면들을 설명할 수 있고, 인간 행동의 중요한 측면을 잘 보여주는가 하는 점이다.

셋째, 영속성(durability)이다. 이는 다문화 교육과정에서 다루려는 개념의 중요성이 앞으로도 지속될 것인가 하는 점이다.

넷째, 균형(balance)이다. 이는 개념들이 학생의 사고의 넓이와 깊이를 모두 성장시킬 수 있는가 하는 점이다.

다섯째, 민족적 · 문화적 적합성(ethnic and cultural relevance)이다. 이는 교육과정에 다루려는 내용이 학생들이 미국과 세계 내 민족 집단들의 경험을 더 잘 이해하는 데 도움이 되는가 하는 점이다.

3. 다문화 교육과정의 구성 원리

다문화 교육의 목표에 맞게 교육과정을 구성하는 것은 학교 다문화 교육의 핵심적인 요소이다. 학교 다문화 교육과정(curriculum)은 먼저 기존 교육과정에서 차별과 편견을 제거하는 것에서부터 시작하여 다양한 문화적, 인종적, 민족적 내용을 통합시켜야 한다. 또한 이러한 내용 통합은 다문화 교육과 관련이 깊은 사회과, 언어 영역을 비롯하여 예술 영역에 이르기까지 모든 교과에 반영되어야 한다. 여기에서는 다문화 교육과정을 어떻게 구성해야 하는지에 대하여 뱅크스(Banks)와 베넷(Bennett)의 구성 원칙을 논의하고자 한다. 뱅크스와 베넷의 교육과정 구성 원칙은 기존 교육과정의 문제점을 분석하고, 보다 다문화적인 교육과정을 구성하는 데 많은 시사점을 제공해준다.

(1) 뱅크스(Banks)의 4단계 모형

다문화 교육의 목표를 실현하기 위하여 학교 교육과정을 개혁하는 데 중요한 기준으로서 뱅크스는 4단계 구성 원리를 제시하였다(Banks, 2004; 2008). 그는 교육과정에 대한 기여적 접근법, 부가적 접근법, 변혁적 접근법, 사회적 행동 접근법 등을 제시하고, 학교 교육과정이 상위 단계의 접근법을 반영하여 개혁할 것을 제안하고 있다.

첫째, 제1단계인 기여적 접근법(the contribution approach)은 주류 교육과정에 처음으로 다문화적 내용을 통합할 때 자주 사용된다. 사회 내 소수 집단들이 주류 사회에 기여한 점을 강조함으로써 소수 집단들의 자긍심을 길러주고자 한다. 이를 위해 소수 집단의 영웅, 명절, 축제와 같은 문화적 요소를 교육과정 속에 포함시킨다. 이 접근법은 교사들이 다문화적 내용을 통합시키는 데 사용할 수 있는 가장 쉬운 방법이다. 그러나 이러한 접근은 소수 집단들이 경험하는 인종주의, 억압, 불평등과 같은 사회구조적인 문제에 대해서는 회피하는 경향이 있다. 또한 제도적인 문제점보다는 민족 집단의 삶의 양식에 보다 집중한다. 따라서 이러한 통합 방식은 학생들에게 민족의 영웅들을 기억하는 일회성 경험을 제공할 수 있으나 미국의 역사나 사회 전체적인 맥락에서 영웅의 역할을 이해하는 데는 미흡하다.

둘째, 제2단계인 부가적 접근법(the additive approach)은 교육과정의 기본적인 구조, 목표, 특성을 변화시키지 않으면서 소수 집단과 관련된 내용, 개념, 주제, 관점을 교육과정에 첨가하는 방식이다. 보통 소수자 관련 단원이나 과목 등을 교육과정 내에 첨가하는 형태로 이루어진다. 즉 교육과정의 재구조화 없이 교사가 기존의 교육과정에 소수 민족의 내용을 추가하는 형태이다. 추가되는 내용의 선정이나 기술의 관점이 주류적 관점에서 전개된다는 점에서 불충분한 개혁이다. 예컨대 미국 원주민에 관한 내용이 추가되더라도 백인의 관점에서 내용이 선택되고 기술된다.

이상의 두 접근법은 모두 교육과정의 기본 구조나 규준에는 도전하지 않는다. 단지 현존하는 교육과정의 체제 안에서 소수 집단의 문화적 내용을 첨가하는 방식이다. 그래서 이 접근법들은 소수 집단의 문화를 다루긴 하지만 여전히 지배 집단의 규범과 가치가 반영된 시각에서 다뤄질 수밖에 없다는 한계를 가진다.

셋째, 제3단계인 변혁적 접근법(the transformation approach)에서는 교육과정의 근본적인 목표, 구조, 관점의 변화가 발생한다. 2단계 부가적 접근에서는 기존의 교육과정 체제를 그대로 유지하면서 다문화적 내용이 첨가되는 방식이라면, 3단계에서는 전혀 새로운 관점에서 교육과정을 개혁하여 재구성한다. 이 관점에서는 사회가 다양한 문화, 인종, 종교의 상호작용과 통합을 통해 형성되었다고 본다. 따라서 이러한 접근은 소수 집단을 사회의 예외적 측면으로 파악하는 것이 아니라 필수적인 부분으로 수용하여 교육과정을 재구성한다.

변혁적 접근법을 적용한 교육과정은 기존 교육과정의 규준, 패러다임, 기본적인 가정을 변화시켜 학생들이 상이한 관점에서 개념, 이슈, 주제와 문제를 조망할 수 있도록 한다. 그래서 학생들이 다양한 문화의 관점에서 개념, 사건, 인물을 이해하고, 지식이라는 것이 사회적 구성물임을 이해하도록 한다. 이 접근법에서 학생들은 역사적 사건과 상황에 대해 교사가 제시하는 관점을 비판적으로 분석하며 그에 대한 자신만의 해석을 만들어보고 정당화하는 기회를 갖는다. 즉, 변혁적 접근법의 중요한 목적은 비판적으로 사고하고 결론을 도출하며 이를 증명하고 정당화하는 기능을 발달시키는 데 있다.

넷째, 제4단계인 사회적 행동 접근법(the social action approach)은 3단계 변혁적 접근법의 요소에 더하여 학생들의 의사결정, 실천과 행동이 강조된다. 수업 시간에 다루는 개념, 주제, 문제에 대하여 학생들이 스스로 의사결정을 하고, 학습한 내용과 관련된 개인적, 사회적 행동을 실천해볼 수 있도록 하는 학습 활동을 구성한다. 이 접근법의 주요 목적은 학생들의 비판 의식, 의사결정력, 그리고 사회 변화를 추구하는 태도를 함양하는 데 있다. 따라서 이러한 접근은 사회 변화에 필요한 지식, 기능, 가치, 태도를 함양하도록 하고 인종적, 민족적, 문화적으로 소외된 집단들에게 참여 기회를 부여함으로써 보다 민주적인 사회를 건설하고자 하는 목표를 지닌다.

이상과 같은 뱅크스의 4단계 교육과정 개혁 모형을 그림으로 표시하면 다음과 같다.

(제4단계) 사회적 행동 접근법:
학생들이 중요한 사회 문제들과 관련하여 결정을 내리고 문제 해결에 도움이 되는 행동을 취한다.

(제3단계) 변혁적 접근법:
학생들이 다양한 민족 집단 및 문화 집단의 관점에서 개념, 이슈, 사건, 주제를 바라볼 수 있도록 교육과정의 구조를 변화시킨다.

(제2단계) 부가적 접근법:
교육과정의 구조는 변화시키지 않은 채 개념, 주제, 관점을 교육과정에 더한다.

(제1단계) 기여적 접근법:
영웅, 공휴일, 개별적인 문화적 요소에 초점을 맞춘다.

〈그림 10-1〉 다문화 교육과정 개혁을 위한 접근법들
*출처: Banks, 2008. 모경환 외 역, 『다문화 교육입문』: 70에서 재인용.

뱅크스는 미국의 다문화 교육과정이 현재 주로 1단계와 2단계에 머물러 있으며, 3단계와 4단계로 나아가기 위해 더욱 노력해야 한다고 주장한다. 또한 우리나라 교육과정을 분석한 연구들도 우리 교육과정이 기여적, 부가적 접근법을 취하고 있음을 지적하고 있다(장인실, 2006; 박철희, 2007). 예컨대 정부 지정 다문화 교육 정책 연구 및 시범학교의 대다수가 총체적, 유기적 교육과정 설계가 아닌 소재 추가 형식의 다문화 교육과정 설계 방식을 취하고 있다(강현석, 2008).

모경환과 황혜원(2007)이 수도권 사회과 교사를 대상으로 실시한 조사연구에 따르면 다문화 교육의 초점이 소수민족 집단의 음식, 의상, 문화적 전통에 관한 것이라는 항목에 14.5%의 교사들이 응답을 한 것을 보더라도, 일부 교사들은 기여적, 부가적 접근법에 해당하는 관점을 가지고 있음을 알 수 있다. 2009년 개정 · 고시된 교육과정은 반편견, 평등, 타문화 이해와 같은 다문화 요소를 반영하고 있어 개선이 기대되고 있다. 앞으로도 평등, 반차별, 정체성, 인권과 같은 다문화적 요소를 염두에 둔 지속적인 교육과정의 개선과 그에 따른 교과서 집필이 요구된다.

(2) 베넷의 6요소 모형

뱅크스의 모형은 다문화 교육의 내용 요소와 목표, 원리 등이 교육과정 내에 어느 정도로 통합되어 있는지에 따라 다문화 교육과정을 위계화하여 보여주고 있다. 따라서 뱅크스 모형은 다문화 교육과정 개발 시 준거가 되는 동시에 현행 교육과정이 다문화 교육과정이 지향하는 바에 얼마나 부합하는지를 평가하는 기준이 된다. 이에 비해 베넷은 다문화 교육과정의 목표가 어떻게 도출되고 이것이 어떻게 교육과정 및 수업으로 이어지는지 그 과정을 개념화하고 있다.

1) 베넷의 교육과정 및 수업 설계 모형

학교 다문화 교육이 실행되는 과정을 설명하기 위해 베넷(Bennett, 2007)은 교육과정 설계가인 포스너(Posner)와 러드니츠키(Rudnitsky)의 모형을 근거로 교육과정과 교수 · 학습의 관계를 구조화하였다. 즉 학습자, 사회, 교과의 요구가 수렴되어 교육 목적이 설정되는데, 이러한

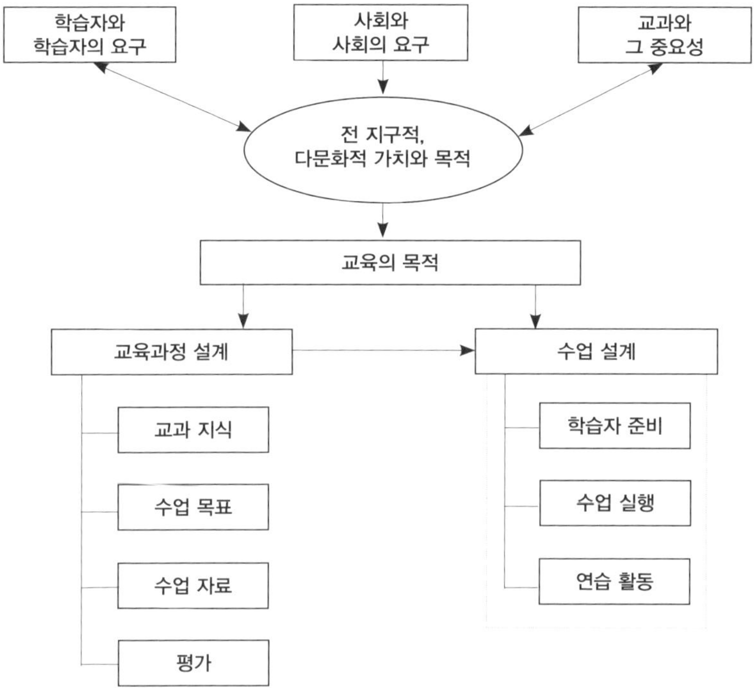

〈그림 10-2〉 교육과정 및 수업 설계 구조

*출처: Bennett, 2007: 327.

교육 목적은 전 지구적, 다문화적 가치와 목적이 투영된 다문화 교육의 목적을 의미한다. 그리고 이러한 교육 목적이 각 교과의 교육과정과 수업에 구현된다고 보았다.

2) 베넷의 6요소 모형

베넷의 교육과정 및 수업 설계 모형에 따르면 다문화 교육의 목적은 학습자, 사회, 교과의 특성 및 요구와 전 지구적 · 다문화적 가치 간의 상호순환적인 소통을 통해 도출된다. 즉, 학습자, 사회, 교과의 요구는 전 지구적 · 다문화적 가치 기준에 따라 해석된다. 또한 학습자, 사회, 교과는 전 지구적 · 다문화적 가치를 추구하다 보면 이전과는 다른 교육적 요구를 갖게 된다. 베넷은 이러한 상호 소통을 통해 도출되는 다문화 교육과정의 목표를 여섯 가지로 제시하였다(Bennett, 2007: 331-457). 첫째 목표는 다양한 역사적 관점(multiple historical perspectives)을 이해하는 것이다. 둘째 목표는 문화적 의식(cultural consciousness)을 개발하는 것이다. 셋째 목표는 간문화적 역량(intercultural competence)을 개발하는 것이다. 넷째 목표는 인종차별주의, 성차별주의, 편견과 차별에 대항하는 것이다. 다섯째 목표는 세계정세(state of the planet)와 글로벌 역학관계(global dynamics)를 인식하는 것이다. 여섯째 목표는 사회적 행동 기능(social action skills)을 개발하는 것이다.

① 다양한 역사적 관점(multiple historical perspectives) 이해하기

다문화 교육의 중요한 목표는 다양한 역사적 관점을 개발하는 것이다. 오늘날 전 세계적으로 발생하는 문제들에 대해서 사람들은 강대국의 관점에서, 또는 사회적 다수자의 관점에서 바라보는 경향이 있다. 그러나 과거와 현재에 발생하는 세계의 다양한 사건들은 사건 당사국의 관점에서 이해되어야 하며, 소수 집단과 다수 집단 모두의 관점에서 지역적, 국가적 사건에 대한 해석을 교육 내용에 포함해야 한다.

② 문화적 의식(cultural consciousness) 개발하기

다문화 교육의 두 번째 목표는 문화적 의식을 개발하는 것이다. 문화적 의식은 두 가지 요소로 구성되는데, 자신의 세계관과 완전히 다른 세계관 또는 관점이 존재한다는 것을 자각하는 관점 지각(perspective consciousness), 그리고 인간 사회에 나타나는 사상과 관습의 다양성을 인지하고 자기 사회의 사상과 관습이 다른 사회의 입장에서 어떻게 파악될 것인지를 인식하는 비교문화적 인식(cross-cultural awareness)을 주요 내용으로 해야 한다.

③ 간문화적 역량(intercultural competence) 개발하기

간문화적 역량은 언어, 신호, 제스처와 같은 의도적 의사소통과 신체 언어와 같은 무의식적 암시, 그리고 자신과 다른 문화적 양식에 나타나는 관습 등을 이해할 수 있는 능력을 말한다. 이 목표에서 중요한 것은 감정이입(empathy)과 의사소통이다. 서로 다른 문화적 배경을 가진 사람들 간의 의사소통이 상대방의 행위와 인식에 대한 그릇된 가정으로부터 방해받을 수 있다는 가정하에 이 목표가 도출되었다.

④ 인종차별주의, 성차별주의, 편견과 차별에 대항하기

인종차별주의, 성차별주의, 편견과 차별에 대항하기는 성 편견 및 타인종 · 문화의 열등성에 대한 오개념에 기초한 태도나 행동을 줄이고자 하는 것을 의미한다. 여기에서 강조점은 성, 인종, 민족 집단에 대한 신화, 고정관념을 극복하는 것이다. 그리고 기본적인 인간의 유사성이 강조된다. 세계 곳곳에서 벌어지고 있는 개인적, 제도적, 문화적 성차별주의, 인종차별주의에 대한 인식을 바탕으로 반인종주의적, 반성차별주의적 행동을 개발하는 것이 목표이다.

⑤ 세계정세(state of the planet)와 글로벌 역학관계(global dynamics) 인식하기

세계정세와 글로벌 역학관계 인식하기는 세계적으로 주요한 상황에 대해 인식하는 것을 말한다. 여기에는 인구 증가, 이주, 경제적 조건, 자원과 환경, 정치적 발전, 과학과 기술, 법, 건강, 국가 내 · 국가 간 갈등 등을 포함한다. 세계정세를 이해하는 과정에서 미디어가 재현하는 정보를 단순히 습득하는 것보다는 미디어가 어떻게 정보를 취사선택하고 왜곡하는지를 이해하는 것이 더 중요하다.

⑥ 사회적 행동 기능(social action skills) 개발하기

사회적 행동 기능 개발하기 목표는 학생들에게 적극적 시민 참여에

필요한 지식, 태도, 기능 등을 가르치는 것을 의미한다. 지구적 사고와 지역적 행동, 개인적 · 정치적 효능감(efficacy)을 강조하며, 이는 세계시민으로서 전 지구적 의무감을 형성하는 데 반드시 필요하다. 의사결정력은 사회적 행동 기능의 핵심적인 부분이다. 이 목표는 학생들이 공공 문제에 대한 다양한 대안들을 인식할 수 있으며 그 대안들의 결과에 대해 숙고할 수 있다는 가정에 기반을 두고 있다.

베넷은 이상과 같은 교육과정 구성의 여섯 가지 목표를 〈그림 10-3〉과 같이 표현하였다.

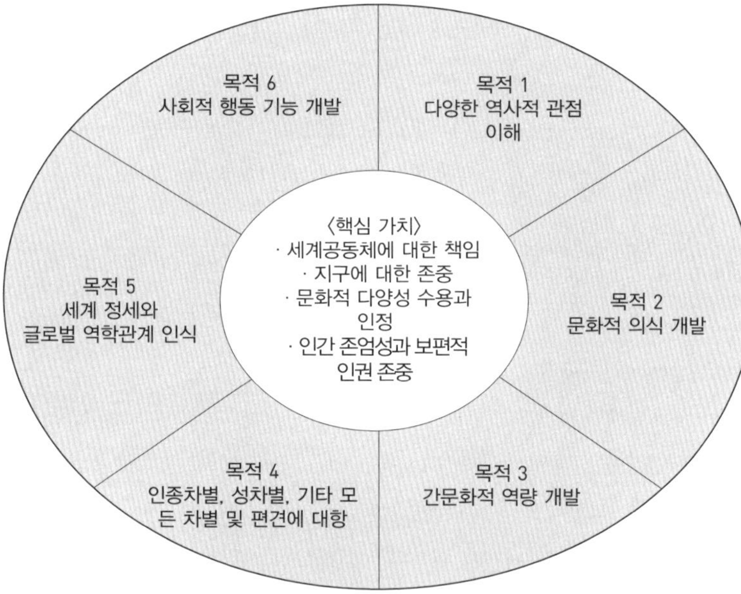

〈그림 10-3〉 다문화 교육과정의 종합적 개념도

*출처: Bennett, 2007: 32.

뱅크스 모형이 다문화 교육과정의 구성 및 조직 원리를 나타낸 것이라면, 베넷은 다문화 교육과정이 추구해야 할 목적을 여섯 가지로 분류하고, 각 목적의 가정과 내용을 제시하고 있다. 따라서 뱅크스 모형에서는 1단계에서 4단계로 변화하는 것을 교육과정의 발전 형태로 보았다면, 베넷의 모형에서 바람직한 다문화 교육과정은 여섯 가지 요소를 모두 포함해야 한다.

4. 국가 교육과정과 다문화 교육

(1) 한국 교육과정과 다문화 교육

한국 정부에서 공식적으로 다문화 정책을 실시한 것은 2006년이다. 다문화 가정 자녀의 적응과 소외 방지, 그리고 사회 통합을 위하여 2006년 5월 당시 교육인적자원부는 '다문화 가정 자녀 교육 지원 대책'을 발표하였다. 이에 따라 교육과정과 교과서에 다문화 교육 요소를 반영하는 것이 주요 과제의 하나로 지정되었다. 그리하여 당시 시행 중인 7차 교육과정과 교과서에 차별적 요소가 있는지 검토하였고, 다음해 2007 개정 교육과정에 다문화적 요소를 반영하여 고시하였다.

제7차 교육과정 문서에서는 교육의 목표로 다문화 교육을 직접 언급하지 않았다. 다만 도덕과 및 사회과에서 문화의 다양성과 관련된 내용이 등장하는 정도였다. 제7차 사회과 교육과정 문서를 보면, '다문화'라는 용어가 8학년 사회 제6단원(개인과 사회의 발전) 중 "…민족문화의 정체성을 유지하며, 다문화 현상을 이해한다"라는 부분에 유일하게 나타난다(교육부, 1997).

2006년 교육인적자원부의 대책 발표에 따라 수행된 제7차 교육과정의 교과서 분석에 따르면 〈표 10-1〉에 나타난 바와 같이 단일민족주의가 학교 교육과정에서 주된 기조로 작용해왔음을 알 수 있다(교육인적자원부, 2006). 초등 사회 · 도덕 교과서를 다문화적 관점에서 비판적으로 분석한 박철희(2007)의 연구 역시 제7차 교육과정이 단일민족주의를 토대로 서술되어 있다고 지적하고 있다. 고구려와 발해 등은 다양한 민족과 종족으로 구성된 국가였다는 것이 역사적 사실임에도 불구하고 국가 교육과정이 이를 배제함으로써 혈통에 기초한 단일민족이라는 상상적 공동체의 이상을 상정하고 있다는 것이다. 그는 초등 도덕 · 사회 교과서의 또 다른 문제점으로 배타적 자민족 중심주의를 들고 있다. 타 집단이나 타 문화를 폄하하거나 서열화함으로써 우리 문화의 독자성과 우수성을 편파적으로 강조하는 서술이 이루어졌다는 것이다.

〈표 10-1〉 '단일민족' 관련 내용 교과서 수록 사례

구분	학년	과목	원문 내용
초등학교	2	생활의 길잡이	우리나라는 한 핏줄을 이어받은 한 민족으로 이루어져 있습니다.
	6	도덕	우리는 본디 하나 땅도 하나 민족도 하나 말도 하나였습니다.
	6	사회	우리는 생김새가 서로 같고, 같은 말과 글을 사용하는 단일민족입니다.
중학교	1	도덕	우리 민족은 단일민족으로서 오랜 세월을…
	2	도덕	…바로 우리가 같은 핏줄을 이어받은 한 민족이라는…
	3	사회	민족, 언어, 문화가 같은 단일민족인 우리나라는…
고등학교	1	도덕	본래 우리 민족은 동일한 언어와 문화, 혈통을 지닌 단일민족으로서…
	1	국사	우리 민족은 세계사에서 보기 드문 단일민족국가로서의 전통을 이어오고 있다.
	1	정치	우리 민족은 단일민족국가를 형성해왔다.
	1	근현대사	첫째, 우리는 유구한 역사를 거쳐 단일민족국가를 유지해온 전통을 계속 이어가야 한다. 50여 년의 분단으로 인해 우리 민족의 유구한 역사와 전통이 외부의 강요에 의해 중단되었으며, 끈기 있게 이어져온 단일민족 공동체가 일시적으로 훼손되었다. 따라서 분단의 장벽을 허물어 단일민족국가로서의 전통을 계승하고, 나아가 민족정기를 회복해야만 한다.

*출처: 교육인적자원부, 2006, 다문화 가정 자녀 교육 지원 대책.

뿐만 아니라 교과서의 편향성이 다양하게 드러나는데, 김선미(2000; 2003)의 연구에 따르면 우리나라 세계사 교과서는 유럽 문명 위주로 서술되어 아프리카와 아시아 등 비유럽 문명의 가치를 적절하게 나타내지 못하고 있다. 그리고 제7차 교육과정의 사회 · 문화 교과서를 분석한 김영순과 문하얀(2008)의 연구에서는 사회 · 문화 교과서가 다문화 사회에서 중요한 주제인 '인종', '언어', '종교'와 같은 요소들이 충분히 다루고 있지 않음을 지적하고 있다.

교육과정과 교과서의 이러한 문제점들이 제기됨에 따라 2007 개정 교육과정에는 다문화적 관점이 반영되어 고시되었다. 2009년에 들어서 고시된 개정 교육과정도 2007 개정 교육과정과 유사한 형태이다. 제7차, 2007, 2009 개정 교육과정 문서에 나타난 다문화 관련 내용은 〈표 10-2〉에 나타난 바와 같다.

〈표 10-2〉 국가 교육과정과 다문화 교육

구분	7차 교육과정	2007 개정 교육과정	2009 개정 교육과정
범교과 학습 주제	민주시민 교육, 인성교육, 환경교육, 경제교육, 에너지 교육, 근로정신 함양교육, 보건교육, 안전교육, 성교육, 소비자 교육, 진로교육, 통일교육, 한국 문화 정체성 교육, 국제이해 교육, 해양교육, 정보화 및 정보윤리 교육	민주시민 교육, 인성교육, 환경교육, 경제교육, 에너지 교육, 근로정신 함양교육, 보건교육, 안전교육, 성교육, 소비자 교육, 진로교육, 통일교육, 한국 문화 정체성 교육, 국제이해 교육, 해양교육, 정보화 및 정보윤리 교육, 지속 가능 발전 교육, 양성 평등 교육, 장애인 이해 교육, 인권교육, 다문화 교육, 문화예술 교육 등	민주시민 교육, 인성교육, 경제교육, 에너지 교육, 근로정신 함양교육, 보건교육, 안전교육, 성교육, 소비자 교육, 진로교육, 통일교육, 한국 문화 정체성 교육, 국제이해 교육, 해양교육, 정보화 및 정보윤리 교육, 지속 가능 발전 교육, 양성 평등 교육, 장애인 이해 교육, 인권교육, 다문화 교육, 문화예술 교육, 지적 재산권 교육, 미디어 교육, 한국 문화사 교육, 녹색교육 등
시 · 도 교육청 편성 · 운영	특수아 및 귀국자 자녀의 교육에 관한 사항	특수아, 귀국자 및 다문화 가정 자녀 교육에 관한 사항	학습부진아, 장애를 가진 학생, 귀국 학생, 다문화 가정 자녀 등이 학교에서 충실한 학습 경험을 누릴 수 있도록 특별한 배려와 지원을 하도록 한다.(공통 사항)
지역 교육청 편성 · 운영	특수아, 귀국자 자녀를 위한 교육 기회를 마련하여 운영한다.	특수아, 귀국자 및 다문화 가정의 자녀를 위한 교육 기회를 마련하여 운영한다.	

〈표 10-2〉에 나타난 바와 같이, 제7차 교육과정 총론에는 '다문화'라는 용어가 언급되지 않았다. 이에 반해 2007 개정 교육과정 총론에서는 '다문화 교육'을 범교과 학습 주제로 선정하여 관련 교과 활동 및 재량 활동 등 교육과정 전반에서 다루도록 한 것이 특징이다. 또한 시·도 교육청 편성·운영 및 지역 교육청 편성·운영에 반영하였다. 이러한 추세는 2009 개정 교육과정에도 그대로 이어지고 있다.

(2) 호주 다문화 교육과정 사례

〈표 10-3〉은 호주의 뉴사우스웨일즈 주 초등학교 다문화 교육과정의 사례이다. 단계별로는 학습 영역을 '나'에서 시작해 '나와 너', '우리와 그들 모두'로 확장해가고 있으며 프로그램 내용은 정체성, 차이, 편견 이해 및 편견에 대항하는 태도 등 네 가지 요소를 중심으로 구성하고 있다. 1단계에서는 현상에 대한 인식, 2단계에서는 마음 열기, 3단계에서는 이해하고 인정하기를 통해 궁극적으로 편견과 차별을 넘어 사회에 존재하는 다양성을 중시하는 시민으로서의 자질을 육성하는 것을 목표로 하고 있다(오은순, 2009).

〈표 10-3〉 뉴사우스웨일즈 초등학교 다문화 교육과정의 범위와 계열

영역	단계	1단계	2단계	3단계
	주제	나	나+너=우리	우리+그들=모두
	학년	유치원	1, 2학년	3학년
요소	정체성 발달과 자존심	긍정적인 자아 정체성 발달	다양한 정체성의 발견	다른 사람들과의 공감대 형성
	차이에 대해 익숙해지기	공통점과 차이점 발견	차이 인정하기	다양성 중시하기
	편견 이해하기	공정과 불공정한 상황 깨닫기	편견적 태도와 행동 이해하기	편견의 영향 이해하기
	편견에 대항하는 행동 취하기	공정한 상황과 불공정한 상황 다루기	편견을 다루는 절차 발달시키기	시민의 권리와 책임 이해하기

*출처: 오은순, 2009: 154-155.

학습 활동

▶다음 사례는 다문화 교육과정의 중요성을 일깨워주고 있다. 특히 인종적으로 다양하지 않은 지역사회 자녀들을 위한 반편견 시민교육의 중요성을 시사한다. 당신이 존슨 교사라면 바람직한 다문화 교육을 위해 어떻게 교육과정을 구성하고 실행하겠는가?

> G 중학교의 과학교사인 샘 존슨은 의자에 몸을 기댄 채 한숨을 내쉬고 있다. 학생들이 숙제로 낸 보고서가 엉망이었기 때문이다. 보고서들은 형식적으로는 완벽했다.
>
> 그러나 보고서에 담겨 있는 학생들의 태도, 가치, 신념이 문제였다. 학생들은 다른 나라, 특히 제3세계의 국가의 국민들에 대해서 문화적으로, 심지어는 생물학적으로도 우월하다고 느끼고 있었다. 어떤 학생은 이들을 '저개발국' 또는 '원시인들'이라고 표현하기도 했다.
>
> 어떤 학생은 에이즈(AIDS)가 아프리카 흑인들에게서 처음 발생했고 이들과 접촉하는 것은 위험한 일이라고 했다. 또 핵폐기물은 매우 위험한 것이며, 사람들이 거의 살지 않고 주로 인디언들이 사는 지역에 핵폐기장이 있는 것이 무척 안심이 된다고도 했다.
>
> 교실 벽에 붙어 있는 사진이나 그림들을 보면, 지구상의 굶주리는 사람들은 피부가 검고 벌거벗은 자녀들이 있다는 인상을 주고 있다. 유명한 과학자들을 연구한 보고서는 '근대 서구문명의 우월성'을 주제로 하고 있으며 퀴리 부인을 제외하고는 모두 백인 남자 과학자들이다. 초기 문명의 과학적 발전이 전 세계적으로 이루어졌다는 사실을 간과하고 있다.
>
> 이 아이들을 어떻게 가르쳐야 할까? 얼마 전 일본 혼다자동차 부품회사가 이 지역에 설립되었을 때 주로 GM 자동차 회사에서 일하던 학부형들과 그 자녀들이 매우 분노했던 기억이 났다. 일본계 학생 한 명이 하굣길에 집단 폭행을 당하기도 했다.

어떻게 이 학생들의 자민족 중심주의와 편견을 줄이고 인간의 유사성과 글로벌 상호의존성을 가르칠 수 있을까?

C. I. Bennett, 2007, *Comprehensive Multicultural Education: Theory and Research* (6th Ed.), Allyn and Bacon: 7-9에서 재구성.

참고문헌

강현석. 2008.「다문화 교육과정 설계에서 문화심리학의 적용가능성 탐색」.『사회과교육』 47(2): 23-57.

교육부. 1997. 사회과 교육과정: 교육부고시 제1997-15호.

교육인적자원부. 2006. 5.「다문화 가정 자녀 교육 지원 대책」.

김선미. 2000.「다문화 교육의 개념과 사회과 적용에 따른 문제」.『사회과교육학연구』 2: 63-81.

——. 2003.「중등 사회과교과서에 나타난 한 · 중 · 일 관계 분석: 다문화 교육의 관점에서」.『사회과교육』 42(1): 109-127.

김영순 · 문하얀. 2008.「교과서에 나타난 다문화 교육 내용의 질적 분석-'사회 · 문화'교과서를 중심으로」.『언어와 문화』 4(2): 57-80.

모경환 · 황혜원. 2007.「중등 교사들의 다문화적 인식에 대한 연구-수도권 국어 · 사회과 교사를 중심으로」.『시민교육연구』 39(3): 79-100.

박철희. 2007.「다문화 교육의 관점에 기초한 초등 사회 · 도덕 교과서 내용에 대한 비판적 고찰」.『교육사회학연구』 17(1): 109-129.

오은순. 2010.「다문화 교육을 위한 교수-학습 프로그램」. 최충옥 외.『다문화 교육의 이해』. 양서원: 131-176.

장인실. 2006.「미국 다문화 교육과 교육과정」.『교육과정연구』 24(3): 27-53.

황규호 · 양영자. 2008.「한국 다문화 교육 내용선정의 쟁점과 과제」.『교육과정연구』 26(2): 57-85.

Banks, J. A. 1993. "The Canon Debate, Knowledge Construction, and Multicultural Education." *Educational Researcher*, 22(5): 4-14.

——. 2008. *An Introduction to Multicultural Education*, 4th Ed. Allyn and Bacon (모경환 외 역. 2008.『다문화 교육 입문』. 아카데미프레스).

Banks, J. A. and C. A. M. Banks. 2007. *Multicultural Education: Issues and Perspectives*. Wiley.

Bennett, C. I. 2007. *Comprehensive Multicultural Education: Theory and Research*, 6th Ed. Allyn and Bacon.

Gollick, D. M and P. C. Chinn. 2006. *Multicultural Education in a Pluralistic Society*, 7th Ed. Pearson.

Manning, M. L. and L. G. Baruth. 2004. *Multicultural Education of Children and Adolescence*. Pearson.

National Association for Multicultural Education. http://www.nameorg.org/resolutions/definition. html(최종 검색: 2012. 8).

Nieto, S. and P. Bode. 2008. *Affirming Diversity: The Sociopolitical Context of Multicultural Education*. Allyn and Bacon.

Tiedt, L. T. and I. M. Tiedt. 2010. *Multicultural Teaching: A Handbook of Activities, Information, and Resources*, 8th Ed. Pearson.

11장

다문화 수업과 평가[1]

박선운 워싱턴 대학 박사과정

1. 들어가는 말

다음은 미국의 도시 지역에 위치한 중학교의 수학 시험에서 있었던 문제이다(Herrera et al., 2007: 2).

> 이본(Yvonne)은 일주일 동안 쓸 수 있는 버스 자유이용권을 살 것인지 고민하고 있다. 그녀는 월, 수, 금요일에는 버스를 타고 출퇴근을 한다. 그러나 화요일과 목요일에는 버스를 타고 가서 퇴근할 때에는 친구의 차를 타고 집으로 돌아온다. 이본은 버스 자유이용권을 사야 할까?
>
> *버스회사 운임: 편도 $1.00
>
> 버스 자유이용권(일주일 사용 가능) $9.00

1 이 장은 헤레라 등(Herrera, S. C., K. G. Murry & R. M. Cabral, 2007)에서 언급된 내용을 중심으로 작성되었으며, 이외에 참고문헌에 수록된 문헌들을 참고하였다.

위의 문제에서 내가 생각한 답은 무엇인가? 교사는 편도티켓을 사는 것이 더 경제적이라고 생각하고 위의 문제를 출제하였으며, 교사가 의도하는 답은 "버스 자유이용권을 사지 않는다"였다. 그러나 실제로 이 문제를 접한 많은 다문화 가정 학생들이 "버스 자유이용권을 사야 한다"[2]라고 대답했다. 답을 이상하게 여긴 교사는 학생들에게 왜 그러한 답을 했는지를 물어보았다.

"일이 끝나고 나서 다른 가족들이 이 이용권을 사용할 수도 있잖아요."
"저녁이나 주말에도 사용한다면 더 경제적이지 않나요?"

내가 이 시험을 출제했다면 위와 같은 학생들의 답을 어떻게 처리할 것인가? 어떤 사람들은 웃어넘기면서 "버스 자유이용권을 사지 않는다"고 대답한 학생들만 정답으로, 그렇지 않은 학생들의 답은 오답으로 처리하고 지나쳤을 것이다. 그러나 이 사례는 우리에게 "문제에 하나 이상의 정답이 있을 수 있다"는 것과 "학생들은 자신의 문화적 배경지식을 활용하여 문제에 접근한다"는 것을 알려준다.

실제로 다문화 가정 학생들이 있는 교실수업의 평가에서는 위와 같은 일이 종종 일어난다. 교사가 낸 문제에 대해서 학생들은 자신의 문화적 경험에 따라 다른 각도에서 생각하고 답을 할 수 있으며 그 결과 다문화 가정 학생이 학습 능력이 떨어진다고 평가될 수도 있다. 이는 출제자가 다양한 문화적 배경을 가진 학생들이 어떠한 배경지식을 갖고 있는지를 고려하지 않고 문제를 출제하며, 출제자의 문화나 생각

2 편도 이용권을 살 경우 일주일 동안 8달러를 지불하면 되므로 버스 자유이용권을 사는 것보다 경제적이다.

에 기인하여 문제에는 하나의 정답만이 있을 것이라고 생각했기 때문에 나타날 수 있는 결과이다. 하지만 평가(assessment)를 "학생들이 무엇을 알고 있는지에 대한 정보를 얻기 위한 과정"이라고 정의한다는 것을 생각해본다면, 위와 같은 평가는 진정한 의미의 평가라고 볼 수 없다. 학생들의 학습 능력을 올바로 측정하고 교육 목표를 달성하려면 교사는 다양한 학생들의 문화적 배경을 고려하여 학생들의 실제 능력을 측정할 수 있도록 평가도구를 고안하고 수정하며 평가를 실시해야 한다.

이 장에서는 수업시간에 활용되는 전통적인 평가의 유형들을 살펴보고 다문화 교실수업에서 평가를 실시할 때 유의해야 할 점들에는 무엇이 있는지, 그리고 다양한 배경의 학생들을 평가하기 위한 대안적인 방법에는 무엇이 있을지 살펴보려고 한다. 2절에서는 교육평가의 유형으로서 진단평가와 형성평가, 총괄평가를 살펴보고, 교실수업에서 활용할 때의 유의점을 알아볼 것이다. 3절에서는 표준화검사에 대한 내용을 살펴보며, 4절에서는 다문화 가정 학생들을 고려한 대안적인 평가도구들을 제시할 것이다. 또한 다문화 가정 학생이 있는 교실수업을 운영할 때에 교사가 생각해야 할 점을 제시할 것이다.

2. 교육평가의 유형과 다문화 교실수업에서의 평가

교육평가의 유형은 분류 기준에 따라서 여러 가지로 분류될 수 있다. 평가의 시기나 평가의 기능에 따라 분류되기도 하고, 평가의 방법이나 평가의 시행 주체에 따라 분류되기도 한다. 이 절에서는 평가의 분류 방법 중 평가를 기능에 따라 진단평가, 형성평가, 그리고 총괄평가로 분류하고 이에 대해 설명하기로 한다.

(1) 진단평가

1) 진단평가의 의미와 기능

진단평가(diagnostic evaluation)는 의사가 환자에 적합한 처방을 하기 위해서 환자에 대한 각종 검사를 실시하는 것과 같이 학습자의 특성을 파악하여 적절한 수업을 제공하기 위한 목적으로 실시되는 평가이다(박도순 외, 2008: 59). 진단평가는 다음과 같은 기능을 가진다. 첫째, 학생들이 학습해야 하는 내용 또는 학습과제와 관련하여 선수학습의 결손을 진단하여 이를 교정하고 보충학습을 제공할 수 있다. 둘째, 학습자의 선행지식 수준을 알 수 있다. 셋째, 학습자의 흥미나 성격, 적성 등을 진단하고 이에 대하여 적절한 교수-학습 방법을 제공할 수 있다. 넷째, 교수-학습에 영향을 미치는 총체적인 조건과 학습 부진의 원인을 진단할 수 있다.

진단평가는 수업이 시작되기 전에 쪽지시험 또는 퀴즈의 형태로 진행되거나 복습 여부를 물어보는 질문 등으로 나타날 수 있다. 또한 관찰법 등의 평가도구도 사용된다.

2) 진단평가와 다문화 교실수업

학습자의 특성을 파악하여 적절한 교수-학습 방법을 교사가 제시하는 것이 진단평가의 목적이기 때문에 진단평가는 특히 중요한 의미를 갖는다. 진단평가가 제대로 실시되지 않았다면 학생들에게 적절한 교수-학습 방법이 주어질 수 없으며, 교실수업 후에 학생들이 무엇을 더 배우게 되었는지에 대해서 정확하게 알 수 없기 때문이다.

다문화 가정 학생들은 여러 문화적 환경에서 체득한 경험을 가지고 교실수업에 참여한다. 이러한 경험이 무엇이었으며 어떠한지를 알기 위해서는 다양한 측면을 살필 필요가 있다. 다문화 가정 학생들의 성장과 심리적 측면, 학생들의 지식과 능력, 언어 등을 살피는 것은 다문화 가정 학생들의 특성을 총체적으로 알 수 있게 할 것이다. 이에 대하여 살펴보면 다음과 같다.

① 다문화 가정 학생들의 성장과 심리에 대한 진단

다문화 가정 학생들의 건강뿐 아니라 학생들이 학교를 다니는 것에 대한 심리적인 준비가 되어 있는지 등을 살피는 것도 진단평가의 한 부분이 될 수 있다. 교사들이 살펴보아야 할 다문화 가정 학생들의 성장과 심리 측면에 대한 내용은 다음과 같다.

a. 건강과 성장의 측면
-영양 상태는 어떠한가?
-의료서비스 등은 충분히 제공받았는가?
-적절하게 쉬고 수면을 잘 취할 수 있는가?
-(방과 후의 노동이나 삶의 환경, 조건 등의 측면에서) 다른 스트레스 요인은 없는가?

b. 심리적 측면
-폭력이나 전쟁, 지진이나 기아, 정치적인 억압 등의 문제를 겪은 국가에서 이주해오지는 않았는가?
-새로운 국가로 이주하고, 새 학교에 다니며, 외국어를 익혀야 하는 등의 스트레스를 감소시킬 수 있는 어떤 조치가 취해졌는가?

-학생이 우울증이나 과도한 스트레스 등을 가지고 있음을 보여주는 징후가 있는가?

c. 사회적 측면

-학생이 다른 나라에서 이주해온 지 얼마나 되었는가?

-새로운 나라나 언어, 교육제도, 지역 등에 어떻게 적응하고 있는가?

-가족들은 일할 기회를 안정적으로 얻었는가?

-다문화 가정 학생의 가족은 다른 유사한 상황의 가족과 어떻게 교류하고 있는가?

-다문화 가정 학생 가족의 문화와 학교의 문화는 어떠한 유사점/차이점이 있는가?

② 다문화 가정 학생들의 지식과 능력에 대한 진단

다문화 가정 학생들이 학습하고자 하는 개념에 대해서 얼마나 알고 있는지를 살펴볼 수 있는 방법에는 여러 가지가 있다. 전통적인 방법으로 지필평가, 구술평가가 있으며, 관련된 경험이나 지식을 학급 내에서 이야기 하는 학급토론, 학생 인터뷰, 학생 창작 활동(관련된 내용에 대한 그림이나 글쓰기) 등이 있다. 이 중에서 K-W-L-H 차트를 소개하면 다음과 같다.

K-W-L-H 차트는 학생들이 이전에 알고 있는 지식을 진단하고 이를 교수-학습 내용에 포함시킬 수 있는 틀이다. 진단평가의 내용은 주로 K-L 단계로 구성되며, 때에 따라 L-H의 내용도 포함될 수 있다. 구체적인 내용은 다음과 같다.

a. K(Know): 학생들이 이미 알고 있는 것을 적도록 한다.

b. W(Want): 학생들이 알기를 원하는 것을 적는다.

c. L(Learned): 수업이 끝난 후에 학생들은 자신이 배운 것을 적고, 이 것을 K, W에 적었던 것과 비교한다.

d. H(How they learned): 어떻게 학습 내용을 잘 배울 수 있었는지 자신에게 가장 좋았던 학습 전략이나 수업 자료의 원천이나 형태 등을 적는다.

(Herrera et al., 2007: 65)

(2) 형성평가

1) 형성평가의 의미와 기능

형성평가(formative evaluation)는 교수-학습의 진행 과정에서 이루어지는 평가이다. 수업이 진행되는 도중에 학습자들이 교수-학습이 이루어지는 내용을 얼마나 잘 이해하고 있는지를 수시로 점검하고, 이에 따라 수업 방법을 개선하는 데 필요한 정보를 수집하기 위한 활동이다. 형성평가의 기능은 다음과 같다. 첫째, 학습자들의 학습 진행 속도를 조절한다. 형성평가를 실시함으로써 학습자들의 학습 정도를 점검하고 이에 따라 학습 진행 속도를 조절할 수 있다. 둘째, 학습을 강화하는 역할을 한다. 학습자가 자신의 목표 달성 정도를 확인하게 함으로써 학습 동기를 유발할 수 있다. 셋째, 학습 곤란 정도를 살펴서 이에 대한 보충학습을 제공할 수 있다. 넷째, 교사의 교수-학습을 개선할 수 있다(박도순 외, 2008: 60).

형성평가는 수업 중이나 단원을 학습하는 중간에 수시로 실시할 수 있으며, 교사가 제작한 검사문항이나 교육기관에서 제작한 검사를 이용할 수 있다.

2) 형성평가와 다문화 교실수업

진단평가와 형성평가는 시험의 형태와 상관없이 학생들에게 검사 불안을 가져올 수 있다. 시험을 본다는 것 자체로 학생들은 스트레스나 불안을 가질 수 있는 것이다. 또한 평가 결과를 어떻게 받느냐에 따라 학급의 분위기가 달라질 수 있다.

하지만 평가 결과에 대해서 교사가 격려를 하거나 특별한 처치를 하여 학생들이 성장을 경험하게 된다면 진단평가와 형성평가가 학생들에게 긍정적인 경험이 될 수 있을 것이다. 또한 평가를 통하여 언어적인 문제 등으로 지속적으로 학습에 있어서 어려움을 겪을 수 있는 다문화 가정 학생들의 학습 능력을 판단한 후, 이에 기반하여 교수-학습 프로그램을 설계하고 학생들에게 적용할 수 있다는 장점이 있다. 형성평가를 실시할 수 있는 방법으로는 다양한 방식이 있다. 이 중 특히 다문화 가정 학생들을 위하여 사용할 수 있는 형성평가의 방법으로서 교사가 제작한 문항을 활용하는 방식, 질문, 관찰을 살펴보겠다.

① 교사 제작 문항

진단평가와 형성평가를 실시할 때에는 다양한 방식이 있을 수 있으나, 학교에서 많이 이루어지는 방식은 교사가 제작한 문항을 활용하는 것이다. 교사가 제작한 문항을 다문화 가정 학생들이 있는 수업에서 형성평가로 사용하기 위해서는 다음과 같은 점들이 충분히 고려되어야 한다.

첫째, 평가의 목적을 확인한다.

둘째, 학습 내용, 학생 변수, 평가하고자 원하는 것에 근거하여 어떠한 형태의 시험이 가장 적절할지를 결정한다.

셋째, 시험의 언어 수준을 정한다. 애매하거나 암시적인 단서, 복잡한 언어적 형태(부정문, 이중부정 등)를 피해서 문항을 제작한다. 학생들이 학습한 내용을 평가하고자 하는 시험이 언어 능력을 평가하도록 해서는 안 된다.

넷째, 학생들이 가지고 있는 읽기 능력과 숙련도의 차이를 줄이도록 문항을 짧게 유지한다.

② 질문과 관찰

교사는 질문과 관찰평가를 활용하여 진단평가, 형성평가를 실시할 수 있다. 우선, 교사는 수업시간에 학생들과 대화의 형태로 질문을 제시할 수 있다. 이러한 교사의 질문은 학생들의 학습을 유발하는 데도 긍정적인 영향을 미친다. 형성평가에서 사용하는 질문은 학생 개인에게 질문을 던지는 것으로 이루어질 수도 있고, 학생들 전체에게 하는 질문의 형태로 나타날 수도 있다. 이때 다문화 가정의 학생들의 언어 능력을 고려하여 질문의 단계를 달리하여 제시할 수 있다. 〈표 11-1〉은 각 단계에 따른 질문의 예시이다.

〈표 11-1〉 학습자의 언어 능력에 따른 질문의 유형

〈언어 수준이 낮은 단계: 1단계〉	〈2단계〉
-○○을 보여주세요. -○○을 주세요. -이것은 ○○인가요? -누가 ○○을 입고 있나요? -누가 ○○을 원하나요?	-예/아니오 질문: 가위를 가지고 있니? 거미는 곤충인가요? -또는(either/or) 질문: ○○는 가게에 갔나요, 아니면 공원에 갔나요? 이것은 음식인가요, 옷인가요? -집단이나 범주에서 요소의 이름을 생략한 질문: 우리가 동물원에서 볼 수 있는 동물에는 무엇이 있나요?
〈3단계〉	**〈언어가 준유창한 단계: 4단계〉**
-정교화를 요하는 질문: 왜 그가 버스를 놓쳤나요? 그 사람은 어떻게 학교에 갔나요? 그가 학교에 도착했을 때 어떤 일이 일어났나요? -더 많은 정보를 요구하는 질문: 방학 때 어떻게 지냈는지 말해보세요. 가장 좋아하는 장소는 어디인가요?	-고급 사고력을 요구하는 질문: 그 일이 일어난다면 어떻게 될까? 그것들은 어떻게 다른가? ○○에 대해서 어떻게 생각하는가?

관찰은 학생들이 얼마나 잘 배우고 있는지를 살펴보는 것이다. 특히 대답을 적게 하고 말이 없는 다문화 가정 학생들을 평가하려는 경우에 관찰이 유용할 수 있다. 관찰을 할 때에는 다음 〈표 11-2〉와 같이 평가하고자 하는 몇 가지 준거들을 기입한 체크리스트를 사용할 수 있다.

〈표 11-2〉 관찰 시 사용할 수 있는 체크리스트의 예

이름	준거 1: (예시) 수업시간에 교사가 지시한 사항을 잘 따라갈 수 있다.	준거 2: (예시) 다른 사람과 의견을 교환하기 위해 비언어적 의사소통을 주로 사용한다.	준거 3: (예시) 수업시간에 배운 내용들을 간단한 문장으로 표현한다.	관찰과 관련된 실제 학생의 행동, 언어
지연	√	√		행동하기 전에 교사나 다른 친구들의 시범을 보는 것이 필요하다.
…				

*출처: Herrera et al., 2007: 182 참고.

(3) 총괄평가

총괄평가(summative evaluation)는 형성평가를 통해 학습 내용에 대한 보충과 수정이 되풀이된 다음에 최종적으로 완성된 교육과정의 목표를 잘 달성했는지를 판단하기 위해서 실시하는 종합적인 평가이다(박도순 외, 2008: 61). 총괄평가는 학생이 어느 정도의 학업성취에 도달했는지를 판정하는 데 사용되므로 검사의 신뢰도, 객관성 등이 중요하다. 또한 총괄평가의 점수는 특정한 자격을 인정하는 데 쓰인다. 그리고 학급이나 학교, 나아가서는 국가 간 학업성취를 비교하기 위한 자료로 사용된다. 이러한 집단 간의 비교를 통해 학업성취와 관련된 정책이 제시된다.

이러한 총괄평가는 "도전"이라는 말로 대신할 수 있다. 즉, 수많은 청중 앞에서 연설하기 전의 연습이거나, 피아노 솔로 연주 전 부모님이

나 선배 앞에서 피아노를 연주해보는 것과 같은 도전에 해당하는 것이다. 그러나 총괄평가에 대한 두려움이 크다거나, 총괄평가에서 실패의 경험이 계속된 학생은 낮은 자존감을 가지게 될 수 있다. 따라서 총괄평가에서 다문화 가정 학생들의 시험불안 및 공포를 최소화하기 위해서는 학생들과 활발히 의사소통하고 상호 협력하는 것이 중요하다.

다문화 가정 학생들을 고려한 총괄평가의 문항을 제작하기 위해서는 다음과 같은 점을 고려해야 한다.

① 평가의 내용은 학생의 경험과 관련되는가?
② 평가는 학생들이 학교에 오기 전에 가졌던 경험들을 고려하고 있는가?
③ 학생의 응답에 있어서 문화적인 가치의 차이(경쟁을 중요하게 생각하는 문화, 협력을 중요하게 생각하는 문화 등)을 고려하였는가?
④ 과제는 학생들의 발달 수준에 적합한가?
⑤ 과제에서 사용된 언어는 학생들의 언어 수준에 빗대어 보았을 때 적절한가?
⑥ 학생들이 과제를 하기 위해서 필요한 선행 지식이나 기능에는 무엇이 있는가?
⑦ 수업에서 사용되었던 시설 등이 평가에서도 사용되는가?
⑧ 교사가 제작한 문항에 잠재적인 문화적 편견이나 편향이 있을 수 있는지 다른 사람들과 평가 과정 등을 검토하였는가?
⑨ 평가의 목적과 정답 및 오답 기준이 분명하게 정의되는가?
⑩ 평가자와 평가자 내 신뢰도는 어떻게 마련되었는가?

3. 표준화검사와 다문화 교실

(1) 표준화검사와 고부담시험

표준화검사(standardized test)는 동일한 조건하에서 동일한 검사지로 표준화된 절차를 통해 학생 간의 비교를 목적으로 시행되는 평가를 말한다. 즉, 특정한 개인이 만든 검사와는 달리 어떤 사람이 검사를 실시하더라도 검사의 절차와 채점, 해석이 동일하도록 만들어놓은 검사를 의미한다(박도순 외, 2008: 216).

표준화검사는 평가 결과를 학생 간에 비교하여 추가적인 학습이나 교사의 도움이 필요한 학생을 선별하는 데 유용하게 활용할 수 있다는 장점이 있다. 그러나 표준화검사가 갖고 있는 단점들 또한 여러 가지로 지적되어왔다. 특히 이는 표준화검사 결과가 활용되는 방식과 관련된다.

과거에는 표준화검사 결과가 학생들의 배치나 교육에 큰 영향을 미치지 않았다. 그러나 스푸트니크 사건 이후에 표준화검사가 학생들의 진학, 유급, 졸업 등과 같은 주요 결정을 내리는 데 활용되면서 고부담시험(high-stakes testing)으로 여겨지기 시작하였다.[3] 또한 표준화검사에서의 평가 결과가 지방의 재정 기금 지원 여부, 폐교 여부 등에 영향을 미침에 따라 교사들이 표준화검사를 잘 치루기 위해서 "시험을 위한 수업"을 진행한다는 비판이 나타나고 있다. 교사가 학생들이 받는 표준화검사 점수 결과에 대해 압박감을 느끼게 되면서 표준화검

3 스푸트니크(Sputnik) 호는 1957년 인류 최초로 발사된 구소련의 인공위성이다. 소련에서 인공위성을 발사하자 이에 위기를 느낀 미국은 대대적으로 교육에 대한 개혁에 착수하게 된다. 이러한 개혁 중 하나로, 학교의 학습을 평가하기 위한 도구로서 표준화검사가 중요한 위치를 갖게 된다(Amrein & Berliner, 2002).

사에서 출제되지 않는 영역에 소홀하게 되고, 학습에 대한 학생들의 열의를 간과하며, 노골적으로 표준화검사를 준비시키게 된다. 또한 표준화검사가 자주, 많이 시행되면서 물리적인 시간도 많이 소비되고 있다. 우리나라에서도 국가 수준 학업성취도 평가라는 이름으로 표준화검사가 시행되고 있으며, 이 결과가 교사에게 지급되는 학교 성과급여 등에 영향을 미치고 있어 표준화검사에 대한 우려가 나타나고 있다.

(2) 다문화 교실에서의 표준화검사

문화적으로 다양한 학생들이 많이 모여 있는 교실에서 표준화검사를 실시할 때에는 다음과 같은 점들이 고려되어야 한다. 첫째, 표준화검사는 한 국가의 주류 문화에서 발전되고 표준화된 것으로, 평균적인 학생들이 알고 있고 이해하는 것들을 기반으로 해서 만들어진다. 따라서 주류 문화에 친숙한 정도가 검사 결과에 영향을 미칠 수 있다. 예를 들어, 언어 능력을 측정하고자 하는 경우, 제시되는 지문의 내용이 다문화 가정 학생들에게는 생소한 것일 수 있다.

또한 표준화검사는 여러 가지 변수를 고려하지 않는다면 인종, 문화, 사회계층, 언어에 있어서 편포를 가질 수 있다. 표준화검사가 이루어지는 교실의 소음이나 온도, 특정 문화를 지닌 학생들에게 불편할 수도 있는 시험 시간(60분, 100분 등)이나 시험 기간(특정 날짜), 표준화검사에서 사용되는 언어에 대한 학생의 친숙도 등이 특정 다문화 가정 학생에게 불리하게 영향을 미칠 수 있다. 또한 고부담시험으로 작용할 수 있다는 검사의 불안감도 학생들에게 부담으로 나타날 수 있다.

다문화 가정 학생들이 표준화검사에서 자신의 능력을 발휘할 수 있도록 교사는 다음과 같이 도울 수 있다.

① 형성평가와 총괄평가를 적절히 사용하여 표준화검사에서 측정되는 지식을 학생들이 충분히 구성할 수 있도록 돕는다. 즉, 표준화검사 이전에 형성평가와 총괄평가를 적절히 사용한다.

② 수업에서 학습 목표를 제시할 때 지역 또는 국가의 성취 기준을 함께 알려준다.

③ 학습이 끝났을 때 요구되는 학습 결과를 명확하게 제시한다.

④ 모든 학생들이 교육 내용과 학습 기회에 공평하게 접근할 수 있도록 한다.

⑤ 학생들의 학습 행동에 맥락적으로 반응하고 해석한다. 학생들이 왜 그렇게 행동하는지에 대해서 맥락적으로 이해하려고 노력한다.

⑥ 학생들이 자신의 능력을 최대한 발휘할 수 있도록 표준화검사의 환경에 익숙해지도록 한다. 예를 들어, 학생들이 시험을 칠 때 필요한 기술과 전략을 알려주고 이전에 실패한 경험을 수정하도록 한다든지, 자신감을 불어넣어줄 수 있다.

교사는 위와 같은 방식을 고려하여 다문화 가정 학생들이 표준화검사를 수행할 수 있도록 도울 수 있다. 한편, 표준화검사를 수행한 후에는 이를 해석하는 데 있어서 주의해야 한다. 교사는 표준화검사의 점수 자체에만 관심을 가지는 것이 아니라, 학생들의 다양한 문화적 배경을 포함한 총체적인 측면에서의 발달과 성장에 관심을 가져야 할 것이다.

4. 다문화 교실과 대안적 평가 방법

훌륭한 교사들은 여러 가지 평가 수단, 다양한 증거들을 활용하여 학생들이 수업과 평가 분위기에서 잘 적응하고, 얼마나 잘 학습하고 있는지를 확인한다. 또한 자신의 수업이 얼마나 효과적인지를 확인하여 보다 나은 수업을 만들기 위해 성찰하고 노력한다.

3절에서는 다문화 가정 학생이 있는 교실수업에서는 진단평가와 형성평가, 총괄평가, 표준화검사가 시행될 때 교사가 고려해야 할 점들을 살펴보았다. 이에 더하여, 효과적인 다문화 교육을 수행하기 위해서는 다음과 같은 평가의 전략이 요구된다.

첫째, 다양하고 균형 있는 여러 증거자료들을 수집하고 이를 통해 다문화 가정 학생들의 능력을 추론하고 평가한다. 둘째, 학생의 성취 수준을 다른 학생들과 상대적으로 비교하려고 하지 말고, 절대적으로 설정된 준거에 따라 학생의 성취 수준을 평가한다. 셋째, 외부 기관의 평가 자료에만 의존하지 말고, 외부의 평가지와 교사의 평가 자료를 함께 고려하여 평가한다. 넷째, 평가 문항의 작성에 있어서 단문이고, 단순 기술에만 초점을 두고 있으며, 하나의 정답만을 골라야 하고, 탈맥락적인 검사 문항을 제작하는 것이 아니라 맥락의존적이고 다양한 관점을 수용하며, 정답도 여러 개가 가능하고, 복합성을 띈 검사 문항을 제작하여 활용하는 것이 필요하다.

이와 같은 평가의 전략 이외에 다문화 가정 학생들의 능력을 평가하기 위해서 대안적 평가로서 참평가의 방안이 제안되고 있다. 아래에서는 참평가의 유형들 및 앞으로 다문화 가정 학생이 있는 교실수업에서 학생들을 평가하는 데 있어 교과 교사가 생각해보아야 할 점을 살펴보기로 한다.

다문화 가정 학생이 있는 수업에서 활용할 수 있는 대안적 평가 방법은 여러 가지가 있다. 그중에서 참평가, 포트폴리오, 자기평가와 동료평가를 살펴보겠다.

(1) 참평가

1) 참평가의 의미와 특징

참평가(authentic assessment)는 실질적인 학습과제를 부여하고 이에 대한 학생들의 수행 수준을 보아 학생이 정말로 무엇을 배웠는지를 판단하는 것이다. 참평가는 개별 학생의 성장에 관심을 두며, 같은 학급 친구들과의 비교를 목적으로 하지 않는다. 또한 학습의 과정을 평가하는 동시에 학생의 지식, 기술, 태도 등에 관심을 두고 행하는 평가로서 학생들의 평가 과정에서의 참여를 촉진하는 평가 방식이다.

참평가는 다음과 같은 특징을 가진다. 첫째, 지필고사 형식의 평가가 아닌 실제적인 교실의 상황에서 평가가 이루어진다. 둘째, 교사와 학생이 함께 만들어가는 매일의 활동에 기반을 하므로, 교사는 전문가로서 학생의 흥미를 진심으로 존중하고 이에 따라 수업을 하는 존재로 인식된다. 셋째, 표준화된 검사보다 교사의 전문적인 판단을 보다 중요하게 여기게 된다. 참평가를 실시하는 교사는 다양한 진단도구를 사용하여 측정하고 이를 활용하여 학생들의 학습 수준을 판단하며, 전문가로서 평가 결과에 대한 해석을 하게 된다. 넷째, 학생의 탐구와 구성주의적 이해를 기반으로 평가가 이루어진다. 참평가에는 어느 하나의 정답이 있는 것이 아니라 여러 개의 정답이 가능하며, 학생의 수행을 가장 잘 드러낼 수 있는 상황을 가정하여 다른 학생들과의 비교가 아닌 자신의 과거 수준과의 비교를 통해 성장을 확인한다. 다섯째,

평가 과정 속에서 학생들은 스스로가 얼마나 성장하고 있는지를 알게 되며, 평가 과정에 참여하여 자신의 학습 결과에 대한 자신감, 즉 자기 효능감을 얻게 된다. 여섯째, 교사들은 학생들이 가지고 있는 지식과 기술의 수준을 여러 가지 다른 영역에서 얻은 자료를 활용해서도 평가할 수 있다.

2) 다문화 교육과 참평가

다문화 가정 학생이 있는 교실에서 학생이 지필고사에서 자신의 능력을 다 발휘하지 못하는 경우 참평가를 활용하면 학생들이 무엇을 알고 있는지를 지필고사 이외에 다양한 방법으로 보여줄 수 있게 된다. 따라서 참평가는 학습의 강점을 살린 평가라고 볼 수 있다. 그리고 참평가는 다문화 가정 학생들에게 평가 그 자체로 학습의 동기를 부여할 수 있다는 강점이 있다.

그러나 참평가를 사용할 때에는 교사가 자신의 평가 준거가 무엇인지를 밝혀야 한다. 특히 참평가를 제작할 때 고려해야 할 사항에는 다음과 같은 것이 있다.

a. 참평가를 왜 사용하는가
b. 참평가를 통해 학생에 대한 어떤 정보가 얻어질 수 있어야 하는가
c. 참평가를 통해 얻은 정보는 교수와 학습을 어떻게 도울 수 있는가
(Herrera et al., 2007: 24)

또한 다른 형태의 평가도구들과 같이 참평가도 신뢰도와 타당도를 고려해야 한다. 특히 다문화 가정의 학생들에게 참평가를 실시함에 있어서 중요한 것은 타당도이다. 타당도(validity)는 평가가 실제로 측

정하고자 의도한 것을 측정하고 있는지를 의미한다. 다음의 평가 문항을 한번 살펴보자.

> 인호가 속해 있는 야구팀은 선수들이 사용하는 물통을 번갈아가며 가져온다. 지난주에 민수는 12개의 물통을 가져왔고, 선수 한 명은 결석했다. 코치는 남은 물통을 다음 주까지 남겨놓기로 하였으며, 다음 주에는 인호가 나머지 필요한 물통을 가져올 차례가 되었다. 인호는 다음 주에 몇 개의 물통을 가져와야 할까?[4]

정답을 잘 찾을 수 있겠는가? 이 문항은 언뜻 보기에는 단순한 수학 문제처럼 보일 수도 있지만 사실은 여러 가지 가정과 해석이 있을 때 해결될 수 있는 문항이다. 예를 들어, 학생들은 야구에 대한 지식(한 팀의 선수 수)을 알아야 하며, 선수들이 자신의 물통을 다른 사람과 함께 사용하지 않는다는 문화적인 가정이 필요하다. 물통이 개인의 사이즈에 맞는지, 즉 한 사람 앞에 하나의 물통이 충분한지에 대해서도 이해해야 한다. 이밖에도 위의 문제에는 여러 가지 문화와 관련된 내용이 전제되어 있을 수 있다. 따라서 위의 문항은 특정 학생에게는 매우 불리한 문항일 수 있다. 이러한 예를 통해 추측할 수 있듯이, 어떤 참평가 문항은 여러 가지 문화적 전제들을 내포하고 있어서 다문화 가정 학생에게 불리할 수 있다. 따라서 평가 문항을 구성할 때에는 실제로 측정하고자 하는 것을 평가할 수 있도록 작성하는 것이 중요하다.

4 한 팀의 야구 선수 숫자는 9명이며, 지난주에 물통이 4개가 남았으므로 인호가 가져와야 하는 물통은 5개이다. 그러나 이러한 답을 맞히기 위해서는 여러 가지 문화적 가정이 필요하다.

(2) 포트폴리오 평가

1) 포트폴리오 평가의 의미와 특징

포트폴리오 평가는 원래 폴더나 보관함에 들어있는 서류나 수집한 작품을 의미하였다. 그러나 교육 평가에서는 하나 이상의 분야에서 학습자의 관심, 능력, 진도, 성취, 노력, 성장 등의 증거를 보여주는 학생들의 성취 결과물을 모아놓은 작품집을 말한다. 여기에는 학생들의 개인적인 학습 경험, 성장 과정, 지식과 기능 등의 증거가 될 수 있는 다양한 기록물 등이 담겨 있다.

포트폴리오는 다음과 같은 특징을 가지고 있다. 첫째, 장시간에 걸친 기록이 남겨져 학생 개인의 변화와 발전 과정을 총체적이면서 지속적으로 파악할 수 있다. 둘째, 교수와 통합되어 만들어져서 학습의 실제 상황을 중요시하고 이를 중심으로 학생의 실제 작품을 평가하는 참평가적 요소를 담고 있다. 셋째, 학생들에게 참여의 기회가 많이 주어진다. 학생 자신이 적절한 작품을 선택하고 평가하며, 그동안 이루어졌던 학습을 되돌아볼 수 있게 된다. 넷째, 학생의 성취도에 관한 정보를 학부모 등에게 알려주기 쉬우며, 학업성취의 과정이나 결과에 대한 증거가 된다. 다섯째, 교사 역시 학생들을 평가하기 위해 사용하는 증거들을 통해 자신의 수업을 평가해볼 수 있게 된다.

2) 다문화 교육과 포트폴리오 평가

포트폴리오 평가는 다문화 가정 학생들이 자기 자신을 평가할 수 있도록 자기평가의 내용을 포함하며, 지필평가 이외에도 자신의 학습을 드러낼 수 있도록 다양한 방안을 제공하므로 다문화 가정 학생들의 평가에 효과적일 수 있다. 또한 교사는 학생들이 제출한 포트폴리오의 결과물을 보면서 다문화 가정 학생이 무엇을 할 수 없는가에 초점을 맞추기보다는 무엇을 할 수 있는가에 초점을 맞추게 된다. 아래는 수업에서 포트폴리오 평가를 활용한 교사 카펜터 씨의 예이다.

교사 카펜터의 반에는 다문화 가정 학생들이 여러 명 있다. 그녀는 수업에서 학생들의 이야기 작문 능력(story skills)을 기르기 위하여 포트폴리오 평가를 활용하였다.

첫 번째로, 교사는 학생들이 읽은 책에 대해 토론을 하도록 하였다. 학생들은 주인공, 이야기의 배경, 이야기에서 나타난 문제와 해결책 등에 대하여 토론하였다. 그리고 "좋은 이야기"의 필수적인 요소에는 무엇이 포함될 수 있을지에 대하여 생각해보고 평가 기준을 작성하도록 하였다. 다음 몇 주 동안 카펜터는 이야기들을 선정하여 학생들에게 제시하고 이를 분석하도록 하였다.

하루는 "좋은 이야기"가 아닌 실망스러운 이야기가 선택되었고, 교사는 학생들이 소집단에서 그 이야기의 일부를 수정하도록 하였다. 학생들이 사용하기 어려운 단어가 있다면 그림 등을 그려도 된다고 허용하였다(예를 들어서, 휠체어와 같이 어려운 단어가 나왔을 경우에는 "나는 ♿를 타고 있었다"와 같이 그림을 사용하는 것을 허용하였다).

학생들은 자신의 이야기를 만들고 싶어 했지만, 교사는 언어에 능숙하지 않거나 이야기를 쓰기 어려워하는 다문화 가정 학생들이 있다는 것을 이해하고 있었다. 따라서 학교와 교실 주변을 카메라로 촬영하고 이에 대해서 친구들과 이야기를 나눌 수 있는 시간을 제공하였다. 또한 사용하는 언어 중에 어려운 단어가 있는지 사전에서 이를 확인하고 수정할 수 있는 시간을 제공하였다. 이후 포트폴리오에는 학생들이 녹음한 이야기와 작성한 글들, 그리고 사진 등이 덧붙여졌다.

일 년이 지나자, 학생들은 새로운 소식을 전하거나 이야기를 다른 시각과 관점에서 새롭게 구성해볼 수 있게 되었다. 포트폴리오 평가는 다른 형태의 성취평가보다도 학생들과 학부모, 또한 교사인 카펜터와 자신에게 학생들의 발전에 대한 많은 것들을 이야기해 주었다.

(Herrera et al., 2007: 30-32)

(3) 자기평가와 동료평가

1) 자기평가

자기평가(self assessment)는 특정 주제에 대해서 자기 스스로 학습 과정이나 학습 결과를 보고하는 것이다. 이는 학습을 통하여 얻은 지식과 기능을 학습자가 스스로 평가하는 것으로서, 학생들이 자기평가를 통해 자신의 학습 과정과 방법을 개선하려는 노력을 포함한다.

자기평가는 다음과 같은 강점을 가진다. 첫째, 자기평가를 통해 학습자는 자신의 학습 과정을 주의 깊게 성찰할 수 있다. 둘째, 자기 성찰의 결과로서 학습 내용을 보다 더 잘 인식할 수 있게 된다. 셋째, 과제를 수행하는 과정과 학습의 과정 둘 다에 가치를 부여할 수 있게 된다.

한편, 자기평가는 학생 자신의 주관적인 평가라는 특징 때문에 주관적인 오류를 범할 수도 있다. 학생이 자신에 대하여 충분히 파악하지 못했을 경우 학업 성취 정도에 대하여 평가할 때 무의식적인 심리적 방어동기가 표출될 수도 있고, 의도적으로 평가결과를 왜곡할 수 있기 때문이다. 따라서 자기평가는 최종적인 평가보다는 교수-학습 과정 중에 사용되는 것이 더 바람직하다.

이처럼 교수-학습 과정 중에 사용되는 자기평가는 다문화 가정 학생들에게 도움이 될 수 있다. 자기평가를 실시할 때 다문화 가정 학생은 평가 기준에 대한 이해를 통해 학습 목표를 더욱 분명하게 이해하고, 이러한 기준에 도달하기 위하여 더 많은 노력을 기울이게 된다.

즉, 학습을 유발하는 촉진제의 역할을 수행할 수 있는 것이다. 또한 자기평가는 다문화 가정 학생의 학습 효능감 등을 교사가 알 수 있도록 하는 척도의 역할도 수행한다. 다문화 가정 학생의 경우 언어 능력, 의사소통 능력 등이 낮아 부진한 학업성취 결과가 나타나고 이로 인하여 교사는 학생의 학습 효능감을 낮게 생각할 수 있다. 그러나 자기평가는 다문화 가정 학생들의 학업에 대한 효능감을 보여주어 교사의 인식을 변화시킬 수 있다.

〈표 11-3〉은 특정 과제를 수행할 때 노력과 성취 측면을 모두 평가할 수 있는 자기평가 지시문의 한 예이다.

〈표 11-3〉 자기평가 지시문의 예

이름 :	날짜:
과제명(프로젝트명):	
〈자기평가〉	
노력	성취
5: 나는 이 과제에 대해서 최대한의 노력을 기울였다. 과제의 어려움을 극복해야 할 도전으로 생각했으며, 이를 극복하는 과정에서 나는 새로운 능력을 기를 수 있었다.	5: 나는 목표 이상을 해냈다.
4: 나는 과제에 대해서 많은 노력을 기울였다. 과제의 어려움을 극복해야 할 도전으로 생각하고 이를 극복하려고 노력하였다.	4: 나는 이 과제의 모든 목표들을 수행하였다.
3: 나는 과제를 수행할 때 중간 정도의 노력을 기울였다. 과제의 어려움을 극복해야 할 도전으로 생각하고 이를 극복하려고 노력하였다.	3: 나는 이 과제의 목표를 반 이상 충족하였다.
2: 나는 과제를 수행할 때 중간 이하의 노력을 기울였다. 과제가 어려웠지만 과제를 해냈다.	2: 나는 이 과제의 목표를 반 이하 충족하였다.
1: 나는 이 과제를 위하여 거의 노력을 기울이지 않았다.	1: 나는 이 과제의 목표를 충족하지 못하였다.

2) 동료평가

동료평가(peer assessment)는 학습의 과정과 결과에 대한 주변 동료의 평가를 말한다. 동료평가를 수행하려면 어떤 동료를 평가자로 선정할 것인지, 어떤 기준을 사용할 것인지 등이 준비되어야 한다. 특히 평가 기준을 설정하기 위해서는 교사와 학생이 함께 합의를 하는 시간이 필요하며, 이 기준이 학생들에게 명확하게 전달되어야 한다.

동료평가는 학생들 상호 간에 도움을 주기 때문에 실제적이고 의미가 있다. 또한 학생들의 언어로 이루어지기 때문에 더 이해하기가 쉽다. 특히 이중언어를 사용하는 다문화 가정 학생의 경우 같은 언어를 쓰는 동료로부터 평가를 받는다면 평가의 의미를 전달하는 데 더 효과적일 수 있다.

5. 맺는 말 : 다문화 교실과 평가의 미래

학생들의 학업성취를 측정하기 위한 여러 가지 평가 방법과 절차가 계속해서 고안되고 있지만 다양한 문화적 배경을 지닌 학생들의 성취를 적절히 평가하는 데에는 아직도 어려움이 많다. 이 장에서는 현재 학교에서 실시되고 있는 진단평가, 형성평가, 총괄평가 등에서 다문화 가정 학생들을 평가할 때 고려해야 할 점과 사용할 수 있는 평가 방법, 표준화검사가 다문화 가정 학생들을 평가하는 데 있어서 가지는 한계를 살펴보았다. 또한 다문화 가정 학생들을 평가할 수 있는 대안적인 평가 방법으로서 참평가와 포트폴리오 평가, 자기평가와 동료평가를 살펴보았다. 이러한 평가 방법 이외에도 현재 실시되고 있는 평가들을 다문화 가정 학생이 사용하는 언어로 번역하여 활용하는 등의 방안이 있을 수 있다. 그러나 무엇보다도 중요한 것은 다문화 가정 학생들의 문화적 배경과 맥락을 고려하려고 하는 교사, 교육 전문가의 관심과 노력이다. 다문화 가정 학생이 있는 교실수업에서 평가가 어떠한 방향으로 나아가야 할지에 대하여 생각해볼 수 있는 몇 가지 함의를 살펴보면 다음과 같다.

첫째, 교사는 다문화 가정 학생이 있는 교실수업에서 학습자의 경험을 사전에 이해하고 이를 교수-학습 방법에 적용할 수 있어야 한다. 학교 현장에서 다문화 가정 학생에 대한 지도나 격려는 흔히 다문화 가정 학생의 담임교사, 다문화 교육 관련 업무 담당교사 등의 책임이라고만 인식되는 경향이 있다. 즉, 각 교과의 수업에서는 다문화 가정 학생의 성취 수준이나 경험이 고려되지 못한 채 수업이 이루어지고 있는 것이다. 그러나 다문화 가정 학생은 다른 학생들과 같이 모든 교과의 수업에 함께 참여하고 있다. 따라서 교사는 자신이 지도하는 교과에서 다문화 가정 학생이 있는지를 살피고, 다문화 가정 학생의 사전 경험을 반영하여 수업을 준비하고 실행할 수 있어야 한다.

둘째, 교사는 교실수업에서 실시하는 평가에서 다문화 가정 학생들에게 불리한 평가의 내용이 있지는 않은지 되돌아보아야 한다. 특정 문화만을 반영하여 다문화 가정 학생에게 불리한 평가, 실제 측정하고자 하는 것이 아닌 부수적인 내용을 많이 담고 있는 평가(예를 들어, 수학시험에서 다문화 가정 학생들이 이해하기 어렵거나 애매한 언어로 서술되어 있는 평가 문항)를 실시하고 있지 않은지 확인할 필요가 있다. 특히 이러한 문제에 대해서는 동료 교사와의 검토와 논의가 도움이 될 수 있을 것이다.

셋째, 다문화 가정 학생이 있는 교실수업에서 평가를 실시하는 방식에 대한 고민이 필요하다. 앞서 살펴본 바와 같이, 평가는 평가라는 그 자체로 학생들에게 불안감을 줄 수 있다. 다문화 가정 학생의 경우 미숙한 언어적인 문제로, 또는 자신이 경험하고 알고 있는 것과 다른 내용을 학습하고 이것에 대한 시험을 받게 된다는 것 때문에 시험에 대한 불안감이 더 클 수 있다. 이러한 불안감을 해소하기 위해서는 학생들에게 시험 전략을 알려주거나 자신감을 북돋아주는 것도 도움이 될 수 있지만, 무엇보다도 시험의 방식에 있어서 교사의 고민이 필요하다. 포트폴리오 평가를 통해 다문화 가정 학생들이 자신의 발전을 확인하도록 하거나 동료평가를 사용하여 학급 친구들 간에 서로 돕는 방식의 평가를 사용하는 것이 다문화 가정 학생들이 지닌 자신의 능력을 보다 잘 발휘할 수 있도록 도울 수 있다. 하지만 대안적인 평가 방법에는 시간, 노력이 전통적인 방식의 평가보다 많이 들 수 있으며, 객관성이나 신뢰도의 문제가 있을 수 있으므로 평가의 실시 방식을 고려할 때에는 신뢰도 등을 확보하기 위한 노력이 함께 필요할 것이다.

학습 활동

1. 학교에서 실시되고 있는 평가 문항(교사가 제작한 문항, 표준화검사 문항 등)을 찾아서 다문화 가정 학생의 관점에서 검토해보자.

(1) 다문화 가정 학생에게 불리할 수 있는 문항은 없는가?

(2) 다문화 교육의 관점에서 잘못된 내용을 담고 있는 문항은 없는가?

2. 1-(1), 1-(2)에서 찾은 문항을 수정해보자.

3. 내가 가르칠 반에 다음의 다문화 가정 학생이 있다면 나는 어떠한 평가계획을 세우겠는가? 진단평가, 형성평가, 총괄평가 계획을 세워보자.

> ○○이는 필리핀에서 온 엄마와 한국인 아버지 사이에서 태어났다. 현재 중학교 2학년인 ○○이는 어렸을 때부터 한국에서 태어나고 자라서 다른 학생들과 별반 다르지 않다. 하지만 한국말을 잘하지 못하는 어머니의 지도가 부족해서 그런지 글쓰기 실력이 좋지 않다. 때로는 맞춤법을 틀리게 쓰기도 한다. 한국의 역사나 다른 지역에 대해서는 잘 알지 못하며, 1학년 때에는 사회 과목의 점수가 가장 낮았다고 한다. 어머니와 영어로 대화하는 등 일상적인 대화에서는 이중언어 사용이 자유로운 편이지만, 영어 쓰기나 작문과 같은 학교 수업에서의 영어 성적은 보통이다. ○○이는 옆 반에 있는 같은 필리핀 다문화 가정 학생인 △△이와 가장 친하게 지내고, 반 아이들 중에서는 일반 가정 학생인 ◇◇이와 가장 친한 편이다.

참고문헌

박도순 외. 2008. 『교육평가 - 이해와 적용』. 교육과학사.

Amrein, L. A. and D. C. Berliner. 2002. "High-Stakes Testing, Uncertainty, and Student Learning." *Education Policy Analysis Archives*, 10(18).

Grant, C. A. 2011. *Doing Multicultural Education for Achievement and Equity*, 2nd Ed. Talor & Francis.

Grant, C. A. and T. K. Chapman. 2008. *History of Multicultural Education, Vol. 3: Instruction and Assessment*. Routledge.

Herrera, S. C., K. G. Murry, and R. M. Cabral. 2007. *Assessment Accommodations of Classroom Teachers of Culturally and Linguistically Diverse Students*. Pearson Education, Inc.

Suzuki, L. A. and J. G. Ponterotto. 2008. *Handbook of Multicultural Assessment: Clinical, Psychological, and Educational Applications*, 3rd Ed. John Wiley & Sons, Inc.

12장

다문화 수업을 위한 다양한 방법과 매체

한용택 건국대학교 국제지역문화학부

1. 들어가는 말

다문화 사회로 급속하게 진입하기 시작한 현재의 한국 현실에서 다문화 교육의 필요성은 새삼 강조할 필요가 없다. 학술 논문, 신문 기사, 정책 보고서 등의 형태로 몇 년 전부터 본격적으로 제기된 담론들에 의해 한국에서의 다문화 교육의 당위성은 이미 충분히 논의되었으며, 그에 대한 사회적 합의 또한 대략적으로 이루어졌다. 하지만 교육 현장에서, 특히 정규 교육기관인 초, 중, 고 각급 학교에서 다문화 교육이 효과적으로 수행될 준비가 되어있는가라는 질문에 대한 대답은 충분치 않아 보인다. 제도적으로 미비한 점은 차치하더라도, 현장의 교사들이 손쉽게 활용할 수 있는, 학습 목표와 대상에 걸맞은 표준화된 다문화 교수학습 프로그램이 충분히 개발되지 않았기 때문이다. 기실 다문화 사회는 매우 낯선 현상이다. 일찍이 단일민족국가를 표방해 온 한국은 아직까지 진지하고 치열하게 고민하거나 교육적 경험을 축적할 만한 기회를 갖지 못한 현실을 마주하고 있다. 아울러 다문화 교육은 현재 이루어지고 있는 일반적인 교과교육과 그 목표와 내용 면에서 많은 차이가 있다. 직면한 현실의 낯섦과 그 현실에 적응하기 위해 필요한 교육 내용의 생소함은 우리의 교육적 경험, 교과 위주의 교수학습 프로그램, 교사 개인의 사명감이나 창의성이 참조할 만한 유용한 요소임에는 틀림없으나 근본적 해결책을 주지 못함을 의미한다. 이미 오래전에 다문화 사회로 진입한 선진 외국의 다문화 교육 프로그램의 활용성도 사정이 별반 다르지 않다. 각각의 국가가 처한 다문화 현실은 나름대로의 역사적, 사회적 배경을 갖고 있다. 외국의 성공적인 다문화 교육 프로그램은 훌륭한 예는 될 수 있으나 한국의 현실에 바로 적용될 수 있는지는 또 다른 문제이다. 그럼 점에서 학교에서의 올바른 다문화 수업을 위해서는 지금 여기의 현실에 맞는, 그리고 다문화 교육의 특성을 감안한 교수학습 프로그램의 가능성이 다양한 각도와 분야에서 모색되고, 현장에서의 검증을 거쳐 수정, 보완되어야 할 것이다. 다문화 수업 프로그램의 개발이 굳이 특정한 하나의 시각이나 틀 안에서 진행될 필요는 없다. 다문화 현실은 고정되거나 불변의 현상이라기보다는 끊임없이 변하는 유동적 현상이기 때문이다.

이 장에서 제시하고자 하는 것은 이러한 다양한 가능성에 대한 하나의 모색이며, 우리는 그 가능성을 서사 텍스트를 활용한 수업에서 찾고자 한다. 서사 텍스트가 다문화 수업에 적합한 하나의 방법이 될 수 있는 이유는 여러 가지이다.[1] 간략하게 몇 가지만 언급하자면, 우선 서사 텍스트, 특히 영화나 문학은 무엇보다도 정서적, 심미적 반응을 유도하는 예술 작품이기에, 지식이나 정보의 전달보다 가치, 판단,

윤리의 문제에 대한 실천적 이해를 지향하는 다문화 수업에 효과적일 수 있다. 또한 서사 텍스트의 읽기는 수용자가 무관심하게 지나칠 수 있는 주위 세계 및 자신에 대한 관심을 촉발시켜 반성적 사유의 기회를 제공한다. 동시대의 현실을 소재로 한 서사 텍스트는 익숙하고 관습화된 일상을 낯설게 함으로써 문제적 담론으로 부각시키기 때문이다. 한편 동화, 만화, 신화, 민담 등의 서사 텍스트에는 집단의 공동체적 정서가 배어 있다. 이러한 텍스트를 반복적으로 읽는 행위는 동일 문화권에 속하는 타자와의 공통의 정체성을 형성하게 해준다. 텍스트 읽기 자체가 수용자의 정체성 형성에 기여하는 것이다.

2. 서사 텍스트를 활용한 다문화 수업에서 고려해야 할 문제

(1) 다문화 수업의 대상이 누구인가?

영화나 소설 작품을 단순히 읽게만 한다고 해서 다문화 수업이 저절로 되는 것은 아니다. 설혹 해당 서사 텍스트가 다문화 관련 주제를 표면에 드러내고 있다고 해도 단순한 읽기는 교육으로서 그다지 효율적이지 않다. 서사 텍스트를 활용한 올바른 다문화 수업을 위해서는 사전에 고려해야 할 요소가 있다. 가장 먼저 결정해야 할 것은 학습의 대상이 누구인가라는 점이다.

학습의 대상에 대한 고려는 성, 연령(또는 초, 중, 고교), 거주 환경

1 이 문제와 관련해서는 김연권 · 한용택, 2010,「영상매체를 통한 다문화 수업」, 최충옥 외, 『다문화 교육의 이해』, 양서원: 177-210 참조.

(대도시/농촌, 어촌 등), 학습자의 특수한 상황 등을 중심으로 이루어지는 것이 일반적이며, 이에 따라 학습자의 지적, 정서적 수준에 적합한 서사 텍스트가 선정될 수 있다. 하지만 다문화 수업에서는 여기에 학습자의 출신에 대한 고려가 덧붙여진다. 학습자가 정주민인가, 이주민인가, 한국인 가정의 자녀인가, 다문화 가정의 자녀인가, 외국인 가정의 자녀인가, 주류 문화 집단에 속하는가 아니면 소수 문화 집단에 속하는가 등의 요소가 이에 해당된다. 한국인 학생들로 구성된 학급, 부모가 외국인이며 이주민인 가정의 자녀로 구성된 학급, 다문화 가정의 학생들로 이루어진 학급, 두 부류 이상의 학습자가 혼재된 학급에서의 다문화 수업의 목표와 내용은 서로 다를 수밖에 없다. 한국인 학생들로만 구성된 학급에서의 다문화 수업이 '차별', '선입견', '문화상대주의', '평등' 등의 개념을 중심으로 미래지향적으로 진행되는 것이 바람직하다면, 한국에서 거주하게 된 이주 외국인 가정의 자녀들이나 결혼 이주 여성으로 이루어진 다문화 가정의 학생들에게는 한국 문화뿐 아니라 모계 또는 모국 문화에 대한 능동적 이해, 자존감 고양 등을 수업 목표로 하는 것이 필요하다. 다시 말해 주류 문화권에 속하는 학습자들을 위한 수업은 앞으로 같이 살게 될 비주류 문화권 출신 소수자들을 차별이 아닌 차이의 시각으로 이해하게 하는 태도, 즉 문화적 우월감을 배제할 수 있는 교육이 선결되어야 하고, 비주류 문화권의 학습자들에게는 주류 문화는 물론이고 자신이 속한 비주류 문화에 대한 적극적이고 능동적인 이해를 통해, 소수자로서의 문화적 열등감 없이 자신의 정체성 확립에 도움이 되는 수업이 우선적으로 진행되어야 한다. 주류 문화권에 속하는 학생들과 비주류 문화권에 속하는 학생들이 혼재한 경우에는 상호이해 교육에 초점이 맞추어질 필요가 있다. 각각의 문화권에 속하는 서사 텍스트를 서로 비교하여 공통점과 차이점을

살피는 것이 좋은 예가 될 수 있다.

학습자에 대한 고려는 다문화 수업의 목표를 조건지우고, 수업의 목표는 수업의 내용을 결정한다. 학습자가 누구냐에 따라 수업에 활용될 수 있는 서사 텍스트가 달라지며, 감상 후 활동의 내용도 달라지는 것이다.

(2) 어떠한 서사 텍스트를 선택해야 하는가?

대상이 확정되면 수업에 활용될 수 있는 서사 텍스트의 종류는 상당 부분 한정되며 이는 일반 교과교육과 마찬가지다. 연령에 따라 특별히 적절한 서사 텍스트가 있다. 예컨대 전래동화나 애니메이션은 초등학교 저학년 학생들에게 어울리고, 소설의 경우는 중고등학교에서의 수업에 적합하다. 영화의 경우 시청 가능한 등급이 있어서 선택의 폭이 일차적으로 제한되기도 한다. 다문화 수업에서 특히 고려해야 할 사항은 학습 목표와 연관된 서사 텍스트의 내용이다. 이는 물론 학습 대상이 조건지우기도 하는 문제인데, 첫째는 작품성과 교술성의 비중 문제이다. 다문화 현상이 사회적인 문제가 되기 시작한 이후, 다문화 관련 주제를 다룬 서사 텍스트가 적지 않게 나오고 있다. 창작 동화가 가장 활발한 분야이며, 기획된 단편 영화뿐 아니라 몇몇 상업영화 분야에도 한국의 다문화 현실을 다룬 작품들이 출시되고 있다. 사실 서사 텍스트가 현실 세계의 반영이라는 측면에서 다문화 요소가 작품의 소재, 배경, 주제 등에 포함되어 있는 현상은 어느 정도 당연하다고 할 수 있다. 미국의 영화에서 인종 문제가 작중 인물들의 대사, 캐릭터의 구성, 이야기의 공간적 배경 등에 반영되는 것이나, 프랑스나 독일의 영화에서 북아프리카나 터키 출신 이민자들의 모습이 사회 문제화되어 나타나는 것이 그 예이다. 등록 외국인 수가 100만이 넘고, 외국인

밀집 지역이 존재하는 한국도 소설이나 영화가 외국인, 다문화 가정 구성원들의 모습을 담는 것은 소재와 주제의 확산이라는 자연스럽고 바람직한 현상이다. 다문화 수업에서 고려해야 하는 것은 이러한 현실 반영의 측면이 아니라, 다문화 교육이라는 목적성이 작품성, 예술성과 갖는 관계, 좀 더 정확히 말하면 교육적 목적이 작품성, 예술성을 침해하는 경우이다. 물론 이러한 판단은 세밀함이 요구되는, 선불리 결론 지을 수 없는 문제이다. 하지만 다문화 동화라는 이름으로 최근에 출판된 몇몇 텍스트들은 교육이라는 목적을 지나칠 정도로 분명하게 표면에 드러내어 도식적인 전개와 결말을 구성하는데, 이러한 종류의 작품들은 당연히 학습자의 흥미나 감동을 이끌지 못할 가능성이 농후하다. 지향점은 다르지만 마치 선전문학을 연상시키는 이 작품들이 교사 입장에서는 수업에서 활용하기 쉬울 수도 있다. 독후 또는 시청 후 활동에서 원하는 주제를 분명히 파악하게 할 수 있기 때문이다. 하지만 다문화 수업은 본질적으로 가치관의 교육이며, 정답보다는 나와 타자의 관계를 바라보는 시각에 대해서 진지하고 차분하게 생각할 수 있는 기회를 주어야 하는 교육이다. 정량화된 평가가 최우선적으로 필요한 과목이 아니며, 지식을 전달해야 하는 수업도 아니다. 분명하고 쉽게 정답을 찾을 수 있게 만드는 작품이 좋은 교재가 될 수는 없는 것이다. 오로지 다문화 교육이라는 목적을 가지고 생산된 텍스트들은 쉽게 파악되는 틀에 박힌 결론을 유도할 가능성이 있고, 그런 점에서 이러한 작품들은 결과적으로 다문화 교육의 본질을 훼손시킬 위험이 있다. 그 부작용은 생각보다 훨씬 크다. 다문화 수업을 정답 맞추기로 인식하게 함으로써, 다문화 현상의 본질에 대해 생각할 수 있는 기회를 빼앗음은 물론, 나아가서는 학교에서의 교육 자체에 대한 암묵적, 잠재적 불신을 키울 수 있기 때문이다. 이러한 위험을 피하기 위한 가장 좋은 방법은 작품성, 예술성, 흥행성 차원에서 사회에서 일반적으로 인정받은 텍스트를 선택하는 것이다. 이른바 명작 또는 걸작이라고 불리는 작품들, 영화제 혹은 문학상 수상작들, 유명 작가의 작품들, 흥행 상위의 영화들 등, 한마디로 다문화 수업이 아니더라도, 학교에서의 정규 수업이 아니더라도 학습자가 선택할 수 있고 재미와 감동을 느낄 수 있는 작품들을 선정하는 것이다. 다소 경박하고 진지함이 결여되어 보이지만, 서사의 본질에 충실한 그리고 다문화 수업의 효과를 담보할 수 있는 방법이다. 표면적인 교훈을 얻기 위한 서사 텍스트 읽기, 이것은 우화 정도의 한정된 장르에만 적용될 수 있고, 또 특정 연령의 학습자에게만 효과적인 방법이다. 몰입, 재미, 감동 없이 정서와 가치관 교육이 이루어질 수 없다. 중요한 것은 이러한 '재미있는' 작품들에 다문화 수업에 활용될 수 있는 요소가 있느냐의 문제인데, 곰곰이 살펴보면 꽤 많이 있다. 극장에서 상영된 일반 상업영화들도 관심을 기울이면 충분히 다문화 수업에 활용될 수 있는 것이다.

서사 텍스트를 활용한 다문화 수업에서 텍스트의 선택과 관련하여 두 번째로 제기될 수 있는 문제는 이야기되는 사건이 진행되는 공간적 배경이 어디이냐의 문제이다. 크게 한국의 현실을 다룬 작품, 한국이 아닌 다른 국가의 과거나 현재의 현실을 다룬 작품, 특정한 시공간에 구애받지 않는 세계를 배경으로 한 작품으로 나뉜다. 한국의 현실을 다룬 작품들은 한국에서 최근에 생산된 텍스트들이다. 그런 만큼 이 작품들은 최근 한국의 다문화 현상, 이를테면 다문화 가정 자녀나 이주 노동자들이 겪는 위화감, 차별, 정체성 등의 문제를 다루고 있다. 이러한 텍스트들은 '지금' '여기'서 우리가 마주하는 현실을 그리기에 그 메시지는 직접적으로 현재의 상황에 맞닿아 있다. 교육적 활용 또한 현재 그리고 가까운 미래에 공존을 위해 같이 살아가는 데 필요한 것이 무엇인지 생각해보는 것에 초점이 맞추어질 수 있다. 반면 외국의 소설이나 영화에 반영된 현실은 그 텍스트가 생산된 국가나 사회의 현안인 경우가 많다. 현재 한국의 현실과는 뚜렷한 연관성이 없을 수도 있다. 하지만 외국의 현실을 다룬 텍스트라고 해서 교육적 활용성이 떨어지지는 않는다. 우선 한국보다 앞서 다문화 사회에 진입한 국가가 겪는 갈등을 보여줌으로써 한국이 미래에 겪을 수도 있는 여러 상황에 대해 반면교사의 역할을 할 수 있고, 각각의 국가가 처한 고유한 사회 현실을 서사라는 구조적 형상화를 통해 객관적으로 보여줌으로써 다문화 사회에서 제시될 수 있는 다양한 문제점들을 통합적이고 구조적인 방식으로 이해하고 생각해볼 수 있게 하기 때문이다. 또한 영상매체가 갖는 월등한 정보전달 능력을 감안할 때, 영화는 외국의 다문화 현실을 구체적이고 생생하게 보여줄 수 있다. 직접, 그리고 아직 경험하지 않은 외국의 다문화 현실이 통합성, 구체성 속에서 훌륭한 사유의 대상이 될 수 있는 것이다. 마지막으로 시대적, 공간적 배경이 특정되지 않은 서사 텍스트도 있다. 전래동화나 민담 또는 판타지 소설이나 영화 등이 이에 해당된다. 이 경우 텍스트의 내용이 준거하는 구체적 현실이 없기에, 다문화 수업에서의 활용도 위의 텍스트들과 조금 다를 수 있다. 일단 활용의 초점은 정보전달 기능보다는 보편적인 덕목이나 가치의 이해에 주어진다. 세부적으로는 판타지 소설과 영화, 전래동화와 민담은 조금 다르게 활용될 수 있다. 우선 판타지 서사 텍스트는 우리가 사는 현실 세계를 있는 그대로 재현하지는 않지만, 작품 속에 그려지는 환상 세계는 나름대로의 법칙과 원리가 있는 독자적이며 매우 구체적인 세계이다. 이 상상의 세계를 구성하는 각각의 요소들을 우리가 사는 현실의 사물들과 있는 그대로 비교하면 두 세계는 더할 수 없이 이질적이다. 하지만 그 안에서 벌어지는 일들, 즉 작중 인물들이 위기와 역경을 극복하고 원하는 목적을 이루는 과정, 나아가서는 작품에서 조명되는 가치나 독자들이 공감하는 정서는 기실 현실 세계의 그것과 크게 다르지 않다. 그런 점에서 판타지 서사 텍스트의 상상 세계는 현실 세계의 비유라고 할 수 있으며, 결과적으로 다문화 수업에서의 활용성 또한, 특정 사회에 대한 구체적이고 통합적인 정보전달 기능만 제외하면, 다른 서사 텍스트와 마찬가지다. 특히 유용한 것은 보편적인 덕목이나 가치이다. 예컨대『해리 포터』시리즈에서 마법사 순혈 가문이 아니라 머글(인간)과의 혼혈이라는 이유로, 또는 마법사 종족이라도 유서 깊은 가문 출신이 아니라는 이유로 동급생을 무시하는 발언이나 태도,『나니아 연대기』에서 여러 종족이 악을 몰아내기 위해 자신이 가진 장점을 발휘하여 협력하는 모습, 〈아바타〉에서 주인공이 원주민 종족의 문화를 이해하려고 노력하고 한 명의 구성원으로 받아들여지는 에피소드 등은 인종 간의 평등, 상호문화주의, 인종과 문화와 종교의 차이 극복에 이은 타자와의 조화로운 공존 방식 등에 대한 좋은 교재가 될 수 있다. 이에 반해 전래동화나 민담 또는 이에 기반을 둔 영상 매체의 다문화 수업 활용 방식은 조금 다르다. 전래동화와 민담의 세계는 현실 세계와 다를 뿐 아니라 구체적이지 않다. 지금 우리가 마주하는 복잡한 문제들을 다루기에는 이야기되는 세계 자체가 섬세하지 않은 것이다. 하지만 전래동화나 민담은 그 이야기가 발생된 문화권의 집단적 정서를 함유하고 있는 동시에 인류 보편의 정서를 담고 있는 특징이 있다. 이러한 사실은 과거에 소통이 없었던 문화권들 사이에 유사한 이야기가 발견되는 데서 확인된다. 다문화 수업은 이러한 특성을 최대한 활용함으로써 소기의 성과를 얻을 수 있다. 예를 들어 한국의 다문화 현실과 밀접한 관련이 있는 국가, 가령 결혼 이주 여성 모국의 전래동화와 이와 유사한 모티프를 가진 한국의 전래동화를 서로 비교하여 공통점과 차이점을 인식하게 하는 것이다. 서로 다른 문화권에 속함에도 불구하고 유사한 이야기 구조를 가졌다는 사실을 조명함으로써, 문화, 인종의 차이를 넘어서는 인류의 보편성을 자각함과 동시에, 현재 눈에 보이는 차이는 우열의 문제가 아니라 다름의 문제라는 점을 교육할 수 있는 좋은 방법 가운데 하나가 될 수 있다. 이야기의 구조나 기호학적 분석 방법 등 약간의 서사적 지식이 필요하지만, 이러한 방법은 유아나 초등 저학년을 대상으로 문화 상대성 개념 인식에 있어서 매우 유용한 방법이며, 더구나 다문화 가정의 학생들에게는 모계 혹은 부계 문화에 대한 자부심을 갖게 하여 궁극적으로는 한국에서 성장하지만 이중의 문화적 정체성을 갖게 하는 효과도 노릴 수 있다.

3. 서사 텍스트를 활용한 다문화 수업의 예[2]

학습자의 수준과 다문화 주제 관련 적합성을 고려해서 적절한 서사 텍스트가 선정되면, 이를 수업에서 구체적으로 어떻게 활용할 것인지 그 방법을 구현해야 한다. 핵심은 학습 목표에 도달할 수 있는 학습 내용을 구조화하고 이를 실천할 수 있는 효율적인 학습 활동을 구상하는 것이다. 기실 이 부분은 수업 현장의 조건에 따라 수없이 많은 다양한 방식이 있다. 그리고 교사 개인의 서사에 대한 이해의 정도와 현장에서의 경험이 가장 많이 작용하는 부분이기도 하다. 이 절에서는

2 이 절은 한용택, 2010, 「학교에서의 다문화 교육을 위한 프랑스와 독일의 영화」, 『비교문화연구』(제19집): 205-232의 내용 일부를 수정 · 보완한 것임.

유럽의 상업 영화를 활용하여 중학교 고학년과 고등학교 고학년에서 적용해볼 수 있는 교수학습 내용의 예 두 가지를 제시한다. 각각의 서사 텍스트와 수업 환경에 맞는 수업의 설계에 참조할 수 있을 것이다.

(1) 〈사랑해, 파리〉에 수록된 단편영화 〈16구〉를 활용한 다문화 수업

1) 영화의 기본정보와 서술구조

〈사랑해, 파리〉(원제: Paris, je t'aime)는 미국과 프랑스가 공동 제작한 상영시간 121분의 옴니버스 스타일 영화다. 상영시간 5분 내외의 독립적인 18편의 영화가 '사랑'과 '파리'라는 공통의 주제 안에 모여 있다. 각각의 작품은 파리에 있는 하나의 구를 배경으로 하며, 감독이 다른 만큼 작품의 내용도 제각각이다. 20명의 세계적인 감독들이 파리 20개 구의 한 곳씩을 골라 만들었지만, 2편은 최종 편집 과정에서 주제의 일관성 때문에 제외되었다고 한다. 이 영화는 2006년 칸 영화제에 출품되었으며, 한국에서는 2006년 11월 부산영화제에서 '15세 이상 관람 가'의 등급으로 상영된 바 있다. 영화의 제작자인 엠마뉴엘 벤히비는 뉴욕을 배경으로 또 하나의 옴니버스 영화인 〈뉴욕, 아이 러브 유(New York, I love you)〉를 만들어 2008년 9월 토론토 영화제에 출품하기도 했다.

〈사랑해, 파리〉에 수록된 단편영화들이 다루는 사랑은 매우 다양하다. 평범한 청춘 남녀의 만남에서부터, 부녀 사이의 사랑, 신혼의 사랑, 중년의 사랑, 노년의 사랑, 처음 보는 외국인과의 교감, 동성의 사랑 등이 보이며, 뱀파이어와의 사랑처럼 기발한 상상력이 발휘된 작품도 있다. 파리라는 도시 자체가 서유럽의 다른 대도시들처럼 다양한 문화와 인종이 공존하는 공간이라는 점에서, 이 영화에서 다문화 현실과 관련된 작품들이 다수인 것은 오히려 당연한 현상이다. 그 가운데 교육적 활용성이 가장 높아 보이는 작품은 두 번째로 수록된 거린더 차다(Gurinder Chadha) 감독의 〈센 강변(Quai de Seine)〉이다. 아랍인에 대한 편견과 고정관념, 히잡 착용에 대한 상반된 시각 및 공공장소에서의 종교적 상징물 착용 금지 법안, 종교의 차이와 관용 등 유럽 사회가 안고 있는 다문화 현실, 그리고 현재는 아니지만 한국이 장차 직면할 수도 있는 문제에 대해 작품성을 유지하면서도 짧은 시간 동안 깔끔하게 문제를 제기하는 영화이다.[3] 이 글에서 살펴볼 〈16구〉(원제: Loin du 16e)도 직접적으로 다문화 현실과 관련이 있는 작품이다. 내용과 형식은 매우 간결하지만, 한국의 현재 상황과 공통분모가 있다는 점에서 시사점과 활용성이 많은 영화이다.

〈16구〉는 월터 살레스(Walter Salles)와 다니엘라 토마스(Daniela Thomas)의 작품이다. 내용은 무척 간단하다. 영화는 젊은 이민자 여성인 안나가 새벽에 일어나 자신의 아기를 보육원에 맡기고 파리 시내로 출근해 다른 집 아이를 돌보는 상황을 그리고 있다. 대사도 거의 없다. 안나가 현관문 앞에서 초인종을 누른 뒤 인터폰으로 누구인지 확인하는 장면, 집 안으로 들어가 아이 엄마인 것 같은 여자의 목소리로 지시하는 장면에서만 간단한 대화가 나오며, 안나의 목소리는 이 두 번의 대화에서 "예"라고 세 번 대답하는 것과 아이에게 노래를 불러주는 장면들에서만 들을 수 있다. 사실 영화는 상황이나 사건을 설명하는 것이 아니라 의문만 증폭시킨다. 특별한 사건도 없다. 짧은 대화의 내용과 여자의 행동으로 보아 매일 반복되는 일상의 아침을 군더더기

3 영화 〈센 강변〉을 활용한 다문화 교육에 대해서는 김연권 · 한용택, 앞의 책: 198-207 참조.

없이 보여줄 뿐이다. 확실한 것은 아무것도 없다. 노래의 가사가 프랑스어가 아닌 외국어라는 점에서 여자는 외국인 이민자라고 추정되며, 장시간의 이동을 거쳐 파리로 가서 베이비시터의 일을 한다고 파악된다. 여자의 출신 국가, 나이, 결혼 유무, 프랑스에 있게 된 동기 등 아무것도 알려주는 것이 없다. 심지어 안나가 본명인지 아닌지도, 보육원에 맡긴 아이가 자신의 아이인지 아닌지도, 엄밀히 말하면 확실한 사실은 아닐 수 있다.

하지만 이러한 불친절함과 여백은 오히려 교육의 활용성을 증대시킨다. 영화의 이해를 위해 적극적인 태도가 요구되기 때문이다.

2) 〈16구〉를 활용한 다문화 교육의 학습 목표와 내용

단편영화 〈16구〉는 사실을 분명하게 전달하기보다는 암시를 통해서 생각할 기회를 준다. 다문화 교육에서의 활용도 영화의 이러한 서술 특성에 맞추어 진행될 필요가 있다. 구체적인 다문화 현실의 설명보다는 영화를 분석하는 과정에서 타자의 문제와 소통의 문제를 집중적으로 제기하는 것이 적절하다. 또한 5분 정도의 상영시간을 고려했을 때, 시청 후 활동에 할애할 수 있는 시간이 상대적으로 많다. 영화의 내용에 대해 적극적이고 주체적인 해석을 할 수 있는 충분한 시간이 주어질 수 있는 것이다.

〈16구〉를 활용한 다문화 수업의 구체적인 학습 목표는 다음과 같이 제시될 수 있다.

- 이주 노동자가 겪는 이방인으로서의 고민과 고통을 이해한다.
- 비록 노동력을 제공하고 그 대가를 받기 위해서 고국을 떠났지만 이주 노동자도 한 사람의 인간이고 진정한 소통이 필요하다는 점을 이

해한다.

- 이주 노동자의 인권, 그리고 그들의 가정의 소중함을 이해한다.
- 원주민과 이주 노동자가 함께 어울릴 수 있는 사회가 되려면 개인의 차원에서 어떠한 노력이 필요한지를 생각해본다.

이러한 학습 목표의 달성을 위한 학습 활동은 세 단계로 순차적으로 진행될 수 있다. 첫 단계는 스토리 자체의 이해이며, 둘째 단계는 다문화 주제에 접근하기 위한 발전 활동이고, 셋째 단계는 영화의 내용과 유사한 한국의 다문화 현실 이해를 위한 심화학습이다. 기본적인 학습 내용을 단계별로 요약하면 다음과 같으며, 각각의 활동은 학습자의 이해 정도에 따라 더 세분화될 수도 있고, 생략될 수도 있으며, 통합적으로 진행될 수도 있다.

〈영화의 이해를 돕기 위한 활동〉

- 영화의 줄거리를 말 또는 글로 간략하게 요약해보며, 가장 기억에 남는 장면이 무엇인지 살펴본다. 필요한 경우 다른 학생과 의견교환을 한다.
- 영화에서 안나의 이동장면이 많은 시간을 차지하는 것에 대해 그 의미를 유추해본다.
- 영화의 내용에 근거하여 안나가 처한 상황과 일상을 말이나 글로 재구성한다.
- 영화에 나오는 대화의 특성을 일상의 대화와 비교하여 정리한다. 그리고 아이 엄마의 모습이 왜 화면에 나오지 않는지에 대해 토론한다.

〈다문화 주제에 접근하기 위한 발전 활동〉

- 영화의 내용에 근거해, 안나에게 있어서 파리가 어떤 의미를 가질 수 있을지 생각해본다.
- 영화에서는 보이지 않지만 안나의 고민이 무엇인지를 각자 생각해본다.
- 이주 노동자가 필요한 사회적 조건에 대해서 생각해본다.
- 사회가 발전하기 위해 이주 노동자와 원주민 간의 바람직한 관계가 무엇인지에 대해서 토론해본다.
- 이주 노동자와 원주민 간의 바람직한 관계를 위해서 개인이 할 수 있는 일이 무엇인지를 생각해본다.

〈한국의 다문화 현실 이해를 위한 심화 학습 활동〉

- 경제적인 이유로 한국에 온 이주 노동자가 한국 사회의 구성원이 될 수 있는지를 생각해본다. 또한 그들의 자녀가 한국에서 자랄 때 그들은 정서적으로 외국인인지, 한국인인지를 생각해본다.
- 주위에 베이비시터 일을 하거나 가사도우미 일을 하는 조선족이나 이주민 여성이 있는지 생각해보고, 그들이 한국인과 한국 사회에 대한 시각을 상상하고 이해한다.
- 한국에 외국이 이주 노동자가 없다면 어떤 일이 발생할 것인지를 생각해본다.
- 한국에 노동력이 부족해서 외국인을 고용할 수밖에 없는 상황이라면, 앞으로 10년, 20년 후의 한국 사회의 모습이 어떨지에 대해서 상상해본다.

*〈16구〉를 활용한 다문화 수업의 학습 활동을 위한 보충 자료

〈16구〉의 스토리를 구성하는 장면들은 다음과 같다.

① 아직 컴컴한 새벽에 여자가 알람소리에 잠에서 깬다.

② 여자가 아이를 안고 황급히 걸어서 보육원으로 간다.

③ 여자가 침대에 아이를 내려놓고 나오다가 아이의 울음소리를 듣고

되돌아가 노래를 불러준다. 아기가 울음을 그치고 웃는다.

④ 달리는 교외선 기차 안에 여자가 서 있다. 승객들 중 반 이상이 외국인이다.

⑤ 환승을 위해 여자가 역 안에서 서둘러 걷는다.

⑥ 운행 중인 지하철 안에 여자가 앉아 있다.

⑦ 여자가 지하철역사 안을 빠르게 걷고, 장면이 바뀌어 다른 전동차 안에 서 있다.

⑧ 여자가 지하철역사를 뛰다시피 나와 거리를 가로질러 어느 건물 앞으로 간다.

⑨ 여자가 초인종을 누르고, "안나예요?"라고 묻는 물음에 "예"라고 대답한 뒤 문이 열린 건물 안으로 들어간다.

⑩ 여자가 계단을 뛰어올라가 집 안으로 들어가 겉옷을 벗는데 다른 여자의 목소리가 들린다. 목소리는 오전에 일어난 일을 전화로 알려달라고 하고, 저녁에 한 시간 늦을 텐데 괜찮을지를 묻는다. 여자는 잠시 주저하지만 "예"라고 대답한다.

⑪ 집 안을 바라보는 여자에게 아기 울음소리가 들린다. 여자는 아기 방으로 가서 자신의 아이에게 불러주었던 노래를 똑같이 불러준다. 아기가 울음을 그치고 웃는다.

위와 같이 장면 단위로 분절해서 살펴봄으로써 영화의 내용에 대한 해석의 단초를 찾아낼 수 있다. 러닝타임 약 4분 50초 가운데 양적으로 가장 많은 부분을 차지하는 것은 여자가 이동하는 장면들과 두 아이에게 노래를 불러주는 장면이다. 여자가 보육원을 나와 도보로 혹은 기차나 지하철로 이동하는 장면, 집에서 보육원까지 가는 장면, 지하철 역 계단을 올라가 아기 엄마의 목소리를 듣는 장면이 전체 상영시간의 약 35%를 차지하며, 영화의 시작 부분과 마지막 부분에서 아이들에게 노래를 들려주는 장면은 전체 상영시간 대비 30% 정도이다. 이동과 노래 불러주는 에피소드가 러닝타임의 70% 정도를 점유하며, 이러한 양적인 배분은 영화의 감상에도 절대적인 영향을 미친다. 특별한 갈등요인이 없는 스토리라인에서 유사하거나 반복적인 장면은 영화의 수용을 조건지우는 가장 중요한 요소가 될 수 있기 때문이다. 기실 처음 영화를 보고 났을 때 남는 인상은 쫓기듯 계속 시계를 보면서, 또 다른 사람들을 밀치면서 황급히 움직이는 여자의 모습과 아이들에게 불러주는 노래의 멜로디라고 해도 과언이 아닐 것이다. 이러한 구성은 여자의 각박한 일상을 대변한다. 이주민인 여자는 파리 시내에서 제법 멀리 떨어진 교외 지역에 산다. 그녀는 아마도 경제적인 이유로 자기 아기는 보육원에 맡기고 자신은 파리 시내에서 타인의 아기를 돌보는 일을 하며, 수면도 충분히 취하지 못하고, 늘 시간에 쫓기듯 산다. 최근 들어 전형이 되다시피 한, 프랑스 주류 계층이 사는 파리 시내와 이주민들의 거주 지역인 교외 지역의 이분법적 해석과 여자의 넉넉하지 않은 옷차림이 이를 뒷받침한다. 먹고 살기 위해서 자신의 아이는 돌보지 못하고 남의 아이를 돌봐야 하는 아이러니한 상황 속에서도 여자는 아이 돌보는 일에 충실하다. 그녀는 두 아이에게 동일한 노래를 들려주며 손가락을 움직여 아이들을 달래준다. 아이들은 그녀의 행동에 똑같이 울음을 멈춘다. 자신의 아이와 타인의 아이라는 차이는 보이지 않는다. 그런 점에서 영화는 한 이주민 여성의 비극적이고 아이러니한 상황을 그리지만 희망적인 내용을 담고 있다.

〈16구〉의 서술에서 주목해야 할 또 하나의 특성은 안나가 대화를 나누는 장면이다. 아이 엄마는 유일하게 주인공과 대화를 나누는 사람이다. 하지만 그녀의 모습은 화면에 등장하지 않는다. 인터폰을 통해서 또는 다른 방에서 말하듯 소리만 들릴 뿐이다. 대화의 내용도 무척

사무적이다. 대화라기보다는 지시와 질문이며, 질문의 경우에도 상대방의 의사를 묻는 문법적 형식을 취하고는 있으나 지시에 가깝다. 안나는 이에 대해 세 번 모두 "예"라고 짧게 대답할 뿐이다. 둘 사이에는 의례히 있어야 할 인사도 없고, 형식적으로나마 안부를 묻는 일도 없다. 언어의 친교적 기능이 없는 지시뿐인 대화, 그리고 상대방의 실체를 드러내지 않는 이러한 서술전략은 아이의 엄마를 한 사람의 인간으로서가 아니라 하나의 기능으로서 인식하게 한다. 아이의 엄마와 안나의 관계는 그래서 사무적일 수밖에 없다. 두 사람 사이의 관계는 개인과 개인, 엄마와 엄마, 여자와 여자의 관계가 아니라 철저하게 고용주와 피고용인의 관계임이 강조되어 있는 것이다. 당연히 둘 사이에는 인간적인 소통이 불가능하다. 교감을 가로막는 넘을 수 없는 벽이 둘 사이에 있는 것이다. 그런 면에서 아이의 엄마는 거대한 파리 시내와 동일시된다. 안나에게 있어서 아이의 엄마와 파리는 모두 편안한 정주의 공간과는 거리가 멀다. 파리는 항상 쫓기듯 움직여야 하는, 그리고 일을 위해서만 출입이 허용되는 타자의 공간일 뿐이고, 아이의 엄마는 그런 파리의 일부분이다. 아이 엄마나 파리의 입장에서 보면 안나는 공동체의 일원이 아니다. 안나는 이방인일 뿐이다.

영화 〈16구〉를 활용한 학습 활동은 한국의 현실에서 이주 노동자의 문제를 다시 생각하는 계기가 될 수 있다. 나아가 만약 그렇다면 지금의 한국인의 태도는 조화로운 공존이 가능한 사회를 위해 아무 문제가 없는 것인지 성찰할 수 있는 계기가 되도록 유도한다.

(2) 영화 〈천국의 가장자리〉와 다문화 수업

1) 영화의 기본 정보와 서술구조

〈천국의 가장자리〉(원제: Auf der Anderen Seite)는 독일과 터키의 공동제작 영화이며, 상영시간은 116분이다. 감독은 〈미치고 싶을 때〉(2004)로 베를린 영화제 황금곰상을 수상한 터키계 독일인 파티 아킨(Fatih Akin)이다. 2007년 작인 〈천국의 가장자리〉는 칸 영화제에서 최우수 시나리오 상을 수상했으며, 한국에서는 2008년 6월 '15세 관람가'로 개봉되었다. 터키의 이스탄불, 독일의 브레멘과 함부르크를 배경으로, 세 쌍의 부자와 모녀가 등장하는 이 영화에는 세계화, 정체성, 이주, 여행, 세대 간 갈등, 문화 간 갈등, 동성애, 환경오염 등의 현대사회가 안고 있는 많은 코드들이 내재되어 있고, 거기에 죽음, 소외와 소통 등의 철학적 코드도 개입되어 있다. 서사미학의 측면에서도 흠잡을 데가 없는, 예술성이 증명된 영화라고 할 수 있다.

〈천국의 가장자리〉의 서술구조는 일면 단순해 보이면서도 상당히 복잡하다. 이야기되는 사건의 시간과 서술 시간의 뒤틀림, 장면과 장면 사이의 불연속성, 평범해 보이는 화면 속에 숨겨진 유의미한 요소 등으로 인해 집중력을 요구하는 구성이다.

영화는 크게 세 개의 에피소드로 나뉘며, 각각의 에피소드는 '예터의 죽음', '로테의 죽음', '다른 편에서'라는 부제가 기록된 화면으로 물리적으로 구분된다. 첫째 에피소드가 시작되기 전, 그러니까 영화가 시작되는 첫째 시퀀스는 한 남자(네잣)가 터키의 바이람 축제 기간에 흑해 연안의 주유소에 들러 주유를 하고, 주유소에서 흘러나오는 노래에 대한 간단한 대화를 나눈 뒤 다시 차에 올라 길을 떠나는 장면으로 구성되어 있다. 이 시퀀스는 첫째 에피소드가 끝나는 부분과 셋째 에피소드에서 다시 반복되면서, 병렬적인 에피소드들을 유기적으로 연결하는 역할을 하며, 궁극적으로는 영화의 주제를 형상화하는 데 기여한다. 다문화 교육의 학습 내용과 관련하여 영화의 구성을 간략하게 살펴보자면 다음과 같다.

첫째 에피소드는 알리와 네잣을 중심으로 한 이야기이다. 브레멘에 사는 은퇴한 택시기사인 터키인 알리는 독신이다. 아들인 네잣은 함부르크에 사는 독문학 교수이다. 알리는 독일에서 오래 살았지만 여전히 이방인이다. 유일한 위안거리는 사창가에 가는 것이다. 아들인 네잣과도 부자관계라는 것을 빼고는, 그들이 즐겨 사용하는 언어가 각각 터키어와 독일어라는 사실이 암시하듯 대화의 공통주제가 없다. 알리의 모든 대화는 섹스로 향하고, 네잣은 아버지에게 책을 한 권 선물하는 식이다. 알리는 사창가에서 만난 터키인 매춘부 예터에게 동거하자고 권유한다. 터키인들로부터 계율을 지키지 않는다고 협박을 당하던 예터는 알리의 권유를 받아들인다. 어느 날 알리가 심장발작으로 병원에 입원하게 되고, 네잣은 예터와 대화를 나누던 중 그녀가 터키에서 대학을 다니는 딸을 위해 몸을 판다는, 그리고 얼마 전부터 딸과의 연락이 끊겼다는 이야기를 듣게 된다. 병원에서 퇴원한 알리는 네잣과 예터의 관계를 의심하다가 사고로 예터를 죽이게 된다. 예터의 시신은 터키로 옮겨지고, 네잣은 이스탄불에서 예터의 딸인 아이텐을 찾아보려고 하지만 성공하지 못한다. 그는 이스탄불의 독일어 전문서점에 우연히 들르게 되고, 고국인 독일로 돌아가기를 원하는 서점 주인으로부터 서점을 인수하기로 결심한다.

'로테의 죽음'이라는 부제가 붙은 둘째 에피소드는 예터의 딸인 아이텐이 터키에서 겪는 일, 그리고 독일에서 만나게 되는 친구 로테와의 관계에 초점이 맞추어져 진행된다. 이야기의 시간적 배경은 첫째 에피소드의 시간적 배경과 부분적으로 중복된다. 네잣을 중심으로 한 이야기의 흐름과 아이텐-로테를 중심으로 한 이야기의 흐름이 시간적으로 연속성을 갖는 것이 아니라, 공간적 배경과 이야기되는 사건의 다름으로 인해 교차적으로 배열되어 있는 것이다. 네잣의 이야기에는 알리, 예터가 등장하고, 아이텐-로테의 이야기에는 이 두 사람 외에 로테의 엄마인 수잔네가 등장한다. 이 두 개의 흐름은 둘째 에피소드 후반에서 로테가 네잣의 서점에 들렀다가 네잣의 집에 세를 들게 되면서 서로 만나게 된다. 둘째 에피소드의 첫 시퀀스는 이스탄불에서의 반정부집회 장면으로 시작된다. 집회에 참가했다가 혼돈의 와중에 경찰의 총을 줍게 된 여자(아이텐)는 어느 건물 옥상에 총을 숨기고 경찰을 피해 도망간다. 그러나 동료들이 모두 잡혀가는 것을 보고는, 브레멘의 신발가게에서 일한다고 알고 있는 엄마를 찾아 독일로 간다. 함부르크에서 터키인 반정부단체의 행태에 실망한 아이텐은 우연히 대학생인 로테와 만나게 되어 그녀의 집에 머물게 된다. 둘의 관계는 우정으로 출발하지만, 동성애의 감정으로 발전한다. 로테의 엄마 수잔네는 아이텐의 존재를 달갑지 않게 여기며, 터키 정부와 세계화에 반대하는 그녀의 투쟁과 의식을 이해하지 못한다. 아이텐은 수잔네와 설전을 벌인 뒤 로테의 집을 나온다. 그녀는 로테와 함께 브레멘으로 가다가 경찰에 체포된다. 아이텐은 망명지 보호소에 머물게 되지만 결국 법원의 결정에 의해 터키로 송환된다. 터키에서 아이텐은 정치범으로 분류되어 수감생활을 하며, 로테는 엄마와 싸우고 아이텐을 찾아 이스탄불로 간다. 우연히 들른 서점에서 만난 네잣의 집에 거처를 정한 로테는 많은 노력 끝에 아이텐을 면회한다. 로테는 아이텐의 부탁을 받고 그녀가 숨긴 총을 찾게 되나, 거리에서 소년들에게 소매치기를 당하게 되고, 총이 든 가방을 되찾으려다 소년이 우발적으로 쏜 총에 맞아 숨진다.

셋째 에피소드의 첫 장면의 배경은 이스탄불 공항이다. 터키로 추방된 알리의 모습과 딸의 흔적을 찾기 위해 터키에 온 수잔네의 모습이 보인다. 이 시퀀스는 평행적으로 진행되어 온 두 이야기의 흐름이 하나의 주제로 모아질 수 있음을 암시하는 상징성을 갖고 있다. 수잔네는 네잣과 만나게 되어 딸이 살던 방에 머물면서, 아이텐을 만나 화해한다. 알리는 고향으로 간다. 독일에서 아들이 준 책을 읽는 장면에서 네잣과의 화해가 가까워졌음을 알 수 있다. 네잣과 수잔네는 바이람 축제에 대한 대화를 나누면서 이슬람교와 기독교의 유사성에 대해 말하고, 네잣은 아버지에 대한 사랑을 새삼 깨닫는다. 네잣은 아버지를 만나기 위해 차를 몰고 고향으로 간다. 주유소 장면이 포함된 영화의 첫 시퀀스가 반복되면서, 서술의 현재로 돌아온다. 네잣이 해변에서 낚시를 나간 아버지를 기다리는 장면으로 영화는 끝난다.

〈천국의 가장자리〉가 다문화 교육에 활용될 수 있는 이유는 영화에서 독일에 사는 터키인의 모습이 그려졌다는, 혹은 터키와 독일이 교차적으로 배경으로 사용되었다는 표면적 사실 때문이 아니다. 영화의 주제는 작게는 세대 간의 갈등 크게는 문화 간의 갈등, 근본적으로는 모든 타자와의 갈등을 극복할 수 있는 소통과 화해이며, 다문화 교육에서의 활용도 이러한 측면에서 이루어질 필요가 있다.

2) 〈천국의 가장자리〉를 활용한 다문화 수업의 학습 목표와 내용

〈천국의 가장자리〉는 '15세 이상 관람 가'로 개봉되었지만, 서술양식과 내용 때문에 중학교보다는 고등학교에서의 다문화 교육에 적합한 영화이다. 충분한 이해가 가능하려면, 서술매체로서 영화가 갖는 특성에 대한 분석이 필요하고, 조금은 광범위한 지식이 동원되어야 하기 때문이다. 아울러 이 영화는 발췌된 일부분 또는 편집되어 축약된 형태의 감상보다는, 여러 번에 걸치더라도 전편 시청을 권장한다. 영화에 내포되어 있는 다양한 의미는 전편 시청 후 재구성을 통해서 가능하기 때문이다.

다음은 〈천국의 가장자리〉를 활용한 고등학교 다문화 교육의 학습 목표가 될 수 있는 내용이다.

- 타자와 내가 항상 같을 수 없다는 사실을, 그래서 그것이 누구이든, 그리고 아무리 가까운 사이라도 타자와는 늘 갈등의 소지가 있다는 사실을 인식한다.
- 타자에 대한 진정한 이해는 이러한 다름의 인식에서 출발하며, 그러한 이해를 바탕으로 한 평화로운 공존을 위해서는 적극적인 노력이 필요하다는 것을 안다.
- 일상, 관습에의 안주가 타자와의 화해와 소통에 걸림돌이 된다는 점을 이해한다.
- 문화, 인종, 국적, 계층, 성별, 언어 등의 차이는 그 어느 것도 소통하고 공존하는 데 있어서 특별한 장애가 될 수 없음을 이해한다.

영화를 시청한 후 또는 시퀀스별로 시청하는 도중에 영화의 내용을 일목요연하게 재구성하기 위한 과정을 거치면서 학생들은 자연스럽게 학습 목표에 도달할 수 있다. 예를 들어 다음과 같은 활동을 통해서이다.

- 영화에 나오는 각각의 작중 인물들의 직업, 국적, 특징 등을 한두 줄로 간략하게 설명한다.
- 작중 인물들의 관계를 도식화한다. 알리-네잣, 예터-아이텐, 로테-수

잔네 세 쌍의 공통점을 파악하며, 알리-예터, 아이텐-로테, 네잣-로테, 네잣-수잔네의 만남의 과정과 의미를 생각해본다.

- 예터의 죽음이 유발하는 사건의 전개를 파악하고, 그녀의 죽음이 다른 사람들에게 미친 영향을 정리한다.
- 로테의 죽음이 유발하는 사건의 전개를 파악하고, 그녀의 죽음이 다른 사람들에게 미친 영향을 정리한다.
- 알리, 네잣, 아이텐, 수잔네에게 있어 영화 초반과 후반에 어떠한 변화가 있었는지를 정리한다. 아울러 우연한 만남이나 사건에 대한 그들의 반응과 변화의 관계에 대해 생각해본다.
- 영화의 마지막 시퀀스를 중심으로 네잣과 알리의 관계, 그리고 로테의 죽음 이후 이스탄불에서 재회하는 수잔네와 아이텐의 관계에 대해 그 의미를 집중적으로 정리한다.
- 영화의 첫 시퀀스가 반복되는 이유를 영화의 주제와 관련해서 추론해본다.
- 빈번하게 나오는 이동장면의 의미를 추론해본다.
- 네잣의 직업 그리고 네잣의 서점의 의미를 터키와 독일의 관계와 연관시켜 생각해본다.

*〈천국의 가장자리〉를 활용한 다문화 수업의 학습 활동을 위한 보충 자료

영화의 주제에 대한 접근, 특히 〈천국의 가장자리〉처럼 영상미학적으로 완성되었고 다양한 코드를 함유하고 있는 영화의 주제에 대한 접근은 여러 가지 방식으로 가능하지만, 이 영화는 작중 인물을 중심으로 한 접근이 하나의 대안이라고 판단된다. 소통과 화해에 이르는 과정이 분명히 드러나 있어서 분석이 용이하고, 등장인물들의 관계,

그리고 각각의 인물이 보여주는 변화의 과정이 영화의 이해에 도움을 주는 동시에 주제의 윤곽을 명확하게 해줄 수 있기 때문이다.

영화의 초반에 작중 인물들은 소외된 상태로 그려진다. 이들 대부분은 늘 혼자이다. 영화에서 이들이 친구와 지내는 장면은 거의 보이지 않는다. 심지어 동료들과 동지적 관계를 갖고 있는 아이텐조차도 함부르크의 터키인 반정부조직 사람들의 행태에 환멸을 느끼며, 교도소의 동료들도 사실은 경계와 의심의 대상일 뿐이다. 가장 가까운 가족인 부모와 자식 관계도 크게 다르지 않다. 딸을 위해 모든 것을 희생할 수 있다는 예터의 말이나, 네잣이 이야기하는 아브라함의 일화에서 보이듯 기저에는 희생과 사랑이 감정이 있지만, 가치관이 충돌하는 현실에서는 늘 단절과 충돌을 느낀다. 위에서 언급한 것처럼, 알리와 네잣은 각각 터키어와 독일어로 말하고 그들의 관심사인 섹스와 책은 접점을 모른다. 예터는 아이텐과의 연락이 끊긴 지 오래되었고, 아이텐은 엄마의 진짜 직업을 알지 못한다. 로테와 수잔네는 정치적 망명자인 아이텐에 대해 상반되는 의견을 가지고 있을 뿐 아니라, 서로의 생활방식과 생각을 이해하지 못한다. 영화의 작중 인물들은 자신이 사는 일상 속에서, 그리고 가장 가까운 사람들과의 관계 안에서 이방인이다. 이방인이라는 의식과 소외의 감정은 정체성의 문제와 맞닿아 있다. 관습과 관성 속에서 일상을 영위하고 겉으로 보기에는 평온하지만, 자신의 현재 위치가 자기가 있어야 할 곳이라는 생각은 들지 않기 때문이다.

이들의 상황은 그러나 영화가 진행되면서 변화한다. 기실 영화의 스토리는 이들이 변화하는 과정의 점차적 전개라고 할 수 있다. 직접적인 계기는 예터와 로테의 죽음이다. 예터의 죽음은 네잣이 독문학 교수직을 버리고 이스탄불에서 독일어 서점을 운영하게 되는 시발점이 되며, 로테의 죽음과 맞물려 아버지와의 화해를 가능하게 한다. 로테의 죽음은 수잔네가 독일 중산층의 보수적인 시각과 생활에서 벗어나 이스탄불로 가게 만들며, 그 동안 이해할 수도 없었고 공통점도 없었던 터키인 아이텐과의 화해로 이어진다. 예터와 로터의 죽음은 우발적이며, 새로운 만남은 우연이다. 그렇다면 화해와 소통이 가능하려면 늘 우연과 우발적인 사고를 기다려야 하는가? 영화의 서술구조가 이에 대한 해답을 제시한다. 영화에서 가장 빈번하게 나오는 장면은 작중 인물들이 이동하는 장면이다. 기차로, 버스로, 승용차로, 비행기로, 배로, 때로는 걸어서 작중 인물들은 이동하며, 이동하는 신이 없을 경우 공항과 역의 장면이 이를 대신한다. 예터와 아이텐의 관이 이스탄불 공항에 도착하고 떠나는 장면에서 보이듯, 작중 인물들은 죽어서도 이동한다. 이들이 이동하는 신에서 특별한 사건이 벌어지는 것은 아니다. 수초에서 수십 초라는 짧은 시간 동안 이동하고 있다는 사실만 환기시킨다. 네잣이 탄 기차에서 목적지 역에 대한 안내방송이 나오는 장면처럼 가끔은 공간적 배경에 대한 정보전달의 기능을 하기도 하지만, 모든 이동장면이 그런 것도 아니고 이러한 기능이 본질적인 것도 아니다. 그러고 보면 영화 자체 또한 네잣이 운전해서 이동하는 장면으로 시작되며, 이 장면은 나중에 반복되기도 한다. 영화의 각 시퀀스들이 대부분 이동장면으로 시작되거나 이동장면을 포함하고 있고, 영화 자체도 이동장면으로 시작된다는 사실, 그리고 이러한 이동장면들이 빈번하게 삽입된 사실은 작중 인물들이 상대방을 향해 또는 무엇인가를 향해 끊임없이 움직이고 또 움직여야 한다는 것을 암시한다. 이동은 단순히 공간적인 차원에서만 의미를 갖는 것이 아니다. 그것은 소외를 벗어나서 화해와 소통에 이르고자 하는 적극적 의지와 행위의 기표이다. 영화 전편을 감싸는 오프닝 시퀀스도 결국 네잣이 아버지와의 화해를 위하여 이동하는 장면이고, 이것이 영화의 주제를 형상화하고 있는 것이다. 움직이지 않는 것은 관습과 일상 속에서 관성적으로 산다는 것을 의미한다. 우연과 우발은 이런 일상을 깨트리고 타자에게 다가가게 하는 촉발제이다. 상대방을 향하여, 또는 새로운 문화를 향해 이동하는 것은 타자에 대한, 타 문화에 대한 진정한 이해를 가능케 하는 필요조건이다. 그것은 또한 자신을 버리는 행위이기도 하며, 그런 점에서 필연적으로 정체성의 추구와 연관되며, 궁극적으로 새로운 탄생의 계기가 된다. 네잣은 안정된 직업을 버리고 서점 주인으로 다시 탄생하는 동시에 아버지를 이해하게 되며, 섹스가 유일한 소일거리였던 알리는 귀향해서 낚시를 하게 되고, 수잔네는 보수적인 중산층의 시각을 버리고 아이텐과 화해하게 된다. 그리고 아이텐은 정치적 신념보다 더 중요한 인간적인 신뢰와 애정이 있다는 사실을 깨닫고 수잔네와 화해한다. 이러한 깨달음 또는 재탄생은 늘 장소의 이동을, 궁극적으로는 일상의 틀을 박차고 나와 타인을 향해 나아가는 적극적인 노력을 전제하는 것이다.

화해와 소통을 향한 작중 인물들의 변화가 모두에게 동일한 정도로 진행되는 것은 아니다. 영화의 초반과 후반을 비교했을 때 가장 소극적인 인물은 알리이고, 가장 극적인 변화의 주인공은 수잔네이다. 알리는 네잣이 준 책을 읽지만 스스로 다가가지는 못한다. 그의 터키행이 강제적인 추방이라는 사실이 암시하듯, 가부장적인 그의 세계관이 변화될 수 있는 가능성은 보이지만, 적극적인 행동은 보여주지 못하는 것이다. 반면에 터키의 모든 문제가 유럽연합에 가입하면 해결될 것이라고 생각하던 수잔네는 딸의 죽음 뒤 적극적으로 아이텐에게 다가간다. 수잔네에게 있어 아이텐은 딸을 대신하지만, 이 둘의 화해와 소통은 세대 간의 문제를 넘어선다. 수잔네는 전형적인 독일 중산층에 속하며, 그런 점에서 그녀는 기독교인이고, 보수적이며, 주류 계층이고, 가진 자라고 할 수 있다. 반면에 아이텐은 이슬람교인이고, 진보적이며, 비주류 계층이고, 가지지 못한 자이다. 그녀와 아이텐이 서로를 이해하기 시작했다는 것은 단순히 신세대와 구세대 사이의 소통과 화해를 넘어서서, 독일과 터키, 기독교와 이슬람교, 보수적 세계관과 진보적 세계관, 주류와 주변, 부자와 빈자 사이에 존재하는 벽을 무너뜨리는, 그리고 인종, 언어, 문화의 차이를 극복하고 타자와의 조화로운 공존을 지향하는 소통과 화해라고 할 수 있다.

문화 간의 소통과 이질적인 문화들의 공존이라는 영화의 주제와 관련하여 네잣이 인수한 서점은 특별한 상징적 의미를 갖고 있다. 독일에 사는 터키인 독문학 교수 혹은 터키의 독일어 전문서점 주인이라는 그의 직업이 의미하듯, 네잣은 터키와 독일을 이어주는 가교의 역할을 한다. 그의 서점에는 터키 국기와 독일 국기가 나란히 꽂혀 있다. 서적이 상대방을 이해하는 도구가 된다는 점에서 그의 서점은 양국 문화교류의 시발점의 장소이기도 하다. 영화에서 네잣의 서점은 단순히 책을 파는 장소가 아니라, 처음 보는 사람들이 차를 마시고 대화할 수 곳이기도 하고, 게시판을 설치한 정보교류의 장소이기도 하며, 소통을 위한 대화가 이루어지는 곳이기도 하다. 한마디로 소외가 해소될 수 있는 계기를 제공하는 공간이다. 여기서 네잣이 로테와 만나고, 네잣과 수잔네가 대화를 나누며, 수잔네와 아이텐이 화해하기도 한다. 그런 의미에서 서점은 이해와 소통을 가능하게 하는 우연성의 발발빈도를 높이는 체계화된 공간이고, 궁극적으로는 화해와 소통을 가능하게 하는 촉매의 역할을 하는 상징적 공간인 것이다.

〈천국의 가장자리〉는 독일의 다문화 현실, 터키와 독일의 관계, (바이람 같은) 이슬람 전통 문화, 일방적으로 진행되는 세계화가 갖는 문제점, 기독교와 이슬람교의 문제 등 다양한 주제에 대한 심화학습이 가능하다. 각각의 주제에 대한 사전 조사와 자료 준비를 통해서 혹은 과제부여를 통해서 감수성, 인권, 국제관계 이해에 대한 교육으로 연계될 수 있을 것이다.

4. 맺는 말

영화나 소설 같은 서사 텍스트를 활용하는 수업 방식 그 자체는 새로울 것이 없으며, 서사 교육은 기존의 교과에 포함되어 있기도 하다. 어찌 보면 쉽고 익숙한 수업 방식이기도 하다. 하지만 다문화 수업에 있어서 원하는 학습효과를 얻으려면 교사의 사전 노력이 많이 필요하다. 현재 다문화 수업에 활용될 수 있는 서사 텍스트의 목록이나 표준화된 수업 매뉴얼이 있는 것이 아니기 때문이다. 이러한 척박함을 극복할 수 있는 가장 좋은 방법은 교사가 평소에 서사 텍스트를 접할 때 다문화 수업에서의 활용 가능성을 끊임없이 생각해보는 것이다. 소설을 읽을 때 또는 영화를 볼 때, 혹시 그 텍스트가 다문화 수업에 응용될 여지가 있는지, 만약 그렇다면 그 가능성을 어떻게 구현할 것인지를 생각해보는 태도를 일상화하는 것이다. 전공 교과교육의 가능성과 같이 고민해도 좋다. 중요한 것은 교육의 관점에서 서사 텍스트를 바라보는 것을 습관화하는 것이다. 사실 이러한 습관은, 특히 영화를 활용한 다문화 교육에서 생각보다 훨씬 더 유용하다. 가장 큰 이유는 영화가 하나의 서사 텍스트로서 갖는 특성에 기인한다. 대부분의 영화, 그중에서도 할리우드로 대표되는 미국식 상업영화는 어떻게 보면 소비재적 성격을 갖고 있다. 거기에는 트렌드 또는 유행이라고 할 수 있는 것이 있다. 사람들은 명작이라고 해서, 좋은 영화라고 해서 같은 작품을 여러 번 반복해서 감상하지 않는다. 대부분의 사람들은 새로운 영화를 선호한다. 오래전에 개봉된 영화 또는 학생들 입장에서 교훈성이 짙은 영화를 감상할 때는 어딘가 모르게 긴장감이 부족함을 느낀다. 더구나 학교에서 수업 시간에 감상하는 영화라면 더욱 더 그러하다. 그런 의미에서 최근에 개봉되거나, 제작된 지 많은 시간이 지났더라도 여전히 재미있을 만한 영화를 선택한다는 것은 학습이라는 부담감을 주지 않으면서도 다문화 현상이 매우 보편적이라는 결론을 유도하기에 적절한 방식이다. 교사가 평소 서사 텍스트를 접할 때 그 교육적 활용성을 생각해보고 이를 바로 수업에 응용하려고 시도하는 것은 결과적으로 학습자의 일상적 경험과 학습의 내용 사이의 괴리감을 줄이기에 그만큼 좋은 수업 효과를 기대할 수 있다.

학습 활동

1. 서사 텍스트를 활용한 다문화 수업 프로그램 개발을 위해서 다음과 같은 질문지를 작성한 후, 그룹별 토의를 통해 수업에 활용될 수 있는 서사 텍스트의 리스트를 만들어보자.

> (1) 최근에 본 영화, 소설, 동화 등의 서사 텍스트에 다문화 수업에 활용될 수 있는 부분이 있는가?
>
> (2) 있다면 구체적으로 어떤 점에서 그러한가? 텍스트 내용 전체에 반영되어 있는 주제의 측면인가? 아니면 부분적이며 개별적인 에피소드인가?
>
> (3) 텍스트 내용 전체가 다문화 수업과 관련 있을 때, 이를 학생들이 분석할 수 있게 분절과 단순화, 가시화가 가능한가?(예를 들어 작중 인물들이 추구하는 가치, 그들의 행위에 영향을 주는 선택의 기준, 선택과 행위 결과의 연관성 등이 이에 해당된다)
>
> (4) 하나 또는 여럿의 개별적인 에피소드가 다문화 수업에 활용될 수 있다고 판단되어 해당 에피소드만을 추출할 때, 작품 전체의 이해는 필요한가, 필요하지 않은가? 만약 필요하다면 어떠한 방식으로 이해시킬 것인가? 설명을 통해서 아니면 감상을 통해서?
>
> (5) 다문화의 어떤 주제에 구체적으로 서사 텍스트가 활용될 수 있는가? 편견, 고정관념, 인종, 종교, 평등, 타자와의 공존 등 가치와 관련된 차원인가? 아니면 이주 노동자, 결혼 이주 여성, 특정 외국의 다문화 현실 등 현상적이거나 제도적인 문제인가?
>
> (6) 서사 텍스트에서 교육에 활용될 수 있는 부분이 분절되거나 가시화되고 이와 관련된 세부적인 다문화 주제가 명확해지면, 학습 목표를 간략하게 문장화할 수 있는가?

2. 다문화 수업에서 활용될 수 있다고 판단되는 서사 텍스트를 대상으로 다음과 같은 점에 대해 그룹별로 토론을 해보자.

> (1) 시간, 교과목의 성격 등 예상되는 수업 환경 안에서 해당 서사 텍스트를 활용하여 학습 목표를 달성할 수 있는 가장 효율적인 학습 활동은 무엇인가? 이 학습 활동은 학습자가 거부감 없이 능동적으로 참여할 수 있는 종류의 활동인가?
>
> (2) 학습 목표에 효율적으로 접근하기 위해 다른 보충자료가 필요한가? 가장 효과적인 보충자료의 제시 방식은 무엇인가?
>
> (3) 실제 수업에 있어서 예상되는 문제점은 무엇이며, 그러한 문제가 발생했을 때 해결방안은 무엇인가?

3. 구체적인 수업 환경을 상정하여 서사 텍스트를 활용한 교수학습안을 다음의 양식에 맞게 작성하고, 활동지 및 학습 자료가 필요하면 만들어보자.

단원명	________ ____학년 ____학기 / _____ ____________			
학습 목표				
다문화 교육	학습 목표			
	주제			
	학습 내용			
학습 단계	학습 과정	교수학습 활동	시간	지도상 유의점 (○) 및 학습 자료 (*)
도입	동기 부여 학습 목표	○ ○		
전개				
정리	활동 마무리 차시 예고	○ ○	○	

참고문헌

구견서. 2003.「다문화주의의 이론적 체계」.『현상과 인식』통권90호. 한국인문사회과학회: 29-53.

구은숙. 2000.「다인종 다문화 시대의 문화연구: 〈미국문학과 문화〉 수업을 중심으로」.『국제문화연구』제18권. 청주대학교 국제협력연구원: 75-81.

김보림. 2007.「역사수업에서 영화를 통한 일본사-영화 카게무샤를 중심으로」.『한국일본교육학연구』제12권 제1호: 1-46.

김성곤. 2001.「〈미디어 문화연구〉를 통한 미국연구: 미국 영화와 텔레비전 드라마를 중심으로」.『국제지역연구』제10권 3호: 47-79.

김연권 · 한용택. 2009.「영화를 통한 다문화 교수 · 학습」. 최충옥 외.『다문화 교육의 이론과 실제』. 양서원: 239-278.

———. 2010.「영상매체를 통한 다문화 수업」. 최충옥 외.『다문화 교육의 이해』. 양서원: 177-210.

김용재. 2011.「다문화 시대의 서사 교육 시론-〈영원한 이방인〉을 중심으로」.『국어문학』51권: 279-301.

김은미. 2004.「영화 속 타문화 이야기, 언어를 뛰어넘는 영상, 그 속에서 보여지는 문화 차이」.『국제이해 교육』통권13호. 한국유네스코: 26-34.

김정렬. 1998.「멀티미디어를 이용한 영어 수업」. 이흥수(편).『영어평가 및 멀티미디어 교육론』. 한국문화사: 219-253.

노시훈. 2005.「영화를 통한 프랑스 문학 · 문화 교육」.『프랑스학연구』제33집: 351-371.

박현준 · Joseph E. Chamoux · 김상준 · 조영호. 2003.「영화와 경영교육-영화를 통한 협상교육 사례를 중심으로」.『한국인사 · 조직학회 발표논문집』: 568-595.

배현주. 2009.「미디어를 활용한 다문화 교육의 가능성 모색」.『교육문화연구』제15-1호: 139-164.

서성식. 2007.「영상 매체를 이용한 수업의 장점과 한계」.『STEM Journal』제8(2)권. 영상영어교육학회: 153-166.

서연주. 2009.「한국 문화에 나타난 다문화 인식 양상 고찰, 인권영화를 중심으로」.『국어문학』제47집: 213-234.

송현호. 2010.「다문화 사회의 서사 유형과 서사 전략에 관한 연구」.『현대소설연구』 제44호: 171-200.

이경순. 2002.「다른 세계들, 다른 텍스트들: 영어권 문화강의에서의 영화의 활용」.『문학과 영상』 가을겨울호: 61-92.

이미숙. 2008.「다문화 시대의 미디어 문식성 교육을 위하여」.『우리말교육현장연구』 제2권 2호: 343-366.

이민경. 2007.「프랑스 다문화 교육의 배경과 쟁점」.『교육과정평가연구』 제10권 2호: 53-76.

이종원.「기독교 교양과목에서의 영화 활용에 대한 연구」.『대학과 선교』 제5집: 251-276.

정영근. 2003.「디지털문화시대의 영화와 교육」.『교육인류학연구』 제6권 제2호: 205-224.

조현일. 2007.「읽기 텍스트로서의 영화와 영화 읽기교육」.『독서연구』 제18호: 255-285.

최인자. 2009.「타자 지향의 서사 윤리와 소설교육」.『독서연구』 제22호: 279-310.

한관종. 2006.「영화를 활용한 사회과에서의 다문화 수업 방안」.『사회과교육연구』 제13권 3호: 147-166.

한용택. 2010.「학교에서의 다문화 교육을 위한 프랑스와 독일의 영화」.『비교문화연구』 제19집: 205-232.

홍기천 · 남은아. 2006.「영화자료를 활용한 초등학교 5학년의 실제적인 교과수업 방안」.『한국콘텐츠학회논문지』 제6권 제8호: 68-77.

13장

다문화 가정 학생의 생활지도 및 상담

고홍월 충남대학교 자유전공학부

1. 들어가는 말

교육 현장에서 다문화 가정 학생의 심리적 어려움을 이해하여 학교생활 적응을 돕는 것이 생활지도와 상담의 중요한 과제이다. 다문화 사회로 통합하는 과정에서 학교 현장은 다문화 가정 자녀라는 새로운 교육 대상을 맞이하게 되면서 이들에 대한 교육이 시대적 요구로 등장하였다. 일반적으로 아동 · 청소년기 생활양식, 문화적 배경은 성격 형성, 심리적 특성에 영향을 미치기 때문에 다문화 가정 학생에 대한 이해가 선행되어야 적절한 지도를 제공할 수 있다. 이 장에서는 이러한 시대적 요구를 반영하여 다문화 가정 학생과 관련된 주요 상담 영역을 이해하고, 이를 바탕으로 생활지도와 상담의 구체적인 주제와 방법, 그리고 교사나 상담자의 역할에 대해 소개한다.

다문화 가정에 대한 정의는 학문적 정의와 사회적 합의 측면에서 이해할 수 있다. 이 장에서 사회적 합의를 중심으로 다문화 가정 학생의 범위를 설정한다. 현재의 사회적, 시대적 상황에서 국제결혼 가정, 이주 노동자 가정이 주된 다문화 가정이며, 북한을 이탈한 새터민 가정, 기타 재한 외국인 가정, 조기 유학 후 귀국한 청소년 가정도 여기에 해당될 수 있다. 이 장에서 이러한 가정의 자녀 중에서 가장 높은 비율을 차지하는 국제결혼 가정과 이주 노동자 가정을 중심으로 생활지도와 상담에 관한 내용을 소개한다.

2. 다문화 가정 학생 성장환경에 대한 이해

다문화 가정 학생을 이해하기 위해 다문화 가정의 주요 형태, 이들을 둘러싼 다문화 가정이라는 환경, 학교 환경을 간단히 살펴보고 다문화 가정 자녀의 주요 특성을 설명한다.

(1) 다문화 가정 및 부모

다문화 가정 중 국제결혼 가정은 한국인이 외국인 배우자와 결혼해 이룬 가정이다. 그중에서도 외국인 여성과 한국인 남성으로 구성한 가정이 압도적으로 많고, 다른 형태는 부모 모두가 외국인으로서 한국에서 근로 활동을 하고 있는 이주 노동자 가정이다. 그 외에 다문화 가정이 이혼과 재혼으로 인해 또 다른 형태의 다문화 가정이 형성되는 경우이다. 다문화 가정이 점차 증가하면서 다문화 가정의 자녀 수 또한 증가하고 있다. 학교에서 접하게 되는 다문화 가정 학생이 주로 이러한 가정의 자녀들이다. 국제결혼 가정의 자녀들은 대부분 한국에서 태어나고 한국 생활에 익숙해 있다. 그러나 소수의 학생들은 외국에서 태어나 유년기에 한국에 입국하여 생활하는 경우이다. 이주 노동자 가정의 자녀들은 대부분 외국에서 태어나 초등학생 · 중학생 시기쯤 한국에 입국한다. 이주 노동자 가정 중에서 한국에서 결혼하고 출산하는 경우도 증가하고 있다. 이혼 및 재혼 가정의 경우 현재 부모의 출신에 따라 재분류될 가능성이 크다. 예를 들어, 한국인 부모 밑에서 태어난 학생이지만 재혼으로 인해 한쪽이 외국인 부모라는 점 때문에 다문화 가정의 자녀로 분류된다. 또한 부모가 국적 취득으로 부모, 자녀 모두 서류상으로 한국인으로 보이지만 사실 외국에서 입국한 학생일 가능성이 있다. 다문화 가정, 다문화 가정 자녀의 분류 방법이 여러 가지 있기 때문에 어떤 의미에서의 다문화 가정인지를 이해할 필요가 있다. 즉, 일반적인 형태 외에도 특수한 경우가 있기 때문에 일반화해서는 안 된다. 또한 서류와 사실에 대한 구분도 필요하다.

사회적으로 취약한 다문화 가정의 경우 도시의 외곽이나 농촌 지역에 거주하며 사회경제적 지위가 상대적으로 낮다. 한국보건사회연구원의 실태조사 자료(2008)에 의하면 상당히 많은 다문화 가정이 경제적인 어려움을 겪고 있다. 집의 소유 형태, 가구의 월수입, 사회보험료 및 공과금 미납, 경제적 이유로 치료 포기 등 측면에서 경제적 어려움을 알 수 있다. 또한 다문화 가정 부모의 학력이 상대적으로 낮고 종사하는 직업의 사회적 인식과 수입도 낮은 편이다.

다문화 가정 부모의 경우 한국 사회에 적응하는 것 자체가 어려운 일이고, 개인의 적응을 넘어 낯선 환경에서 자녀를 양육하면서 더 많은 어려움을 경험하게 된다. 그 과정에서 다문화 가정은 부부관계, 부모-자녀관계에서 역기능이 발생할 수 있고, 이에 잘 대처하지 못할 경우 모든 가족 구성원이 심리적 어려움에서 자유롭지 못할 수 있다. 특히 다문화 가정 자녀들이 아직 아동, 청소년일 경우 더 쉽게 심리적 문제에 노출된다.

다른 한편, 다문화 가정 부모의 학교에 대한 이해, 교육에 대한 태도가 다를 수 있다. 우선 한국 학교에서 교육을 받지 않은 다문화 가정 부모들은 학교와 교육제도에 대한 이해가 부족하여 자녀에게 적절히 정보를 제공하지 못한다. 또한 학업 측면에서 문화권에 따라 자녀에 대한 다문화 가정 부모의 기대가 높지 않은 경우가 있다. 한국 사회에서 교육이 중요한 가치이고 대부분의 부모가 자녀에 대해 나름의 기대를 하고 있다. 그러나 학업이 중요한 가치가 아닌 문화권에서 온 부모는 자녀에게 학업에 대한 기대가 높지 않을 수 있다. 이러한 부모의 태도는 자녀가 학업에 임하는 태도나 학업성취에 영향을 미칠 수 있다. 자연스럽게 이런 학생에 대한 교사의 관심과 기대가 낮아진다.

(2) 학교 환경

학교 환경은 아동 · 청소년의 또 다른 생활 터전이고, 이는 다문화 가정 학생에게도 마찬가지이다. 다문화 가정 학생들이 학교 환경에서의 경험은 교사, 또래 등과의 상호작용에서 나타난다. 다문화 가정 학생이 학교 장면에 점차 모습을 드러낸 것은 10년 정도이다. 사실 교육 정책이든 교육 종사자든 다문화 가정 학생을 맞이하는 일에는 민감하지 못했다. 학교 교사의 경우 다문화 가정 자녀에게 연민이나 동정심, 경제적으로 어렵고 지원이 필요한 학생으로 인식하는 정도이다(조혜영 외, 2007). 이러한 태도는 오히려 학생을 정확히 이해하고 지도하는 데 편견을 가질 수 있기 때문에 보다 객관적으로 학생을 이해해야 한다. 교사나 상담자로서 객관적인 태도를 갖추어도 다문화 가정 학생에 대한 이해가 부족할 수 있다. 그러므로 교사와 학생 간의 긍정적인 상호작용이 쉽지 않을 것이다.

교사와 학부모 간 소통이 학생을 지도하는 데 중요한 역할을 하게 된다. 자녀의 학교생활에 대해 가정에서 주로 어머니가 교사와 소통한다. 외국인 어머니의 경우 한국어가 능숙하지 않으면 자녀의 학교생활에 대해 교사와 자유롭게 소통하기 어렵다. 교사 입장에서도 어머니와의 소통이 원활하지 않거나 소통의 경로가 차단되면 학생의 학교생활을 부모에게 전달할 수 없다. 이럴 경우 다문화 가정 학생의 학교생활에 대해 부모, 교사 모두 소홀해질 수 있다. 그 외에도 언어소통이 문제가 없더라도 교육 제도, 학교 환경에 대한 이해가 부족할 경우 언어적 소통을 하더라도 내용적인 면에서는 그 역할을 다하지 못할 수 있다.

또래 환경을 살펴보면 또래들이 다문화 가정 학생을 대하는 태도가 천차만별이다. 호기심, 경계심, 우호적 태도, 차별적 태도 등이 다양하게 존재한다. 다문화 가정의 학생 수가 상대적으로 아직 많지 않아 일반 또래에 비해 학생들 사이에서 상당한 호기심을 불러일으킬 수 있다. 이러한 호기심은 긍정적인 측면도 있지만 차별을 동반한 부정적인 측면도 동시에 존재한다. 자신들과 다른 아이, 자신의 부모와 다른 다문화 가정 친구의 부모, 아이들 입장에서는 이해하고 받아들이기 쉽지 않은 상황들이다. 특히 아동 · 청소년은 사회적 편견이나 차별적 태도를 쉽게 내면화하여 다문화 가정 학생에게 경계, 무시, 차별 등 바람직하지 않은 행동을 하게 된다. 모든 다문화 가정 학생들이 모든 학교에서 부당한 대우를 받는 것은 아니지만, 다문화 가정 학생들은 외국인 어머니, 다른 생김새 등 이유로 인해 차별받는다고 한다(설동훈, 2005; 신혜정, 2007). 이는 일반 가정의 학생들이 차별받는 이유와 질적으로 다르며, 개인의 문제행동으로 인해 차별받는 것이 아니라 존재적 측면에서 차별을 받고 있다는 점에서 심각한 문제이다.

3. 다문화 가정 학생의 주요 상담 영역

다문화 가정 학생의 주요 상담 영역으로는 학업 영역, 진로 영역, 심리적 어려움, 정체감 혼란, 문제행동의 표출 등이 있다. 다문화 가정 학생과 일반 학생에게 모두 해당되는 상담 영역이지만 다문화 가정 학생의 구체적인 문제 특성이 다르다. 다문화 가정 학생의 가정환경, 사회문화적 배경이 일반 학생과 다르기 때문에 이들이 경험하는 생활과 사회적 상호작용이 다르며 상담에서 구체적으로 다루는 내용이 다를 수 있다.

(1) 학업지도

학업과 관련된 문제는 많은 학령기 아동 · 청소년이 공통적으로 겪게 되는 어려움이다. 다문화 가정 학생들이 학업에서 겪게 되는 어려움은 언어 문제, 학습 부진 문제와 학습에 관한 태도 및 방법의 문제로 요약해볼 수 있다.

1) 언어 문제

일반적으로 다문화 가정 학생들은 이중언어를 접하게 되고 한국어를 모국어로 사용하지 않은 아버지나 어머니로부터 언어(한국어)를 습득한다. 그 과정에서 자녀들은 정확한 표현, 분명한 발음 등을 학습할 기회가 적어진다. 외국인 아버지나 어머니가 한국어 사용이 서툴 경우 자녀의 언어 발달에 촉진적인 역할을 하기 쉽지 않다. 이와 관련하여 많은 다문화 가정 학생들이 언어 발달의 결정적인 시기에 준비된 촉진적인 환경을 경험하지 못한 경우가 많다고 한다(황매향 · 고홍월, 2009). 초등학교 교사의 경험을 통해 알려진 내용으로 언어 사용의 네

가지 영역 중에서 말하기는 일반 학생과 거의 차이가 없고, 특히 생활적인 측면에서는 아주 자유롭게 의사소통을 한다. 그러나 읽기와 쓰기의 경우 서툴고, 내용을 정확하게 읽고 쓰는 데 상당한 어려움을 겪는다. 듣기의 경우, 일상 언어는 거의 문제가 없지만 학업에 필요한 언어를 잘 이해하지 못하는 경우가 많다.

언어 발달의 문제로 인해 초등학교 시기에 학업에 필요한 언어가 취약한 경우가 많고, 이에 대한 추가적인 지도가 없을 경우 다른 교과에 영향을 미쳐 전반적으로 학업성취 수준이 낮아 학습 부진 문제가 발생한다. 중 · 고등학생의 학업성취는 초등학교 시기의 언어학습이 잘 이루어졌는지에 영향을 받는다. 심지어 언어 문제는 학업 문제뿐만 아니라 학교생활에 영향을 미칠 수 있다. 정확한 이해력, 의사전달 능력이 부족한 학생의 경우 친구들의 놀림을 받고, 학교생활에 적응하기 쉽지 않다.

2) 학습 부진

다문화 가정 학생의 학습 부진 문제는 언어 문제에서 출발하여 다른 교과 영역에 영향을 미치는 경우가 대부분이다. 특히 학년이 높아질수록 문제가 악화되는 경향이 있다. 학년이 높아지면 내용이 어려워지고, 기초 학습 능력 부진은 점점 심해진다. 이러한 악순환은 지속적으로 누적되고, 개선이 되지 않는 한 중학교, 고등학교에 가서 학업 지속하는 데 더 많은 문제를 겪을 수 있다.

구체적으로 기초 학습 능력 부족이 가장 시급한 문제 [illegible] 문화 가정 학생을 지도할 때 해당 학년의 학업진도를 [illegible] 지를 확인하는 동시에 현재 수준을 함께 평가해야 [illegible] 학업성취 수준을 확인하고, 평균 학업성취 수준에 [illegible] 재의 위치를 정확히 파악한다. 이러한 평가는 학습 기초선을 설정하는 데 꼭 필요한 기본 자료이다. 평가도구로는 표준화 평가도구를 활용하는 것이 적절하다. 표준화 평가도구는 학생의 학업성취 수준에 관한 객관적인 정보를 제공할 수 있기 때문에 목표를 설정하고 구체적으로 개입효과를 평가하는 데 유용하다. 이러한 평가를 통해 이들이 학업에서 보이는 불균형이 무엇인지, 어떤 선행학습이 결손되어 현재의 학습 부진 문제가 생겼는지, 현재는 어떤 문제가 시급한지, 점차적으로 무엇을 어떻게 보충할지 등 학생에 대한 전반적인 이해와 효과적인 지도가 가능하다. 그렇지 않을 경우 열심히 공부하지만 성적이 오르지 않고 노력에 비해 성과가 없거나 지속적인 학력 저하를 보일 수 있다.

학습 부진을 초래하는 원인 중 하나가 낮은 학습준비도이다. 학습준비도란 공부하는 데 필요한 내적, 외적 요소들이 잘 갖춰져 있는지를 뜻한다. 내적인 요소는 학습에 대한 태도, 열정 등을 의미하고, 외적 요소는 학습환경, 학습에 필요한 물리적, 심리적 지원을 의미한다. 이러한 측면에서 다문화 가정 학생의 내적, 외적 요소를 모두 확인하여 학교와 가정의 연계를 통해 학습준비도를 향상시킨다. 다문화 가정 학생의 경우, 부모의 교육관, 입학 전 조기교육에 대한 준비 부족 등으로 입학 후에 다른 또래에 비해 학습준비도가 낮다고 조사되었다(황매향 · 고홍월 · 김진영, 2010). 학습에 대한 개인 내적 요소는 부모의 교육관 미비, 교사의 태도에서 영향을 받기 때문에 다문화 가정 학생에게 긍적인 학업태도를 형성할 수 있는 환경을 조성해줄 필요가 있다. 긍인 환경 속에서 학습에 대한 즐거움을 강화할 수 있도록 지속적 도가 필요하다.

3) 학습태도

학업 영역에서 언어 문제부터 시작하여 기초 학습 능력 부족, 낮은 학습준비도가 지속적으로 악화되면 학생들은 서서히 더 이상 공부할 수 없다고 생각하여 공부를 포기하는 상태까지 이른다. 즉, 누적된 학업상의 문제가 학습된 무기력을 초래하고, 점점 악화되어 아무것도 할 수 없다고 자포자기하게 된다. 학습된 무기력이 형성되면 학생들은 할 수 있는 것도 포기하고 전혀 시도하지 않는 상태에 빠진다. 학습된 무기력은 무동기 상태와 비슷하고(김아영, 2010), 이런 상태에 빠진 학생들을 지도하기 매우 어렵다. 대부분 학습동기가 낮은 학생들이 적절한 지도가 없을 경우 무동기 상태로 가는 과정에 처하게 된다.

학습동기가 낮은 다문화 가정 학생들을 지도할 때 우선 이들의 무력감, 좌절감을 충분히 이해하는 것이 선행되어야 한다. 원래 할 수 없는 것이 아니라 하는 방법이나 실력을 키우는 과정이 없어서 잘 습득하지 못한 점을 강조하고, 할 수 있는 작은 것부터 시작하여 성취감을 맛보고, 긍정적인 강화를 통해 지속적으로 할 수 있다는 용기와 자신감을 갖도록 한다. 주의할 점은 그 과정에서 목표를 설정할 때 또래와의 비교보다 개인의 여러 시점 간의 비교를 통해 성과를 확인하는 것이 더 효과적이다. 타인과의 비교는 오히려 더 심한 좌절감을 느껴 내적 동기를 형성하는 데 효과적이지 않다.

학습에 대한 관심과 의욕은 외적 보상으로 일시적으로 조절할 수 있지만 지속적으로 학습 의욕을 갖게 하는 것은 쉽지 않다. 그렇기 때문에 무엇보다 공부하는 이유를 내적으로 찾을 수 있도록 도와야 한다. 지식을 알아가는 즐거움, 지식을 통해 문제를 해결하는 즐거움, 유능한 사람이 되기 위해, 자신의 삶을 설계하고 원하는 직업을 해보기 위한 공부의 즐거움과 중요성을 보다 실제적으로 이해할 수 있도록 지도한다. 내적 동기가 쉽게 바로 형성되지 않기 때문에 외적 보상을 적절히 활용하여 외적 보상과 내적 보상을 통해 내적 동기를 형성하도록 한다. 무엇보다도 학습동기가 낮고 학업에 임하는 태도가 소극적인 학생의 경우, 보다 많은 인내심과 지속적인 관심을 갖고 지도해야 한다. 학습동기와 더불어 효과적인 학습 방법을 가르치고 실천해보는 것이 다문화 가정 학생의 학습을 지도하는 데 매우 유용할 것이다. 그 외에도 학생의 장점과 자원을 자세히 관찰하고 이를 잘 활용하는 게 중요하다.

(2) 진로지도

다문화 가정 학생도 우리 사회의 중요한 구성원이며, 일반 아이들과 똑같이 소중한 인재로 키워야 한다. 특히 교육자로서 진로지도에 더욱 관심을 가져야 한다. 부모의 교육관, 부모의 역할 모델이 상대적으로 약한 다문화 가정 학생의 경우 학교에서, 또는 사회적으로 진로에 대해 더 촉진적인 역할을 해야 한다.

진로 영역은 일반적으로 당장 문제되지 않고, 또한 표면적으로 나타나지 않기 때문에 진로지도의 중요성, 필요성에 대해 소홀해질 수 있다. 그러나 진로지도는 학생들의 삶의 방향을 결정하는 데 매우 중요한 역할을 한다. 다문화 가정 학생을 포함하여 진로지도의 필요성, 중요성은 똑같이 강조되어야 한다. 다문화 가정 학생의 진로발달을 촉진하고, 진로포부를 고취시키는 일이 중요한 교육 내용이다. 다문화 가정 학생을 지도할 때 진로발달을 촉진하고, 다양한 역할모델을 찾을 수 있도록 관심을 가질 필요가 있다.

다문화 가정 학생이 새로운 사회 구성원으로 등장한 시점에서 자신과 유사한 집단에서 진로 역할 모델을 찾는 것은 상당히 어려운 일이다. 일반적으로 아동기부터 직업에 대해 동경하고, 성장 과정에서 지속적으로 역할 모델을 찾으며 그 목표를 성취하려는 잠재적 욕망을 가진다. 그러나 현재의 사회적 구조로 대부분 다문화 가정의 부모가 자녀의 진로 역할 모델이 되는 것은 쉽지 않다. 부모 외에 사회적으로 성공한 사람들을 역할 모델로 삼을 수 있지만 다문화 가정 학생들 입장에서 좀 더 동질감을 느끼고, 심리적으로 쉽게 수용할 수 있는 역할 모델은 찾아보기 어렵다. 진로지도에서 이러한 점을 염두에 두고 보다 다양한 역할 모델을 수용하고 자신의 삶의 방향과 진로목표를 설정할 수 있도록 지도하는 것이 중요하다.

진로지도를 할 때, 먼 미래와 현재의 학업을 연결시키는 것이 매우 유용한 방법이다. 청소년기는 미래에 대한 고민과 현재의 학업, 향후의 진학 · 직업과 밀접한 연관이 있기 때문이다. 진로지도를 통해 학생들이 더욱 적극적으로 자신의 미래를 준비할 수 있도록 학업에 매진하고 적극적인 학교생활을 하도록 한다.

초등학교 시기는 흥미와 능력을 중요하게 생각하고 흥미 위주로 직업을 바라보게 된다. 초등학생을 지도할 때 다양한 흥미 개발, 다양한 직업에 대해 인식하고, 바른 직업가치관을 심어준다. 중학생의 경우, 자신의 능력, 흥미, 직업적 가치를 확인하여 자신에게 맞는 직업이 무엇인지, 현실적으로 가능할지 등을 함께 탐색해본다. 고등학생의 경우, 더 실제적으로 직업과 미래를 고민하도록 안내하어, 원하는 직업을 성취하기 위해 어떤 교육이나 직업훈련이 필요한지, 자신의 능력과 현실적인 여건에 따라 얼마나 실천이 가능한지 등을 보다 구체적으로 탐색하고 실천하기 위한 효과적인 방법을 모색하도록 한다.

(3) 심리적 · 성격적 지원

아동기는 세상을 바라보는 나름의 관점과 개인의 성격을 만들어 가는 시기이다. 그 과정에서 중요한 타인과의 관계를 경험하면서 타인과 사회에 대한 관점을 형성하게 된다. 경험이 성격형성에 중요한 영향을 미치므로 다문화 가정 학생에게 심리적, 성격적 측면에서 상담 등 지원이 필요하다. 다문화 가정 학생의 경우, 교사, 상담자의 경험에 의하면 이들은 불안, 분노 등 부정적 감정을 경험하고, 부정적인 경험으로 인해 낮은 자아존중감과 자아 개념을 형성한다. 이러한 개인의 부정적 정서는 폭행, 인터넷 과다 사용이나 부정적 대인관계로 표출될 수 있다. 따라서 개인의 내적 정서적 어려움에 대해 더욱 관심을 기울여야 한다.

1) 부정적 감정

다문화 가정 학생들은 새로운 사회 구성원으로 사회적 호기심과 관심을 받고 있다. 그러나 이러한 사회적 호기심과 관심은 부정적인 측면을 상당히 포함하고 있다. 그 동안 한국 사회의 주요 특징은 다양성, 다원화보다 단일성이 더 뚜렷했다. 그렇기 때문에 새로운 사회 구성원에 대한 수용이 쉽지 않고, 수용하는 데 시간이 필요했다. 이 시점에서 다문화 가정을 사회 구성원으로 받아들인다는 데 거의 이의가 없겠지만, 그 과정은 거의 10년이 걸렸다.

사회적 수용을 합의하는 과정에서 다문화 가정의 부모, 자녀들은 사회적 편견과 차별을 경험하고 사회에 대한 불신을 형성할 가능성이 크다. 우리가 보편적 가치로 외쳤던 인간 존중, 우애, 평등은 이들의 실제 생활에서 찾아보기 쉽지 않다. 이러한 사회적 부조리는 개인에게 심리적 상처를 입히고 사회에 대한 개인의 태도를 좌우하게 된다. 부정적 경험은 분노, 불안, 심리적 위축, 억울함, 수치심 등 다양한 부정적인 감정을 초래할 수 있다. 부정적 감정은 특정 사람에 대한 것도 있지만, 불특정 다수 사회 구성원에 대한 것이 포함된다. 그래서 다문화 가정 학생의 정서적 어려움을 지도할 때 이들의 경험을 충분히 경청하고 속상하고 화가 났던 일들로 인한 마음을 이해해야 한다. 그러나 지나친 연민과 동정은 오히려 부작용이 생길 수 있다.

2) 낮은 자아존중감

자아존중감은 자신을 유능하고 중요하게 여기며 스스로 가치 있다고 생각하는 개인의 내적 특성이다(Rosenberg, 1965). 스스로에 대해서 비록 완벽하지는 않지만, 그래도 괜찮은 사람이라고 생각하고, 자신을 긍정하고, 수용하는 것이다. 이것은 타인을 수용하고, 더불어 살아가기 위한 바탕이 된다. 자신을 좋아하지 않는 사람이 타인을 좋아하고, 수용하기란 어려운 일이기 때문이다.

다양한 부정적 경험들은 개인의 부정적인 자아상을 형성하고, 낮은 자아존중감을 만드는 데 일정 부분 기여한다. 다문화 가정 학생들을 자신감이 없고, 소극적이라고 평하는 경우가 많다(김미선, 2009). 이러한 소극적인 성향은 언어 문제, 다른 생김새, 또래와 다른 가정 배경, 부모의 낮은 사회경제적 지위 등에서 나오는 것으로 보인다. 또래들과 다른 자신의 가족을 민감하게 인식하고, 자신과 부모의 존재에 대해 부끄러움을 느낄 수 있다. 사회적 시선, 타인의 시선이 내면화되어 타인의 시선으로 자신을 바라보아 더욱 자존감이 낮아진다.

아동 · 청소년들이 성장하면서 스스로를 믿고, 긍정하며, 괜찮은 사람이라고 여기는 것은 매우 중요하다. 다문화 가정의 학생들은 여러 복합적인 상황에서 자신을 비하하며 또래와 이질감을 느끼고 자기가

치를 부정하게 된다. 이러한 다문화 가정 학생의 문제 중 상당 부분이 기성세대로 인한 것이며 모든 사회 구성원의 책임이라고 할 수 있다. 이들의 출신보다 학생 개개인의 장점과 긍정적인 면을 발견하는 것이 우선이다. 학생을 지도할 때 무엇보다도 타인의 부정적인 시선과 반응에 맞설 수 있는 개인의 내적 자원을 찾아 강화해야 한다.

3) 대인관계

대인관계는 주변의 타인과 어울리는 과정에서 생기는 다양한 상호작용을 포괄한 경험을 뜻한다(이형득, 1982). 타인과의 관계는 성격 형성과 향후 성장에 중요한 영향을 미친다. 아동 · 청소년 시기 타인과 원만한 관계를 형성하고, 적절한 의사소통을 할 수 있는 능력은 성공적인 삶을 꾸리는 데 중요한 역할을 하게 된다. 대인관계에서 아동 · 청소년의 경우, 관계의 대상에 따라 부모와의 관계, 형제자매관계, 또래관계, 교사와의 관계 등으로 구분할 수 있다. 그중에서 기존 연구 결과에 따르면 다문화 가정 학생들은 또래관계에서 가장 많은 어려움을 느낀다(오성배, 2005; 전경숙, 2008; 조영달 외, 2006 등). 또래관계가 어려운 원인은 크게 두 가지로 나눌 수 있다. 하나는 다문화 가정과 다문화 가정 자녀에 대한 사회적 편견과 차별로 인해 느끼는 어려움이고, 다른 하나는 다문화 가정 학생의 부적절한 행동 및 반응에서 오는 어려움이다. 즉, 또래관계의 어려움은 다문화 가정 학생의 내적 요인과 외적 요인으로 구분할 수 있다. 내적 요인과 외적 요인은 독립적으로 존재하기보다 서로 상호작용으로 어려움을 가중시킨다. 이러한 대인관계 문제의 출발점을 이해하는 것이 적절한 개입을 제공하는 데 유용하다.

가족관계의 경우, 인생 초기 단계에서 부모와의 관계, 그중에서도 어머니와의 관계가 가장 일차적인 관계라고 할 수 있다. 주 양육자가 어머니가 아닌 경우 아동은 적절한 애착 형성 과정을 경험하지 못할 수 있다. 어머니가 주 양육자이지만 어려운 적응 과정에서 양육을 적절히 하지 못할 경우 마찬가지로 애착 형성이 어렵다. 다른 한편, 가족관계에서 가족의 위계가 손상될 수 있다는 점이 관계에서 다뤄야 할 중요한 부분이다. 부모가 자녀의 궁금증 해소나 학업지도에 유능한 조력자 역할을 하기 어려울 경우 자녀들은 부모를 무시하고 가족의 위계가 흔들리며 각자의 역할이 혼란스러워진다. 이런 경우 가족 내 갈등을 피하기 어렵고, 근본적으로 해결하려면 많은 시간과 노력이 필요하다. 또한 부모-자녀 간의 세대갈등과 각자의 정체감이 다른 점 등이 가족 내의 갈등을 심화시킬 수 있다. 국제결혼 다문화 가정은 한국인, 외국인, 혼혈아로 구성된 가족이고, 각자 다른 정체감을 형성할 수 있다. 서로 다른 문화적 색깔로 조화로운 가족의 모습을 형성하는 것은 상당히 어려운 일이다. 이러한 가족 내의 문화적 차이를 극복하려는 노력이 부족할 경우 부부 간의 갈등과 부모자녀 간의 갈등으로 남게 된다.

또래관계는 주로 학교에서 경험하는데, 학교에서 마음에 맞는 친구를 사귀고, 때로는 의견차이로 다투기도 한다. 이 과정을 통해 타인과 친밀한 관계를 맺고 더불어 살아간다는 것을 배운다. 자신이 또래에 의해 받아들여지고, 수용되는 경험이 자아존중감에 큰 영향을 미치게 된다. 다문화 가정 학생의 경우 또래의 놀림과 차별, 함부로 [illegible]부는 태도 등을 겪으면서 또래관계를 부정적으로 인식하고 [illegible]이 다른 하거나 부정적으로 대하는 경우가 많다. 다문화 가[illegible]모 밑에서 또래들에게 피해를 주거나 미운 행동을 하기[illegible]석하게 만든다. 태어나서, 순수 한국인이 아니라는 점[illegible]개선되겠지만 존재 문제행동으로 인한 차별과 놀림은

적 특성은 변화할 수 없는 영역이기 때문에 또래 갈등, 사회적 적대감이 더 커질 수밖에 없다.

4) 기타 문제행동의 표출

앞에서 언급했던 내용 외에 개인의 내적 경험은 문제행동으로 표출되거나 연결될 수 있다. 심리적 문제가 다양한 형태로 표출되는데, 적절히 해결하지 못하면 다른 문제행동으로 연결된다. 앞에서 언급한 내용 이외에 표출된 문제행동은 다음과 같다. 첫째, 학교 규칙에 어긋나는 행동을 하는 등 여러 비행행동을 하는 경우이다. 학교에서 도덕적 규범, 바른 규칙 등을 가르치지만 또래들이 자신을 대하는 태도나 행동이 무리하다고 판단할 경우 학교 규칙, 도덕적 규범 등을 어기는 행동을 하게 된다. 즉, 학교에서 부당한 대우를 받을 때 크고 작은 비행행동으로 자신의 분노를 표출할 수 있다. 둘째, 인터넷 과다 사용 문제를 주목할 필요가 있다. 인터넷 사용 문제는 다문화 가정 학생만의 문제는 아니지만 다문화 가정 학생의 경우, 학교에서 또래관계가 원만하지 않고 여가 생활에서 즐거운 놀이나 같이 놀 친구가 없을 경우, 또는 부모가 맞벌이로 자녀와 함께 보내는 시간이 적을 경우 컴퓨터를 사용하는 데 몰입하게 된다. 인터넷 과다 사용이 지속되어 점차 심해지면 인터넷 중독 상태에 빠져 더욱 개입하기 어려운 상황에 달한다. 셋째, 원만하지 않은 또래관계로 대조적인 두 가지 모습을 보이게 된다. 잦은 싸움, 적되 폭행하거나 지속적으로 폭행을 당하는 경우이다. 즉, 분노가 누적되 ...성이 표출되거나 위축된 모습으로 또래들의 괴롭힘을 당하는 ... 을 모두 ... 가해자이든 피해자이든 심리적 측면과 행동적 측면 ...해해야 적절한 조력을 제공할 수 있다.

(4) 정체감 혼란

자아정체감(ego-identity)은 한마디로 '나는 누구인가'에 대한 인식이다. 끊임없이 변화하는 주변 환경과 계속해서 선택을 해야 하는 삶 속에서, 스스로의 능력, 관심사, 인생관, 가치관에 대해 통합된 관념을 갖는 일은 매우 중요하다. 일반적으로 의미 있는 타인의 일관성 있는 반응과 주변 환경의 영향을 받으면서 정체감을 형성한다. 다문화 가정 학생의 경우 타인의 부정적 피드백과 사회적 배척을 받을 경우 정체감을 형성하는 데 혼란을 느낄 수 있다. 국제결혼 가정의 자녀들은 스스로를 한국인으로 규정하는 경우가 많다. 한국에서 태어났고, 부모 중 한 명이 한국인이며, 한국말을 쓰고 한국식의 생활을 하기 때문이다. 국적으로 볼 때도 이들은 분명 한국인이다. 그러나 문제는 주변 사람들이 그들을 한국인으로 봐주지 않는 것에서 비롯된다. 스스로를 한국인으로 생각함에도, 주변에서 한국인으로 보아주지 않은 현실 앞에서, 이들은 스스로 과연 내가 누구인가? 나는 어느 나라 사람인가?라는 물음을 갖게 된다. 이주 노동자 자녀의 경우, 한국 생활이 익숙해서 또는 한국인으로 남고 싶은 마음이 있을 때 자신의 원래 출신과 통합되기 어려운 점을 느끼고 정체감 혼란을 겪게 된다.

정체감이 형성되지 않을 경우 스스로에 대해서 통합되고 안정된 느낌이 부족하며 급변하는 사회에서 끊임없이 흔들리게 되고 더 나아가서 삶의 방향을 잃게 된다. 삶에서 경험해야 하는 수많은 난관과 선택의 순간에, 스스로에 대한 확신이 부족하다면, 그 삶은 끝없는 방황과 고민일 것이다. 일반적으로 아동기를 넘어 청소년기에 정체감을 형성하는데, 아동기 경험이 청소년기 정체감 형성의 중요한 기반이 되기 때문에 아동기부터 자신에 대한 인식과 부모에 대한 인식을 이해시켜야 할 것이다. 정체감을 형성하는 시기는 개인차가 있다. 청소년기가 아니더라도 성장 과정에서 당연히 정체감 고민을 하게 된다. 따라서 교사나 상담자는 다문화 가정 청소년에게 정체감 형성에 대해 안내하고, 정체감 형성 시기에 겪게 되는 어려움을 알리며, 그 어려움을 극복할 수 있도록 격려한다. 다문화 가정 학생에게 그 혼란이 가중되지 않고 통합된 선택을 할 수 있도록 조력해야 한다. 특히 정체감 형성에 있어서 자신이 다른 또래와 다르다는 점을 어떻게 인식하고 받아들이는지 등 경험을 많이 나눠야 한다. 자신들의 존재를 있는 그대로 수용하고, 자신을 가치 있게 여기며, 긍정적인 삶의 태도를 갖게 하는 것이 중요하다.

4. 다문화 가정 학생의 생활지도와 상담

다문화 가정 학생을 대상으로 하는 생활지도와 상담에서 가벼운 적응 문제부터 심각한 정서적인 문제까지 다루게 된다. 교사와 학교상담자의 경우 적응 문제에 더 많이 개입하게 될 것이고, 심한 정신건강 문제나 정서적인 어려움의 경우는 적절한 평가를 통해 전문상담기관에 의뢰하는 것이 효과적이다. 이 절에서는 학교상담 장면에서 다루게 될 내용을 중심으로 살펴볼 것이다. 우선 상담의 과정과 원리를 이해하고, 주요 문제 영역별 상담개입을 소개한다.

(1) 상담의 과정과 원리

다문화 가정 학생을 생활지도하고 상담을 진행할 때 가장 먼저 관계 형성에 주력해야 한다. 관계 형성은 첫 번째 단계의 목표이자 전체 상담 과정에서 주의할 부분이다. 따뜻하고 수용하는 분위기가 형성되지 않으면 생활지도와 상담을 진행하기 어려우며, 학생들 입장에서 훈계나 설득으로 느껴지면 솔직한 이야기를 하지 않는다. 이럴 경우 교사나 상담자가 아무리 좋은 의도로 상담에 임해도 아무런 진전이 없을 수 있다.

두 번째 단계는 학생에 대한 이해이다. 학생의 어떤 부분을 개별지도나 상담으로 도울지 분명히 해야 한다. 무엇이 불편하고 해결되어야 하는지가 분명해야 생활지도와 상담의 방향을 정확히 설정할 수 있다. 학생에 대한 정확한 이해는 현재 겪고 있는 어려움이 무엇이고, 어려움의 원인이 무엇인지, 얼마나 오래되었는지, 어떤 방법으로 해결하려고 했는지, 그 효과는 어떤지, 어려움을 해결하는 데 사용 가능한 개인의 자원은 무엇이고, 도움을 줄 수 있는 주변의 자원은 무엇인지 등에 대한 종합적인 평가가 필요하다.

세 번째 단계는 이러한 자료에 근거하여 개입 목표와 방향을 설정하는 것이다. 학생에 대한 이해를 근거해서 목표를 설정하는 경우가 그렇지 않은 경우보다 더 효과적이다. 목표와 방향을 학생과 합의하여 분명하게 하고, 목표는 보다 구체적이고 실현 가능한 것으로 설정한다.

네 번째 단계는 문제해결을 위해 구체적인 개입과 노력을 요하는 단계이다. 문제해결의 핵심은 사건의 해결보다 사건과 경험에 관한 감정과 인식을 다루는 것이다. 내담자로 하여금 부정적인 정서를 인식하고 표현하도록 하는 것이 주된 방법이다. 그 과정에서 내적 통찰과 인지적, 행동적 변화를 촉진하고 점차 스스로 자신의 감정을 이해하고 심리적 어려움을 해결할 수 있도록 돕는다.

마지막 단계는 전체 과정을 평가하고 상담 활동을 종결하는 것이다. 일반적으로 목표가 어느 정도 달성될 경우 종결을 제안한다. 마지막 단계에서는 지금까지 해온 노력과 얻게 된 성과를 정리하고, 학생의 노력과 성과에 격려와 칭찬을 보낸다. 또한 이러한 노력과 성과를 바탕으로 앞으로도 어려움을 잘 헤쳐나갈 수 있을 것이라는 기대와 지지를 보낸다. 목표에 도달하지 못하였다면 원인이 무엇이고, 어떤 노력이 더 필요한지를 검토해보고 이 상담을 지속할 것인지 결정한다. 또한 상담에서 한계를 느낄 때 도움을 제공해줄 수 있는 전문상담자나 상담기관에 의뢰하는 것도 좋은 마무리이다.

생활지도와 상담의 전체 과정에서는 상담자의 공감적 이해, 무조건적 존중과 수용, 진정성에 기반을 둔 신뢰성이 전제되어야 한다. 상담의 기본 전제가 확립되지 않으면 상담을 진행하기 어렵고 상담효과 또한 기대하기 어려울 것이다.[1]

(2) 다문화 가정 학생의 주요 상담 주제

앞에서 살펴본 바와 같이 다문화 가정 학생은 개인 내적, 외적 요인에 의해 다양한 적응의 문제와 개인의 심리적 어려움을 겪게 된다. 다음에서 다문화 가정 학생에 대한 이해를 바탕으로 주요 상담 주제와 개입 초점에 대해 소개한다.

1) 자기보호 능력을 향상시킨다.

다문화 가정 학생이 부당한 대우를 받거나 편견과 차별을 받을 때 적절히 대처하지 못하는 경우가 있다. 그 결과로 학생들이 사람을 회피하거나 소극적인 모습을 보이는데, 반대로 지나치게 공격적으로 대응하는 경우도 있다. 이런 학생에 대해 우선 자기보호 능력을 향상시

1 보다 자세한 상담의 과정과 원리는 김계현 외, 2009, 『학교상담과 생활지도』, 학지사: 8장 참조.

켜주고 적절한 수준에서 자기를 보호하는 능력을 갖도록 한다. 자기를 보호한다는 것은 타인에게 피해를 입히지 않으면서 자신 또한 해를 입지 않는 것이다. 자기보호 능력이 부족한 학생을 지도할 때, 학생이 실제로 경험한 상황을 함께 나누면서 그 상황에서의 적절한 대처법이 무엇이고, 어떻게 자신의 욕구를 표현하고 자신의 권리를 지킬지를 검토해본다. 즉, 상대방의 무리한 요구나 욕설에 합리적이고 객관적으로 대처할 방법을 함께 의논해본다. 그러면서도 타인의 권익을 침해하지 않고 상대방이 무리한 행동을 멈출 수 있도록 방법을 찾아본다. 그 과정에서 역할연습, 빈의자 기법 등을 활용하는 것이 효과적이다. 다문화 가정 학생들이 주로 경험하는 상황에서 다음과 같이 행동할 수 있도록 지도한다.

- 놀리거나 차별하는 친구에게 자신의 생각을 논리적으로 표현할 수 있도록 연습을 시킨다.
- 상대방의 말과 행동이 자신에게 어떤 피해를 주고, 왜 기분이 나빴는지를 정확하게 표현하도록 한다.
- 놀리는 친구의 말과 행동이 어떤 점이 나쁘고, 어떤 의도였는지를 생각해본다.
- 친구가 의도적으로 나쁜 행동을 한 것은 아니지만 자신에게 피해를 준 점을 인식하고, 이에 대해 객관적으로 설명하도록 한다.
- 지속적인 놀림이나 차별의 경우 상담자가 담임교사와 부모에게 정중하게 전달하고 조치를 취하도록 요청한다.

2) 공격적인 태도와 행동을 줄인다.

다문화 가정 학생들이 나름대로 자신을 보호하고, 외부의 부당한 대우를 방어하는 방법으로 공격성을 키우는 경우가 있다. 이러한 학생들은 자신을 보호할 능력은 있으나 외부의 부당한 대우에 적절히 대처했다고 보기는 어렵다. 공격성의 순기능적인 면이 자기보호라면, 역기능적인 면이 난폭한 성격을 형성하여 대인관계를 해치는 경우이다. 공격적인 성향 때문에 대인관계를 잘 맺지 못하고, 또한 관계의 어려움 때문에 더 적대적인 태도와 공격적 성향을 형성하는 경우가 있다. 즉 개인의 내적 요인과 외적 요인이 복합적으로 작용하여 적대심, 공격성, 관계의 어려움이라는 악순환을 겪게 된다. 이러한 학생을 지도하거나 상담할 때 학생이 왜 이런 성향을 갖게 되었는지, 순기능적인 면이 무엇이고, 역기능적인 면이 무엇인지를 잘 구분하여 조망하도록 한다. 표현된 언어와 행동 이면의 학생의 진심과 욕구가 무엇인지를 충분히 이해하고 새로운 대안을 모색하도록 이끌어간다. 이러한 과정에서 악순환의 고리를 차단하고, 보다 건전한 방식으로 자신을 보호하며, 우호적인 사람과 우호적인 관계를 맺을 수 있도록 지도한다. 다문화 가정 학생의 경험에 비추어 다음과 같은 구체적인 개입을 시도해 볼 수 있다.

- 놀림이나 부당한 대우를 받을 때 어떤 마음이 들었는지 표현하도록 한다.
- 자신을 보호하기 위해 어떤 방식을 택했고 어떤 효과가 있었는지 이야기해본다.
- 지금의 방식 외에 어떤 방식이 있는지 생각해본다.
- 적대적이지 않은 사람을 대할 때는 어떤 방식을 택했는지, 어떤 결과가 있었는지 이야기해본다.
- 자신이 생각하는 자기 모습과 또래들이 인식하는 자기 모습이 일치하는지 이야기해본다.
- 희망하는 자신의 모습을 생각해보고, 어떻게 만들지 그 방법을 함께

의논해본다.

- 공격적인 말과 행동이 나올 때 어떻게 억제했거나 표현했는지 살펴본다.
- 공격적인 말과 행동이 나올 때 보다 적절한 표현 방식이 무엇인지 새로 학습해본다.

3) 존중받고 수용되는 경험을 제공한다.

상담의 가장 기본 원리가 존중과 수용이라고 할 수 있다. 이는 내담자를 포함하여 모든 사람의 기본 욕구이자 모든 대인관계에서의 기본 태도이다. 특히 다문화 가정 학생을 상담할 때 이 부분을 더욱 강조해야 한다. 다문화 가정 학생들은 사회적 차별과 편견 속에서 사회와 낯선 사람에 대한 불신을 갖는 경우가 많다. 이러한 경험들은 스스로 이질감을 느끼게 하고 사회로부터 거부당한다고 인식하게 한다. 가족이 아닌 사회적 관계 속에서 존중과 수용을 받는 것이 부정적인 인식을 바꾸는 효과적인 방법이다. 존중과 수용은 상담의 기본 원리인 동시에 다문화 상담의 중요한 목표 중 하나이다. 그래서 다문화 가정 학생을 상담할 때 이러한 긍정적인 경험을 중요시해야 한다.

- 학생이 어떤 문제행동을 보이든지 표면적으로 드러난 문제에만 집중하지 않는다.
- 문제행동을 언급할 때 비난이나 지적으로 비춰지지 않도록 대화를 나눈다.
- 문제행동 이면, 또는 어떤 행동의 의도에 대해 충분히 이해하도록 한다.
- 문제행동 이면의 기본 욕구를 읽어주고, 문제행동과 어떻게 연결되었는지 알아본다.
- 학생 내면의 기본 욕구와 표현된 문제행동을 이해했다면 기본 욕구를 건전하게, 효과적으로 표출하는 방법을 함께 찾아본다.

- 전체 과정에서 내담자(학생) 말에 귀를 기울이고 내담자가 충분히 표현할 수 있도록 같이 있어주고 견뎌준다.
- 상담 과정에서 존중, 수용이 동정, 연민과는 구분되어야 한다.

4) 또래관계에서 자신을 표현하고 다가간다.

아동 · 청소년기는 우호적이고 건전한 또래관계를 통해 친사회적인 성격과 사회성을 형성하게 된다. 또래관계를 맺지 못하거나 또래관계에서 어려움을 겪을 경우, 현재의 적응적인 학교생활과 앞으로의 건강한 인격발달에 지대한 영향을 미치게 된다. 다문화 가정 학생의 경우 외적 요인으로 또래관계의 어려움이 예상되기 때문에 보다 적극적으로 또래와 친밀한 관계를 형성할 수 있도록 지도한다. 아동들이 학교생활을 시작하면서 또래관계를 맺고자 하는 욕구가 강해진다. 또래관계는 부모와의 애착과 다른 사회적 친밀 관계이다. 또래관계를 형성하는 과정에서 다문화 가정 학생들이 소외되고 배척당할 경우 자아개념이 손상되어 만족스러운 자아정체감을 형성하는 데 어려움이 있을 것이다. 외부 환경이 열악하더라도 개인이 적극적으로 노력하면 환경을 바꿀 수 있기 때문에 대인관계 측면에서 적극성과 개인의 노력을 강조할 필요가 있다. 호감 갖는 친구들에게 자신을 표현하고, 다가갈 수 있도록 격려한다. 또한 다른 친구들의 어려움이나 아픔을 이해하고 위로할 줄 아는 친구가 될 수 있도록 지도한다. 다문화 가정 학생의 또래관계를 지도할 때 이러한 내용을 포함하여 다음과 같은 구체적인 접근을 시도해볼 수 있다.

- 호감 갖는 친구나 자신에게 호감을 보이는 친구를 떠올려본다.
- 친한 친구가 있으면(많으면) 어떤 장점을 느끼는지 생각해본다.

- 친구에게 다가가는 방법을 연습해본다.
- 친구와 함께 할 수 있는 놀이를 찾아본다.
- 자신을 어떻게, 무엇을 알리면 친구랑 친해질지 이야기해본다.
- 자신의 장점, 좋아하는 것, 어떤 꿈을 가지고, 어떤 생각을 하는지를 잘 전달하도록 지도한다.
- 상대 친구의 이야기를 어떤 마음으로 들어주고, 어떻게 들어주는지를 생각해본다.
- 친구의 아픔이나 어려움을 어떤 마음으로 어떻게 도와줄지를 생각해 본다.

5) 학업 능력을 단계별로 향상시킨다.

학업 문제를 경험하는 다문화 가정 학생의 경우 학습 부진이 악화되지 않도록 빨리 개입하여 단계별로 향상시키는 것이 중요하다. 특히 누적된 학업결손이 있을 경우 장기적인 계획을 설정하여 기초선부터 확인하고 구체적인 방향을 설정하여 학업지도를 한다. 이러한 경우 학교에서 개별 학생에게 전적으로 지원할 수 없기 때문에 부모, 각 과목의 담당교사, 대학생 멘토, 보조교사, 기타 지원 기관의 담당자와 협력하는 것이 가장 현실적이면서 효과적이다. 학생들의 취약 과목이 무엇이고, 언제부터 학습 진도를 따라가기 버거워했는지, 어떤 수준에서 시작해야 하는지 등을 구체적으로 평가하고 학업지도 계획을 세워본다. 학업내용에 대한 평가와 점검뿐만 아니라 학습동기, 학교에 대한 태도 등을 함께 이해해야 효과적으로 학업 문제에 접근할 수 있다. 학업지도나 학습과 관련된 상담을 진행할 때 행동수정 방법이 상당히 효과적이다. 초 · 중 · 고등학생의 행동수정에서 개인 내적 욕구를 이해하는 것이 중요하며, 표면적인 행동만이 아니라 복잡하고 다양한 영향요인을 종합적으로 고려하여 접근해야 한다. 또한 초등학생과 중·고등학생의 학업 문제를 행동수정으로 접근할 때 강화물의 종류와 수준을 달리해야 한다. 행동수정에 관한 자료는 관련 도서를 참고하기 바란다.

- 학업상담을 진행할 때 한국어 읽기, 쓰기, 듣기, 말하기, 글짓기를 구체적으로 평가하고, 한국어로 인한 학업결손이 없는지 평가한다.
- 현재 학년 수준에 해당되는 학업성취를 평가하고 학업성취 수준이 낮은 과목이 어느 수준에 머물러 있는지 평가한다.
- 학습동기가 높은지, 학업에 대해 어떤 태도를 보이는지 평가한다.
- 학습동기가 낮고 공부에 대해 무관심한 학생의 경우, 먼저 학습동기를 향상시켜야 한다.
- 공부를 왜 하는지, 공부를 잘 하면 어떤 장점이 있는지 생각해본다.
- 공부와 앞으로의 진로가 어떻게 연결되는지 생각해보면서 공부의 필요성을 나눈다.
- 선행학습을 보충할 계획을 함께 세워보고 도움을 줄 수 있는 사람을 찾아본다.
- 학습 방법을 검토해보고 더 효과적인 학습 방법에 대해 알아본다.
- 지속적인 지도와 안내를 통해 점차 스스로 할 수 있도록 돕는다.

6) 균형 있는 정체감을 형성하도록 안내한다.

앞에서 언급한 바와 같이 다문화 가정 학생들은 독특한 자신만의 정체감을 형성하게 된다. 이들은 부모세대와 다른 생활양식과 내적 경험을 하며 자신들만의 정체감을 형성한다. 이들은 적어도 두 가지 문화를 경험하고 그 문화의 영향을 받게 된다. 어린 아이 입장에서 다른 문화를 경험하면 일치하지 않는 부분에 대해 혼란을 느낀다. 이러한 경우 문화의 차이를 통합적으로 수용하고 균형 있는 정체감을 형성하는 것이 중요하다. 부모들은 흔히 자녀에게 자신들의 문화적 전통을 계승하기를 기대한다. 다문화 가정 자녀 입장에서는 부모 사이에서, 또는 부모와 자녀 사이에서 인식을 같이하기 어려운 부분이 있을 수 있다. 이러한 관계 속에서 더욱 혼란을 느끼고 부모가 지향하는 문화적 전통으로 인해 무언의 압력을 느끼게 된다. 나아가 어릴수록 혼란의 원인과 어려움이 무엇인지가 분명하지 않다. 다문화 가정 청소년의 정체감 고민을 지도할 때 다음과 같은 부분을 더욱 주의해야 한다.

- 정체감 고민은 누구나 청소년기에 경험하게 되는 혼란이라고 안내한다.
- 객관적으로 부모의 출신국을 바라보고 수용하도록 한다.
- 어떤 문화이든 더 가치 있거나 더 우월하지 않다는 것을 함께 알아본다.
- 국가 경제력과 문화적 전통으로 사람을 평가하지 않도록 한다.
- 친구들과 다른 자신과 자신의 가족을 있는 그대로 인정하고 수용하도록 한다.
- 한국 문화를 이해하고 수용하는 동시에 부모의 문화를 이해하고 수용하도록 한다.
- 두 가지 문화적 전통을 수용하여 자신만의 색깔을 찾도록 한다.
- 정체감 문제를 어렵고 추상적으로 접근하는 것보다 일상적인 사건을 중심으로 다루도록 한다.

5. 다문화 상담자의 역할

다문화 가정 학생과 학부모를 상담하는 교사는 교사의 역할과 상담자의 역할을 동시에 수행하게 된다. 그러므로 교사로서의 기본적인 자질과 상담자로서의 자질을 모두 갖춰야 한다. 추가로 다문화 상담자로서의 자질 또한 꼭 필요하다. 상담자로서는 인간적 자질과 전문적 자질을 기본적으로 갖춰야 한다. 즉 사람을 대상으로 서비스를 제공하는 전문가로서 인간에 대한 깊은 애정과 타인의 감정을 이해하고 수용하는 능력을 갖춰야 하며, 심리적 문제를 해결하는 데 필요한 전문적인 지식과 효과적인 적용 능력을 갖춰야 한다. 이러한 상담자로서의 기본적 자질 외에도 다문화 상담현장에서 요구되는 자질을 갖춰야 한다.

다문화 상담자의 자질에 대해 미국에서는 1970년 초부터 다문화에 대한 인식, 지식, 기술 측면에서 필요성을 강조하였다. '다문화 상담자/교사를 어떻게 훈련시킬 것인가'에 대해 The Association for Multicultural Counseling and Development(AMCD)에서 관련된 기준을 발표하였다(Sue, Arredondo & McDavis, 1992). 크게 문화적 가치와 편견에 대한 인식, 내담자 세계관에 대한 상담자의 인식, 적절한 다문화 개입전략 등 세 가지로 기준을 분류하고, 각각에 필요한 태도와 신념, 지식, 기술의 내용을 구체적으로 기술하였다.[2]

다문화 상담자가 갖춰야 할 기본 역량을 넘어서 한국적 다문화 상담 장면에서 상담자가 주의할 부분을 소개한다. 첫째, 다문화 사회로 진입하는 초기에 사회적, 제도적으로 다문화 가정을 충분히 포용하는 분위기를 형성하지 못했다. 또한 사회경제적 지위가 낮은 집단은 상대

2 자세한 내용은 황매향 · 고홍월, 2009, 『초등교사를 위한 다문화 상담 길잡이』: 18-24 참조.

적으로 경제적 문제, 직업적, 적응적 등 여러 어려움을 경험하게 되었다. 이러한 문제에 대해 다문화 상담에서 전통적인 상담만으로는 현실적으로 충분하지 않다. 다문화 가정 학생들을 상담할 때 심리적 문제를 다루는 상담을 포함하여 총체적 복지 개념으로 접근할 필요가 있다. 즉 한국적 다문화 상담에서 내담자의 심리적 문제와 외현화된 생활영역 전반의 문제를 연결시켜, 보다 다차원적인 방법으로 내담자의 현재 어려움에 접근해야 한다. 이는 전통적인 상담을 고수해왔던 상담자에게 매우 큰 도전이 될 것이다.

둘째, 총체적인 복지를 제공하는 동시에 다문화 정책, 다문화 사회 문제를 민감하게 인식할 필요가 있다. 다문화 사회로 진입하는 과정에서 사회적 혼란이 발생할 수밖에 없는데, 이러한 문제는 개인이나 소수 집단의 힘으로 변화시킬 수 없다. 따라서 다문화 정책에 대한 민감성, 사회적 문제에 대한 객관적 인식과 평가, 소수 집단 기본권을 위한 사회적 정의 등을 간과해서는 안 된다. 교사나 상담자로서 정책 문제, 사회적 이슈 문제 등을 실제적으로 다룰 수는 없지만 이러한 인식을 바탕으로 상담을 진행해야만 내담자의 어려움을 이해하고 실행 가능한 수준에서 해결방안을 모색할 수 있다. 이러한 한국적 상황에서 상담자에게 보다 거시적인 사회적 문제에 관한 이해와 인식을 요구한다.

6. 맺는 말

이상 다문화 가정 학생 상담의 특성, 다문화 가정 학생의 중요한 상담 영역, 다문화 가정 학생 상담의 구체적인 문제와 접근 방법 등을 살펴보았다. 다문화 가정 학생은 기존 학교상담의 내담자와 문화적 배경 등 상이한 점이 있다. 즉 내담자 특성이 다르고 이러한 특성으로 인해 상담자의 역량과 상담에서 초점을 두어야 할 부분이 다르다. 전통적인 상담과 완전히 무관하거나 완전히 새로운 것으로 접근하는 것은 위험하며, 전통적인 이론과 방법에 다문화적인 부분을 추가한 통합적인 접근을 요구한다. 이러한 측면에서 내담자 집단이 세분화되어야 하고, 내담자 특성 연구와 상담기법의 효과를 확인하는 연구가 지속적으로 이루어져야 한다. 또한 보다 다양한 연구 성과를 현장에 적용하면서 효과적인 상담을 진행하기를 기대한다.

학습 활동

▶다음 두 사례를 읽고 본인이 사례 속 교사라면 학생을 어떻게 지도할지 생각해보고 상담 및 생활지도의 목표와 계획을 세워보자.

(사례 1)

동수는 한국인 아버지와 중국인 어머니 사이에서 태어난 중학교 1학년 남학생이다. 중학교 입학 초기 다문화 가정 학생이라는 사실이 알려지면서 소수의 또래로부터 놀림을 받았다. 동수는 점차 사소한 일에도 화를 내고 잦은 싸움을 하게 되었다. 김 선생님은 이러한 동수를 이해하면서도 지나친 행동에 대해 야단을 쳤다. 동수는 선생님을 더욱 피하고 왜 싸웠는지 물어도 대답을 안 하고 반항적으로 "그냥 벌을 서게 해주세요"라고만 한다. 반 친구들과는 갈등이 점점 심해지고 필리핀 어머니와 한국인 아버지 사이에서 태어난 옆반 민철이하고만 친하게 지낸다. 김 선생님은 점점 적대적으로 변해가는 동수를 보고 마음이 아팠다. 동수를 어떻게 지도하고 상담할지 고민에 빠지게 되었다.

(사례 2)

예지는 베트남 어머니와 한국인 아버지 사이에서 태어난 고 1 여학생이다. 아버지가 몇 년 동안 베트남에서 근무를 했기 때문에 예지는 베트남에서 태어나고 초등학교를 베트남에서 졸업했다. 베트남에서 한국어 공부를 조금 했었고, 한국으로 전학오면서 기대 반 걱정 반으로 한국 학교에 입학하였다. 학교생활 외에 따로 한국어 공부를 6개월 정도 하였다. 6개월 후 말을 아주 잘하게 되어 한국어 공부를 따로 하지 않고 학교 공부에 집중하였다. 어렵지만 노력한 덕분에 무난한 성적으로 고등학교에 입학하였다. 고등학생이 된 후 대학이라는 목표가 생기고 아버지처럼 한국과 베트남을 오가면서 국제적인 일을 하고 싶었다. 처음에 배치고사에서 하위권 성적을 받아 실망했지만 그래도 노력하면 되겠지 하고 꾸준히 열심히 하였다. 그러나 한 학기가 지났지만 수업 내용은 따라가기 어렵고 학원에 가도 진도를 따라가지 못했다. 이 과정에서 예지는 점점 실망하고 대학진학이라는 목표를 포기할지 고민하게 되었다.

참고문헌

교육과학기술부. 2010.『다문화 가정 자녀 현황』. 교육과학기술부.

국회다문화가족정책연구포럼. 2011. 중도입국 청소년 현황 및 과제 진단 토론회 자료집.

김계현. 2002.『카운슬링의 실제』. 학지사.

김계현 · 김동일 · 김봉환 · 김창대 · 김혜숙 · 남상인 · 천성문. 2009.『학교상담과 생활지도』(2판). 학지사.

김근영 · 곽금주 · 배소영. 2009.「다문화 가정 연구개관과 향후 방향성」.『한국심리학회지: 일반』28(3): 571-597.

김미선. 2009.「자아존중감 증진 프로그램이 다문화 가정 아동의 자아존중감과 학교생활 적응에 미치는 효과」. 숙명여자대학교 석사학위논문.

김승권 · 김유경 · 조애저 · 김혜련 · 이혜경 · 설동훈 · 정기선 · 심인선. 2010.「2009년 전국 다문화 가족 실태조사 연구」. 한국보건사회연구원.

김아영. 2010.『학업동기: 이론 연구와 적용』. 학지사.

박주희 · 남지숙. 2010.「다문화아동의 언어 발달과 심리사회적 적응」.『한국청소년연구』21(2): 129-152.

배은주. 2007.「'차별'과 '동화': 초등학교 이주 노동자 자녀들의 학교생활과 갈등」.『교육비평』18: 53-68.

보건복지부. 2005.「국제결혼 이주여성 실태조사 및 보건 · 복지 지원 정책방안」. 보건복지부.

서현 · 이승은. 2007.「농촌 지역의 국제결혼 가정 자녀가 경험하는 어려움에 관한 연구」.『열린유아교육연구』12(4): 25-47.

설동훈. 2005.「국제결혼 이주여성 실태조사 및 보건 · 복지 지원 정책 방안」. 보건복지부.

설동훈 · 서문희 · 이삼식 · 김명아. 2009.「다문화 가족의 중장기 전망 및 대책연구: 다문화 가족의 장래인구추계 및 사회 · 경제적 효과분석을 중심으로」. 보건복지가족부.

송미경 · 지승희 · 조은경 · 임영선. 2008.「다문화 가정 외국인 모의 부모경험에 관한 연구」.『한국심리학회지: 상담 및 심리치료』20(2): 497-517.

신혜정. 2007.「다문화 가정 자녀의 자아정체성에 영향을 주는 요인에 관한 연구」. 이화여자대학교 석사학위논문.

안혜령 · 이순형. 2009.「여성결혼 이민자 가정 아동과 일반 가정 아동의 학업성취 비교」.『아동학회지』 30(1): 1-10.

양계민 · 김승경 · 박주희. 2010.「다문화 가족 아동 · 청소년의 발달 과정 추적을 위한 종단연구 Ⅰ」. 한국청소년정책연구원.

오성배. 2005.「코시안(Kosian) 아동의 성장과 환경에 관한 사례 연구」.『한국교육』 32(3): 61-83.

이향규. 2007.「새터민 청소년의 학교 적응 실태와 과제」.『인간연구』 12: 1-17.

장덕희 · 신효선. 2010.「다문화 가정 자녀의 학교부적응에 미치는 환경요인」.『청소년학연구』 17(3): 123-147.

전경숙. 2008.「경기도 지역의 다문화 가정과 일반 가정 청소년의 생활실태 조사-학교생활과 가정생활을 중심으로」.『청소년상담연구』 16(1): 167-185.

전영희. 2010.「다문화 가정 청소년의 자아개념과 정서 · 행동 문제의 관계 및 관련변인」. 조선대학교 박사학위논문.

정은희. 2004.「농촌 지역 국제결혼 가정 아동의 언어 발달과 언어환경」.『언어치료연구』 13(3): 33-52.

조경서 · 유주호 · 오승이. 2007.「외국인 근로자 가정의 자녀양육과 교육실태」.『유아교육학논총』 11(3): 5-25.

조영달 · 박윤경. 2010.「다문화 가정 자녀의 학교급별 교육 지원 방안 연구」. 교육과학기술부.

조영달 · 윤희원 · 박상철 · 최영인. 2006.「다문화 가정의 자녀 교육 실태조사」. 교육인적자원부.

조혜영 · 서덕희 · 권순희. 2008.「다문화 가정 자녀의 학업수행에 관한 문화기술적 연구」.『교육사회학연구』 18(2): 105-134.

조혜영 · 이창호 · 권순희 · 서덕희 · 이은하. 2007.「다문화 가족 자녀의 학교생활실태와 교사 학생의 수용성 연구」. 한국청소년정책연구원.

한국보건사회연구원. 2008.「국제결혼 이주여성의 생식건강 실태와 정책과제」. 한국보건사회연구원.

행정안전부. 2010.「2010년 지방자치단체 외국계주민 현황 조사결과」. 행정안전부.

황매향 · 고홍월. 2009.『초등교사를 위한 다문화 상담 길잡이』. 학지사.

황매향 · 고홍월 · 김진영. 2010.「초등교사의 다문화 가정 아동 지도 경험」.『아시아교육연구』 11(1): 147-167.

Batelaan, P. 1992. *Intercultural Education for Cultural Development: The Contribution of Teacher Education*. United Nations Educational, Scientific and Cultural Organization.

Berry, J. W. 2006. "Stress Perspectives on Acculturation." In D. L. Sam and J. W.

Berry (eds.). *The Cambridge Handbook of Acculturation Psychology*. Cambridge University Press: 43-57.

Erikson, E. H. 1968. *Identity: Youth and Crisis*. Norton.

Jaffe, M. L. 1998. *Adolescence*. Wiley.

Lara, M., C. Gamboa, M. I. Kahramanian, L. S. Morales, and D. E. H. Bautista. 2005. "Acculturation and Latino Health in the United States: A Review of the Literature and its Sociopolitical Context." *Annual Review of Public Health*, 26: 367.

Marcia, J. E. 1980. "Identity in Adolescence." In J. Adelson (ed.). *Handbook of Adolescent Psychology*. Wiley.

Oberg. K. 1960. "Cultural Shock: Adjustment to New Cultural Environments." *Practical Anthropology*, 7: 177-182.

Peterson, A. C. and B. Taylor. 1980. "The Biological Approach to Adolescence." In J. Adelson (ed.). *Handbook of Adolescent Psychology*. John Wiley & Sons. Inc.

Rosenberg, M. 1965. *Society and the Adolescent Self-image*. Prinseton University Press.

Sue, D. W and D. Sue. 2011. 하혜숙 · 김태호 · 김인규 · 이호준 · 임은미 역. 『다문화 상담-이론과 실제』(Counseling the Culturally Diverse: Theory and Practice). 학지사.

Sue, D. W., P. Arredondo, and R. J. McDavis. 1992. "Multicultural Counseling Competencies and Standards." *Journal of Counseling and Development*, 70: 477-486.

http://www.mogef.go.kr(여성가족부 자립지원과).

14장 다문화 수업 사례

김경수 고색고등학교

1. 들어가는 말

학교에서 이루어지는 다문화 교육은 교육과정을 재구성하여 이루어지는 교과교육, 체험 활동으로 크게 나눌 수 있다. 따라서 모든 교과에서 전 교사가 다 진행할 수 있다. 이 장에서는 학교 차원에서 수립하는 다문화 교육 전략을 살펴보고, 교과수업의 실제와 학교에서 이루어지는 다문화 교육의 사례를 알아본다.

2. 학교 다문화 교육[1] 전략

도덕과 교육과정에서 강조하는 통합적 접근의 취지에서 이루어지는 일반적인 도덕과 수업의 절차와 방법을 원용하여 〈그림 14-1; 2〉

와 같이 학교 다문화 교육 전략을 수립할 수 있다.

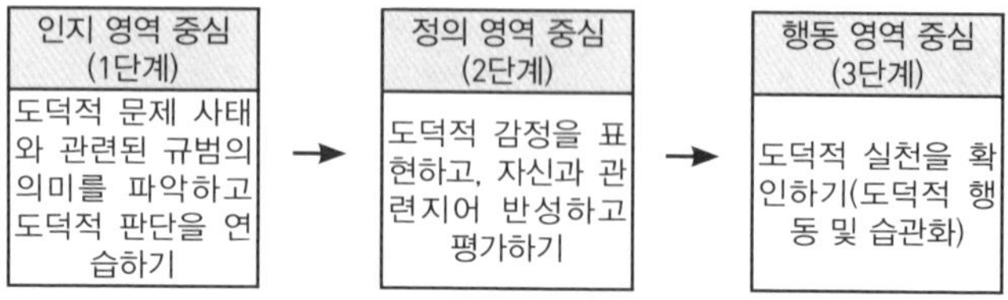

〈그림 14-1〉 통합적 접근을 위한 도덕과 수업의 일반적 절차

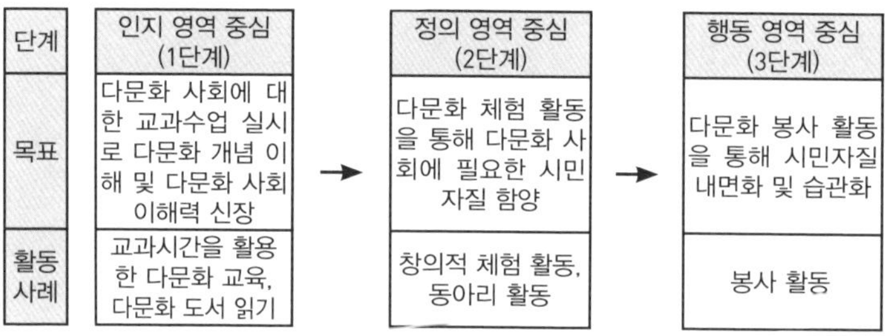

〈그림 14-2〉 통합적 접근법을 사용한 다문화 교육 전략

3. 학교 다문화 교육의 이해

(1) 다문화 이해교육의 목표와 방향성

다문화 이해교육의 목적, 목표와 내용에 대해서는 많은 논의가 이루어져왔으며 모두 문화 간, 국가 간, 집단 간, 개인 간에 친밀한 관계와 이해 증진을 위한 지식, 기술, 태도의 발달을 도모하는 데 동의하고 있다. 즉, 문화적 다양성을 수용하고 세계 공동체를 위한 서로 다른 역

1 현재 학교 현장에서의 다문화 교육은 다문화 배경을 가진 학생을 대상으로 하는 적응교육과 일반 학생 대상의 다문화 감수성 고양을 위한 다문화 이해교육으로 이루어지고 있다. 이 장에서의 다문화 교육은 다문화 이해교육을 뜻한다.

할을 수행하는 것으로 집약할 수 있다. 이를 위한 교육 영역 및 내용은 〈표 14-1〉에 제시된 바와 같이 문화, 협력, 반편견, 정체성 형성, 평등성, 다양성이 있다.

〈표 14-1〉 다문화 이해교육의 영역 및 내용

영역	내용
문화	• 각 문화 간의 유사점과 차이점의 특징 알기 • 각 문화에 대한 이해 및 존중심 기르기 • 문화 간 긍정적 태도 발달시키기
협력	다양한 사람들과 상호작용 및 협동 능력 증진하기
반편견	• 선입견, 편견, 고정관념에 비판적 사고 형성하기 • 문제 상황에 대처 능력 기르기
정체성 형성	• 긍정적 개념 기르기 • 정체감 및 집단 정체감 형성하기
평등성	• 국가, 민족, 성, 능력, 계층에 대한 긍정적 태도 가지기 • 인간이 평등하다는 가치 형성하기
다양성	• 다양한 개인과 집단의 존재 인정하기 • 다양성 존중하는 마음 갖기

(2) 다문화 이해교육 프로그램 개발의 기본 원리

① 다문화 이해교육 내용은 학생들에게 다문화적 사고와 인식을 제공할 수 있는 것이기 때문에 내용이 정해진 것은 아니다. 위에 제시한 여섯 가지 내용 영역을 포함한 다양한 교육 활동을 제공할 수 있다.

② 다문화 이해교육은 교육과정의 여러 영역에 통합되는 것이 바람직하다.

③ 다문화 이해교육은 현재 교육 현장에 적용되고 있는 자기표현, 토의하기, 문제해결, 추론하기, 모델링 등의 다양한 교수학습 방법을 활용할 수 있다.

④ 다문화 이해교육을 위해 사진, 동화책, 놀이교구, 생활소품, 예술품 등의 다양한 자원과 자료를 활용할 수 있다.

⑤ 문화의 이질성과 함께 동질성을 파악하기 위해 각기 다른 문화

권의 소재에서 같은 주제를 찾거나, 또는 같은 주제를 각기 다른 다양한 장면으로 연계할 수 있다.

이러한 다문화 이해교육 프로그램은 학습자가 구체적으로 가깝게 느낄 수 있어야 하며, 과정 중심과 통합적인 방법을 적용하는 것이 적합하다. 또 다문화 이해교육을 전개할 때는 정확한 지식과 정보를 줄 수 있는 교실환경과 정확하고 편견 없는 정보를 주고자 하는 교사의 노력도 중요하다.

(3) 학교 다문화 이해교육의 지도 방향

① '다름'을 '틀림'이 아닌 보다 풍부한 '소통'의 토양으로 삼는 방향으로 지도해야 한다.

② 공존의 다문화 교육이 되어야 한다. 즉 국가별 혹은 집단별 특성에서 오는 문화적 차이뿐 아니라 서로 다른 문화 집단이 공유하고 있는 문화 현상의 유사성에 관하여 비교적으로 인식하는 과정을 통하여 우리는 한 개 이상의 문화 집단 속에 동시에 속해 있고, 자신이 속하지 않은 문화들과도 상호 영향을 주고받으며 공존하고 있다는 사실을 학생들에게 이해시켜야 한다. 다문화 이해교육을 학교 교육과정을 통해 실현시키기 위해서는 각 교과의 특성에 접목하거나 주제별로 교과들 간의 내용을 연계하여 학생들이 인지하고 이해할 수 있도록 해야 한다.

③ 교과 내 역사적 사실이나 사회현상을 설명하는 가운데 '지식' 차원의 교수가 아니라 공감, 인식, 행동이 통합되어 '변화', '변형'을 이끌어낼 수 있는 교육이 되어야 한다. 즉 교실에서 교과 학습을 통해 지식(인지 영역)을 익히고, 다양한 체험 활동을 통해

민주시민 자질을 함양(정의 영역)하며, 이를 내면화 · 습관화(행동 영역)하는 과정이 이루어져야 한다. 나아가 서로 다른 문화, 차이의 문화가 상호작용을 통하여 새로운 창조의 문화로 이어지는 교육이 되어야 한다.

4. 다문화 수업 사례

(1) 다문화 주제 수업실시 사례

다문화 수업은 특정 교과에서만 이루어지는 것이 아니라 모든 교과에서 이루어질 수 있다. 다음 〈표 14-2〉는 이와 같은 사실을 뒷받침하는 사례이다.

〈표 14-2〉 다문화 주제 수업 사례

연번	과목	대상	수업 내용(주제)	비고
1	국어	3학년	두보 「등고」를 통한 중국의 문화 이해	
2	국어	1학년	봉산탈춤과 외국 탈춤의 비교를 통한 우리문화 이해	
3	일본어	2학년	일본과 일본 고등학교 학생의 연중행사 비교	
4	한문	2학년	격언을 통한 세계 문화 비교	
5	사회	1학년	세계의 종교와 문화의 다양성	
6	윤리	2학년	민족주의가 나아가야 할 방향 (이주 노동자를 중심으로)	
7	국어	1학년	외국 무속신앙과의 비교를 통한 소설 『장마』의 상징성	
8	영어	2학년	At the emergency room (이주 노동자 돕기를 중심으로)	
9	영어	2학년	Understanding table manners of all around the world	
10	수학	1학년	부등식의 영역을 이용한 국기 그리기	
11	국어	1학년	매체를 통한 세계화와 다문화 이해	
12	시민 윤리	3학년	한국 사회에서 공동체주의가 필요한 이유	
13	사회문화	3학년	우리나라의 외국인 근로자들	
14	한국근현대사	2학년	서민 문화의 이해 (다문화 사회에 진입한 한국 사회)	
15	사회	1학년	더불어 살아가는 정치로 푸는 인권 문제 (외국인 노동자를 중심으로)	

16	수학	1학년	통계로 본 재한 외국인 인구 변화	
17	기술 · 가정	1학년	결혼문화를 통해 본 문화의 다양성 비교	
18	생물	2학년	대륙별 우세 유전형질 살펴보기	
19	음악	1학년	민속음악 연주를 통한 문화 이해	
20	체육	1학년	우드볼 경기를 통한 동남아시아 민속경기 이해	
21	미술	2학년	세계 민속의상 인형 제작을 바탕으로 다문화 달력 제작	

(2) 다문화 주제 수업

1) 시민 윤리-토론수업 모형

교과명	시민 윤리	대상 학년	3학년
학습 주제 (단원명)	한국 사회에서 공동체주의가 필요한 이유	차시	2/2

① 단원 개관

이 단원에서는 자유롭고 평등한 개인에서 출발한 시민사회가 그 전개 과정에서 이기주의, 인간 소외, 계급 갈등 등과 같은 문제점을 초래하게 되었으며, 이러한 문제점을 극복하기 위한 방안으로 시민 공동체가 필요함을 역설하고 있다. 집단주의적 성향을 배제하면서도 개인으로서의 시민들의 연대성을 강조하는 시민사회가 지향해야 할 바람직한 모습이 시민 공동체이다.

오늘날 우리 사회가 다문화 사회로 진입하면서 주변에서 흔히 볼 수 있게 된 외국인 노동자들, 다문화 가정, 북한 이탈 청소년들에 대하여 세계 공동체 개념을 바탕으로 상호 간에 인격을 존중하고 배려하여 상생하는 공동체 자세를 키우도록 학생을 지도해야 할 것이다.

② 수업 목표

a. 시민 윤리의 필요성을 설명할 수 있고 시민사회에서 일어날 수 있는 문제들을 해결해나가려는 자세를 가진다.

b. 시민 윤리의 성격을 이해하고 바람직한 시민사회를 형성하려는 자세를 확립한다.

c. 다문화 사회로의 진입에 따른 관용과 상생의 태도에 대하여 설명할 수 있다.

③ 활동 계획

단원	주제	내용	차시	활동 형태
시민사회의 윤리적 과제	1. 시민 윤리의 필요성	• 시민사회의 갈등 유형 • 갈등 해결을 위한 시민 윤리의 덕목	1/4	모둠학습 발표학습 탐구학습
	2. 시민 윤리의 성격	• 자율과 타율의 조화 • 보편 윤리	2/4	모둠학습 발표학습
	3. 시민 공동체 형성을 위한 과제	• 시민 공동체의 필요성 • 시민 공동체 형성의 조건	3/4	발표학습
		• 한국 사회의 다문화 실태 • 한국 사회에서 공동체주의가 필요한 이유	4/4	모둠학습 탐구학습 (본시)

④ 교수-학습 과정안

단원명	Ⅰ-2. 시민사회의 윤리적 과제 (3) 시민 공동체 형성을 위한 과제			
주제	한국 사회에서 공동체주의가 필요한 이유		차시	4/4
학습 목표	다문화 사회 진입에 따른 변화 양상을 설명할 수 있다. 다문화 시대에 공동체를 위한 나의 역할을 말할 수 있다.			
수업 모형	모둠학습, 토의학습		학습 환경	모둠별 활동
교수요목	다문화 관련 교수요목: 정체성, 다양성, 평등/정의, 시민성, 문화창조성			
과정	학습 요소	학습 활동		자료 및 유의점
		교사	학생	
사전학습	• 과정 안내 • 학습 목표 확인	• 전체 과정을 안내한다. • 학습 목표와 주제를 제시한다.	• 학습 목표를 인식한다. –제시된 주제와 수업의 흐름을 인식한다.	
토의학습	• 개인활동	• 원곡동 외국인거리 사진자료를 제시한다. • 토의학습을 위한 읽기자료를 제시한다.	• 원곡동 사는 학생이 설명한다. • 읽기자료를 읽는다.	사진자료 읽기자료

토의학습	• 토의학습	• 모둠별로 역할을 정하고 그에 따른 임무를 부여한다. • 모둠별 토의학습을 실시할 때, 순회하면서 학생들의 활동 상황을 관찰한다. • 모둠별 학습지를 제시한다.	• 모둠별로 역할을 정하고 역할을 나눈 후 역할을 숙지한다. • 토의를 실시한다. • 모둠별 학습지를 확인한다.	모둠 활동지
정리 및 평가	학습 내용 정리	다문화 사회 진입에 따른 공동체 의식에 대해 새롭게 알게 된 사실과 생각을 발표시킨다.	모둠별 토의 결과 발표를 듣는다.	
기대효과 및 유의점		다문화 시대에 내가 할 일을 말할 수 있다.	다문화 시대에 내가 할 일을 인식함으로써 세계인으로서의 활동 영역을 넓힌다.	• 안산 지역의 특수성을 부각한다. • 교사의 일방적인 교수가 아닌 학생들의 토의와 다양한 활동을 통한 학습자 중심의 학습 활동이 이루어지게 한다.

⑤ 교수-학습 활동지

a. 모둠 활동지

단원명(주제)	한국 사회에서 공동체주의가 필요한 이유				날짜	_월_일_교시
학급	3학년 ___반				모둠명	
모둠 역할	조장	기록	자료정리	자료수집	자료수집	발표자
이름						
탐구과제	1. 다문화 시대에 변화된 사회의 모습에는 어떤 것들이 있는가?					
	2. 그 이유는 무엇인가?					
	3. 다문화 사회 진입에 따른 변화된 사회 모습에 대처하는 사례를 우리 주변에서 찾아 구체적으로 조사해보자.					

탐구과제	4. 다문화 시대에 적응하기 위해 내가 할 수 있는 일을 적어보자.

b. 시민 윤리-협동학습 모형[2]

교과	학년	학습 형태	학습 자료
시민 윤리	3	과제 중심 협동학습	탐구학습 활동지, 동영상
대단원	VI-4. 세계 시민으로서의 올바른 자세	소단원	(3) 세계 시민으로서의 바람직한 자세
학습 목표	1. 다문화 사회에서 인권의 의미를 설명할 수 있다. 2. 다문화 사회에서 관용의 성격을 사례와 함께 발표할 수 있다. 3. 다문화 사회에서 공감의 기능을 사례와 함께 발표할 수 있다. 4. 다문화 사회와 관련하여 갈등을 해결하는 태도를 발표할 수 있다.		

학습 단계	학습 내용	교수 · 학습 (교사)	교수 · 학습 (학생)	시간	자료 및 유의점
도입	• 인사하기 • 전시 학습 복습	• 전시 학습 확인 • 전체 과정 안내		7분	
	• 학습 목표 제시	• 탐구학습 과제 제시로 학습 목표 제시	학습 목표 인식 –제시된 주제와 수업의 흐름을 인식한다.		
	• 동기 유발	• 동기 유발: 동영상 감상 –EBS지식채널e(2006): 피부색 편 –공영광고(2009): 다문화 편 –광고(2010): 인재 편 –광고(2011): 인식개선 편 –광고(2012): 꽃 편	–동영상을 통해 우리 사회의 다문화 인식이 어떻게 바뀌었는지 생각한다.		
전개	• 다문화 인식의 변화	• 우리나라 다문화 사회에 대한 인식의 변화는?	• 다문화 현상이 광범위하게 우리 사회에 퍼짐에 따라 다문화에 대한 인식도 우호적이고 긍정적으로 바뀌고 있다.	5분	탐구학습 활동지 참조
	• 생각열기	• 외국인 노동자에 대해 떠오르는 생각 발표 –외국인 노동자 하면 떠오르는 생각을 각자 다섯 가지 이상 노트에 기록하게 한다. –발표한 내용을 정리해준다. –외국인 노동자들에 대해 가지고 있는 부정적 이미지에 대해 교사가 문제를 제기한다.	• 무섭다/힘들다/우리의 옛모습/측은하다/잘해주고 싶다/불법체류자 등		
		• 다문화 사회에서 필요한 덕목을 꼽는다면?	• 인권, 관용, 배려, 공감, 공존의 자세 등	8분	

전개	• 탐구하기	• 탐구과제 1–모둠원 ① • 탐구과제 2–모둠원 ② • 탐구과제 3–모둠원 ③ • 탐구과제 4–모둠원 ④ • 시간이 지켜지도록 통제	• 자신에게 부여된 탐구과제 해결 • 해결에 어려움이 있는 학생은 해결 완료한 학생에게 도움 요청		
	• 발표하기	• 의견 조정에 문제가 있을 때, 교사의 도움 요청 • 모둠 활동으로 탐구한 내용 확인	• 한 학생이 자신의 탐구과제를 모둠원에게 2분 내외에 발표함 • 발표하는 내용에 이의가 있을 경우, 모듬원 간 토의 · 토론으로 수정 가능 • 의견 조정에 문제가 있을 때, 교사의 도움 요청	10분	
	• 확인하기	• 탐구과제의 해결 내용을 발표할 모둠과 모둠원 번호를 선정 • 발표 내용이 충실하고 전달력이 뛰어나면 개인 보상칩 제공 • 지명 모둠원이 발표를 완수하면 모둠원 전체에 보상	• 지명된 학생은 탐구내용 발표	10분	
정리 · 평가	• 정리 • 형성평가 • 차시예고	• 보완할 내용 정리 • 심화 내용 과제로 제시 • 학습 목표 풀이를 통해 학습 내용 평가 • 탐구학습지 정리 상태 확인 보상	형성평가 문제 해결	10분	시간에 여유가 있으면 학습 풀이 실시

*탐구학습 활동지

탐구학습 활동지	
단원명	VI–4. 세계 시민으로서의 올바른 자세 (3) 세계 시민으로서의 바람직한 자세
학습 목표	1. 다문화 사회에서 인권의 의미를 설명할 수 있다. 2. 다문화 사회에서 관용의 성격을 사례와 함께 발표할 수 있다. 3. 다문화 사회에서 공감의 기능을 사례와 함께 발표할 수 있다. 4. 다문화 사회와 관련하여 갈등을 해결하는 태도를 발표할 수 있다.

개인별 활동과제 1(모둠원 ①)	
1–1	'누구나 인권을 갖고 있다'에서 인권의 의미를 설명하시오(교과서 258쪽).
1–2	불관용에 대한 예방책으로서 인권의 기능을 설명하시오(교과서 259쪽).

개인별 활동과제 2(모둠원 ②)	
2–1	'적극적 의미의 관용'의 성격을 설명하시오(교과서 260쪽).

2 협동학습에서 주어지는 주제는 병렬적이어야 한다. '다문화 사회의 현상, 문제점, 원인, 해결책 탐구하기'와 같은 주제를 주면, 해결책은 담당하는 학생은 현상, 문제점, 원인 등을 다 파악해야 문제를 해결할 수 있기 때문이다.

2-2	다문화 사회에서 관용의 정신이 발휘된 사례를 세 가지 이상 제시하시오.

개인별 활동과제 3(모둠원 ③)	
3-1	문화들 간의 공감능력에 대해 설명하시오(교과서 260-261쪽).
3-2	사회적 존재로서 인간이 지녀야 할 배려와 공감이 발휘된 사례를 세 가지 이상 제시하시오.

	개인별 활동과제 4(모둠원 ④)
4-1	우리 사회가 당면한 다양한 갈등을 평화적으로 해결하기 위해 교과서 261쪽에서 제시한 지침 여덟 가지 중 가장 중요하다고 생각되는 세 가지만 선택하시오. 1. 2. 3.
4-2	선택의 이유를 설명하시오.

*심화학습

아래 신문 기사와 교과서 245쪽에 제시된 문화 교류의 올바른 자세를 바탕으로 다문화 사회에서 요구되는 올바른 다문화 수용 태도를 일곱 가지 이상 제시하시오.

7월 22일 오후(현지시각) 노르웨이 수도 오슬로 정부 청사와 오슬로 교외 우토야 섬의 노동당 청년 캠프 행사장에서 발생한 연쇄 테러로 최소 91명이 사망했다. 노르웨이 당국은 우토야 섬 현장에서 용의자 안데르스 베링 브레이빅(Anders Behring Breivik, 32)을 체포했으며, 경찰 관계자의 말을 인용해, 브레이빅이 반(反)이슬람주의 성향의 극우주의자이며 페이스북 등에서 자신이 민족주의자임을 자처했다고 보도했다.

노르웨이 내 무슬림들은 노르웨이 연쇄 테러 사건을 계기로 유럽 내에서 반(反)이슬람 기류가 더욱 확산될까 우려하는 것으로 알려졌다.

노르웨이 이슬람위원회는 성명을 통해 "노르웨이에 대한 공격은 이슬람위원회 회원들의 모국에 대한 공격이나 다름없다"며 테러 행위를 강력 비난하고 이번 참사에 애도의 뜻을 표했다. 노르웨이 이슬람문화센터 간부 모하메드 타이프도 "노르웨이 내 무슬림 대부분은 이민자들이지만 그들은 이미 민주주의 사회의 일원들"이라며 "우리는 이방인으로서가 아닌 노르웨이인으로서 이번 테러를 비난한다"고 강조했다.

그러나 테러 용의자인 브레이빅이 강한 반이슬람 정서를 지니고 있던 것으로 알려지면서 이번 사건의 여파가 무슬림 공동체에까지 미치진 않을까 우려하고 있다.
이슬람문화센터는 사건 이후 히잡(이슬람식 스카프)을 쓰고 있던 여성 2명이 거리에서 봉변을 당한 데 이어 파키스탄 태생의 무슬림 남성도 버스 안에서 구타를 당했다고 주장했다. 유럽에서는 일반인들의 이슬람 혐오증이 맞물리면서 반이슬람 기류가 확산되고 있는 실정이다.

프랑스와 벨기에는 올해 들어 무슬림 여성의 전통 의상인 니캅과 부르카 착용을 금지하기 시작했고 스페인과 네덜란드도 유사한 법률의 제정을 준비 중이다.

http://news.donga.com/3/all/20110724/39038736/1.

올바른 다문화 수용 태도	
1.	
2.	
3.	
4.	
5.	
6.	
7.	

(3) 다문화 수업의 일반적 모형[3]

① 문제의식 갖기

② 다문화 사회로의 변동 원인 발견하기

③ 다문화 현상이 발생시킨 사회 문제 파악

④ 문제의 원인 규명

⑤ 가치 · 도덕적 판단하기

⑥ 바람직한 가치의 실현

(4) 다문화 수업 시 고려해야 할 점

1) 교사의 다문화적 태도[4]

① 정확하고 편견 없는 정보 제공

② 다른 인종이나 민족, 나라에 대한 풍부한 지식

③ 학생들의 선경험과 문화적 배경 파악

④ 편견이나 고정관념을 담지 않은 대화 방법

⑤ 다문화 교육에 대한 확고한 신념

3 이는 일반적으로 활용되는 사회과 수업의 전개 과정이다.

4 오은순 외, 2008: 31.

2) 효과적인 다문화 수업을 위해 고려할 점

① 개발된 다문화 교육 자료를 학생들의 수준에 맞추어 재구성

② 어두운 내용보다 밝은 내용의 사례를 발굴

③ 다양한 교수 · 학습 방법 활용: 토의토론, 사례연구, 현장 견학, 역할극 및 시뮬레이션, ICT 활용 등

④ 최신의 뉴스나 통계자료 인용

⑤ 외국인 강사를 초빙할 때, 학생들의 롤모델이 되는 인사 섭외

⑥ 외국인이 참여하는 수업의 경우, 자국어를 사용하도록 하여 외국어에 대한 다문화적 경험 권장

⑦ 국제이해 교육을 바탕으로 다문화 교육 실시: 타 문화 이해를 바탕으로 다문화적 공생자세를 갖도록 지도

5. 창의적 체험 활동을 통한 다문화 교육 사례

(1) 동아리 활동을 통한 다문화 교육 사례

자생적 동아리든 교사 주도형 동아리든 각 동아리 활동 목적에 따라 다양한 형태의 동아리 활동을 통해 다문화 교육이 이루어질 수 있다.

〈표 14-3〉 동아리 활동을 통한 다문화 교육 사례

연번	활동반명	활동 내용
1	방송반	다문화 체험 활동 내용 녹화 및 자료 제작
2	문학기행반	다문화 문학 기행을 통한 다문화 교육
3	전통음악사랑반	전통음악을 통한 다문화 체험 활동
4	아 · 찾 · 사(봉사단)	다문화 봉사 활동을 통한 다문화 체험 활동
5	미드를 통한 문화체험	미국 드라마를 통한 다문화 체험 활동
6	미술반	다문화 미술 체험을 통한 다문화 체험 활동
7	세계문학탐구	세계문학 탐구를 통한 다문화 체험 활동
8	영어회화	영어회화 수업을 통한 다문화 체험 활동
9	다국적스크린문화반	다국적 스크린 문화 체험을 통한 다문화 체험 활동

10	아시아문학영화감상반	아시아 문학 감상을 통한 다문화 체험 활동
11	영어권문학탐구반	영어권 문학 탐구를 통한 다문화 체험 활동
12	중국문화반	중국 문화 탐구를 통한 다문화 체험 활동
13	세계지리연구반	세계지리 연구를 통한 다문화 체험 활동
14	일본문화연구반	일본 문화 연구를 통한 다문화 체험 활동
15	요리보고세계보고	세계음식 체험을 통한 다문화 체험 활동
16	세계문화이해반	세계문화 이해를 통한 다문화 체험 활동
17	다문화멘토링반	다문화 가정 자녀 돕기 다문화 봉사 활동
18	세계야생화탐구반	세계 야생화 재배를 통한 다문화 체험 활동
19	테오도르(과학탐구반)	외국인과 함께하는 찾아가는 과학부스 활동
20	CLAY 1	다리공동체(새터민 학생)와의 교류
21	아이엠	세계 각국의 민속의상 제작 및 민속 놀이기구 알기
22	CLAY 2	사할린 귀국 동포 봉사
23	포토사랑	사진촬영 봉사를 통한 다문화 체험 활동

(2) 자율 활동을 통한 다문화 교육 사례

학급, 학년, 학교 단위로 다문화 교육이 이루어질 수 있다. 이때 학생들의 활동이 효과적으로 이루어지기 위한 학습 자료(학습지 등)를 미리 배부하여 사전교육을 실시하고, 사후 감상문 등의 작성을 통해 학습 효과를 높이도록 한다.

〈표 14-4〉 자율 활동을 통한 다문화 교육 사례

영역	주 제	학 습 내 용	차시
다문화 사회의 이해	다문화 축제	'다문화 청소년 축제', '지구촌 하나되기 다문화 축제' 영상물 시청하기	1/4
	다문화 사회의 문제점 알기	다문화 청소년, 다문화 가정, 다문화 인권 교육에 대해 알아보기	2/4
	다문화 골든벨	다문화 골든벨을 통해 다문화 사회 이해하기	3/4
	다문화 사회 이해 감상문 작성	다문화 사회의 이해에 대한 감상문 작성하기	4/4
세계 각국 문화 이해	세계의 민속놀이 1, 2	각국의 민속놀이 알아보기 및 체험하기	1,2/4
	세계의 민족의상 1, 2	각국의 민족의상 알아보기 및 그려보기	3,4/4
다문화 음식 체험 활동	여러 나라의 전통음식 알아보기	음식의 종류 및 요리법 조사하기	1/4
	세계 각국의 음식 만들기	음식 만들기	2,3/4
	다문화 요리 체험 감상문 작성	다문화 요리 체험 감상문 작성하기	4/4
다문화 지역 체험 활동	다문화 체험	'국경 없는 마을' 방문 및 거리 체험하기	1,2/4

다문화 지역 체험 활동	다문화 체험	'안산 이주민센터' 방문 및 다문화 음식 체험하기	3/4
	다문화 장소 체험 감상문 작성	다문화 장소 체험 감상문 작성하기	4/4
다문화 공연 체험 활동	다문화 체험	다문화 관련 공연 관람하기	1,2,3/4
	공연 관람 후 감상문 작성	공연 관람 후 감상문 작성하기	4/4

(3) 학교 행사를 통한 다문화 교육 사례

활동 주제	활동 내용
교내 체육대회	제기차기, 우드 볼 경기
다문화 교육 활동 작품과 민속품 전시	세계 각국의 민속품 특별 전시 다문화 관련 유화, 판화, 공예 작품 다문화 달력, 세계 각국 민속 인형 중국 문화반 활동 및 중국 자매학교 교류 활동
민속음악 발표회	한국 단소 연주, 사물놀이 프랑스 샹송 〈오, 샹젤리제(Aux Champs-Elysees)〉 중창 아프리카 민요 〈사자는 오늘 밤 잠자네(The Lion Sleeps Tonight)〉 중창
세계 문화 체험	중국, 몽골, 스리랑카, 베트남, 콩고, 한국 전통음악, 전통음식, 전통차, 전통의상 체험

(4) 봉사 활동을 통한 다문화 교육 사례

교과수업과 체험 활동을 통해 얻은 인식과 감성을 봉사 활동을 통해 행동으로 습관화할 수 있다. 교사들은 일회성이 아닌, 꾸준하고 반복적인 봉사 활동이 이루어지도록 노력해야 한다.

〈표 14-5〉 봉사 활동을 통한 다문화 교육 사례

연번	유관 기관	활동 장소	봉사 내용
1	사할린 영주 귀국 동포 지원사업소	고향마을	말벗 해드리기
2	월드비전	학교	한 학급 한 생명 살리기 운동
3	새터민 청소년 생활공동체 '우리집'	학교	새터민 청소년 돕기 바자회 실시
4	기윤실 교사모임	우리집 공동체	새터민 청소년 학습 지도 및 생활 지도
5	국경 없는 마을	양지고등학교 급식실	스리랑카 설 축제 본교 급식실에서 밥짓기
6	안산 외국인 주민 센터	화랑유원지	쏭크란 축제 방송반 방송 활동

7	국경 없는 마을	원곡동	외국인 근로자 체육대회 진행 나이지리아 공동체 체육대회 진행 필리핀 배구대회 진행
8	안산 외국인 주민 센터	안산 와~스타디움	외국인 근로자 어울림마당 부스 운영
9	안산시청	안산 문화예술의 전당	안산 거리극 축제 거리 안내
10	안산 YWCA 안산 청소년 문화의 집	안산 청소년 문화의 집	다문화 가정 자녀들의 멘토링, 학습지도 및 문화 체험 활동

(5) 외국인과 함께하는 체험 활동을 통한 다문화 교육 사례

프로그램	활동 내용
CCAP(Cross Cultural Awareness Programme) 문화 체험 교실	통역사를 한국 유네스코에서 지원하여 다른 나라의 문화(노래, 의상, 음식 등) 체험
아시아 체험 교실	외국인을 안산시청에서 지원하여 주로 아시아권 국가들의 문화 체험
자매학교 교류	외국의 자매학교 상호 방문 및 교류

(6) 다문화 가정 학생들과 함께하는 다문화 교육 사례

'오색다문화공동체'[5] 등 다문화 학생들과 일반 학생들이 함께 어울려 활동하는 프로그램이 많아졌다. 다음 〈표 14-6〉은 학교에서 이루어지는 대표적 프로그램이다.

〈표 14-6〉 다문화 가정 학생들과 함께하는 체험 활동을 통한 다문화 교육 사례

학교	교육 대상	프로그램	활동 내용
귀인초등학교	3-6학년생 (다문화 가정 학생 4명, 귀국 학생 15명 포함)	다문화 축제	학급마다 국가를 선정하여 탐구 발표
		글로벌 리더십 캠프	서로 이해의 폭을 넓히는 체험 활동
고양일고등학교	멘토: 2학년 21명 멘티: 6-13세 다문화 가정 자녀 및 학생 21명	더불어 2010 vision	다양한 체험 활동 제공 한국 문화 소개 합창발표회
가좌고등학교	다문화 가정 학생 20명	한국어 어학당	한국어 이해를 위한 한국어 교육 학교생활 적응을 위한 생활 적응 교육

5 오색공동체는 다문화 가정 학생과 학부모, 일반 가정 학생과 학부모, 그리고 담임교사 등 5명이 한 팀이 되어 활동을 하는 프로그램이다.

			우리 문화 이해를 위한 전통문화 교육
양지고등학교	멘토: 1학년 5명 멘티: 다문화 가정 학생 10명	함께해요, 일곱 빛깔 공존문화 만들기	다문화 가정 자녀들의 멘토링 학습 지도 및 문화 체험 활동

(7) 독서교육을 통한 다문화 교육 사례

학생을 대상으로 한 다문화 관련 책을 대상, 수준, 상황에 따라 손쉽게 구할 수 있게 되었다. 그리고 에듀-팟을 이용하면 교사는 학생들이 기록한 내용으로 독서교육의 결과를 쉽게 확인할 수 있고 학생들에게도 효과가 클 것이다. 다음 〈표 14-7〉는 다문화 교육을 위해 교사들에게 필요한 도서 목록이다.

〈표 14-7〉 다문화 교육 관련 도서 목록

연번	제목	지은이	출판사
1	다문화 교육입문	James Banks	아카데미프레스
2	다문화 상담의 이론과 실제	Derald Wing Sue	태영출판사
3	다문화 청소년 이해론	정하성	양서원
4	맛있는 국제이해교육	유네스코 아시아태평양 국제이해교육원	일조각
5	북한의 대중문화	전영선	글누림
6	북한의 문화와 예술	박태상	깊은샘
7	새터민의 문화 갈등과 문화적 통합 방안	조임정	한국여성개발원
8	새터민의 증언으로 본 북한의 변화	이교덕	통일연구원
9	일본의 문화와 종교정책	김종문 엮음	신원문화사
10	중국의 문화코드	강진석	살림
11	캐나다에 사는 소라엄마의 언어교육 이야기	박정은	일지사
12	한국 사회와 다문화 가족	Eunsook Lee Zeilfelder	양서원
13	한국에서의 다문화주의	오경석	한울
14	우리의 미래, 다문화에 달려 있다	이현정	소울메이트
15	다문화 사회와 국제이해교육	유네스코 아시아태평양 국제이해교육원	동녘
16	큐리어스 시리즈 (Curious Global Culture Guide, 전 50권)	P. 션 브램블 외	휘슬러
17	중국의 두 얼굴	양둥핑	펜타그램
18	다문화 교육의 실제	배화여자대학교 유아교육과	다음세대
19	다문화 사회의 이해	유네스코 아시아태평양 국제이해교육원	동녘
20	반편견 교육2	JULIEBISSON	창지사

참고문헌

김경수. 2008.『시민 윤리 '탐구과제' 해결과 다문화 체험 활동을 통한 글로벌 시민자질 함양』. 경기도교육청 교육시책 현장연구 보고서.

오은순. 2008.『다문화 교육을 위한 교수 · 학습 지원 방안 연구(Ⅱ)』. 한국교육과정평가원.

———. 2008.『다문화 교육을 위한 범교과 교수 · 학습 프로그램 개발 연구』. 한국교육과정평가원.

찾아보기

지은이 소개

고홍월

서울대학교 사범대학 교육학과 상담전공(교육학박사)
서울대학교 교육종합연구원 선임연구원
충남대학교 자유전공학부 교수

〈주요 저서 및 연구업적〉
초등교사를 위한 다문화 상담 길잡기(공저, 학지사, 2009)
다문화 청소년 상담매뉴얼 개발(한국청소년상담원, 2011)
다문화 가정 아동의 대인관계 능력 향상 프로그램(청소년상담연구, 18권 2호)
현장전문가가 지각한 다문화 청소년 상담의 특성에 대한 질적 분석(상담학연구, 13권 3호)

권순희

서울대학교 사범대학 국어교육과 화법교육전공(교육학박사)
서울대학교 국어교육연구소 선임연구원
전주교육대학교 국어교육과 교수

〈주요 저서 및 연구업적〉
다문화 가족 자녀의 학교생활실태와 교사 · 학생의 수용성 연구(공저, 도서출판 한학문화, 2007)
다문화 사회와 다문화 교육(공저, 교육과학사, 2010)
북한 이탈 주민의 대한민국 정착을 위한 생활어휘 1권, 2권, 3권(공저, 하우출판사, 2012)
새터민을 위한 한국어 어휘 교육(공저, 박이정, 2012)

권오현(대표 저자)

서울대학교 사범대학 외국어교육전공(교육학박사)
서울대학교 사범대학 교육연수원 원장
서울대학교 교육종합연구원 다문화교육연구센터 소장

서울대학교 사범대학 독어교육과 교수

〈주요 저서 및 연구업적〉
다문화 교사를 위한 교육 참고자료 연구개발(교육과학기술부, 2007)
구한말 한독외교문서 '덕안' 연구(서울대학교출판문화원, 2008)
초 · 중등교사 다문화 교육 연수 프로그램 개발 및 연수(교육과학기술부, 2010)

김경수
이화여자대학교 사범대학 교육학과(학사)
한신대학교 교육대학원 윤리교육전공(석사)
고색고등학교 교사

〈주요 저서 및 연구업적〉
시민 윤리 '탐구과제' 해결과 다문화 체험 활동을 통한 글로벌 시민자질 함양(경기도교육청 교육시책 현장연구 보고서, 2008)

모경환
버클리 대학(UC Berkeley) 사회과교육전공(박사)
서울대학교 사범대학 사회교육과 교수

〈주요 저서 및 연구업적〉
사회과교육(공저, 동문사, 2008)
다문화 교육 입문(역서, 아카데미프레스, 2009)
다문화 교육의 이해와 실천(공저, 학지사, 2012)

박동열
파리-소르본(Paris-Sorbonne) 대학 언어학전공(박사)
중앙다문화교육센터 부소장
씨앗이주민센터 운영위원장
서울대학교 사범대학 불어교육과 교수

〈주요 저서 및 연구업적〉
서구의 다문화 교육과 이민현상 연구(교육종합연구원, 2010)
프랑스 이민 정책과 언어 정책(다문화 교육연구와 실천 2호, 2010)

다문화 교육종합정보시스템 개편 및 관리(교육과학기술부, 2011)
다문화 교육의 이해(교육과학기술부, 2011)
이주민에 의한 잠재적 소요 예방을 위한 재한외국인 처우기본법 개선안(경찰법연구, 2011)

박선운

서울대학교 사범대학 사회교육과 일반사회전공(교육학석사 및 박사수료)
중앙다문화교육센터 선임연구원
금천고등학교 교사

〈주요 저서 및 연구업적〉
다문화 가정 자녀의 학교급별 교육지원방안 연구(보조연구원, 교육과학기술부, 2010)
다문화 가정 학생의 학업성취도 분석 및 교육지원방안 연구(보조연구원, 교육과학기술부, 2011)
다문화 가정 학생 다수 학교에 대한 비교 사례연구(시민교육연구, 44권 2호)

박성혁

서울대학교 사범대학 사회교육과 사회과교육전공(교육학박사)
전주교육대학교 사회교육과 교수
서울대학교 사범대학 사회교육과 교수

〈주요 저서 및 연구업적〉
다문화 가정 자녀 교육을 위한 자료 개발 연구(교육인적자원부, 2006)
다문화 교육 정책 국제비교 연구(교육과학기술부, 2008)
다문화 교육의 이론과 실제(공저, 양서원, 2009)
장병 다문화 교육용 교재개발 연구(국방부, 2009)
다문화 인권교육 프로그램 개발 연구(국가인권위원회, 2010)

성상환

버클리 대학(UC Berkeley) 독어학전공(석사/박사)
중앙다문화교육센터 소장
서울대학교 다문화교육연구센터장

독일 본 대학 한국어과 객원교수
서울대학교 사범대학 독어교육과 교수

〈주요 저서 및 연구업적〉
다문화 가정 학생 지도교사를 위한 상담 매뉴얼 개발 연구(공저, 교육과학기술부 정책연구보고서, 2009)
다문화 가정 동반중도입국자녀 교육수요 및 지원방안 연구(공저, 중앙다문화교육센터, 교육과학기술부 정책연구보고서, 2010)
다문화 인권교육 프로그램 개발연구 기초연구보고서(공저, 국가인권위원회, 2010)
다문화 인권정책에 대한 이주민 당사자 정책 수요조사 연구보고서(공저, 국가인권위원회, 2011)
외국의 다문화 교육. 다문화 교육의 이해와 실천(공저, 학지사, 2011)

안경환
서울대학교 법학과(학사)
산타클라라 대학(Santa Clara Law School) 영미법전공(법학박사)
한국헌법학회 회장
국가인권위원회 위원장
미국 산타클라라 대학, 남일리노이 대학, 런던정경대학 방문교수
서울대학교 법학전문대학원 교수

〈주요 저서 및 연구업적〉
미국법의 이론적 조명(고시계, 1986)
법, 정치, 현실(나남, 2005)
법과 사회의 인권(돌베개, 2009)

우희숙
서울대학교 사회교육학과 일반사회교육전공(교육학 박사)
서울대학교 중앙다문화교육센터 연구원
덕문고등학교 교사

〈주요 저서 및 연구업적〉
다문화 교육정책 국제비교 연구(교육과학기술부, 2008)
다문화 교육의 이해(양서원, 2010)

다문화 가정 결혼이민자를 위한 방송고 온라인 브릿지프로그램 운영방안 연구(한국교육개발원, 2010)
예비교사의 다문화멘토링 참여경험에 관한 사례연구(한국교원교육학회, 2011)

윤희원

프랑스 파리 7대학 언어교육학전공(언어학박사)
서울대학교 다문화교육연구센터소장
한국교과교육학회 회장
잘츠부르크 세미나, 소피아 대학, 파리 대학, 노트르담 대학 초빙교수
서울대학교 사범대학 국어교육과 교수

〈주요 저서 및 연구업적〉
다문화가정 자녀교육 실태조사 연구(교육인적자원부, 2006)
비한국학 분야의 한국어교육(국어교육연구 20, 서울대학교 국어교육연구소, 2007)
다문화 가정 자녀의 교육을 위한 '초급' 교재 출판 및 '중급' 교재 개발(교육과학기술부, 2008)
다문화 가정 자녀를 위한 '학습 한국어' 교재 개발의 방향(이중언어학회, 2009)
다문화 가정 학생 대상 언어 · 인지 진단도구 개발(교육과학기술부, 2010)
Dealing with Differences(공저, Springer, 근간예정)

조영달

펜실베이니아 대학 시민교육전공(철학박사)
교육과학기술부 다문화교육정책위원장
서울대학교 사범대학장 및 중앙다문화교육센터장
한국사회과교육학회장, 한국교육인류학회장
한국다문화교육학회 고문
서울대학교 사범대학 사회교육과 교수

〈주요 저서 및 연구업적〉
Global Approaches to the Multicultural Education(Co-editor, 2010, IALEI)
Policy Note: Diversification of the Student Population and Multicultural Educational Policies in Korea(Research in Sociology of Education, 2010, USA)

다문화 가정 학생의 학업성취도 분석 및 교육지원방안 연구(교육과학기술부, 2011)

Teacher Education Frontiers: International Perspectives on Policy and Practice for Building New Teacher Competencies(the author of Chapter 6, 2012, Cengage Pub.)

한용택

부르고뉴 대학 프랑스어문학 및 비교문학전공(박사)

경기대학교 대우교수

경기대다문화교육센터 운영위원

건국대학교 국제지역문화학부 겸임교수

〈주요 저서 및 연구업적〉

다문화 교육의 이론과 실제(공저, 양서원, 2009)

다문화 교육의 이해(공저, 양서원, 2010)

학교에서의 다문화 교육을 위한 프랑스와 독일의 영화(비교문화연구, 제19집)